Robert H. Gassmann

Sinn und Wert
Ein philosophierender Klärungsversuch

Robert H. Gassmann

Sinn und Wert

– Ein philosophierender Klärungsversuch –

«Die grösste Gefahr», schrieb der italienische Maler
Michelangelo vor bald 600 Jahren, «besteht nicht
darin, dass wir uns zu hohe Ziele stecken und daran
scheitern, sondern darin, dass wir uns zu niedrige
Ziele stecken und sie erreichen.» («Wort zum Sport»
in NZZ vom 16.9.2014)

«Ja, das Schreiben und das Lesen / Ist nie mein Fach
gewesen,
Denn schon von Kindesbeinen / Befaßt' ich mich
mit Schweinen, [...]
Ja –
Mein idealer Lebenszweck
Ist Borstenvieh, ist Schweinespeck.»
(Kálmán Zsupán, der «Schweinefürst»
aus *Der Zigeunerbaron* von Johann Strauss)

© 2017 Robert H. Gassmann
1. Auflage 2017
Korrektorat: Jürg Steiner (1. Lesung), Daniel Zünd (2. Lesung)
Bilder: © Walter von Rabenau (mit Genehmigung)
Druck und Bindung: Zumsteg Druck AG, CH-5070 Frick
www.buchmodul.ch
Papier: ungestrichen, naturweiss (FSC mixed)
Verlag: www.swiboo.ch
ISBN 978-3-906112-90-9

Umschlag: «Sisyphos», Bronzeskulptur, 2005, Jürg Steiner
Foto: © 2017 Jürg Steiner und Robert H. Gassmann

Inhalt

Teil I: Die Fundamente

Teil II: Das Lebenshaus

1 Testaratio

1.1 Schlusswort am Anfang

Nicht das Schlusswort ist streng genommen das Punktum einer Schrift; diese Rolle spielt meist ... die Einleitung. Typischerweise ist ja diese die vorläufig letzte Anstrengung des Nachdenkens; sie kann daher so überzeugt wie «glaubhaft» behaupten, dass allenfalls Erreichtes von Beginn an genau so vorgesehen war. Ich will also – um Leserinnen und Lesern zuvorzukommen, die hinten begännen – auf ein Schlusswort verzichten und sowohl Absicht als auch Logik meines Textes hier ausfalten. Wem das Resümee genügt, der mag das Buch mit gutem Gewissen weglegen. Wer wissen will, wie ich zu meinen Aussagen komme und wie ich sie zu erhärten versuche, sei zum Weiterlesen eingeladen.

Diese Schrift legt Fluchten aus. Sie beschreibt ein Netz an persönlichen mentalen Verortungen und Orientierungen; sie ordnet labyrinthisches Philosophieren darin. Sie ist in strukturierter Weise unvollständig, aber wohl ausreichend charakterisierend. Besonders die Denkräume sind vielfältig belegt: mit einer reichen Palette von Beziehungs- und Einflussmustern, die von Personen und Ideen ausgehen; mit prägenden emotionalen und intellektuellen Erfahrungen, die Stetigkeiten brachten, aber auch Wendepunkte etablierten; mit disziplinierter, um Einsicht und Sinn bemühter Arbeit an solchen Erfahrungen; mit früh(reif) sich manifestierenden Interessen und allerlei zufälligen und glücklichen Anregungen; mit Schwemmholz, das im Laufe des Lebens aus allerlei ideellen Quellen und Richtungen, vom Pfarrblatt bis zur wissenschaftlichen Studie angelandet ist ... Mit zunehmendem Alter gewinnt der so ausstaffierte Lebensraum für mich an existenzieller Bedeutung, weil das Privileg, in diesem gelebt haben zu dürfen, mich dankbarer und freier zum Tod, zur allerletzten «Flucht» macht und weil ich meinem jetzt etwas aufgeräumteren Hier und Jetzt sinnwirksame Kraftfelder abgewinnen und diese hoffentlich «glückend» noch ausrichten kann. Ohne sorgfältiges Begehen gelebter Lebensfluchten, der Denk- und Handlungsräume – so die beim Schreiben gereifte Einsicht – lässt sich die immer wieder zu beantwortende Frage nach dem Wozu des (Weiter)lebens nicht wahrhaftig angehen.

In dieser Schrift sind Annahmen und Folgerungen, sind Argumente und Sinngebungen zwar primär «eigensinnig», aber transparent angelegt. Sie dienen dem selbstvergewissernden Versuch, Schätze aus dem Fundus mittelbarer und unmittelbarer Erfahrungen zu heben sowie sie in ihrer Bedeutung zu erkennen und wertzuschätzen; sie dienen auch in intensiver Weise der als notwendig empfundenen, möglichst wahrhaftigen und rationalen Rechtfertigung gewonnener, gewandelter oder auch neu bezogener zentraler, sinnhaltiger lebensphilosophischer Positionen. Mit «rationaler Rechtfertigung» strebe ich weder eine Tyrannei aufklärerischer Vernunft an noch rede ich einem absoluten Vorrang der logischen «Wahrheit» das Wort; deren Grenzen und Konfliktfelder mit Glauben und Ideologie sollen aber doch ausgelotet und begriffen werden. Mein Nachdenken entspringt also dem Wunsch, eigene (Lebens)fragen, die sich – auch altersbedingt – drängender manifestieren, philosophierend zu klären und zu begreifen. Der Sinn steht mir keineswegs nach einer «revisionsfähigen» Bilanz, nach einer selbst ausgestellten Bescheinigung, dass das «wird ausgelacht» nicht angebracht sei, weil das «hat's gut gemacht» sich doch dokumentieren lässt. Auch ein Kokettieren mit einem Rezeptbuch liegt mir fern. Nein, der Sinn steht mir vielmehr nach einer methodischen Verkartung wichtiger Wegmarken, nach rationaler Sicherung der Trittsteine auf dem Weg zu einer Antwort auf das *Wozu?* der mir hoffentlich noch zuteilwerdenden Zeit:

Wenn auch nicht chronologisch, so doch auf mein Leben und auf das Thema bezogen liegt der «logische» Ausgangspunkt dieser Schrift in der existenziellen Frage, die Albert Camus in direkter Form so stellt:

Il n'y a qu'un problème philosophique vraiment sérieux: c'est le suicide. Juger que la vie vaut ou ne vaut pas la peine d'être vécue, c'est répondre à la question fondamentale de la philosophie. (Camus 1942: 17.)

Es gibt nur ein wirklich ernstes philosophisches Problem: den Selbstmord. Sich entscheiden, ob das Leben es wert ist, gelebt zu werden oder nicht, heisst auf die Grundfrage der Philosophie antworten. (Camus [19]2014: 15.)

Ich lebe, weil ich leben will; ich gehe in den Tod, weil ich nicht mehr leben will. Es geht somit um einen *willentlichen* Entscheid. Auch wenn wir die Gründe für diesen Entscheid meist in der Vergangenheit orten, hat der Entscheid mit der absehbaren oder vorgestellten Gestalt der Zukunft zu tun. So mag etwa jemand erklären, nicht mehr leben zu wollen, weil eine über alles geliebte Person gestorben ist (Ereignis in der Vergangenheit). Der unmittelbarere Grund ist aber, dass die zurückgelassene Person sich ein Leben ohne die verstorbene Person nicht vorstellen kann und darum dieses nicht erleben will (künftige Gestalt). Vereinfacht gesagt: Jemand *beabsichtigt,* unter gewissen Bedingungen nicht weiterzuleben. Die Kernfrage, die sich in dieser Situation stellt, ist somit eben die: *Wozu* lebe ich (noch)?

Auch wenn wir uns nicht dauernd vorsagen «Ich will leben», so dürfen wir doch den Umstand, dass wir (weiter)leben, gewiss als unzweifelhaftes Indiz dafür nehmen, dass wir (momentan) nicht die Absicht nähren, sterben zu wollen. Aus diesem Sachverhalt ist zu schliessen, dass wir die Verben ‹leben› und ‹sterben› für zwei Szenarien verwenden: zum einen für den Vorgang des Lebens respektive des Sterbens, also für Vorgänge, die wir in der Regel ohne unser Dazutun *erfahren* (zum Beispiel in den Tag leben; zum Leben zu wenig, zum Sterben zu viel), zum anderen für ein aktives, auf Ziele ausgerichtetes Tun (zum Beispiel: ich lebe für die Musik). Leben *wollen* ist Handeln, das sich in einem Komplex von Handlungen äussert (Arbeit, Freizeit, Beziehungen und so weiter) und das sich im Wesentlichen in drei Räumen abspielt: in *Denk-*, in *Sprach-* und in *Handlungsräumen.*

1.2 Der grammatische Grundsatz des Handelns

Leben als Handeln bringt zwar unvermeidbar sisyphidisches Mühen mit sich, aber auch Erfahrungen eines «glückenden Lebensvollzugs», besonders wenn ich mein Handeln *sinngeleitet und wertbezogen* gestalten kann. Diese Feststellungen lassen eine Verortung von Sinn und Werten in einer einfachen sprachlichen Konstruktion zu, nämlich im folgenden schematischen *Grundsatz:*

ich handle [WIE?], um zu respektive damit [ABSICHT]

z.B.   (a) ich gehe schnell, um den Zug noch zu erwischen

       (b) ich gebe ehrlich Auskunft, damit der Richter gerecht urteilen kann

Ohne Zahl sind die Absichten, die uns zum Handeln bewegen können, und meist stehen uns mehrere Handlungsvarianten zur Verfügung, um eine bestimmte Absicht zu erreichen. Aus diesem Sachverhalt geht hervor, dass die Frage nach Sinn und Wert(en) sich an zwei Stellen im *grundsatz*lichen Schema artikuliert: bei der Absicht und bei der Modalität, beim Wie.

Ein Beispiel: Bauer B will den Kater kastrieren, damit er weniger Katzen auf dem Hof hat. Es hat nämlich schon genug Katzen auf dem Bauernhof. Eine Beschränkung der Zahl erachtet er als sinnvoll. Etwas zu *wollen,* konstituiert *eo ipso* einen Sinn; *jede Absicht* ist sinnhaft, ist willentlich «ersonnen». Diese Einsicht wirft ein Licht auf die Herkunft der heutigen Bedeutung und zeigt eine Divergenz zu unserer sprachlichen Gewohnheit auf: Wir verbinden «Sinn» quasi automatisch mit Qualität, ja mit «Gesinnung». Eine erkennbare Qualität macht eine Absicht «sinnvoll»; verwenden wir «sinnlos» als Kennzeichnung, so fehlt ein erkenn- oder akzeptierbarer Sinn. Wir scheinen ‹Sinn› oder ‹sinnhaft› nicht mehr wertneutral denken zu können oder zu wollen; wir überspringen einen Schritt und denken uns Sinn gleich als *bewerteten* Sinn – und sprechen darum gewissen Absichten einen Sinn ab. Wenn wir ‹Sinn› verwenden, haben wir die Absicht schon bewusst oder unbewusst an einem *Wert* gemessen. Wir stellen von vornherein eine Verknüpfung zwischen Sinn und Wert her, denn Werte sind unser *Sinnbarometer;* sie geben unserer Gesinnung ein Profil.

Da Bauer B die Beschränkung sinnvoll findet, fragt er sich, *wie* er das bewerkstelligen kann. Er kann den Kater kastrieren, aber er könnte ihn auch irgendwo aussetzen, auf einen anderen Hof bringen oder einfach töten; alle diese Massnahmen wären sinngemäss. Da er die Wahl hat, fragt er sich, welche Massnahme zweckmässig erscheint respektive angemessener oder weniger angemessen sein könnte, das heisst, er kann sich fragen, ob – und warum – er einer bestimmten Massnahme den Vorzug geben *sollte.* Solches Sollen bringt abermals Werte ins Spiel. Im schematischen Grundsatz gibt das Verb das gewählte Handeln wieder (‹kastrieren›). Ein Verb kann für sich stehen oder es kann ein *Adverb* bei sich haben (zum Beispiel ‹gehen› > ‹*schnell* gehen›). In einer solchen Adverb-Verb-Konstruktion antwortet nicht nur das Verb auf das *Wie?* (wie bewegt sich jemand? – gehend), sondern zusätzlich noch das Adverb (wie geht jemand? – schnell). Da wir ‹schnell gehen› zum Beispiel auch mit dem Verb ‹eilen› zum Ausdruck bringen können, stellen wir fest, dass in gewissen Verben ein Adverb steckt. Das Verhältnis zwischen Adverb und Verb in Bezug auf eine Bewertung ist unterschiedlich: Während ‹gehen› und ‹schnell› meist kaum wertsensitiv sind, wäre der Unterschied in der Wertigkeit von ‹brutal (schonend) kastrieren› deutlicher, denn die Modalität wäre im Sinnbarometer für Tierliebhaber durchaus entscheidend.

Die Rolle der *adverbialen Modifikation* erweist sich als zentral für das Verständnis von Sinn und Wert, weil die Wertigkeit unserer Handlungen in ebendieser Modalität steckt. Ob ich ‹*frei* wählen›, ‹*demokratisch* mitentscheiden›, ‹mich *frei* äussern›, ‹mich *rechtmässig* (*würdig, fair, ehrlich* ...) verhalte› – der Wertbezug äussert sich stets adverbial. Das ist grundlegend: Die *aus den Adverbien abgeleiteten* Nomina wie Freiheit, Demokratie, Rechtmässigkeit und so weiter bezeichnen primär nicht Werte, sondern *Instrumente im Dienste von Werten.* So ist Demokratie die Staatsform, die (am besten) einen möglichst freiheitlichen Lebensraum gewährleisten kann: Dank der demokratischen Staatsform können Menschen in vielen Bereichen eben *frei* handeln. Frei handeln zu dürfen – das ist der Wert; Demokratie ist das Instrument, dies zweckmässig zu gewährleisten.

Der schematische Grundsatz hat eine weitere «werthaltige» Position: die Absicht. Die positive Wertigkeit der verbal-adverbialen Modalität garantiert nicht die positive Wertigkeit der Absicht; im Gegenteil: Deren Verhältnis kann ziemlich komplex sein. Erringt zum Beispiel eine extremistische Partei in einer demokratischen Wahl eine Mehrheit, die ihr die rechtmässige Möglichkeit einräumt, die Verfassung in eine totalitäre Richtung zu verändern, so sind demokratische Spielregeln vollumfänglich eingehalten worden. Die Demokratie als paradoxal zu bezeichnen oder von deren Missbrauch zu sprechen, geht fehl; Instrumente sind prinzipiell indifferent gegenüber Absichten. Vielmehr ist anzunehmen, dass die Stimmenden in ihrer Aufmerksamkeit gegenüber demokratiefeindlichen Motiven, gegenüber *unlauteren Absichten,* gegenüber den Gefahren gewisser Werte wohl zu nachlässig geworden sind. Ist also eine Wertediskussion im Umfeld der Demokratie zu führen, so geht es nicht primär um das (bewährte) Instrument, sondern ganz zentral um Werte, welche eine vernünftige Nutzung dieses Instruments gewährleisten, das heisst, um *die handlungsbegleitenden und -leitenden Modalitäten,* um das Wie des Umgangs mit diesem Instrument und um das Wozu seines Einsatzes. Sind diese Werte identifiziert (zum Beispiel Bürgersinn), muss überlegt werden, wie sie in den Köpfen der an demokratischen Prozessen Beteiligten zu verankern sind (als Inhalte in Schule, Ausbildung und Bildung, als Leitgedanken von Medien und politischen Prozessen und so weiter).

Mit diesen Überlegungen lassen sich nun auch Werte, die nicht – wie Freiheit, Demokratie, Rechtmässigkeit ... – aus Adverbien abgeleitet sind, in den grammatischen Grundsatz einbinden: *Alle «Gegenstände», die unser Handeln bestimmen (können), qualifizieren als Werte.* Wie wertvoll der Teddybär, die Erinnerungsstücke, der Schmuck oder (ja) auch eine Person sind, lässt sich an den Handlungen ablesen, die sie auslösen. Wird etwas achtlos beiseitegeschoben oder wird es angemessen gepflegt? Daraus ergeben sich zwingend einige wichtige Folgerungen: (a) Es gibt nichts, was nicht ein Wert sein kann. (b) An den Handlungen, die etwas auslösen, ist nicht nur abzulesen, wie wertvoll etwas ist, sondern auch, wie es im Handlungskontext eingesetzt wird. Typischerweise können die aus Adverbien ableitbaren Werte nicht nur als Ziele (Sinn), sondern auch als guten oder weniger guten Zwecken dienende Instrumente eingesetzt werden. Auch die Demokratie lässt sich als Instrument zur Errichtung einer Diktatur missbrauchen. (c) Unsere Handlungen erschaffen die Werteskala, an der wir uns orientieren und die von aussen ablesbar wird (so auch im biblischen Wort «An ihren Taten sollt Ihr sie erkennen»; 1. Johannes 2, 1–6). (d) Die Existenz als Skala bedeutet, dass es keine absoluten Werte gibt, sondern nur solche, die in einen (Handlungs)kontext eingebettet sind (irgendwann ändert der Teddybär seinen Wert). Aus Sicht einer Gemeinschaft dürfen sie nicht beliebig sein, aber sie müssen stets verhandelbar sein. Verabsolutierte, kompromisslose Werte sind persönlich und gemeinschaftlich gefährlich; sie sollten *pragmatisch* sein, nämlich einem wohlmeinenden, realistischen Handeln verpflichtet.

Wir brauchen Sinn und Werte, um zu leben und um zu handeln; wir brauchen sie insbesondere deshalb, weil wir das drängende menschliche Können gelegentlich durch überlegtes und verantwortungsvolles Dürfen rechtens bändigen müssen. Sinn und Werte stammen selbst *aus dem Leben* und aus unserem Handeln. Welchen Sinn wir schöpfen und welche Werte wir hochhalten, ist somit eng verwoben mit der *Lebensform,* die wir unhinterfragt übernehmen oder die wir bewusst wählen. Lebensformen sind von Weltanschauungen geprägt, bei denen ich zwei Grundtypen erkenne: eine metaphysisch geprägte, die sich auf Glauben stützt (meist in Form einer Religion, aber auch in der von Ideologien), und eine nichtmetaphysisch geprägte, die sich auf den Verstand stützt (meist in der aufgeklärten Form einer Philosophie). Diese Typen werden in vielen Mischformen gelebt; in den «reinen» Formen steckt ein Potenzial für extremistische, fundamentalistische Lebensweisen.

1.3   Ein Bekenntnis

Die Kernfrage *Wozu lebe ich (noch)?* stellt sich also je nach Welt-anschauung in einem anderen Sinnhorizont und Wertekontext. Ohne weitere Begründung stellt Albert Camus sie in den Zusammenhang der Philosophie. Das genügt mir nicht. Ich will meinen Entscheid argumentieren. Da mich der metaphysische Typ nicht überzeugt, zwingt mich dies zu einer sorgfältigen Kritik seiner Grundannahmen – und dazu bedarf es auch einer kritischen Sichtung der physisch-physikalischen Grundlagen meiner eigenen Weltanschauung. Gewisse Fragen oder Themenbereiche mögen im Zusammenhang mit den anvisierten Überlegungen zu Sinn und Werten auf den ersten Blick fremd wirken; den nicht ohne Weiteres evidenten Bezug zu diesen Fundamenten versuche ich in Teil I herzustellen. An dieser Stelle gilt es, das in der Überschrift dieses Kapitels eingeführte Kunstwort auszulegen. ‹Testaratio› soll das folgende fundamentale Bekenntnis zum Ausdruck bringen:

[a] Ich bin überzeugt (< *testari* ‹bezeugen›) von der Unhintergehbarkeit der Evidenz, die sich unseren wahrnehmenden Sinne im Weltbezug für uns erschliesst, sofern sich solche Sinnesdaten mit dem menschlichen, apriorisch strukturierten Verstand (< *ratio*) interpersonal objektivieren lassen.

[b] Ich bin überzeugt, dass unser Verstand uns dazu befähigt, persönlichen und kollektiven Sinn sowie die dazu verhelfenden Werte aus unserem Handeln zu gewinnen, weil ich von der objektiven sprachlichen Vermittelbarkeit von Erfahrungen sowie von der Existenz rationaler Handlungsgründe überzeugt bin.

[c] Entscheide ich mich *aus freiem Willen* für diese Überzeugungen, steht unausweichlich und lebenslang eine Sisyphusarbeit an (siehe Camus 1942), die zwar beschwerlich ist, die aber grossartige Einsichten bereithält, tiefgehende emotionale (Selbst)erfahrungen erlaubt sowie intellektuelles Vergnügen bereiten kann. Diese Arbeit an der Selbstbefreiung liefert nicht nur die Trittsteine des persönlichen Wegs zu humanem Sinn und zu menschlichen Werten, sondern dient auch der Gemeinschaft.

Das Wort ‹überzeugen› verwende ich hier mit Überzeugung, und zwar im Gegensatz zum Wort ‹glauben›. (Äussere ich mich zu einem Wort, markiere ich dies mit einfachen Anführungszeichen;

doppelte Anführungen, zum Beispiel «Konkreta», markieren Bezeichnungen, Begriffe, Zitate oder uneigentliche Verwendungen.) Ich will also meine persönlichen Feststellungen, Behauptungen und Argumente wann immer möglich auf der Basis von Evidenz und Beweisen interpersonal verifizierbar und rational nachvollziehbar gestalten; ich will tunlichst vermeiden, mich auf ein «Ich glaube» zurückziehen zu müssen – bei dessen Grundwort *Kluge* eine eher kuriose Herkunft vermutet:

glauben [...]. Abgeleitet von **ga-lauba- Adj.* ‹vertraut, Vertrauen erweckend› [...] also ‹vertraut machen›. Vermutlich gehört dieses Wort zu *Laub* in der Bedeutung ‹Laubbüschel als Futter und Lockmittel für das Vieh› und bedeutet dann ursprünglich ‹zutraulich, folgsam, handzahm› (wie das Vieh, dem ein Laubbüschel hingehalten wird). [...] (Kluge [23]1999: 326.)

Hat der tradierte Glaube (römisch-katholischer Prägung bei mir) an sinnstiftender Bedeutung verloren und ist er deshalb überlegt aufgekündigt worden, so darf dies nicht einfach in eine unproduktive und wenig reflektierte Verneinung kultureller und ethischer Komponenten von Religion und in eine Geringschätzung ihres Wertes für andere münden. Das würde die Konstitution von Sinn im menschlichen Leben faktisch weder automatisch ermöglichen noch verbessern. Mein bewusster Verzicht auf gläubige Rückbindung (< *religio*) und meine persönliche Skepsis gegenüber widersprüchlichen religiösen Sinnfeldern hat konsequenterweise eigenes *Nachdenken* verstärkt, und zwar mit dem Ziel, die abgelegte Lebensform durch eine Lebensform mit eigenständig-freien, aufgeklärt-philosophierend erarbeiteten Einstellungen und mit (mitunter durchaus mit Religionen geteilten) vernünftigen ethischen Werten radikal zu ersetzen. Jeder Mensch darf sein Leben leben. Für mich ist die Zeit für eine rationale Standortbestimmung reif – und meine Lebensphase bietet mir für den (Re)orientierungsprozess auch die nötige Zeit und die Musse (< *otium*).

Ich werde die im Zusammenhang mit Sinnfragen häufig anzutreffenden Ausdrücke «Lebenssinn» respektive «Sinn des Lebens» strikte meiden, weil sie nicht das treffen, worum es mir geht. Ich suche weder nach einer Erklärung, *warum* es Leben gibt, noch nach dem *einen* entscheidenden und alles überragenden, für alle

Menschen gültigen Sinn. Letzterem sind häufig insbesondere religiöse Sinngebungen verpflichtet, so zum Beispiel wenn jemand fragt: «Welchen Sinn würde das Leben machen, wenn es nach dem Tod nicht weiterginge? Wozu straucheln, leiden oder etwas gut machen wollen respektive sollen?» Meine Erfahrungen und die hier angestellten Überlegungen legen hingegen nahe, dass «Sinn *im* Leben» aus individuellem und gemeinschaftlichem *Handeln* hervorgeht und sich als Produkt individueller mentaler und emotionaler *Bemühungen* aus vielen, teilweise wenig spektakulären «Sinnkomponenten» zusammensetzt – ja: mitunter auch aus «Borstenvieh und Schweinespeck».

Also: Warum mag ich nicht an Suizid denken? Weil das hier dokumentierte philosophierende Forschen nach Sinn in meinem Leben und nach den dabei hilfreichen Werten sich rundweg und wahrhaftig als meine Lebensform, als *glückender Lebensvollzug* erweist. Diese Schrift ist somit als lebenspralle Erzählung eines *Gravitierens in Richtung (erhoffter) Lebensweisheit* zu lesen; sie ist meine – ureigene und aktuell uneingeschränkt positive – Antwort auf das Wozu und Wie meines Daseins *geworden.* Nüchtern besehen mag sie einfach als Zeugnis dafür gesehen werden, dass ich mein philosophierendes Leben momentan so lebenswert finde, dass ich es unbedingt bis zum Tod *leben will* (mit «bis zum Tod» schliesse ich aber die Möglichkeit eines selbstbestimmten Todes nicht *a priori* aus). Nicht nur das «gute Leben» soll so einem verstehenden und möglichst gelingenden Gestaltungswillen entspringen, sondern auch dem «guten Tod» will ich den Weg bereiten. Sinnsuche und -konstitution ist allerdings nicht nur – wie man verkürzt meinen könnte – ein insbesondere auf die Gestaltung der Gegenwart oder auf die Zukunft ausgerichteter Prozess. Das Gelingen dieses Prozesses hängt in einem nicht unerheblichen Masse von einer erfolgreichen und integrierenden Bewältigung von *Vergangenem* ab.

Sinn und Werte stehen in einem wechselseitigen Verhältnis. Werte sind Modalitäten des Handelns; in ihnen steckt geronnener (Lebens)sinn, der durch Erfahrung mit sinnvollen, als sinnvoll gesetzten oder sich als sinnvoll herausstellenden Handlungen gewonnen worden ist oder wird. Werte können egozentrisch sein oder als gemeinsame Werte von mehreren Personen geteilt werden. Mit Werten können wir die Sittlichkeit unseres Wollens steuern und sichern; auf Werte können wir unser Sollen in «Gedanken, Worten und Werken» gründen. Sinn und Werte werden konstituiert und sind daher veränderbar. Philosophieren ist als sprachlichdenkendes Handeln sowohl eine Form sisyphidischer Arbeit an Sinn und Werten als auch eine Form wertschöpfenden und lebenserfüllend ernsthaften Spielens mit diesen. Dies bestätigt sich indirekt auch in der wichtigen Differenz zwischen menschlichen Handlungen und Naturereignissen, auf die Ludwig von Mises in seinem Essay *Die Letztbegründung der Ökonomik* hinweist:

Es ist eine Tatsache, dass bis heute nichts dafür getan wurde, die Kluft zu überbrücken, die zwischen den Naturereignissen besteht, bei deren Ablauf die Wissenschaft keine Zielgerichtetheit finden kann, und dem bewussten Handeln der Menschen, das stets nach bestimmten Zielen strebt. Bei der Betrachtung des menschlichen Handelns den Bezug zu erstrebten Zielen zu vernachlässigen, ist nicht weniger absurd als die Bemühungen, Naturphänomene als zielgerichtet zu interpretieren. ([2]2016: 12–13.)

Von Mises wichtige Feststellung, dass «die Naturwissenschaften Kausalitätsforschung, die Wissenschaften vom menschlichen Handeln teleologisch» sind (Seite 23), mag man noch dahingehend differenzieren, dass *planvolles* Handeln gerade aus einer Verknüpfung von Kausalität und Ziel respektive Zweck *(telos)* besteht: Ein Plan lässt sich verstehen als die Projektion einer Folge kausal verknüpfter, zweckmässiger Handlungen, als Kausalkette verbundener Teilziele auf ein beabsichtigtes (Gesamt)ziel hin. Absichtsvolles Tun ist deshalb analytisch in eine *zweckmässige* und in eine *sinnvolle* Variante von Handeln zu differenzieren.

Mit philosophierendem (= Modalität) Nachdenken (= Handeln) strebe ich in dieser Schrift danach, die *Sinnhaltigkeit* von Handlungen (für mich) und deren Wertbezogenheit radikal zu erkunden (= Absicht). In diesem Bereich stellen sich mir die schwierigen und konfliktträchtigen Fragen nach Freiheit, Verantwortung, Schuld, Schicksal, Glück … Auf die erarbeiteten Fundamente (Teil I) ist sodann das Lebenshaus (Teil II) zu errichten und einzurichten. Zu welchen Ergebnissen über das eben skizzierte Verhältnis zwischen Sinn, Wert und Handeln hinaus führt weiteres Nachdenken, in welchen Bahnen bewegt sich meine persönliche Sisyphusarbeit? Wie sind Sinn und Werte zu verorten, damit die grundsätzlichen Qualitäten glückenden Lebens und verantwortlichen Handelns gewährleistet sind? Da ich versuche, meine ureigene Antwort auf das Wozu meines Lebens zu formulieren, gehe ich von meinem Bedürfnis aus – bevor es zu spät sein könnte ...

1.4 Zur Grammatik des freien Lebens

In Teil II geht es also um die qualitative Bestimmung von Sinn und Werten und um eine Diskussion mir wichtiger Werte. Dabei gilt es zunächst die dazu notwendige philosophierende Lebensform zu beschreiben und zu begründen. Wie in meiner Methodik des Definierens (Kapitel 3) aufgezeigt, sind Fragen vom Typus «Was ist NN?» (also: Was ist Philosophie?) mit etlichen Fallgruben bestückt, deren tiefste in unserer Tendenz besteht, aus abstrakten Nomina auf Substanzen zu schliessen – kurz: ontologisierend zu *hypostasieren* (siehe Abschnitt 2.2.8). Um das abstrakte Nomen ‹Philosophie› zu definieren, ist vom Herkunftsverb ‹philosophieren› auszugehen. Beim Philosophieren ist keine Philosophie im Sinne eines strukturierten Gedankengebäudes intendiert (obwohl eine solche entstehen kann), sondern primär eine explizite Begründung einer persönlichen, sinnvollen Lebensform.

Als auf Sinn hin angelegtes Wesen konstituiere und sichere ich Sinn, indem ich nicht bloss ernsthaft nachdenke, sondern indem ich *philosophierend* einen zwingenden Bezug zum eigenen Leben herstelle. Existenziell ihr Denkvermögen übende und im Einklang damit (ethisch) handelnde Menschen verlassen damit die Ebene üblicher sozialer Rollen: Philosophierende(r) zu sein, ist – streng gesprochen – *keine Rolle mehr,* weil so lebende Menschen sich nicht rollenmässig fragmentieren lassen, sondern sich in einem holistischen, integrierten Sinnzusammenhang einrichten wollen. Philosophierende leben mit «Haut und Haaren» in einem existenziellen Projekt, welches der Sicherung des Lebensinhaltes gewidmet ist; sie spielen nicht die Rollen von «Philosophinnen» oder «Philosophen», sondern geradezu – und in etwas anderem Verständnis – «die Rolle ihres Lebens».

Philosophierend schöpfe ich lebensnotwendige *Orientierung* für bewusste(re)s, sinn- und werthaltiges Handeln und für das Übernehmen der dazugehörigen Verantwortung. In den jetzigen und künftigen, zufallend-zufälligen Lebenslagen – so meine Überzeugung – kann es mir nur in dieser Lebensform glücken, einsichtig argumentierbare Entscheidungen persönlich frei zu fällen, einem angemessen freien Willen gemäss zu handeln und daraus erwachsende Verantwortung wirklich zu übernehmen und in ihrer Konsequenz zu tragen. Klarheit in wichtigen Lebensfragen zu bekommen, ist fordernde Arbeit –

RABENAUS WUNDERSAME ERLEBNISSE

WENN iCH ÜBER ALLES NACHDENKE, GEHT MiR MEIN KOPF KAPUTT.

– und wird es zeitlebens auch sisyphidisch bleiben. Dies nicht nur deswegen, weil denkend und philosophierend viel zu leisten ist, sondern insbesondere auch deswegen, weil einige übernommene, teilweise seit Kindheit vertraute und vertrauenswürdig erscheinende Vorstellungen, Einsichten und Glaubensinhalte («ein feste Burg») sorgfältig hinterfragt werden müssen und – in einem weniger ikonoklastisch als bedauernden Gestus – demontiert, zertrümmert und geschleift werden. Ist es das wert? Ja, davon bin ich überzeugt! Die dabei gewonnenen Freiheitsgrade bezüglich Entscheidungen und Verantwortung sind beträchtlich, und die manche epikureischen Vordenker bestätigende Einsicht in den einzigartigen Wert des menschlichen Lebens *hier und jetzt* ist Auftrag, Pflicht und Lust zugleich.

Ist das Vermessenheit, gar «gottlose» Hybris? Bin ich, Mensch, angesichts der Weiten des Universums nicht absolut bedeutungslos? Die Frage ist in meinem Weltbild sinnlos; aber sollte eine Antwort erforderlich sein, so ist sie für mich ein deutliches, uneingeschränktes «Nein»! Im Gegenteil: Ich fühle mich aufgerufen, unsere wunderbare, im Laufe der Evolution zunächst zugefallene, aber eine die Weiterentwicklung selbst und bewusst (mit)steuerbare Ausstattung extensiv zu nutzen; ich will – etwas plakativ – Herz, Hirn und Hände *frei von* unsinnigen Einschränkungen und Verboten ausschöpfen und ohne Überheblichkeit zum eigenen Wohl *und* zum Wohle anderer einsetzen (Goldene Regel). Selbst wenn jemand am Glauben festhielte, dass diese Ausstattung eine göttliche Gabe sei, müsste dieser Auftrag gleichwohl bestehen. Wozu sollte uns ein Gott rationales Denken ermöglichen und ein steuerndes Bewusstsein schenken, aber gewisse, damit sehr wohl zugänglich werdende Bereiche in unverständlicher Weise davon ausschliessen? Genau dies soll der jüdisch-christliche Gott in der Paradiesgeschichte getan haben: Er verbietet – allerdings ohne nachhaltige Wirkung – den Menschen ausdrücklich, von den Früchten des Baums der Erkenntnis zu kosten, das heisst, ihren Verstand frei zu gebrauchen.

Der Hybrisvorwurf wäre ja aus einem weiteren Grund paradox: Kein Mensch kann sich realiter an die Stelle eines «bloss» im Gehirn eines Individuums imaginierbaren Gottes setzen und damit eine Hybris begehen. Wer dies aus Verblendung dennoch zu tun versuchte, gehörte gerade darum unbedingt gestürzt. Übertragen Menschen einer Person – zu ihrem Wohl und nicht als einer Statthalterin eines Götzen – Macht, muss diese sich bewusst sein, dass sie einen *Dienst* übernimmt und für dessen korrekte Ausübung von ihren Mitmenschen zur Verantwortung gezogen werden kann und soll. Die Menschen als Gattung und als Individuen sind deshalb wichtig und einzigartig, weil sie ein Bewusstsein haben und weil sie damit dieses gewaltige, infinite Universum in Teilen wahrnehmen, ihm ansatzweise gerecht werden können. Nur dem Menschen ist das mythisch zuerst auf Übermenschen respektive auf ein Gott oder Götter übertragene *Schöpfen*, das bewusste und autonome Schaffen zugefallen. Das Universum war zwar schon «vor uns» da, aber das Potenzial, dieses zumindest in Teilen vernünftig zu gestalten, ist beim Menschen.

Meine «Welt», meine Lebens-, Denk- und Handlungsräume sind von anderen (mit)bevölkerte reale und mentale Räume, in denen sie ebenfalls denken, handeln und leben. Im Unterschied zu den Tieren hat der Mensch nach von Mises die Fähigkeit, die «Umwelt zielgerichtet zu seinen Gunsten» anzupassen ([2]2016: 24); dabei kann er aber nicht handeln, «ohne dem volle Beachtung zu schenken, was die Mitmenschen des Handelnden tun werden». «Handeln», so von Mises ([2]2016: 75), «beinhaltet das Verstehen der Reaktionen anderer Menschen.» Deshalb sind wir Menschen von unserem Wesen her auf eine *kooperierende, sozial strukturierte und dialogische Lebensform* verwiesen, in deren Rahmen wir Handlungen (interpersonal) rechtfertigen, Sinnfragen verhandeln und gegenseitige Verantwortungen festlegen können, ja müssen. Dazu brauchen wir werthaltige Strukturen des Zusammenlebens, gemeinsame Werte und ausreichend Freiräume, um unser persönliches und unser kollektives Leben würdig und glückend gestalten zu können. Dem drängenden, sich manchmal übermächtig gebärdenden, häufig nach Beherrschung und Herrschaft strebenden menschlichen Können muss die Gemeinschaft das rechtmässige Dürfen entgegenstellen und auch durchsetzen, damit dieser Drang fruchtbar gebändigt werden kann.

Sinn und Werte sind nicht nur egozentrisch, das heisst für die eigene Person wichtig, sondern sie spielen *interpersonal* eine entscheidende Rolle; sie sind die fundamentalen Kategorien des Lebens, weil sie der Beurteilung von menschlichem Handeln in seinen Modalitäten und Absichten dienen. *Ich handle, du handelst, er oder sie handelt; wir handeln, ihr handelt, sie handeln* – damit ist die Grammatik des Lebens im Wesentlichen konjugiert, aber auch die sisyphidische Dramatik des Lebens umschrieben. Handeln (zu müssen) und handlungsfähig zu sein, ist das Signum des Menschseins. Unser Handeln *werten* wir nach Absicht, Art und Qualität und verleihen ihm entsprechend persönlichen oder gemeinsamen Sinn. Das überlieferte Handeln des Sisyphus war einesteils unfreiwillig, denn die Götter verbanden damit die Absicht, ihn mit ständigem Scheitern zu bestrafen. Diese auferlegte Modalität konnte er nicht verändern. Da aber sein Wille ungebrochen war, habe er – so Camus im *Mythos des Sisyphos* – die Wirkung der olympischen Absichten durch eine ganz eigene Be-Wertung und Sinngebung unterlaufen können: Der befreite Abstieg verschaffte ihm Momente des Glücks. Damit gab er seinem Handeln eine selbstbestimmte Qualität und konnte er sein Schicksal in ein für ihn sinnvolles Spiel respektive Tun wandeln.

Teil I: Die Fundamente

2 Der existenzielle Zugang

Die einzige Evidenz, die wir von Existierendem – somit auch von uns – haben, ist die sinnliche Wahrnehmbarkeit. Wahrnehmen ist apriorisch und nicht hintergehbar; auch die Verstandesinstrumente, die der Sichtung von Evidenz und dem Argumentieren dienen, sind apriorischen Gesetzen des Denkens unterworfen. Prozesse und Bedingungen des Wahrnehmens sind somit grundlegend für das Erkennen, das Verstehen und das Wissen. Im Leben des einzelnen Menschen und der menschlichen Gattung sind Ergebnisse dieser Prozesse sprachlich vermittelbare Fundamente für die Etablierung und Sicherung lebenswichtiger Vorstellungen und Anschauungen, so zum Beispiel als Garant für die Wahrhaftigkeit von Kategorien wie Existenz und Realität. Über die Brücke der Erfahrung spielt die Wahrnehmung bei der Etablierung von Sinn und Werten eine fundamentale Rolle.

2.1 Wahrnehmen als Zugang zu Welt und Leben

Es gibt keinen Zugang zur Welt oder zum Leben, der nicht auf Wahrnehmung beruhte. So unzulänglich unsere Wahrnehmungsorgane auch sein mögen – Dinge und Phänomene sind wahrnehmbar, und zwar letztlich korrekt und wahrhaftig wahrnehmbar. Dass wir die Realität wahrnehmen (können), ist ein nicht hintergehbares, fundamentales Faktum. Wahrnehmung ist somit *der* existenzielle Zugang schlechthin. Dafür gibt es, meine ich, die folgenden wesentlichen Erklärungen:
[a] Den Dingen inhärente energetische Differenziale lassen Reiz-Reaktionskontexte entstehen. Anziehung und Abstossung sind die Ur-Sachen für (Eigen)bewegungen, für das Aggregieren von Materie, für Veränderungen (Lane 2013: 22). Bewegung ist der *Motor der Evolution*. Der epochale Sprung vom Unbelebten zum Belebten manifestiert sich im Einsetzen, in der *Emergenz* der Wahrnehmungsfähigkeit. Nur Lebewesen haben Wahrnehmungsorgane (siehe Kaeser 2015a). Ihr primärer Zweck ist die Suche nach Nahrung zur Aufrechterhaltung eines das Überleben sichernden Ener-

gieniveaus; dies ist unauflöslich mit Bewegung und Reproduktion verbunden. Die Wahrnehmungsfähigkeit ist Voraussetzung dafür, dass Nützliches (auf)gesucht und Schädliches respektive Gefährliches gemieden werden kann (siehe Wiesing 2002: 12; siehe auch Detel 2007.4, Kapitel 11). Dies spiegelt sich auch in der Herkunft des Wortes ‹wahrnehmen›:

s. *wahren*. [...] WAHREN [...] Mhd. *warn* ‹beachten, behüten› [...]. Abgeleitet von g[erm]. **warō f.* ‹Aufmerksamkeit› [...]. (Kluge [23]1999: 871.) WARNEN [...] Mhd. *warnen* [...]. Zu der unter *wahren* dargestellten Sippe [...]. Also etwa ‹sich vorsehen› und ‹machen, dass sich jmd. vorsieht›. (Kluge [23]1999: 875.)

Entgegen dem heutigen Sprachgefühl, welches versucht ist, das Verb ‹wahrnehmen› in die Nähe der «Wahrheit» zu rücken, enthüllt der Blick auf die Herkunft des Verbs eine Warnfunktion. Für Lebewesen, besonders für die sich selbstbewusst ‹Menschen› nennenden, ist Wahrnehmen lebenswichtig. Das menschliche Reagieren auf reale und mentale Umgebungen aufgrund von Sinn(es)wahrnehmungen ist eine entwickelte Form der immanenten Eigenschaft von Materie, nämlich auf Reize reagieren und mitunter diese interpretieren zu können (siehe die Serie in der *NZZ am Sonntag* vom 5.9.2015 bis zum 25.10.2015).

[b] Mit unseren Sinnen «begreifen» wir die Welt. Dies geschieht sowohl reaktiv wie auch aktiv. Gerade die Selbst- und Spiegelwahrnehmungen, welche zu Inhalten des Bewusstseins werden, zeigen die *axiomatische* Stellung des Wahrnehmens. Wir können Gegenstände und Sachverhalte bewusst manipulieren und *experimentell* kontrolliert verändern, um zu weiteren Erfahrungen und Erkenntnissen zu gelangen (siehe die «narrative» Erkundung des freien Willens in Abschnitt 8.6). Das (Selbst)bewusstsein ermöglicht *Vergegenwärtigungen*; es generiert und kumuliert in Zusammenarbeit mit dem Erinnerungsvermögen *Erfahrung*.

[c] Da das Wahrnehmen Zwecken dient, ist sie notwendigerweise eingebettet in unseren schematischen Grundsatz des *Handelns* (siehe Kapitel 1). Es dient der *Steuerung* von Handlungen und ist daher mit dem *Willen* systemisch verknüpft: Der mit normal funktionierenden Sinnen ausgestattete Mensch kann weder *nicht* wahrnehmen noch *nicht* denken noch *nicht* auf Reize reagieren.

Aber nicht nur die Reaktion auf Wahrnehmungen (zum Beispiel das Ausblenden von Geräuschen), sondern auch das Generieren von (imaginativen) Wahrnehmungen lässt sich willentlich steuern: Wir können interpretieren, aus Wahrnehmungen Schlüsse ziehen, Kausalketten konstruieren und damit den Bereich des für uns Wahrnehmbaren strukturieren, vermessen und objektivieren. So können wir zur objektiven Einsicht gelangen, dass ein Würfel real *gleichseitig* ist, obgleich der Gesichtssinn nur «relative», das heisst perspektivische Wahrnehmungen von verkürzten Seiten ermöglicht. Auf diese Weise können wir die Welt erfahren und das Leben verstehen. Als bewusst wahrnehmendes Wesen kann der Mensch schliesslich auch *Sinnfragen* stellen und – weil er über das Instrument der Sprache verfügt – individuell und gemeinschaftlich beantworten.

[d] Die Gewinnung, insbesondere aber die Vermittlung und die Überprüfung von Erfahrung, Erkenntnis und Wissen, ist allgemein und objektiv darum möglich, weil unsere Wahrnehmungsfähigkeiten und unsere Sprachen *nicht amorph oder ungeregelt,* sondern wesentlich gleich strukturiert sind: So können wir als Menschen Formen und Farben, Mengen (Zählbarkeit), Gleichheit und Ungleichheit, Widersprüche, kausale Zusammenhänge, Ursachen und Wirkungen, Töne und Tonfolgen und so weiter personenübergreifend erkennen und uns darüber diskursiv verständigen.

2.2 Zu den Objekten der Wahrnehmung

Im Folgenden versuche ich, anhand wichtiger Stichwörter die Module meines Weltverständnisses argumentierend zu entwickeln und darzustellen, wie ich zentrale Objekte der Wahrnehmung verstehe. Weil ich im Zusammenhang von Sinn und Wert bleibe, ist hier weder auf die komplexe Typologie der Wahrnehmungsobjekte, die sich in der Metaphysik herausdifferenziert hat (Detel 2007.2: 12; 17–18), noch auf Positionen der Philosophie der Wahrnehmung, der Phänomenologie näher einzugehen (siehe die sachkundige Einleitung bei Wiesing 2002 und die Kritik des Realismus bei Krämer 2007).

2.2.1 Innen und aussen

Die durch unsere Haut gebildete Grenze konstituiert unser Verständnis von erfahrbarer Realität und damit von *innen und aussen;* die Empfindsamkeit und Schmerzfähigkeit der Haut trägt entscheidend bei zur Selbst- respektive Fremdwahrnehmung (Ich vs. Nicht-Ich). Dank (Selbst)bewusstsein sind wir fähig, eine eigene Perspektive, aber auch die Perspektiven anderer Personen einzunehmen (Stichwort: Spiegelneuronen): Wir können «anderen Personen Gefühle und Gedanken zuschreiben»; wir lernen zu unterscheiden «zwischen dem, was [eine Person] sieht, und dem, was ein anderer sehen mag» (Lexikon Philosophie 2011: 55–58). Die seit der Antike bekannte Aufforderung «Erkenne dich selbst» ist nur in diesem wider*spiegelnden* Zusammenspiel zu erfüllen: Reflektiertes und reflektierendes Wahrnehmen schafft einen gemeinsamen, apriorisch strukturierten interpersonalen Raum, in dem Erkenntnisse zugleich sowohl subjektiv sind als auch objektiv sein können. Die Fragen, die ich mir stelle, sind Fragen, die andere sich – oder mir – auch stellen (können). Die Antworten, die andere auf solche Fragen geben, sind für mich nachvollziehbar und *vice versa,* sofern sie interpersonal ausgerichtet und empirisch objektiv verifizierbar sind. Mein Handeln wird gegenüber dem Handeln anderer abgrenzbar, argumentierbar und verstehbar; wir können uns auch gegenseitig abstimmen.

2.2.2 Dinge

Die Kategorien *innen–aussen* respektive *selbst–fremd* sind die Urkategorien für das Wahrnehmen von Dingen (mit den Lebewesen als Untergruppe). Ich kann mich «als Ding» bewegen, andere können sich «als Ding» bewegen; ich kann andere «als Ding» bewegen, andere können mich «als Ding» bewegen. Bewegung registrieren wir, weil «Dinge» sich als Entitäten auf einem als entkoppelt wahrgenommenen Hintergrund oder relativ zueinander bewegen. Das Universum (siehe Abschnitt 2.2.6) ist *kein Ding.*

An Dingen nehmen wir ferner wahr, dass sie aus *Materie* bestehen (siehe Abschnitt 2.2.6 und Websites), aus dem kontinuativen Grundstoff des Universums. Für mich ist die Aussage «Materie existiert real, unendlich und ewig» eine nicht hintergehbare, axiomatische Wahrheit. Materie ist das Substrat der Dinge; sie ist nicht mit den primären Granulierungen der Materie, mit den Elementarteilchen gleichzusetzen, aus denen die endlose Vielfalt an diskreten, konkret-stofflichen Aggregierungen von Materie aufgebaut ist, das heisst von geformten atomaren respektive molekularen Zusammensetzungen. Dinge (von den Elementarteilchen über die Lebewesen bis zu den kosmischen Objekten) sind konkret sowie zeitlich und räumlich begrenzt (siehe Abschnitt 4.2); sie *existieren,* und zwar unabhängig davon, ob wir sie wahrnehmen.

Wir identifizieren Dinge, führen Unterscheidungen ein, schaffen Kategorien, bezeichnen Eigenschaften und so weiter – mit anderen Worten: Wir *verständigen* uns sprachlich in zweckmässiger Weise und sinnvoller Absicht über Dinge, Phänomene sowie Denkinhalte. Sprache erlaubt uns, sowohl der Aussenwelt als auch unserer mentalen Innenwelt eine mit-teilbare Ordnung aufzuerlegen. Die Beschreibung der Dinge ist als physikalisches Wissen *objektivierbar;* in der Sprache erscheinen sie im Gewand der Nomina für *Konkreta.* Unsere Fähigkeit, Dinge zuverlässig wahrzunehmen, ergibt nur Sinn, wenn wir und unser Kontext materiell als Realität tatsächlich *existieren* und wenn die Auslöser oder die Objekte unseres Handelns erkennbar sind (nicht ganz unwesentlich im Rahmen der Nahrungssuche und -aufnahme). Daraus leitet sich auch die fundamentale Bedeutung der Wahrnehmung im Leben, aber auch in der Wissenschaft ab (nicht nur in der Physik). Nur wenn wir Realitäten angemessen wahrnehmen, können wir unser *Handeln* klug darauf ausrichten.

Menschen sind ein Komplex von drei *Existenzweisen:* [a] Sie existieren als objektiv wahrnehmbare, konkrete und lebende Dinge. [b] Sie weisen systemische Eigenschaften und kontingente Erscheinungsformen auf, die als (dinggebundene) Exophänomene existieren (siehe Abschnitt 2.2.3) und ebenfalls weitgehend objektiv wahrnehmbar sind. [c] Sie können dank emergenter, systemischer Eigenschaften des Gehirns (bewusst) endophänomenale mentale Produkte generieren (siehe Abschnitt 2.2.4), die nur für das jeweilige Ich wahrnehmbar und existent sind, anderen Menschen aber mitgeteilt werden können. In allen drei Bereichen sind auch Selbstwahrnehmungen möglich.

2.2.3 Exophänomene und Eigenschaften

Dinge treten nur als Erscheinungen von Materie auf. Exophänomene sind feste (immanente) oder kontingente (zufällige) Qualitäten oder Erscheinungen von Dingen oder von Konfigurationen von Dingen und somit sowohl existent wie wahrnehmbar. Thesenartig kann man sagen: Ohne Dinge keine *Exophänomene;* ohne Exophänomene kein Wahrnehmen von Dingen. Die Exophänomene (zum Beispiel Farben, Formen, Qualitäten ...) sind mentale Produkte und deshalb wahrnehmbar, weil sie mit und dank materiellen Trägerdingen *existieren* (zu den innenweltlichen Endophänomenen siehe 2.2.4). Mit ‹Eigenschaft› (siehe Abschnitt 2.3) bezeichne ich Phänomene, die *immanente* Wesensmerkmale von Dingen sind – immanent deshalb, weil sie diese konstituieren: Beispielsweise ist Form eine Eigenschaft, weil Dinge nur *qua Form* in Erscheinung treten *können;* das *Wie* dieser Form ist mehr oder weniger zufällig respektive kontingent (zum Beispiel rund, viereckig, lang ...). *Existierendes ist in komplexer Weise dinglich-phänomenal.*

Zur Illustration: In der Malerei gibt es die Epoche des *Pointillismus.* Reine Farben wurden da als Flecken oder als geometrische Formen (Punkte) aufgetragen. Die «kunstvoll», das heisst mit grossem Können und mit Wissen um optische Effekte aufgetragenen, materiellen Farben nimmt man – aus passender Distanz betrachtet – als *exophänomenales Bild* wahr. Ohne die materiellen Grundlagen gäbe es solche Bilder nicht; es existiert dank bewusster Wahrnehmung. Exophänomene sind mentale (neuronale) Konstruktionen, die wir im Zuge der Wahrnehmung realer ausserweltlicher Aggregationen erzeugen, registrieren und allenfalls benennen. Die Tatsache, dass Exophänomene ausserweltlich sind und eine materielle Grundlage haben, stützt die Verbreitung und erhöht die kollektive Verbindlichkeit gleicher oder divergierender Wahrnehmungen. Deshalb sind bei Dingen und Exophänomenen *Objektivierungen* möglich. Als Realitäten, als *empirisch und rational-logisch überprüfbare Wahrnehmungsobjekte,* stehen sie der interpersonalen Kommunikation offen und können dem gemeinsamen Wissensbestand angehören. Sprachlich erscheinen die Bezeichnungen für Exophänomene primär als Eigenschaftswörter respektive Adjektive (zum Beispiel «ein *farbiges* Bild»). Diese Grundwörter können zu Nomina abgeleitet werden (zum Beispiel «Farbe», «Farbigkeit») und eröffnen damit die problematische Möglichkeit der Hypostasierung (siehe Abschnitt 2.2.8).

Nicht nur einzelne Dinge, sondern auch Kombinationen von Dingen erscheinen phänomenal. So haben Sternbilder eine materielle Grundlage in den Einzelsternen; das Bild, der optische Sinneseindruck ist das, was wir als «Konstellation» der Sterne mental konstruierend «sehen». Interessant sind auch die *privativen* Wörter wie ‹Loch›, ‹Leere›, ‹Raum› ... Sie bezeichnen nicht Dinge, sondern nur Phänomene; ohne die entsprechenden materiellen «Randbedingungen» (Begrenzungen, Ränder, Wände, Seiten ...) wären sie nicht wahrnehmbar. Wir sehen Viereckformen, nicht weil Vierecke *materiell* existieren, sondern weil bestimmte materielle Konfigurationen solche bilden und wir uns angewöhnt haben, sie als solche zu erkennen. Obwohl der effektive Sinneseindruck zum Beispiel der Seitenflächen eines Würfels – die nicht einmal alle gleichzeitig sichtbar sind – kaum je «reine» Viereckformen anbietet, können Erscheinungen von verschiedenen Wahrnehmenden unabhängig voneinander individuell wahrgenommen und objektivierend als «gleich» klassifiziert werden (Eigenschaften wie Formen und Farben eignen sich da besonders gut).

Nicht selten nehmen wir Phänomene wahr, deren materielle Grundlage wir nicht oder nur bruchstückhaft kennen respektive die wir «rein theoretisch» annehmen oder vorhersagen. Da setzen *Deutungsprozesse* ein, die auf mehr oder weniger sicherem Wissen und auf Hypothesen beruhen (wie zum Beispiel bei der ärztlichen Diagnostik). Die Deutungen zielen auf ein wahres Erfassen der *Realität,* das heisst auf die realen Dinge sowie auf die objektiven Konstellationen dieser Dinge und deren Phänomene (kurz: «die Welt» oder «das Universum»; siehe Westerhoff 2011). Ein Beispiel: Behaupten Forscher am CERN, sie hätten endlich die «Existenz» des Higgs-Teilchens nachgewiesen, so sind (vorläufig?) Zweifel erlaubt: Handelt es sich da um den Nachweis von realen *Dingen,* handelt es sich um den Nachweis eines Phänomens, welches seine Existenz einem möglicherweise noch unbekannten materiellen Trägerding verdankt, oder handelt es sich gar um den blossen Nachweis eines Epiphänomens, zum Beispiel eines programmgenerierten *Effekts* auf einem Bildschirm? Da der Nachweis wesentlich auf Messungen beruht und Messungen zur Erfassung phänomenaler Aspekte dienen, ist nicht auszuschliessen, dass das «entdeckte» Higgs-Teilchen weit davon entfernt ist, (schon) ein Ding respektive ein Elementarteilchen zu sein, sondern vielleicht nur ein «fantastisches Phänomen» darstellt!

2.2.4 Endophänomene

Exophänomene (siehe Abschnitt 2.2.3) sind Objekte der Wahrnehmung in der Aussenwelt; Endophänomene sind innenweltliche, mentale Produkte. Das materielle, neuronale Fundament von Endophänomenen ist das Gehirn; sie *existieren* somit prinzipiell in der gleichen Weise wie Exophänomene und sind damit die – nichtöffentlichen und von aussen nicht ohne Weiteres wahrnehmbaren – *Exophänomene des Gehirns.* Es gibt zwei wichtige Klassen von Endophänomenen: Es gibt die mit der Aussenwelt verschränkten Endophänomene, nämlich die endophänomenalen Repräsentationen von Exophänomenen (zum Beispiel Erinnerungen), und die «reinen» Produkte des Denkens (zum Beispiel Gedanken, Imaginationen, Zahlen und so weiter). Zu Ersteren gehören zum Beispiel Sinnesdaten: Diese können eine gewisse Zeit überdauern, das heisst, sie werden im *Gedächtnis* gespeichert (wie und wo, ist hier nicht relevant; siehe dazu Croisile 2011). *Erinnerungen* sind mentale Vergegenwärtigungen oder «Wiederaufführungen» abgespeicherter Wahrnehmungen (als Resultat traumatischer Erlebnisse können solche Iterationen psychisch allerdings sehr belastend sein).

Objekte des vergegenwärtigenden und erinnernden Wahrnehmens *können* innenweltlich aktiviert und mit dem Vorstellungs- und Denkvermögen verarbeitet und manipuliert werden. So können wir zum Beispiel «Imaginationen» der verschiedensten Art bewusst gestalten (zum Beispiel Einhörner, Feen, Marsmenschen, UFOs und so weiter). Obwohl solche Imaginationen keine konkreten materiellen Träger in der Aussenwelt haben (linguistisch ausgedrückt: keine Referenz), sind sie insofern auf die Aussenwelt bezogen, als sie *ausschliesslich* als ein Patchwork von Versatzstücken exophänomenaler Wahrnehmungen, zum Beispiel als anthropomorphe Simulationen, auftreten (siehe Abschnitt 2.2.7). In diesen Fällen fungiert unser Gehirn gewissermassen als Aufnahmegerät für Eindrücke und unser Verstand als Instrument für die egozentrische Verarbeitung und Archivierung.

Als Repräsentationen von Exophänomenen haben Endophänomene einen deutlich individuellen Charakter; sie können von einer objektivierten Wahrnehmung von Dingen oder Exophänomenen mehr oder weniger stark abweichen. So wie Exophänomene sich dekomponieren und inexistent werden, wenn die materiellen Träger sich auflösen, verschwinden Endophänomene unwiederbringlich mit dem Tod ihrer Erzeuger, das heisst mit der Auflösung des Leibes respektive des Gehirns als des materiellen Fundaments. Die bei der Wahrnehmung entstehenden, zugehörigen mentalen Daten sind also wesentlich *flüchtig.* Im Bestreben, diese Flüchtigkeit zu begrenzen und den Zerfall zu verzögern, hat die menschliche Intelligenz dauerhaftere Formen entwickelt: Der Mensch schafft «Aufzeichnungen»; Bilder sind die sekundären materiellen Träger von Endophänomenen.

Gehirn und Verstand mögen zunächst nur der endophänomenalen Repräsentation von Exophänomenen gedient haben, aber – wie das bei vielen Instrumenten so ist – ihr Anwendungspotenzial war damit bei weitem nicht ausgeschöpft. Unser Verstand kann bekanntlich von «Dada» bis zu «Immaterie» vieles erschaffen – und uns ausserdem eingeben, dass, weil es ein «Etwas» gibt, es doch in der Wirklichkeit auch ein «Nichts» geben muss (strenggenommen kein Objekt der Wahrnehmung, sondern des Denkens). Der reaktive Vorgang auf einen ausserweltlichen Input bei Sinneseindrücken lässt sich offensichtlich auch umkehren: Die zweite Klasse der Endophänomene, nämlich die «reinen» Produkte des Denkens (zum Beispiel Zahlen, Gruppen, Relationen, Überlegungen, Hypostasierungen und so weiter), kreieren wir mit Gehirn und Verstand. Um diese (bequem) manipulieren und «publizieren» zu können, bilden wir sie in symbolischen Formen ab – allen voran in Sprache, aber auch in Zahlen, Formeln, Abstrahierungen und so weiter. Wir verstofflichen also nicht nur *Ein*drücke der sinnlich wahrgenommenen Aussenwelt in Bildern, sondern wir bilden auch «materialisierte» *Aus*drücke unseres Denkens, nämlich narrative, deskriptive und argumentierende Texte, die in materiellen oder digitalisierten Formen ausserweltlich existieren und überdauern. In dieser Form eröffnen sie die zivilisatorisch wertvolle Möglichkeit, sowohl individuelle als auch kollektive Wahrnehmungen und Endophänomene zu «verstofflichen» (siehe Abschnitt 5.4), sie «verbildlicht» zu teilen, «versprachlicht» mitzuteilen und dadurch zu Geschichte werden zu lassen. So sind wir in der Lage, an den endophänomenalen Bewertungen von Handlungen, nämlich «Sinn» und «Wert», individuell und kollektiv zu arbeiten.

2.2.5 Realität

Im Gegensatz zur grundstofflichen Materie existieren Dinge und Phänomene zeitlich und räumlich (das sind ihnen immanente Eigenschaften); sie sind mehr oder weniger beständig, daher veränderlich und letztlich vergänglich. Sie konstituieren die Realität respektive Ausschnitte der Realität in ihrer jeweils aktuell wahrnehmbaren Gestalt. Die Realität hat sowohl einen stofflichen als auch einen phänomenalen Aspekt; sie ist gewissermassen Ding und Phänomen zugleich. Als Ding existiert sie real und unabhängig von uns; als Phänomen ist sie ein mentales Konstrukt unserer Wahrnehmung. Wer immer die Realität nur als phänomenales Konstrukt sieht und in ihrem stofflichen Aspekt verneint, verneint *als Mensch* sich selbst, weil neben der Umwelt unser *eigener Körper* und die darin ablaufenden Vorgänge bevorzugte Objekte unserer (Selbst)wahrnehmung sind. Dass unser Körper materiell wirklich existiert, ist *realiter* axiomatisch.

Für die *Phänomenologie* ist das Objekt einzig als Phänomen von Interesse. So wird etwa bei Maurice Merleau-Ponty (1908–1961) in der Schrift *Phänomenologie der Wahrnehmung* (1945) die durch den Beobachtungsstandpunkt jeweils vorgegebene «einseitige» Wahrnehmung eines Apfels zum Anlass genommen, der immer nur partiell wahrnehmbaren (stofflichen) Realität den

Status von «selbständiger Realität» abzusprechen. Dabei wird der fundamentale Widerspruch übersehen, dass die Rede von einer nur «partiell» möglichen Erfassung schon ein «Ganzes» impliziert. Die phänomenale Realität ist ein Kontinuum, in die wir als Wahrnehmende konkrete und sprachliche Grenzen einziehen. Diese können reale Differenzen aufnehmen oder konventionelle Setzungen unseres Verstandes und unserer Sprachen darstellen (wann wird die Pfütze zum Teich?). Diese Teile der Welt – so meine erkenntnistheoretische Position – verstehen wir, indem wir ihre sprachliche Formung analysieren (siehe Abschnitt 3.2). Die stoffliche Realität hingegen ist Gegenstand einer Reihe von Wissenschaften (Physik, Chemie, Biologie und so weiter), deren Einsichten ihren Niederschlag in methodisch begründeten Theorien finden (zum Beispiel die Relativitätstheorie). Das primäre Interesse hier ist die Beschreibung der Dinge und der zwischen diesen ablaufenden Prozesse.

2.2.6 Universum und Materie

So wie die Dinge nur phänomenal wahrnehmbar sind, so tritt die Materie nur dinghaft wahrnehmbar in Erscheinung. Die Materie ist das unendlich Existierende schlechthin; sie ist weder zeitlich noch räumlich. Die gegenteilige Annahme, nämlich die der Endlichkeit der Materie, führt zu (vielen) Aporien. Indem Materie als in evidenter Weise nicht homogenes Substrat sich lokal koagulierend zu Dingen «massiert», welche Zeit und Raum konstituieren (siehe Abschnitte 2.2.2 und 4.2), entsteht Masse mit Gravitation und damit auch *Bewegung*. Das Universum ist Materie als dinglich wahrnehmbare Realität (und nicht der «Behälter aller Dinge»). Weil das Universum unendlich und unbewegbar ist, ist es selbst *kein Ding*. Die Suche nach dem, was das Universum zusammenhält, ist sinnlos, weil damit dessen Endlichkeit vorausgesetzt würde; weder die Materie noch seine mit ‹Universum› bezeichnete Realität bedarf eines Zusammenhalts. Wir müssen akzeptieren: Sie *sind*. In Bezug auf das Universum gibt es kein «Ausserhalb»; in Bezug auf Materie gibt es weder ein «Nichts» noch ein «Göttliches» als duale Existenzform (siehe Abschnitt 2.2.7). Diese Wörter bezeichnen nicht Wahrnehmungsobjekte, sondern «reine» Denkobjekte ohne reale Referenz.

Das Infinite ist in metaphorischer Ausdrucksweise – und *nur* in dieser – das «grosse Eine», das *Universum*. Zu behaupten, es gebe das Universum immerhin in einem Exemplar (das heisst, als Begriff hätte es die Extension 1), ist eine Aussage, die so «nicht zählt», weil das Universum nicht entitär ist. Es kann darum auch keine Dinge und Phänomene «enthalten». Noch unzulässiger wäre es, zu sagen, dass es «*alle* Dinge» oder «*alle* Phänomene» enthält, denn damit erhielten wir als Bestimmung *realiter* eine Endlichkeit. Auch eine Beschreibung der Menge von Dingen und Phänomenen als «unendlich (besser: endlos) viele» ist nicht adäquat, denn für eine Bestimmung als «viele» fehlt ein Massstab respektive eine Vergleichsgrösse. «Berechnende» Mathematiker hätten da wohl wieder eine andere Meinung …

Ist das Universum unendlich, und besteht es aus Materie, sind Szenarien einer kosmischen Apokalypse müssig. Die Verwendung von Metaphern wie «Grösse», «Alter» oder «beschleunigte Ausdehnung» des Universums (Stichwort: Rotverschiebung) und so weiter ist unsinnig. Die Kategorien von *Zeit und Raum* – korreliert in der Bewegung realer Objekte – lassen sich weder dem unbewegten Universum noch der es bildenden Materie (der «M[el]asse» – oder gar dem wiedergeborenen «Äther»?) zuschreiben. Die «Raumzeit» ist für mich ein typisches geistgeborenes, theoretisches, aber empiriefeindliches Konstrukt des hypertrophierenden Verstandes). Nur die Dinge, das heisst die Erscheinungsformen von Materie, die in Form von kleinsten Teilchen über Menschen bis zu supergrossen kosmischen Objekten real existieren und wahrnehmbar sind, konstituieren Raum und Zeit.

Dinge und Phänomene sind nicht statisch, denn *Bewegung ist eine ihrer immanenten Eigenschaften*. Der Eindruck von Statik kann nur aus einer verfälschten Wahrnehmung oder einer Abstraktion resultieren. In uns, wir selbst, um uns herum – alles ist in dauernder Bewegung. Menschen sind als «Dinge» dauernd bewegt und in Bewegung. Wir bleiben am Leben, weil – und solange – lebensnotwendige Prozesse ablaufen (Herz, Darm und so weiter), und wir bleiben am Leben, weil wir am Leben bleiben *wollen*.

Kern dieses Lebenwollens ist unser *Handeln*. Wir handeln als lebende «Dinge» und unter selbstbewusster Nutzung systemischer Eigenschaften, seien diese exo- oder endophänomenal.

2.2.7 Gott, Geist und das Transzendente

Die Metaphysik lässt eine Kategorie von (abstrakten) Gegenständen zu, die zeitlos, unveränderlich und *nicht wahrnehmbar* sind. Diese Kategorie widerspricht sich selbst, denn wie wäre sie zu kennen, wenn sie nicht doch in einer Weise wahrnehmbar wäre. Das Problem mit der Kennzeichnung als «nicht wahrnehmbar» liegt darin, dass nicht differenziert wird zwischen exophänomenaler und endophänomenaler Wahrnehmbarkeit: Fehlt Erstere, ist eine konkrete Existenzweise ausgeschlossen; bei Letzterer ist zu differenzieren zwischen aussenweltlich induzierten Denkgebilden (zum Beispiel als Erinnerungen, Imaginationen und so weiter) und «reinen» Denkkategorien, die beim Denken dank unserem (Selbst)bewusstsein durchaus wahrgenommen werden.

Zu den unter den Endophänomenen (siehe Abschnitt 2.2.4) genannten «Imaginationen» gehören an prominenter Stelle «geistige Wesen». Obwohl solche Imaginationen keine konkreten materiellen Träger in der Aussenwelt haben (linguistisch ausgedrückt: keine Referenz), sind sie insofern auf die Aussenwelt bezogen, als wir sie uns nur als ein Patchwork von Versatzstücken exophänomenaler Wahrnehmungen vorstellen können. Gerade darin zeigt sich, dass es sich um Denkgebilde handelt: Versuche, nichtmaterielle Wesen sich vorzustellen, fallen nämlich notgedrungen «materiell» und dazu noch uns ähnlich (anthropomorph) aus. Das biblische Gebot, man solle sich kein Bild machen, ist Ausfluss ebendieser Problematik – aber keine Lösung.

‹Geist› bezeichnet endophänomenale Vorgänge, die materiell (neuronal) mit unserem Gehirn verknüpft sind und die nur dank dieser Verknüpfung existieren. Es existiert nur «denkbarer Geist»; nichtmaterielle, souveräne Wesen (‹Gott›) sind zwar zentral in metaphysischen Weltanschauungen, aber weil sie nicht wahrnehmbar sind (und auch so sein sollen), existieren sie ausserhalb unserer Gehirne nicht. Materie und Geist als zwei ebenbürtige Daseinsformen zu denken, ist möglich; *realiter* existiert diese Dualität nicht (siehe Kapitel 5). Es bleibt zu akzeptieren, dass nur ein materielles Weltbild evidenziell und logisch argumentierbar ist. Die Widerlegung der Annahme, «Geist» könne eine alternative Daseinsform zur Materie sein (siehe Abschnitt 2.3), hat zur Folge, dass die Annahme einer Schöpfung der Welt unrealistisch ist, dass also Schöpfungsmythen zwar grundsätzlich denkbar sind, aber als Erklärungen der Realität nicht taugen. Aus «nichts» *(ex nihilo)* kann einfach nicht «etwas» entstehen – weder spontan als Urknall noch durch das schöpferische Wirken irgendeines ursächlichen, geistig-souveränen Agenten.

Gehen wir die «Göttlichkeit» noch von einer anderen Seite her an: Antonymisch verstanden stünde ein Grundwort ‹göttlich› im Gegensatz zu ‹nichtgöttlich›. Das wäre eine Differenzierung zwischen *nichtimmanenten phänomenalen* Erscheinungsformen vom Typ ‹rot› versus ‹nichtrot›. Dafür liesse sich auch ein Klassenkontext konstruieren: Zum Beispiel könnten gewisse Dinge göttlich, andere nichtgöttlich sein. Scheitern muss diese Konstruktion, weil das Charakteristikum ‹göttlich› – im Gegensatz zu ‹rot› als Farbbezeichnung – nicht ein existenziell-immanentes Verhältnis zwischen Dingen und ihren exophänomenalen Erscheinungsformen betrifft; es kann nicht mehr sein als eine evidenziell nicht überprüfbare, *denkbare Zuschreibung,* somit endophänomenal und kontingent. Die Uneinigkeit im Verständnis, wie ein Ding sich nun phänomenal als «göttlich» manifestiere, ist ein beredtes Symptom für die Unüberprüfbarkeit.

2.2.8 Hypostasierung

Dass unser Verstand uns ermöglicht, Phänomene ohne Realitätsbezug zu denken und abstrakte Denkobjekte zu konstruieren (siehe Abschnitt 2.2.3 zu den Endophänomenen), gibt uns nicht nur die Möglichkeit, gewissermassen «hypertrophierend» fantastische und utopische Vorstellungen zu entwickeln, sondern verleitet uns häufig auch dazu, aus eben dem Umstand, dass «etwas» *denkbar* ist, seine reale Existenz zu postulieren (siehe Abschnitt 5.1). Begünstigt wird dieser Vorgang durch die Tatsache, dass wir solchen Gebilden sprachliche Etiketten geben können (wie zum Beispiel dem Schlaraffenland), die formal identisch sind mit den Nomina, die echte Dinge bezeichnen (Konkreta). Dieser Umstand fördert das Endophänomen der *Hypostasierung*, die suggeriert, dass Phänomene als «Dinge mit Substanz» behandelt werden können. Besonders eklatant zeigt sich dies, wenn wir bestimmte Fragen der Form «Was ist X?» stellen: Bei «Was ist ein Planet?» haben wir noch ausreichend Boden unter den Füssen, bei «Was ist ‹Leere›?» wird es schon deutlich schwieriger, Halt zu finden – und wenn am Ende zu «Was ist das Nichts?» eine Philosophie resultiert, bleibt kein Ausweg aus den Hirnwindungen mehr. Wir werden bei der Diskussion von Abstrakta wie ‹Freiheit›, ‹Länge› und so weiter der Hypostasierung wieder begegnen. Dort wird es darum gehen, das *Grundwort* des Abstraktums mit seinem Inhalt als Objekt der Wahrnehmung zu sichern, also nicht die «Ehrlichkeit», sondern «ehrlich sein respektive handeln» ins Zentrum zu stellen.

2.2.9 Zusammenfassung

Wahrnehmung und Realität sind im Existenzbegriff vielfältig verknüpft. Das Primat der Wahrnehmung hat folgende Konsequenzen: [a] Was wahrgenommen werden kann, hat *zuvor* existiert. Gleichzeitigkeit von Wahrnehmen und «realisiertem» Zustand ist relativistisch wie biologisch (wegen der Impuls- oder Signalverarbeitungszeit) nahezu ausgeschlossen: Von der Sonne oder von Sternen etwa nehmen wir Zustände wahr, die schon Vergangenheit sind. Eine Reaktionszeit kann deshalb auch nie null sein.
[b] Wahrnehmungen existieren endophänomenal und begrenzt auf die Lebenszeit ihrer materiellen Grundlage, das heisst des wahrnehmenden Lebewesens respektive seines normal funktionierenden Gehirns. Unterschiede in den Wahrnehmungsfähigkeiten verschiedener Wesen konstituieren nicht verschiedene Realitäten, sondern verschiedene Sichten auf die Realität (die Biene *sieht* die reale Welt *anders* als der Mensch, aber *nicht* eine andere reale Welt; eine Fotografin, ein Maler sieht die Welt in einer besonderen Weise und so weiter).
[c] «Realitäten», die nicht wahrnehmbar sind, existieren nicht; die Behauptung, die Realität sei nur eine Interpretation des Gehirns, kann nicht überzeugen, denn diese *existiert* unabhängig davon, ob irgendjemand sie wahrnimmt (die Tatsache, dass Leben mit

Wahrnehmungsfähigkeiten sich aus *schon existierenden* Dingen *ohne* Wahrnehmungsfähigkeiten entwickelte, ist da unwiderlegbare Evidenz). Das Erkennen der objektiven Realität führt zwar über viele (Selbst)täuschungen, ist aber nicht unmöglich (Gabriel 2015: 13). Unser Verstand interpretiert nicht die Realität, sondern prüft unsere diesbezügliche *Wahrnehmung* evidenziell auf Wahrheitsgehalt und auf Konsistenz hin, zum Beispiel mit der Logik. Diese Prüfung erfolgt mit apriorischen Kategorien (etwa der Widerspruchsfreiheit) und auf der Grundlage von Weltwissen, insbesondere von *physikalischem Wissen,* also von interpersonal und nach wissenschaftlichen Kriterien geprüften Einsichten in die Realität.

[d] Im Verhältnis zwischen Wahrnehmung und Realität spielen Existenz und Anwesenheit eine wichtige Rolle. *Anwesenheit* vermittelt Gewissheit in der Wahrnehmung; das Bewusstsein der Existenz von Wahrgenommenem schöpft sich aus solchem Erfahrungswissen (nicht aber der Beweis der Existenz). Wir wissen, dass die Sonne existiert, weil wir sie tagsüber wahrnehmen und weil ihre zeitweise Abwesenheit erklärbar ist; wir wissen ziemlich sicher, dass das Einhorn nicht als Ding existiert, weil niemand es je überprüfbar hat wahrnehmen können.

Es bestätigt sich, dass für uns Menschen das Wahrnehmen die *zentrale Kompetenz im Leben* ist. Fehlt einer der sprichwörtlichen «fünf Sinne», kann die Lebensqualität mehr oder weniger stark eingeschränkt sein. Ein Lob des Olfaktorischen trägt Urs Bühler in einer «duften» Glosse vor:

Allein taugt die Zunge also bloss zum Schwatzen, Lügen und Küssen. Ihr, die fünf Geschmacksrichtungen unterscheidet, verdanken wir den kleineren Teil unserer Sinneseindrücke beim Essen. Unsere rund dreissig Millionen Riechzellen aber erkennen bis zu eine Billion verschiedene Mischungen (ich hab nicht nachgezählt, da verlasse ich mich ganz auf die Fachleute). Und wäre unsere Sprache nicht so arm, dass wir bestenfalls zwei Handvoll Grundgerüche zu benennen vermöchten – von blumig über faulig bis zu animalisch –, würde das Olfaktorische unser Denken beherrschen. Schon jetzt fristen wir, wenngleich wir in diesen Disziplinen den Vierbeinern unterlegen sind, einen

Gutteil unseres Daseins mit Schnüffeln, Schnuppern und Wittern. (Bühler 2015.)

Nicht nur die Sinne sind notwendige Voraussetzungen des Wissens. Es ist auch evident, dass wir Wahrgenommenes bewerten, interpretieren oder deuten, dass wir Eindrücke aufnehmen, speichern und erinnern; es sollte daher nicht überraschen, dass unsere Sprachen besonders dazu dienen, das Verstehen zu strukturieren und über die Deutung wichtiger Wahrnehmungen zu kommunizieren. Damit kommen wir thematisch wieder bei zentralen, steuernden mentalen Objekten an, bei Sinn und bei Werten. Dass wir Menschen für die Diskussion von solchen – zunächst subjektiven – Objekten ausserdem besondere, ihrerseits stark endophänomenal geprägte symbolische Mitteilungs- und Verständigungsmittel (zum Beispiel Denken, Sprache) benötigen, zeigt, welche sisyphidischen Mühen wir auf uns nehmen müssen, um das eigene und das kollektive Leben sinnvoll und wertbezogen verantwortlich zu gestalten.

2.3 Kontingenz und Immanenz

Gewisse Phänomene gehen eine intimere, gewissermassen symbiotische Beziehung mit einer bestimmten Trägermaterie ein. Diese spezielle Verbindung zwischen Ding und Erscheinungsform ist uns schon als *Eigenschaft* begegnet (siehe Abschnitt 2.2.3). Über die Eigenschaften eröffnet sich ein sauberer methodischer Zugang zu einer Frage, welche gewisse Sinnquellen betrifft: Gibt es «Dinge», die nicht stofflich sind? Gibt es ein antonymisches «Anderes» zu den stofflichen Dingen? Können wir analog zu «Materie», die sich in «Materie» und «Antimaterie» ausdifferenziert, oder analog zu «Elektron» und «Antielektron (Positron)» eine Klasse ansetzen, bei der ‹stofflich› respektive ‹nichtstofflich› das *differenzierende* Merkmal ist? Oder existenziell gefragt: Woraus könnte sowohl Stoffliches als auch Nichtstoffliches hervorgehen? Was könnte sowohl Existierendes (Wahrnehmbares) als auch Nichtexistierendes (Nichtwahrnehmbares) hervorbringen? Die Antwort lautet klar: nichts Reales oder buchstäblich *«nichts»*. «Nichts» als «Weder-

Ding-noch-Phänomen» kann nicht an die Immanenz zurückgebunden werden; wir haben dafür keinen Begriff (zu Denkern, die über das «Nichts» nachgedacht haben, vergleiche Close 2009; Sieroka 2014).

Folglich *gibt es* nur «etwas», nämlich immanent Dingliches oder Phänomenales; die «existenzielle» Aussage oder Behauptung «Es *gibt* nichts» ist bedeutungsleer respektive ontologisch sinnlos. Das *lokativische* ‹nichts› dagegen bedeutet «Abwesenheit» und ist der Zusammenzug von «nicht etwas». «Kartoffeln gibt es nicht» heisst, dass sie *nicht real, sondern nur gedacht-phänomenal existieren;* «Kartoffeln gibt (besser: hat) es (in Europa) nicht» heisst hingegen, dass sie (zum Beispiel momentan in Europa) *nicht vorhanden* sind (siehe Abschnitt 5.3). Diese Sachlage hat die (insbesondere für das Fundament von Religionen) schwerwiegende Konsequenz, dass es nämlich nur Materie gibt und keine materielose, rein geistige quasiantonymische Alternative dazu.

Alle Dinge haben eine diskrete Form und sind sowohl räumlich als auch zeitlich wahrnehmbar, weil sie immanent «stofflich» sind. Wäre «Stofflichkeit» ein Phänomen, wäre sie auf Dinge als Träger angewiesen und somit selbst *nicht* stofflich. Sind Dinge in phänomenalen Erscheinungsformen wahrnehmbar, so deshalb, weil die phänomenale Äusserung auf einer immanenten Eigenschaft beruht. Wir nehmen also immanente Eigenschaften wie Form, Farbe, Grösse, Konsistenz ... bei Dingen deshalb wahr, weil sie sich phänomenal äussern. Die individuellen Erscheinungsformen der Dinge sind die wahrnehmbare Seite immanenter Eigenschaften. Stofflichkeit ist *konstitutiv-immanent;* phänomenal äussert sie sich in einer spezifischen Stofflichkeit. Mit «stofflich» nehmen wir Bezug auf die infinite und kontinuative *Materie,* welche die Dinge konstituiert. Etwas Stoffliches ist eben schlicht ein Ding. Eigenschaften und Phänomene werden endophänomenal konstituiert und gespeichert; sie lassen sich so ins Inventar der Vorstellungs- und Denkinhalte in unserem Bewusstsein überführen.

Als Erscheinungsformen der Materie, als *kontingente* Manifestationen sind die Dinge endlich. Zerfallen sie, verschwinden mit ihnen ihre phänomenalen Aspekte – nicht aber der Stoff, die Materie, aus dem sie gemacht sind. Das Universum ist aus dinglicher

Sicht vergänglich, in seinem stofflichen Aspekt hingegen unvergänglich und unendlich. Die momentane Konstellation von Objekten ergibt die ebenso momentane Erscheinung ‹Universum›. Die Objekte respektive Dinge sind nicht im Universum «enthalten», sondern sind in einem ewigen Zyklus von gewaltigen Explosionen entstehende entitäre Emanationen von Materie, die dann auch als Entitäten wieder zerfallen und im «brodelnden» infiniten «Materiebrei» («dunkle Masse?», «Äther?») wieder aufgehen. So verändert das Universum dauernd seine wahrnehmbare, dingliche und phänomenale Gestalt, bleibt aber auf ewig – das Universum.

Als «Stofflichkeiten» bestehen die Dinge aus unterschiedlichen Kombinationen und Aggregationen von Masse und Energie, wie dies die Einstein'sche Formel $E = m \cdot c^2$ festhält. Dinge altern – vermutlich bis auf die Ebene der Quanten –, aber die Alterung betrifft ihre phänomenale Erscheinungsform und nicht die Trägersubstanz, die Materie. Quanten sind die kleinsten (entitären) Einheiten, gewissermassen das *Granulat* der unvergänglichen Materie; die Elementar*teilchen* entsprechen verschiedenen, wahrnehmbaren, offenbar in einer finiten Anzahl vorhandenen primären *Granulierungen* der Materie. Dass Materie *immanent* unendlich ist, dem ist folglich kaum zu widersprechen – dafür spricht übrigens auch die ubiquitäre Gravitation, die dem Massenaspekt zuzuschreiben ist.

Dass die Materie keine Merkmale mit irgendeinem immateriellen «Etwas» gemeinsam hat, ist von allergrösster Tragweite für meine – und wohl auch für eine naturwissenschaftliche – «Weltsicht». Dieser fundamentale Sachverhalt birgt nämlich eine sehr bedeutsame Konsequenz: Wird – wie dies in religiösen Kontexten getan wird – einem anderen immateriellen «Etwas» räumliche und zeitliche Unendlichkeit zugeschrieben, entsteht eine Aporie: Zwei gleichzeitig existierende Unendlichkeiten (dieses Etwas und Materie) kann es nicht geben, und keine könnte die andere enthalten. Das supponierte immaterielle «Etwas» kann auch keine Entitäten respektive Dinge «enthalten», da diese aus Materie bestünden – und bestünde dieses «Etwas» selbst aus Materie, hätte es eine feststellbare Masse. Zwei unendliche «Entitäten» können also nicht gleichzeitig existieren. Nur für Materie haben wir klare Evidenz, für das andere (göttliche) «Etwas» keine Spur.

Wie die infinite Materie gewissermassen temporale Form annimmt, ist häufig kontingent. Viele dieser Manifestationen sind allerdings *kausal* erklärbar und lassen sich deshalb naturwissenschaftlich erforschen. Im Rahmen der endlos vielen Aggregationen «toter» Materie(formen) ist es nun in einem singulären Kontext zufällig *geschehen,* dass sich eine molekulare Konstellation gebildet hat, die sich nicht nur selber replizieren, das heisst «Nachkommen» generieren konnte, sondern die auch die Anleitung für diese Replikation an «Nachkommen» weitergeben konnte. Für dieses unerwartbare und daher unerklärbare Geschehen bietet sich der Begriff der *Emergenz* an, der spontanen, nicht determinierten «Herausbildung von neuen Eigenschaften oder Strukturen eines Systems infolge des Zusammenspiels seiner Elemente» (siehe Websites; zu solchem Geschehen im Bereich der «toten» Dinge vergleiche Close 2009: 92). Damit war die Voraussetzung für das Einsetzen des *Evolution* genannten Prozesses gegeben, aus dem die Vielfalt der Lebewesen hervorging; manche von ihnen entwickelten dabei zunehmend leistungsfähigere Wahrnehmungsmöglichkeiten. Zusammen mit einem *Gehirn* ist es einigen, insbesondere den Menschen, möglich, Bilder und Vorstellungen der selbständig existierenden Realität zu generieren sowie *Erfahrungen* im Umgang damit zu speichern.

Die emergent entstandene, spezifische Konstellation von Materie, dieses Resultat einer wohl kontingenten Konstellierung, die irgendwann evoluierend Leben und den Menschen hervorbrachte, war nach gegenwärtigem Stand des Wissens nicht vorhersehbar. Aus Materie, die nicht lebt, ist Materie, die *lebt,* entstanden. Es gibt fortan zwei Konstellierungen von Materie, nämlich «tote» *Dinge* und «lebende» *Dinge* («tote Materie» halte ich für eine fehlerhafte Ausdrucksweise). Ist *Lebendigkeit* nun als eine durch Emergenz entstandene Eigenschaft den Dingen *immanent*? Die Antwort muss «Nein» lauten. Lebendigkeit ist das Merkmal, welches in der Klasse der Dinge zwischen toten und lebenden Dingen differenziert. Lebend zu sein, ist also *bezogen auf die Klasse der Dinge* kontingent-phänomenal; würde alles Leben ausgerottet, blieben immer noch Dinge, und zwar nichtlebende. *Bezogen auf die Klasse der Lebewesen* hingegen ist Lebendigkeit als Klasseneigenschaft immanent und tritt in der überwältigenden Vielfalt der Formen von Lebewesen phänomenal in Erscheinung. Ob also ein Charakteristikum als Eigenschaft oder als Phänomen zu klassifizieren ist, hängt vom klassifikatorischen Kontext ab.

2.4 Wahrnehmung und Erkenntnis

Die verstehende Verarbeitung von Wahrnehmungen gehorcht gerade deshalb rationalen Gesetzen, weil Denken und Sprache ein apriorisch rationales, das Wahrnehmen der Realität universal unterstützendes System konstituiert. Dieses System lässt hohe *Präzision* und Widerspruchsfreiheit zu (aber garantiert diese nicht). Gerade die Sprache lässt uns im Spannungsfeld objektiver und subjektiver Inhalte mitunter virtuos und mit angemessener Präzision individuell und dialogisch navigieren: Viele Menschen wissen, was ein Apfel ist, und können solche identifizieren, obwohl kein Apfel dem anderen gleicht und obwohl jede und jeder ein in Details abweichendes Vorstellungsbild vom «idealen» Apfel hat (siehe die Überlegungen zur Variabilität von Bedeutungen am Ende des Abschnitts 8.6). Darum können Menschen sich über ein konkretes, vor ihnen präsentiertes Exemplar verständigen und ihm die Bezeichnung ‹Apfel› zuweisen.

Dieser Konsens bezüglich der wesentlichen Gebrauchsbedingungen von Wörtern findet bei der Behandlung der Frage «Was ist Wahrnehmung?» kaum Beachtung, denn bei der Beschäftigung mit der Wahrnehmung, besonders im Rahmen von Wahrnehmungsphilosophien, wird häufig der *Zweck der Wahrnehmung* ausgeblendet, dass nämlich Wahrnehmen dem Erwerb von Informationen über reale Lebenskontexte dient, dem eigenen respektive dem interpersonalen Umgang mit diesen, dem Aufbau eines Erfahrungsschatzes sowie der Einrichtung kooperativer sozialer Strukturen zur Bewältigung aus der Lebensumwelt resultierender Ansprüche.

Weil (direktes) Wahrnehmen das primäre *Instrument* der Erkenntnisgewinnung darstellt, ist es im Zusammenhang mit den adverbialen Modalitäten, das heisst den Werten, und den Handlungsabsichten zu behandeln, wie sie im schematischen Grundsatz (siehe Abschnitt 1.2) vorgestellt worden sind. Hier schliesst sich somit der Kreis zwischen den Überlegungen zur Rolle der Wahrnehmung beim Sammeln von Erfahrungen und denen zu Sinn und Wert. Die wohl zentrale Quelle unserer Erfahrung ist das Handeln – und beim Handeln, so von Mises weiter oben, gilt es, die Reaktionen anderer Menschen zu verstehen oder gar vorauszusehen. Erfahrung ist *bewertetes* empirisches Wissen aus durchlebten Situationen und Ereignissen: Darum sprechen wir von guten oder schlechten Erfahrungen. Erfahrungen (zum Beispiel aus einer schwierigen oder glücklichen Kindheit) konditionieren Wertehorizonte und Sinn, kristallisieren sich in Werten und Sinnbestimmungen und beeinflussen künftige Handlungen. Leben ist nicht *per se* sinnvoll; *bewusst und gewollt* leben ist hingegen immanent sinnbezogen. Handeln ist Leben auf einen Sinn hin und auf Werte bezogen; somit sind Sinn und Werte als qualitative Modalitäten *immanent* mit Handeln verbunden. Kontingent daran ist nur die jeweilige Wahl der Absicht und der steuernden Werte.

Sinn und Werte sind mentale Phänomene, das heisst, ihnen entsprechen keine realen Dinge: Es gibt nicht *die Freiheit,* sondern *frei* handelnde Menschen. Als Endophänomene sind Sinn und Werte im besseren Fall glückliche Kinder, im schlechteren Ausgeburten unseres Verstandes; sie steuern individuelles respektive kollektives Handeln und bieten eine Grundlage, um das Handeln anderer zu beurteilen. Sinn und Werte sind deshalb zentral, weil sie in einer sozialen Realität wirksam sind: Sie können menschliches Zusammenleben ordnen oder auch in Unordnung stürzen – je nach Wahl und Wertschätzung der «Ordnung».

Die apriorisch-rationale Durchdringbarkeit von Wahrnehmungen der Realität und deren Unterstützung durch die Sprache nährt bei mir die Überzeugung und die Zuversicht, dass der Mensch nicht nur vielen wichtigen «Geheimnissen des Selbst», sondern auch weiteren, für sein Überleben zentralen «Geheimnissen des Universums» auf die Spur kommen kann – und wird, auch wenn der Wunsch, *alle* Geheimnisse aufzudecken, prinzipiell unerfüllbar ist. Dass dieser Weg zur Erkenntnis viele Um- und Irrwege bedingt, ist eine alltägliche Erfahrung; aber dass dieser – und nur dieser – rationale Weg zu robusten und *wahren* Erkenntnissen führen kann, diese Einsicht scheint mir nicht sinnvoll widerlegbar.

Daraus folgt abschliessend noch dies: Sinn ist zwar individuell (eben: «unteilbar») und dessen Konstitution respektive *Bestimmung* ist in einem freiheitlichen Kontext letztlich nur auf die eigene Person bezogen möglich, statthaft und verantwortbar. Das bedeutet aber nicht, dass persönlicher Sinn und die ihn stützenden Werte als etwas Gedachtes, als mentale Phänomene nicht prinzipiell argumentierbar, interpersonal vermittelbar und sogar in verstofflichte Formen überführbar sind, zum Beispiel niedergeschrieben werden und bisweilen machtvoll in eine kollektive Sphäre hineinwirken können. Da die Antworten auf die entscheidende Frage, auf das «Wozu leben?», weder für alle Personen noch für alle Lebensphasen gleich ausfallen werden oder können, sollten wir uns davor hüten, Sinn oder Werte ein für alle Male festzulegen und somit zu dogmatisieren. Das wiederum bedeutet nicht, dass wir aufgrund unserer individuellen und interpersonalen Erfahrungen nicht einen gemeinsamen Fundus an stabilen Wertvorstellungen und (in Teilen verrechtlichten) Zielvorstellungen haben oder entwickeln können, der für längere Zeit Bestand haben kann.

3   Der sprachliche Zugang

Sinn und Werte gehören zum Bereich der phänomenalen Geistes-
produkte des Menschen; sie sind nicht «reine» oder «zeitlose»
Ideen, sondern konstitutive Strukturelemente des menschlichen
Lebens – und damit, so wie dieses, Anpassungen an sich verändernden Bedingungen unterworfen. Von Sinn und Werten müssen
wir uns aber einen Begriff machen können. Das Bilden von *echten*
Begriffen respektive das *Definieren* von zentralen Wörtern ist ein
fundamentales methodisches Problem, weil es für die Etablierung
von Ordnung eine unabdingbare Voraussetzung bildet. Mit *Wort-
analysen,* so mein Argument, lässt sich unsere Welt nicht nur begreifen, sondern auch praktisch in den Griff bekommen. Damit ist
es mir auch möglich, *verlässliche* Quellen für Sinn und Werte in
meinem Leben zu identifizieren. Durch interpersonales Messen
und Werten der Ergebnisse unserer Handlungen, durch intelligen-
tes Sichaustauschen bezüglich des Wahrheitswertes, welches auf
Sprachfähigkeit und Dialogfähigkeit beruht, fliesst schliesslich
Persönliches in die kollektive Suche nach Sinn und Werte gewähr-
leistenden Strukturen im Leben.

Um das Verhältnis zwischen Wörtern und ihren Begriffen zu
klären, sind die Mittel der sprachlichen Logik unerlässlich. Dabei
sind die *Gebrauchsbedingungen* von Wörtern zu klären und zu
nutzen. Im Folgenden geht es darum, diese Verfahren in einen systematischen Zusammenhang zu bringen und zu legitimieren, aber
auch um die Analyse gewisser Beispiele. Wollen wir physikalisch
oder sprachlich einerseits Ordnung schaffen in der Welt oder im
Universum, andererseits rational mit anderen darüber kommunizieren, benötigen wir einen fundierten Konsens bezüglich der
Wörter, die wir dafür einsetzen können. Wir brauchen Klarheit
bezüglich ihrer *Referenz* und ihrer *Bedeutungen* – insbesondere
dann, wenn wir sie unterschiedlich auffassen, denn nur so lassen
sie sich in einen gemeinsamen Verständnisrahmen einbauen. In
einfachen Worten: Referenz ist das Objekt, Bedeutung ist das
Sinnelement respektive die Wörterbuchdefinition. Gottlob Frege

gibt die folgende schöne Illustration für die Differenz: Die Wörter ‹Morgenstern› (das heisst der hell leuchtende Stern vor Sonnenaufgang) und ‹Abendstern› (das heisst der hell leuchtende Stern nach Sonnenuntergang) bedeuten je etwas anderes, referieren aber beide auf den *gleichen* Stern respektive Planeten, nämlich auf die Venus. Ein anderes Beispiel: Das Wort ‹Einhorn› hat eine Bedeutung (d.i. ein Pferd mit einem Stirnhorn), aber (zumindest bisher) keine Referenz, das heisst, reale Einhörner existieren u.W. nicht.

Ich will also *verstehen,* was andere sagen, und sie wiederum sollen meinen Ausführungen folgen können – kurzum: Ich will einen sach- respektive problembezogenen Dialog führen können – hier mit dem Ziel, mehr über Sinn im Leben zu erfahren und zu verstehen (zu Begriff und Definition des Verstehens vergleiche Damschen & Schönecker 2012: 23 oder Lexikon Philosophie 2011: 285–288). Zur Sicherung der Verständigung brauche ich eine ganze Reihe gemeinsamer, *definierter Begriffe.* Definieren ist deshalb ein zentraler, unabdingbarer Vorgang – schon im Alltag, aber ganz besonders in den Wissenschaften. Aber bekanntlich ist das bei zentralen Wörtern meist einfacher gesagt als getan. Ausgerechnet Wörter wie ‹Gerechtigkeit›, ‹Freiheit›, ‹Schönheit› und so weiter scheinen sich als «definitionsresistent» zu erweisen. Die gängige Erklärung, dass diese Wörter halt für jede(n) von uns etwas anderes bedeuten, genügt nicht. Ich will daher im Folgenden versuchen, eine adäquate, auch solchen Fällen gerecht werdende Methode des Definierens zu entwickeln.

3.1   Begriffe begreifen

Ich beginne mit einem für mich zentralen Wort, mit der ‹Philosophie›. Klassische Versuche, ‹Philosophie› zu definieren, enden bekanntlich in einem *Zirkelschluss:* Um «die Philosophie» zu definieren, müsse man sie schon denken können respektive wissen, was sie ist. Damit man sie denken könne, müsse sie schon definiert sein und so weiter. Darauf sollten wir mit mehr als einem Achselzucken reagieren. Soll nämlich «Philosophie» tatsächlich ein *Begriff* sein (wovon viele überzeugt sind), setzte gerade diese Klassifizierung doch voraus, dass er definierbar sein muss. Das ist nicht nur *das* Charakteristikum von Begriffen, sondern auch unabdingbar für methodisches Denken. Als erwünschte Ergebnisse methodisch sauber durchgeführter Definitionsprozesse sind klar analysierte und korrekt verwendete Begriffe Grundlagen des Verstehens; sie helfen uns einerseits, natürliche Prozesse und die materielle Welt, andererseits unsere Mitmenschen, deren Handeln und Sprechen – und uns selbst – zu verstehen.

Die traditionelle Wortlehre offeriert bei den Nomina respektive Substantiven (ich werde diese Etiketten gleichwertig verwenden) zwei grosse Wortklassen: ‹Tisch›, ‹Stuhl› und ‹Katze› sind *Konkreta,* das heisst Nomina, welche reale Dinge bezeichnen; Nomina für mentale Objekte wie ‹das Wissen›, ‹das Gute›, ‹die Freiheit›, ‹die Philosophie›, ‹die Realität›, ‹die Länge› und so weiter sind *Abstrakta.* Das zugrunde gelegte ontologische Merkmal «gegenständlich» respektive «nichtgegenständlich» ist allerdings problematisch: Können wir etwa nicht problemlos auf Einhörner, Hobbits, Drachen und eierlegende Wollmilchsäue referieren, über sie sprechen, ja ganze literarische Werke mit ihnen bevölkern? Sind diese nun konkret oder abstrakt? Vielleicht erleben wir ja noch entsprechende «Erfolge» des *genetic engineering,* aber im Moment sind sie irgendwie konkret, weil sie aus Teilen bestehen, die uns von konkreten Dingen her bekannt sind, und doch sind sie irgendwie abstrakt, weil sie im Moment als solche nur imaginiert respektive denkbar sind. Aber wenn wir doch ein Wort für etwas haben, dann muss es doch «existieren» – oder nicht?

Weder der Rückgriff auf eine ontologische Erklärung, auf die Existenzweise, noch der Umstand, dass wir schlicht mit Nomina auf die «Dinge in der Welt» referieren und darum aus der Existenz eines Wortes auch die Existenz des Dings folge, vermögen zu befriedigen. Schauen wir uns die zwei Worttypen genauer an. Es gibt ein *zentrales Spezifikum*, das für meine Überlegungen grundlegend ist: Obwohl Konkreta und Abstrakta Nomina sind, haben sie eine unterschiedliche Herkunft. Abstrakta sind nicht originäre Nomina, sondern *Derivationen*. Sie sind aus einer anderen Grundwortklasse abgeleitet, zumeist aus *Verben* oder *Adjektiven*, die zusammenfassend als Prädikate gelten. Prädikate sind Wörter, die eine *Aussage*, eine Prädikation machen. Das Nomen ‹Wissen› geht auf das Verb ‹wissen›, ‹Galopp› auf ‹galoppieren› zurück; das Nomen ‹das Gute› geht auf das adjektivische Prädikat ‹gut sein›, ‹Länge› auf ‹lang sein› zurück und so weiter. Das Nomen ‹Philosophie› geht auf das verbale ‹philosophieren› zurück (wobei das Grundwort genau genommen eine Verb-Objekt-Phrase ‹die Weisheit *lieben*› ist; mehr dazu in Abschnitt 6.1).

Andersherum gesagt: Tätigkeiten und Eigenschaften, zum Beispiel ‹galoppieren› und ‹schön sein›, können ziemlich widerstandslos *nominalisiert* werden. Als Nomina *suggerieren* sie das effektive Vorhandensein eines entsprechenden «Dings» wie «Galopp» oder «Schönheit» (ausser man ist sich der Gefahr der in Abschnitt 2.2.8 beschriebenen *Hypostasierung* bewusst). Zu beachten an diesem Wortbildungsverfahren ist nun, dass wir zur Begriffsbildung nicht die sekundären, nominalisierten Derivationen zu definieren haben, sondern bei der Analyse und Definition von den zugrunde liegenden *primären Prädizierungen* ausgehen müssen. Am Inhaltsverzeichnis in Leisi 1961 lässt sich ablesen, wie viele derivierte Nomina und welche Typen davon betroffen sein könnten. Er unterscheidet folgende Gruppen: 1. Vorgänge, Eigenschaften, Relationen; 2. Individuativa; 3. Kollektiva; 4. Partitiva; 5. Privativa. Insbesondere die Untergruppe 1 deutet klar darauf hin, dass Derivation im Spiel ist.

Jetzt braucht es ein bisschen Grammatik: Prädikate, also in der Regel Verben und Adjektive, sind dadurch ausgezeichnet, dass sie Ergänzungen haben; sie «regieren» in Aussagen mindestens eine *nominale Leerstelle*, das heisst, sie sagen etwas aus *über etwas*. Das adjektivische Prädikat ‹schön sein› braucht als Ergänzung ein

Subjekt, damit zum Beispiel die Äusserung «[der Tag$_{sub}$] ist schön» erzeugt werden kann; das zweiwertige Verb ‹wissen› braucht als Ergänzung ein Subjekt und ein Objekt, damit zum Beispiel die Aussage «[Sokrates$_{sub}$] wusste [nichts$_{obj}$]» erzeugt werden kann; und das dreiwertige Verb ‹geben› braucht als Ergänzung ein Subjekt und zwei Objekte, damit zum Beispiel die Feststellung «[sie$_{sub}$] gab [ihm$_{obj}$] [einen Korb$_{obj}$]» erzeugt werden kann. Ausserdem setzen Prädikate voraus, dass jemand in der realen Welt mit ihnen *sprachliche Handlungen* vornimmt, zum Beispiel eine Aussage, eine Frage, eine Behauptung, eine Feststellung und so weiter formuliert. Das Wissen um diese Leerstellen hat zwei, für die korrekte Konstruktion des Definitionsvorgangs bei derivierten Nomina gewichtige Konsequenzen:

[a] In der nominalen Derivationsform, das heisst in der Form ‹die Schönheit›, ‹das Wissen› oder ‹das Geben›, sind die aus dem ursprünglichen Prädikat stammenden, nominalen Ergänzungen respektive Objekte zwar häufig unterdrückt, aber sie bleiben dennoch in einer irritierenden Weise präsent. Das zeigt sich exemplarisch in der vollständigen nominalisierten Aussage «die Übergabe des Preises an die Studentin durch den Rektor» (< «der Rektor$_{sub}$ übergibt den Preis$_{obj}$ an die Studentin$_{obj}$»): Diese Aussage ist bis auf den Kern «Übergabe < übergeben» unterschiedlich reduzierbar, zum Beispiel auf «Übergabe des Preises» oder «Übergabe durch den Rektor»). Bei ‹Schönheit› bringt die Redewendung «Schönheit liegt im Auge des Betrachters» diesen Sachverhalt auf denselben Punkt: Weil das Prädikat ‹ist schön› sowohl *etwas* oder *jemandem* zugeschrieben als auch *von jemandem* formuliert wird, ist auch ‹Schönheit› in diesem Rahmen eingebunden – ob nun die Leerstellen explizit erwähnt oder sogar determiniert sind oder nicht.

[b] Prädikate haben einen eigenen sprachpragmatischen Charakter; sie werden nicht nur *von jemandem* (zum Beispiel vom eben genannten Betrachter) geäussert, sondern sie werden in verschiedenen *Sprechakten* verwendet, zum Beispiel in Aussagen, Urteilen, Behauptungen, Fragen und so weiter. Die Rolle des Erzeugers der jeweiligen sprachlichen Handlung, das heisst die explizite oder implizite Anwesenheit einer die Sprache nutzenden Person, ver-

leiht dem Sprechakt einen eminent *subjektiven* Charakter. Darum sind Wörter vom Typ ‹Schönheit› oder ‹Philosophie› nicht analog etwa solchen vom Typ ‹Katze› definierbar, weil derivierte Nomina gedanklich zum Beispiel auf zugrunde liegende Aussagen wie (Ich sage:) «[Der Abend$_{sub}$] ist schön» oder (Kant behauptet:) «[Sokrates$_{sub}$] philosophiert über [die Freundschaft$_{obj}$]» zurückgeführt werden müssen. Wir sind also nicht mit einer Sache respektive einem Ding, sondern mit einem *Sachverhalt* konfrontiert.

Die traditionelle, objektiv definitorische (und meist implizit ontologische) Frage der Form «Was *ist* X?» liefert im Falle von Gegenständen des konkreten Typs ‹Katze› als Antwort eine reguläre Definition. Im Falle derivierter Nomina vom Typ ‹Schönheit› oder ‹Philosophie› versagt sie aber. Den Unterschied kann man in einem guten Wörterbuch unter den jeweiligen Stichwörtern leicht feststellen. Das Abstraktum ‹Schönheit› bezeichnet kein «Ding», sondern *beurteilt* etwas, zum Beispiel die Schönheit einer Person. Jemand oder mehrere andere Personen halten diese gewisse Person für schön. Dass sie schön ist respektive für schön gehalten wird, findet seine Begründung also nicht darin, dass sie die notwendigen Bedingungen eines wohldefinierten Begriffs der «Schönheit» (existenziell) erfüllt. Sie wird mit dem Urteil «ist schön» belegt, weil sie in einem oder mehreren wichtigen Punkten den *Gebrauchsbedingungen* des Worts genügt respektive dem Wortinhalt entspricht. Der Terminus stammt aus Leisi 1961: «[...] die Bedingungen, die den Vollzug des Wortaktes bei der Benennung erlauben, nennen wir Wortinhalt». Der Anglist Ernst Leisi war einer meiner Universitätslehrer, dem ich sprachwissenschaftlich viel zu verdanken habe.

Mit anderen Worten: Passt für Personen, welche eine solche Aussage verfertigen, die Bedeutung des Prädikats ‹ist schön› auf eine bestimmte (andere) Person, brauchen Erstere das Wort korrekt. Ist der Gegenstand der Aussage ein Haus, eine Landschaft, ein Film und so weiter, ändert sich der Wortinhalt respektive die Gebrauchsbedingung entsprechend. Die Interaktion verschiedener Sets von Bedingungen kann durchaus reizvolle spielerische Effekte zur Folge haben, zum Beispiel bei Witzen, beim nichteigentlichen Gebrauch, bei Ironie und so weiter. So kann bei einer

Person durchaus von der «schönen Fassade» gesprochen werden – von den aus Gestaltungselementen einer schönen Landschaft zu entlehnenden, weiteren Metaphorisierungen ganz zu schweigen.

‹Philosophie› ist auch ein deriviertes Nomen; das verbale Grundwort ‹philosophieren› macht eine Aussage. Die Philosophie einer Person ist das Resultat ihrer philosophierenden Tätigkeit – einer Tätigkeit, die in einer externen Feststellung mit «[X_{sub}] *philosophiert*» und in der Selbstbehauptung mit «[*ich*$_{sub}$] philosophiere» *dann* prädiziert werden darf, *wenn* notwendige Gebrauchsbedingungen des Verbs ‹philosophieren› erfüllt sind (zum Beispiel selber nachdenken über Lebensfragen und die Ergebnisse im eigenen Leben umsetzen). Solche Gebrauchsbedingungen können «selbstverständlich» oder «allgemein gebräuchlich» sein, weil sie in einer Sprach- und Kommunikationsgemeinschaft breit akzeptiert sind und weitgehend einheitlich respektive einvernehmlich gehandhabt werden; sie können aber auch einer berufsgruppenspezifischen, einer familiären oder sogar einer persönlichen Festlegung oder Präferenz entspringen und deshalb von eingeschränkter Akzeptanz sein.

Wenn nun mit «Begriff» die Zusammenfassung notwendiger und hinreichender Merkmale der Bedeutung eines Wortes, das heisst seiner Gebrauchsbedingungen, gemeint ist, so ist die Möglichkeit der Bildung von Begriffen sowohl beim Bezeichnen von Gegenständen als *auch beim Prädizieren* klar gegeben. Mit anderen Worten: *Wo Wortbedeutungen respektive Gebrauchsbedingungen angesetzt werden können, lassen sich auch Begriffe bilden.* Die verallgemeinerte definitorische Frage lautet nun in verbesserter Version: «Welche (notwendigen) Merkmale definieren (hinreichend) den Gebrauch des Wortes ‹X›?»

Der Rückgriff auf die Gebrauchsbedingungen ist nicht nur bei Wörtern mit einer prädizierenden Funktion und deren Derivaten angezeigt. Auch bei Wörtern mit einer originären referenziellen Funktion gelingt es bei der begriffsanalytischen Arbeit, den ontologischen oder existenziellen Rahmen einzuschränken oder ganz auszublenden. In extremer Form geschieht dies bei den analog zu Nomina konzipierten Piktogrammen (zum Beispiel 🚹 ‹Männertoilette›, 🚭 ‹Rauchverbot›, ✈ ‹Flughafen›, ⛽ ‹Tankstelle›, ☎ ‹Telefon› und so weiter), das heisst bei den häufig im öffentlichen Bereich zu sehenden, auf ein minimales Merkmal reduzierten, meist sogar sprachunabhängig konventionalisierten Begriffssymbolen mit Wortfunktion. Diese zeigen, dass der Begriff der damit implizierten Bezeichnung genügt und der Gebrauch des Begriffs auch dann erfolgreich sein kann, wenn auf viele charakteristische Merkmale des Gegenstands, die sogar immanent sein können, keineswegs direkt Bezug genommen werden muss.

Wie minimalistisch die Bedingungen sein können oder müssen, ist vom jeweiligen Wort abhängig. Dazu zwei lexikalische Beispiele: Das Wort ‹Stute› bezeichnet im begrifflichen Rahmen ein weibliches Pferd – einzig die Geschlechtsdifferenzierung zählt; dass auch Rasse, Farbe, Alter oder Gesundheitszustand ein konkretes Pferd existenziell sehr wohl bestimmen können, ist dabei irrelevant. Dass das Wort ‹Junggeselle› mit dem traditionellen Definiens «unverheirateter Mann» begrifflich zwar notwendig, gewiss aber nicht hinreichend erfasst (gewesen) ist, wird durch die Zurückhaltung heutiger Sprecher nahegelegt, geschiedene oder verwitwete (ältere) Männer (ohne Untertöne) damit zu bezeichnen. Eine Korrektur des unterbestimmten Definiens «unverheirateter Mann» zu «unverheiratet *gebliebener* Mann» wäre eine notwendige Verbesserung, mag aber (heute) immer noch nicht hinreichend sein, denn (unverheiratet) in einer Partnerschaft lebende Männer lassen sich damit nicht ohne Verletzung des Sprachgefühls (und allenfalls der aktuell gültigen politischen Korrektheit) bezeichnen. Das Wort ‹Junggeselle› definierte sich heute am ehesten wohl als «bisher unverheirateter und nicht in Partnerschaft lebender Mann»; seine Tage scheinen aber gezählt, denn es wird in absehbarer Zeit gewiss dem hiermit als Ersatz anzubietenden Wort ‹Solo› weichen müssen – zumal sich dieses mit der Form ‹Sola› für das weibliche Pendant leicht zu einem hübschen, politisch korrekten und einträchtiglich zusammenlebenden Wortpaar ergänzen lässt.

Stellt man auf Gebrauchsbedingungen ab, erweist sich die Existenz des Bezeichneten ebenfalls als irrelevant: Das schon erwähnte Wort ‹Einhorn› bezeichnet alle Pferde mit einem auf der Stirn sitzenden Horn richtig – egal, ob solche real existieren oder nicht. Ebenso können wir das Wort ‹Nichts› begriffsanalytisch sehr wohl erfassen respektive definieren; ob «das Nichts» aber «existiert», das heisst die ontologische Frage, wird damit nicht beantwortet (siehe Abschnitt 2.3). An diesem Wort zeigt sich übrigens mit aller Deutlichkeit, dass die hypertrophe Fähigkeit der Sprache und des Denkens, alles und jedes in Nomina zu kleiden, uns reale und phänomenale Wirklichkeiten suggerieren kann, die in keiner Weise beobachtbar oder sinnlich wahrnehmbar sind.

Kehren wir nochmals zu der Einsicht zurück, die für die Begriffsanalyse in wissenschaftlichen Zusammenhängen zu beachten ist. Bei Abstrakta, die von originären Prädikaten stammen, muss die begriffsanalytische Frage auf die wesentlichen Merkmale der zugehörigen *Aussage* zielen (die sich auf Tätigkeiten, Vorgänge, Geschehen, Eigenschaften und so weiter beziehen kann). Entscheidend ist dabei, dass man sich nicht von der Tatsache irritieren lässt, dass sich die bisherigen definitorischen Bemühungen (gerade in philosophischen Disziplinen) ausschliesslich auf grammatische Nomina ausrichten – wohl in der irrigen Annahme, dass diese Wortart ein einheitliches und uniformes «Innenleben» habe. Wenn wir also zum Beispiel mit der Frage «*Was ist* Wahrnehmung?» beginnen (siehe etwa Wiesing 2002: 10–15), versuchen wir nicht, das Grundwort ‹wahrnehmen› zu definieren, sondern das daraus abgeleitete Nomen. Damit rücken wir einen hypostasierten Begriff ins Zentrum. Dies ähnelt dem (vergeblichen) Bemühen, beim Begriff «Philosophie» eine Definition zu erreichen (vergleiche Abschnitt 6.1). Anzusetzen ist also bei der Bedeutung der jeweiligen Verben.

Welcher Reichtum an Ansätzen sich uns durch die Fokussierung auf die Grundwörter eröffnet, lässt sich besonders schön anhand bestimmter Adjektivgruppen zeigen, bei denen die *Eigenschaften des Gegenstands,* seien diese immanent, kontingent oder akzidentiell, für den Wortgebrauch weitgehend irrelevant sein können. Leisi schreibt:

Bei den Adjektiva[,] welche dynamisch bedingt sind, zum Beispiel *schnell, langsam, flink, hurtig, rasch, laut, leise, schrill* besteht die Bedingung nicht mehr in der Eigenschaft eines Gegenstandes, sondern in der Eigenschaft eines Vorgangs. (Leisi 1961: 40.)

Bei manchen Adjektiven ist weder eine statische noch eine dynamische Eigenschaft Bedingung für den Gebrauch, sondern eine Beziehung zwischen dem bezeichneten Gegenstand und etwas anderem. Durch die Darstellungsart des «Eigenschaftswortes» wird uns diese Beziehung fälschlich als Eigenschaft vorgespiegelt. Solche Adjektive sind: *nahe, fern, weit, hoch* (im Sinne von hochgelegen), *häufig, selten, allein, vorhanden*. Auch Wörter wie *nackt, leer, voll* haben genau genommen nicht Eigenschaften des Lebewesens oder Dinges selbst zur Bedingung, sondern solche der Umgebung, zu denen es in Beziehung steht. (Leisi 1961: 40.)

Ob also Gegenstände «immanent» eine bestimmte Farbe haben (zum Beispiel von Natur aus grün oder gelb sind) oder ihnen eine bestimmte «angeborene» oder «verpasste» Form eigen ist (zum Beispiel dass sie rund oder viereckig sind), braucht bei der begriffsanalytischen Diskussion nicht zwingend zu interessieren. Geht man nämlich einzig und allein von der Frage aus, welche Bedingungen erfüllt sein müssen, damit ein bestimmtes Wort für einen bestimmten Gegenstand oder für eine bestimmte Aussage in einem bestimmten Kontext *korrekt gebraucht* wird, so steigen die Chancen, dass man zu einer nicht nur brauchbaren, sondern auch echten Definition kommt. Diese Vorgehensweise hat zu der in Abschnitt 5.6 erreichten Umschreibung von ‹Sinn› und zu der in Kapitel 6 angesetzten Definition von ‹Philosophieren› und ‹Philosophie› geführt.

3.2 Begreifen als Wortanalyse und nicht als Weltanalyse

Dieser Positionsbezug, dass nämlich die Bestimmung von Begriffen eine Analyse von Wörtern – genauer: vom *sprachlichen Gebrauch von Wörtern* – und *nicht* von Gegenständen voraussetzt, hat eine Reihe von sehr substanziellen Vorteilen. Wie bereits erwähnt, erweist es sich insbesondere als irrelevant, ob etwas existiert oder nicht, das heisst, wir können die häufig drohende Vermengung mit ontologischen Fragen und Problemen vermeiden. Die Rückführung des Begreifens auf die Analyse des Wortgebrauchs situiert uns folgerichtig im Bereich des Bewusstseins, das heisst der *endophänomenalen* Vorstellungen (siehe Abschnitt 2.2.4). Nicht nur ist der Gebrauch von Sprache in dem hier interessierenden, rational geprägten Bereich ein bewusster Vorgang, ein sprachliches Handeln; auch die «Bedeutungen» der Wörter sind mehr oder weniger normierte Vorstellungen respektive Vorstellungsbausteine, die im Bewusstsein (neuronal) manipuliert und zu Sätzen respektive Äusserungen zusammengestellt werden können (siehe auch die Überlegungen zum Thema «Bedeutung» am Ende des Abschnitts 8.6). Somit lassen sich die Gebrauchsbedingungen für in Sinndiskussionen wichtige Wörter wie ‹Geist› oder ‹Gott› unabhängig von der Frage nach der Existenz entsprechender Entitäten festlegen respektive eruieren. Damit entfällt auch die problematische traditionelle Differenzierung zwischen Nominal- und Realdefinition (siehe dazu etwa Damschen & Schönecker 2012: 24).

Was geschieht aber mit dem *Weltbezug,* wenn die Bestimmung von Begriffen abschliessend durch eine Analyse von Wörtern möglich ist? Der Bezug zur Welt ist wichtig, aber welche «Welt» gemeint ist, muss näher bestimmt werden. Hier ist eine Welt gemeint, welche nicht nur wahrnehmbare, reale Gegenstände in der Aussenwelt umfasst, das heisst die eigentlichen Dinge (inklusive Menschen), sondern auch aussenweltliche Exophänomene, wie zum Beispiel Raum und Zeit, Form und Farbe, die nur dank den sie hervorbringenden Dingen wahrnehmbar sind. Dazu kommen die Endophänomene, das heisst die Produkte der im Bewusstsein ablaufenden mentalen Prozesse, die in Form von Vorstellungen, von Imaginationen oder von Selbstwahrnehmung vorliegen, aber durchaus auch in transformierter Form (zum Beispiel als Kunstwerke, siehe Abschnitt 5.4) eine aussenweltliche Existenz haben können (für die Begriffe «Exophänomen» und «Endophänomen» siehe Abschnitte 2.2.3 und 2.2.4).

Die existenzsichernde Klammer, welche alle diese Dinge und Phänomene umgibt, ist deren *Wahrnehmbarkeit* für uns. Der Wunsch zu kommunizieren zwingt uns dazu, Wahrnehmbares zu verbalisieren, was wiederum Formen begriffsanalytischer Arbeit voraussetzt, die den Kommunikationssituationen und den Seinsweisen der Objekte gerecht wird. Ob wir es mit real wahrnehmbaren Dingen (zum Beispiel ‹Pferd›), phänomenalen Erscheinungen (zum Beispiel ‹Dreieck›), Imaginationen (zum Beispiel ‹Flugbahn›) oder mit prädizierenden Bezeichnungen von Sachverhalten (zum Beispiel ‹gehen›, ‹schreiten›, ‹rennen›) zu tun haben – die Definition fusst auf der klassifizierenden Erfassung notwendiger und hinreichender Merkmale für den Gebrauch.

Eine weitere positive Konsequenz der hier vorgestellten Position, das heisst der Begriffsbestimmung durch Analyse der Gebrauchskonventionen von Wörtern und nicht durch Analyse von Gegenständen, zeigt sich im Zusammenhang mit dem Problem des *infiniten Regresses* beim Definieren (mir schiene die Charakterisierung mit ‹endlos› adäquater). Dieser Sachverhalt wird zum Beispiel wie folgt beschrieben:

Man kann nicht alles definieren. Der erste Grund dafür ist leicht zu verstehen, weil er sich einfach aus der formalen Struktur jeder Definition ergibt. In der Definition wird das Definiendum durch mindestens einen, in der Regel durch zwei oder mehr Begriffe erklärt. [...] Auch wenn diese Begriffe zum Bestand der Alltagssprache gehören und deshalb recht vertraut sind, wissen wir erst, was sie eigentlich genau bedeuten, wenn wir auch für jeden einzelnen von ihnen eine eigene Definition angegeben haben. In dieser Definition werden im Definiens jedoch wieder andere Begriffe auftauchen, die ihrerseits definiert werden müssen, und so weiter und so fort. [...] Man nennt einen derartigen Rückgang ins Unendliche auch *regressus ad infinitum* oder *infiniter Regress*. Wenn man tatsächlich fordert, dass alles definiert werden muss, kommt man nicht nur mit der Definition von «Tisch» an kein Ende, sondern man kommt auch mit keiner einzigen anderen Definition dorthin. Dann kann man aber gar nichts definieren, und damit wird jede Suche nach einer Definition hinfällig. (Damschen & Schönecker 2012: 59.)

Die Logik dieser Erklärung ist geradezu niederschmetternd – um nicht zu sagen: sinnwidrig. Ihr zufolge sind wir Menschen prinzipiell dazu verurteilt, etwas, das wir zu verstehen suchen, durch etwas, das wir auch nicht verstehen, zu erklären. Mit anderen Worten: Wir sind dazu verurteilt, unverstandene Definienda durch unverstandene Definientes zu «definieren». Wir haben damit nicht nur einen höchst eigenartigen, die Rationalität zersetzenden Begriff des «Definierens», sondern auch einen in hohem Masse befremdlichen und der alltäglichen Erfahrung widersprechenden. Die nichtalltägliche – angeblich alltagstaugliche – Lösung der Logiker respektive Philosophen für dieses Problem soll nun wie folgt aussehen:

> Um aus dieser unangenehmen Lage herauszukommen, bleibt also nur übrig, den Anspruch, alles so zu definieren, wie wir es getan haben, zurückzuweisen. Das heißt aber nicht, dass man das Definieren einfach irgendwo willkürlich beenden dürfte. In der Regel hören wir mit dem Definieren nur dann auf, wenn uns die im Definiens genannten Begriffe hinreichend bekannt zu sein scheinen. Die Definition hat dann ihren Zweck erfüllt und ist zufriedenstellend, wenn man einen Begriff, der noch nicht so gut bekannt war, auf Begriffe zurückführen konnte, die besser bekannt sind. Wir sind also dann mit einer Definition *zufrieden,* wenn wir glauben, etwas besser zu verstehen. (Damschen & Schönecker 2012: 59–60.)

Die Krux mit dieser hilflos wirkenden, auf das Erreichen von (subjektiver) Zufriedenheit angelegten Vorgehensweise ist, dass wir damit wieder in die sprachlich-ontologische Verwechslungsfalle tappen. Die im Zitat verwendeten Prädikate ‹bekannt sein›, ‹zufrieden sein› und ‹verstehen› weisen ein (un)gehöriges Mass an Ambivalenz auf, denn auch sie beschreiben ja einen Bezug zur Wirklichkeit. «Definieren» ist aber eine *sprachlich-rationale Handlung,* die sowohl *an* als auch *mit* Wörtern respektive Begriffen vollzogen wird. Die Wirklichkeit ist ein strukturiertes, aber nicht überall für Menschen sofort einsichtiges, gewissermassen «anthropophile» Grenzen aufweisendes Kontinuum, und es fällt dem forschenden Menschen zu, aufgrund seiner spezifischen Wahrnehmungs- und Denkfähigkeit in dieses Kontinuum nützliche und sinnstiftende symbolische Grenzen zu setzen – Grenzen, die ihren Niederschlag in der Sprache, in den Bezeichnungen und Begrifflichkeiten finden (vergleichbar dem Akt der Namensgebung durch den biblischen Adam im Paradies).

Die Unvermeidbarkeit des *endlosen Regresses* ist übrigens zweifelhaft, denn sie beruht (im ersten Zitat aus Damschen & Schönecker) auf der Annahme, dass *jede* Definition an der nicht erreichbaren Definition von Definientes scheitert. Diese Allaussage kann durch den Nachweis eines einzigen Begriffs falsifiziert werden, das abschliessend definierbar ist und als vollständiges Definiens eingesetzt werden kann. Gibt es einen solchen Begriff – oder gar mehrere solcher? Klare Beispiele liefern *axiomatische* Systeme wie etwa die Mathematik, in denen Begriffe durch ein Axiom oder durch ein System von Axiomen definiert werden. Daraus lassen sich definierte Begriffe wie Kreis, Quadrat, Körper ... in ein alltägliches oder philosophisches Definitionssystem übernehmen. Dies legt nahe, nach nicht spezifisch mathematischen, «axiomatischen» Wörtern Ausschau zu halten, also nach Wörtern, hinter die man nicht zurück oder über die man nicht hinaus kann.

Setzungen in diesem Sinne sind zum Beispiel ‹Anfang›, ‹Ende›, ‹Mitte›, ‹Viertel›, ‹Teil›, ‹Höhepunkt› und so weiter. Diese Setzungen sind Objekten und Vorgängen immanent, die eine zeitlich, linear oder körperlich definierte Ausdehnung haben. Aus diesem Grund kann die folgende Definition als formal und inhaltlich wohlgeformt und vollendet betrachtet werden: «Der Urknall ist der Anfang des Universums.»

Das Definiens «Anfang» ist axiomatisch festgelegt, das Definiens «Universum» ist ein singulärer Term – somit ist der «Urknall» – ohne seine Existenz zu behaupten – nach allen Regeln der klassischen Logik abschliessend *definiert.* Gilt die traditionelle Definition einer Definition, nämlich «die Definition bildet sich aus der nächsthöheren Gattung und dem speziesbildenden Unterschied», kann in der Folge das singuläre *endliche* Universum als die Gesamtheit (auch wieder ein «axiomatisches» Wort) aller «Objekte» definiert werden. (Dadurch ist das Universum natürlich auch ein Objekt; nach meiner Auffassung ist es dagegen unendlich und darf nicht als «Objekt» aufgefasst werden.) In diesen zwei Definitionen wären somit weder reale noch logische Anzeichen eines «regredierenden Universums» zu konstatieren. Darauf aufbauend wären «Objekte» als immanent-diskrete, durch menschliche Wahrnehmungsmöglichkeiten begrenzbare und begrenzte «Teile» des Universums anzugehen. Da «Teil» und Universum als Definientes zur Verfügung stehen, ist das Definiendum «Objekt» sauber definierbar. Die nächsten Schritte bestünden in der merkmalsgestützten Subklassifizierung der Objekte (zum Beispiel in «tote» und «lebende» Objekte) und in einer (nötigenfalls erweiterbaren) Aufzählung zugehöriger Objekte.

Dieses dem Schicksal eines endlosen Regresses widersprechende Ergebnis ist ein klares Indiz dafür, dass wir uns beim Definieren primär im Bereich der Wörter, des Mentalen bewegen (müssen) und uns erst sekundär auf den Bereich der Ontologie, auf die konkrete Welt einlassen. Darin tritt die Wesensverwandtschaft von «Sprache» und Universum, ja die Wahrheit des Ausdrucks «sprachliches Universum» in Erscheinung: Natürliche Sprachen sind mit ihrem unbegrenzten Wortschatz weitgehend *homologe Abbilder* des Universums mit seinen nicht abschliessend abzählbaren Objekten; sie erzeugen mit endlichen Systemen von Regeln endlos viele Äusserungen; sie können sowohl geschlossene autoreferenzielle als auch offene referenzielle Teilsysteme bilden.

Sprachen liefern nicht nur Abbilder des Exophänomenalen; sie gehen im Gleichschritt mit unseren mentalen Fähigkeiten gewissermassen «hypertrophierend» über diese Funktion hinaus und schaffen auch endophänomenale Kuriositäten, die den Bezug zur Realität verlieren. Dies äussert sich etwa bei konstruierten Paradoxa, welche «leere» Begriffe produzieren. Semantisch gewendet heisst das, dass unangemessene oder unmögliche Gebrauchsbedingungen angesetzt werden. Berühmt ist etwa das «Barbier-Paradoxon» von B. Russell (hier als Definition formuliert): «Ein Barbier ist jemand, der all jene (und nur jene) rasiert, die sich nicht selbst rasieren.» Um «Barbier» zu sein oder zu bleiben, darf er somit nur andere, aber nicht sich selbst rasieren; wächst ihm deswegen ein Bart, gehörte er zu jenen, die sich nicht selbst rasieren und die er rasiert. Barbiere wären damit nicht nur existenziell bedroht; auch die «all»-Bedingung – in der streng mathematischen Formulierung «all jene (und nur jene)» – bei den zu Rasierenden ist realitätsfremd (was ist, wenn manche Männer den Bart durchaus stehen lassen wollen?). Die realistische Definition wäre hingegen: «Ein Barbier ist jemand, der jene rasiert, die sich nicht selbst rasieren (wollen)» (siehe Websites).

Definitionen und Begriffe bieten sich nicht «natürlich» an, sondern sind *konstruierte,* sich an apriorischen Mustern des Denkens orientierende Instrumente des «Begreifens»; die notwendige

Nähe zur Wirklichkeit, deren Grad der Modellierung und die gewünschte Präzision der begrifflichen Bestimmung werden von menschlichen Bedürfnissen bestimmt. Nur auf diesem Hintergrund der *Tauglichkeit* scheint es mir übrigens sinnvoll, überhaupt von notwendigen und hinreichenden Bedingungen des Wortgebrauchs zu sprechen. Darum ist die folgende Methode der Definition nicht einfach «eine zufriedenstellende Möglichkeit» respektive ein mit schlechtem Gewissen beschreitbarer Ausweg, sondern das einzige angemessene Verfahren des Definierens:

Eine Möglichkeit, Fragen nach immer weiteren Definitionen abzubrechen, besteht darin, eine Definition für einen Begriff und damit seine Bedeutung, einfach *festzulegen*. Das nennt man eine *stipulative* Definition. Daran ist nichts verkehrt, solange nur klar ist, dass es sich um eine stipulative Definition handelt, die für einen bestimmten Zweck sinnvoll ist. (Damschen & Schönecker 2012: 60.)

3.3 Eine «unendlich» problematische Begriffsbildung

Wenden wir uns für einen Moment der Physik zu und gehen das «Unendlichkeitsproblem» aus definitorischer Sicht an. Eigentlich können wir dem *Infiniten* keine Eigenschaften zuschreiben, denn dazu müssten wir uns einen Begriff davon machen können. Damit befinden wir uns in einer schwierigen argumentativen Situation und auch in einem unauflöslichen Gegensatz zu vielen fundamental konstruktivistischen (stipulativen) Ansätzen, wie sie zum Beispiel Ludwig Wittgenstein am Anfang seines *Tractatus logico-philosophicus* «in die Welt setzt»:

1   Die Welt ist alles, was der Fall ist.
1.1   Die Welt ist die Gesamtheit der Tatsachen, nicht der Dinge.
[...]
1.13 Die Tatsachen im logischen Raum sind die Welt.

Versuchen wir auch hier, notwendige und hinreichende Grenzen des Wortgebrauchs einzuziehen. Die Rede von «Gesamtheit» respektive die Verwendung von Allaussagen ist sowohl logisch als auch *realiter* stets eine heikle Angelegenheit. Im Zusammenhang mit dem obigen Zitat (auch mit der nicht zitierten Zeile mit «alle[n] Tatsachen» in Wittgensteins 1.11) hielte sie allerdings einer strengen Prüfung mit Weltbezug nicht stand: Nicht nur im Falle des Universums (der materiellen Dinge respektive Objekte), sondern auch im Falle der «Welt» in der Wittgenstein'schen Festlegung kann «Gesamtheit» gewiss nur von einer (von aussen, von einer Metaebene aus) überblickbaren, quantitativ begrenzten *Menge* von Entitäten ausgesagt werden. Der Bezug zur Mathematik ist kaum zufällig: Die von Georg Cantor (1845–1918) begründete Mengenlehre tut allerdings so, wie wenn sie dies könnte, und spricht ungeniert von Mengen mit unendlich vielen Elementen oder sogar von transfiniten Mengen, die grösser (!) als eine darin enthaltene unendliche Teilmenge sein können.

Wittgensteins Formulierung, «alles, was der Fall ist», zieht nun gewissermassen Bilanz, schliesst also sowohl die qualitative Realität als auch eine zukünftige Veränderung respektive Zunahme aus. Da es (bisher) keine grösste Zahl gibt, bleibt unauflösbar und darum auch unüberprüfbar, was im Zusammenhang der Tatsachen oder des Universums eine oder *die* Gesamtheit *empirisch* wirklich sein könnte. Die mathematisch inspirierte, konstruktivistische Schau ist ein leider untauglicher (und wohl auch immanent ängstlicher) Versuch, die unendliche *Realität* «endlich» zu bändigen. Solche Konstruktionen, wie auch die zugehörigen verführerischen Metaphern, sind zwar gelegentlich unvermeidbare Behelfe, häufig aber auch Quellen für unkritische oder fehlerhafte Vorstellungen von der Realität (siehe Abschnitt 2.1; Gabriel 2015: 47–54 setzt sich auch mit dieser Passage von Wittgenstein auseinander).

Richtig konstruierte logische Sätze oder mathematische Herleitungen sind wahr und richtig – aber eben nur in einem formalen Sinn. Ob sie auch in der Realität «wahr» oder «falsch» sind, zeigt sich erst, wenn ihren Variablen konkrete Sachverhalte zugeordnet werden, das heisst, wenn sie mit Wörtern mit einer Bedeutung gefüllt werden. Das Prädikat ‹ist falsch› respektive ‹ist wahr› wird von einem analytischen Satz gesagt, wenn seine «Wahrheit oder Falschheit durch die Bedeutungen der in ihm enthaltenen Ausdrücke festgelegt ist» (siehe Lexikon Philosophie 2011: 24). Ob Sätze respektive Aussagen sowohl logisch richtig als auch auf die Realität bezogen wahr sind, ist nicht immer offensichtlich oder leicht zu erkennen. Um wissenschaftlich haltbare Fundamente zu schaffen, müssen beide Voraussetzungen gegeben sein, wobei der logische Bereich formal überprüfbar ist, der reale Bereich evidenziell.

Die in der Kosmologie bevorzugte Vorstellung legt axiomatisch fest, dass das Universum (oder die «Welt» bei Wittgenstein) eine quantitativ grundsätzlich erfassbare, endliche und allenfalls gekrümmte Entität ist, das heisst eine Entität mit klar *positiven* Eigenschaften. Diese «reale» Vorstellung ist allerdings primär theoretischen Folgerungen zu verdanken; das Primat der Theorie weist damit tendenziell der Evidenz die Rolle (ausgewählter) «Beweise» für die Richtigkeit der Theorie zu. Akzeptiert man hingegen die evidenziell ebenfalls mögliche Vorstellung, dass das Universum *unendlich* ist, verbleiben die Logik respektive die Theorie in der Rolle der formalen Prüfinstanz. Dabei zeigt es sich, dass die Annahme eines real endlichen Universums in einem logischen Widerspruch endet.

Natürlich schafft die «reale Unendlichkeit» definitorische Probleme, denn beim Versuch, diese zu «charakterisieren», muss man zwangsläufig auf Wörter zurückgreifen, welche eigentlich nur die *Absenz von (supponierten) Eigenschaften* bezeichnen: ‹unendlich›, ‹zeitlos›, ‹immobil›, ‹nichtentitär›. In diesem Fall ist die Begriffsbildung erschwert, weil mit entsprechenden Vorsilben hergeleitete «negative Eigenschaften» verwendet werden müssen, aber der Wahrheit der Aussage von der Unendlichkeit tut dies keinen Abbruch. Ein fein gestimmtes Sprachgefühl und der konsequente Einsatz der Logik können auch in diesen Fällen wegweisend sein und interessante Einsichten aufdecken, wie im nächsten Abschnitt 3.4 gezeigt werden kann.

Es lohnt sich an dieser Stelle, über einige gängige Homologien nachzudenken, die zwar in der Regel über den diffizilen Begriff des «Unendlichen» miteinander verknüpft werden, die aber eigentlich über den davon unbedingt zu unterscheidenden Begriff des «Endlosen» entstehen. Ich denke da an die folgenden wichtigen Bereiche: natürliche Zahlen, Fraktale, Sprache, Denken, Wissen und Sinnfelder (die Aufzählung ist natürlich nicht abschliessend). Diese Bereiche haben eine gemeinsame systemische Eigenschaft: Mit einem begrenzten Satz von Grundelementen und einem begrenzten Regelsystem, welches aber Rekursion oder *Rekursivität,* das heisst wiederholbare, auch zirkuläre Rückkoppelungen oder Endlosschlaufen, erlaubt, kommt eine «Produktion» von Entitäten respektive Dingen in Gang, die potenziell ohne Ende ist. Damit entsteht eine sowohl theoretische wie auch reale, unbegrenzte Vielfalt. Die Charakterisierung dieser Bereiche als «endlos» bedeutet ausserdem zwangsläufig, dass sie «offen» sind; zu einem offenen System gehört deshalb Kontingenz, denn eine über definierte Teile hinausgehende (vollständige) Determinierung ist prinzipiell nicht möglich. Schauen wir uns einige Spezifika an:

[a] Die materiellen Grundbausteine der Dinge, die Atome, interagieren gemäss einer sehr überschaubaren Zahl physikalischer Regeln, die Energieflüsse und -felder betreffen, und schliessen sich entsprechend zu einer unbegrenzten Vielfalt von Dingen aller Grössen und Formen zusammen. Sowohl für das Universum wie auch für Zahlen gibt es kein «natürliches Ganzes» – die Metapher des «Zahlenuniversums» ist durchaus treffend. Wenn wir auch in diesen beiden Bereichen das Ganze nicht erfassen können, ist das Reden *von* «Teilen» und das Reden *über* «Teile» möglich und sinnvoll (zum Beispiel rationale, irrationale, reelle und so weiter Zahlen). Wenn wir von einem Teil sprechen (zum Beispiel Teil des Universums), formen wir ein partikuläres Element und können dafür durchaus auch Allaussagen machen und formale Regeln bilden; diese erlauben aber keine zwingenden Schlüsse auf das (mutmassliche) übergeordnete «Ganze».

[b] Diese Homologie zwischen Universum und Zahlen wird aber genau da brüchig, wo festzustellen ist, dass das Universum eine Realität ist, die Zahlen hingegen nur Realitäten symbolisieren respektive darauf referieren können. Diese Differenz ist wichtig, denn die Berufung auf die Homologie wird dann erkenntnistheoretisch gefährlich, wenn zur «Ontologisierung» mathematischer Einsichten geschritten wird (siehe das Zitat aus Morris 1998 in Abschnitt 4.1). Die Mathematik kann keine Beschreibung oder gar sinnbasierte Erklärung des Infiniten liefern, denn sie generiert

keine Bedeutung, sondern ist ein Instrument zur Abbildung von Prozessen und Vorgängen.

Die Aufgabe des (kausalen) Erklärens und der (teleologischen) Sinnstiftung gehört in die Bereiche Sprache, Denken und Wissen: Die endlichen Mengen von Elementen (zum Beispiel Lexemen, Neuronen) und von sprachlichen respektive logischen Regeln (zum Beispiel Syntax, Schlussregeln) erlauben uns nicht nur eine endlose Erweiterung und Verfeinerung des durch die Verwendung von Sprache und Denken resultierenden Wissens, sondern auch – im Gegensatz zur Mathematik – ein *bedeutungsvolles* (interpretierendes) Abbilden anderer «endloser» Bereiche und ein Weiterentwickeln unseres Verständnisses von diesen. Die sprachlichen und denkerischen Fähigkeiten und ihre Ausrichtung auf unsere natürliche und mentale Umwelt zwingen uns eigentlich dazu, immer «in Bewegung» zu bleiben. Hier gilt buchstäblich, dass das letzte Wort nicht gesprochen und der letzte Gedanke nicht gefasst ist, ja: dass solche – solange es sprachfähige Wesen gibt – nie werden gesprochen oder gefasst sein können.

Es scheint übrigens ein anthropologischer, durch Jahrtausende von Erfahrungen bestätigter Reflex zu sein, allem, was Menschen mit der Bezeichnung ‹Ding› zur Sprache bringen, das Qualium «hat einen Anfang respektive ein Ende» zuzuschreiben; die primordiale anthropologische Erfahrung ist ja die *Endlichkeit des (eigenen) menschlichen Daseins,* des Menschen als «Ding» zwischen Zeugung respektive Geburt und Tod. Zählt man nun das Universum auch zu den «Dingen», so (ver)führt dies dazu, es mit einem zwangsläufigen Anfang und mit einem Inhalt zu denken – übersieht dabei aber, dass es kein Ding sein kann. Da es die Materie ist, die sich immer wieder zu «Dingen» formt, kann das Universum nicht *alle* (realen und denkbaren) Dinge «enthalten» (was heisst schon «alle» angesichts der Unendlichkeit?). ‹Universum› ist aber nicht einfach ein Synonym für den Stoff, aus dem die Dinge gemacht sind und der schon «immer war, ist und sein wird», sondern eine Bezeichnung für die Erscheinungsform von Materie, für die dinglichen Manifestationen der Materie und von deren phänomenalen Begleitern.

3.4   Die Semantik der Verneinung

Schauen wir uns noch die Semantik der Wörter genauer an, die mit verschiedenen negierenden Vorsilben, zum Beispiel ‹un-› (un-endlich), ‹in-› (invariant), ‹im-› (immateriell), oder mit der Nachsilbe ‹-los› (zeitlos) gebildet sind und die scheinbar simpel die Absenz von Eigenschaften bezeichnen (siehe auch die Gedanken in Abschnitt 3.3). Ganz einfach zu bilden sind insbesondere solche mit der präfixalen Verneinung ‹nicht-›, zum Beispiel ‹mundgeblasen› versus ‹nichtmundgeblasen›. Bei näherer Betrachtung sind da allerdings zwei fundamental verschiedene Typen zu erkennen:

[a] Mit der Negation eines Spezifikums (zum Beispiel ‹nichtmundgeblasen›) wird zum Ausdruck gebracht, dass bei gleichen Objekten ein anderes Spezifikum aus *der gleichen Kategorie* (zum Beispiel «Herstellungsart») anzusetzen ist (zum Beispiel ‹maschinell›). Innerhalb einer Kategorie werden so Subkategorien oder Elemente ausgesondert. Eine Christbaumkugel, die nicht mundgeblasen ist, ist *immer noch* eine Christbaumkugel, die halt nicht auf diese, sondern auf eine andere, vielleicht nicht näher spezifizierte Weise hergestellt wurde. Wenn man einen Baum mit *nicht*roten Kugeln schmücken will, können Kugeln *in allen Farben ausser Rot* verwendet werden. Anstatt alle anderen Farben aufzuzählen, können diese mit ‹nichtrot› ganz einfach gegenüber ‹rot› abgesetzt werden. Semantisch gesehen sind solche Wortpaare gut erkennbare *Antonyme*, die *komplementär* auf eine gemeinsame Kategorie bezogen sind (wie zum Beispiel ‹falsch› – ‹richtig› respektive ‹wahr› oder ‹gut› – ‹böse›), ohne den weiterhin geltenden ontischen Status des Dings zu tangieren (Kugel bleibt Kugel; Text bleibt Text – ob wahr oder falsch). Es wird also *nicht die Kategorie verneint* (zum Beispiel Farbe), sondern die Auswahl aus den Subkategorien oder Elementen (zum Beispiel nicht ‹rot›, sondern ‹grün›). Auch Wörter mit einer der eingangs dieses Abschnitts aufgezählten Vorsilben können diesem verbreiteten antonymischen Typ angehören: zum Beispiel ‹unglaubwürdig›, ‹unmoralisch›, ‹inkorrekt› und so weiter.

[b] Beim zweiten Typ ist charakteristisch, dass er zwar nach den gleichen Bildungsgesetzen sprachlich und formallogisch problemlos korrekt konstruierbare Wörter umfasst, diese aber semantisch keinesfalls antonymisch verstanden werden können. Ein Wort wie ‹unendlich› ist deshalb speziell, weil es *nicht* die Abwesenheit eines kategorial gleichen Spezifikums, sondern die *Abwesenheit der Kategorie selbst* anzeigt – und damit die Vergleichbarkeit mit scheinbar ähnlichen Dingen aufhebt. Es ist nicht möglich, etwas Formloses oder Farbloses zu sehen, weil alles Wahrnehmbare Form und Farbe hat. Der *Gedanke*, der mit solchen Wörtern verbunden wird (von einer Vorstellung zu sprechen, verbietet sich hier), ist unteilbar und solitär – es gibt entweder wahrnehmbare Endlichkeit oder nicht wahrnehmbare (aber denkbare, empirisch «leere») Unendlichkeit. Was denkbar oder wahrnehmbar ist, *existiert*. ‹Unendlichkeit› gehört zur Subkategorie der nicht unmittelbar sinnbezogen, sondern *denkend* verfassten endophänomenalen Bausteine des Bewusstseins, zum Beispiel zu den formallogisch oder mathematisch denkbaren, aber referenzlosen Entitäten wie etwa Eigenschaften oder Zahlen.

Eine andere Möglichkeit (analog zu rot respektive nichtrot in [a]) ist bei ‹unendlich› nicht denkbar. Der Unterschied betrifft also kategorial das *Existenzielle,* die Seinsweise. Weil ‹Unendlichkeit›, das heisst «ohne Endlichkeit sein», nicht wahrnehmbar, sondern nur endophänomenal denkbar ist, bleibt das Infinite in dieser Hinsicht offen und logisch zwingend nur in (endlichen, das heisst künstlich abgegrenzten) Teilen wahrnehmbar; ‹unendlich› ist somit zwar charakterisierend, aber als begriffsbildendes Merkmal für das Infinite prinzipiell nicht verwendbar. Es hat allerdings ein Metaphern generierendes Potenzial, das uns wenigstens ein behelfsmässiges Reden darüber erlaubt. Auch hier ist die Grenze in der kategorialen Seinsweise angelegt und nicht in einer subkategorial bestimmbaren Eigenschaft.

«Endlichkeit» ist ein absoluter existenzieller Kategorialbegriff, ein *non plus ultra.* Sie ist erfahrbar und setzt eine quantitative, wahrnehmbare Grenze. «Unendlichkeit» ist nicht einfach das dazu Komplementäre, sondern prinzipiell *nicht erfahrbar.* Als die logisch *denkbare* Ergänzung jenseits des Endlichen kann sie nicht als erschliessbarer «quantitativer» Gegensatz zu «Endlichkeit» oder gar als beweiskräftige *Extrapolation der Erfahrung von Endlichkeit* erfahren werden, sie kann nicht einmal als Vorstellung *imaginiert* «im Bewusstsein sein». Anders ist der Fall bei «Endlosigkeit», die komplementär zu «Endlichkeit» durchaus imaginierbar ist.

Das gemeinsame Element ‹end-› im Wortstamm von ‹endlich› respektive ‹unendlich› suggeriert in irreführender Weise, dass wir es mit zwei Elementen einer übergeordneten Kategorie «zeitliche respektive dimensionale Ausdehnung» zu tun hätten. Dem ist ganz entschieden nicht so. Da es also keine gesicherte, wahrnehmbare oder erkennbare Evidenz für die *Endlichkeit oder Begrenztheit des Universums* gibt, scheint es nur schon deshalb sinnvoll, den gängigen Vorstellungen von seiner Endlichkeit prinzipiell zu misstrauen und die hier plausibilisierte Annahme seiner Unendlichkeit künftig wissenschaftlich ernsthaft und auf ihre Verträglichkeit mit der Evidenz fortgesetzt zu prüfen. Diese Alternative wird insbesondere mit den Mitteln der Sprache und der Logik erforscht. Eine analoge Konstellation zur «Unendlichkeit» treffen wir bei den Begriffen «Geist» und «Materie» an (siehe den folgenden Abschnitt und Kapitel 5).

Aktuell treibt Astrophysiker nach der «Entdeckung» des Higgs-Teilchens die *theoretische* Möglichkeit um, das Universum könnte langfristig je nach Massenwert dieses Teilchens allenfalls «instabil» sein (*NZZ am Sonntag* vom 4. Januar 2015, «Higgs und die Zukunft der Welt»). Eine solche Feststellung von (In)stabilität liesse sich allerdings nur gesichert machen, wenn die Endlichkeit sich evidenziell nachweisen liesse und damit die logisch zwingende Position eines Aussenbeobachters einnehmbar wäre. Von der Stabilität der Materie zu reden, ist unsinnig (sie ist ja immer da); dass hingegen *Erscheinungsformen* der Materie nicht stabil sind, wissen wir nicht nur seit der Entdeckung des radioaktiven Zerfalls. Das sind allerdings lokale Erscheinungen, denen auch der Umbau respektive Aufbau neuer Erscheinungsformen von Materie entgegensteht.

Das Extrapolieren von Erfahrungen, die wir in unserem Teil des Universums machen, oder deren Verarbeitung zu Evidenz, die «gewusst» und «verstanden» werden kann und die eine über unseren Horizont hinausgehende Geltung haben könnte, sind also besonders sorgfältig auf ihre Seinsweise und auf ihre logische Konsistenz hin zu prüfende Vorgänge. Die daraus hervorgehenden prinzipiellen Aussagen bekommen buchstäblich *sub specie aeternitatis* unweigerlich den Charakter von *axiomatischen Aussagen,* eben weil sie im strengen Sinne nicht beweisbar sind, gleichwohl aber die notwendige Formulierung widerspruchsfreier Gesetze und Herleitungen erlauben (sollen), die ihrerseits wieder empirisch an Erfahrungen und Evidenz (logisch) geprüft werden können und müssen.

Der axiomatische Charakter ist auch für die (verführerische) Nähe zur Mathematik mitverantwortlich – eine Nähe, die aber dann problematische Folgen zeitigt, wenn Ableitungen aus den Axiomen sozusagen «an Bodenhaftung» verlieren, zunehmend theoretisch werden und immer weniger der Abbildung der Realität dienen. Einen gewichtigen Beitrag zu dieser Verführung liefern die Rechnerkapazitäten von Supercomputern und das fast schon blind zu nennende Vertrauen in die realitätsabbildende Fähigkeit von algorithmisch aufgebauten Computerprogrammen. Am Ende nehmen wir nicht mehr die Realität verifizierbar wahr, sondern ein durch kaum explizierte Programmannahmen und durch «unsaubere» Rechenoperationen (zum Beispiel durch Rundungsphänomene) verfälschtes Abbild.

Zum Schluss ein analoges Beispiel zum Paar ‹endlich› respektive ‹unendlich›: Wir kennen das Wort ‹materiell›, das heisst aus Materie bestehend; das Wort ‹immateriell› ist aber nur scheinbar antonymisch, denn es bezeichnet (ausser bei einem metaphorischen Gebrauch) weder ein wahrnehmbares Phänomen noch eine reale Eigenschaft eines Objektes. Dieser Sachverhalt zeigt sich bei abstrakten Wörtern, die durch Derivation einen Prozess der sprachlichen Abstrahierung (allenfalls Hypostasierung) durchlaufen und kategorialen Charakter gewinnen: zum Beispiel ‹lang› > ‹Länge› oder ‹gross› > ‹Grösse› (hier «weigert» sich sogar die Ratio, unsinnige Wörter wie ‹längelos›, ‹Unlänge› oder ‹Ungrösse› zu bilden). Grüssen da etwa die sprichwörtlich gewordenen «colorless green ideas» von Noam Chomsky ...?

3.5 Die Besonderheit der Sprache

Die primäre Form von Sprache ist gesprochene Sprache. Deren materielle Seite ist eine akustisch wahrnehmbare Emission: Der Sprecher erzeugt mit seinen Sprechorganen hörbare Modulationen im Medium Luft; der Hörer segmentiert und strukturiert den gehörten Luftstrom, erkennt ihn als Träger von Sprache und extrahiert daraus Information(en). Damit dies erfolgreich geschieht, müssen Sprecher und Hörer über ein gemeinsames Inventar an sprachlichen Konstrukten (Phonemen, Wörtern, Syntaxregeln und so weiter) verfügen und ausreichende Deckungsbereiche bezüglich der Wortinhalte haben. Wir haben also eine materielle Seite des Wortes (ein modulierter Luftstrom) und eine von ihr getragene phänomenale Seite (eine Bedeutung). Obwohl die Kombination von Phonem und Inhalt zufällig entsteht oder entstehen kann, ist die Bedeutung in der emergenten Kombination als immanent und zudem konventionell weitgehend festgelegt zu betrachten.

Die übergeordnete Materie-Phänomen-Kombination, die wir ‹Sprache› nennen, sichert die interpersonale Deutung von Wahrnehmungen und Ereignissen, es erlaubt das Reflektieren und das Für-wahr-Halten, es unterstützt die Konstitution von Sinn im eigenen Leben und erzeugt Verständnis für Sinn respektive Sinngebungen im Leben anderer. Die Fähigkeit, Sätze anderer zu vollenden respektive fremde Gedanken weiter- oder gar «spielend» zu Ende zu denken, deutet darauf hin, dass die Sprachfähigkeit ein Resonanzsystem darstellt wie die Spiegelneuronen, welche das Einfühlen in andere Menschen ermöglichen. Deutungsvorgänge sind somit diffizil.

Wegen der Sprachfähigkeit sind Menschen grundsätzlich auf Vervollständigung ausgerichtet und angewiesen, von der minimalen Partnerschaft zweier Personen bis zu den unterschiedlich grossen Kommunitäten und Sozietäten. Als Einzelwesen ist der Mensch unvollständig – was das Verständnis der Bezeichnung «Individuum» in ein anderes Licht rückt: nicht ein isoliertes Ich, sondern *ein immanentes Wir*, ein *untrennbar* mit anderen verbundenes Wesen. Aus diesen Gründen ist Sinnkonstitution zwingend

dialogisch – eine existenziell notwendige Erweiterung des Selbstgesprächs (siehe Kapitel 6).

3.6 Definieren neu gefasst

Eine «Definition» ist genau dann eine Definition, wenn sie *zu defi-
nierende* Sachverhalte (Definienda) durch bereits *definierte* Sachverhalte (Definientes) «definiert». Ein Definiens ist *per se* definiert;
nur dann ist es ja als Definiens qualifiziert. Stehen uns Definientes
zur Verfügung, können wir im Prinzip alles (formal richtig) definieren, und wir können alles gemäss unseren Adäquatheitsvor-
stellungen und Bedürfnissen *abschliessend* definieren (auch
«Sinn» oder «Philosophie»). Da Bedürfnisse und Adäquatheitsvor-
stellungen zu beachten sind, müssen wir auch akzeptieren, dass es
keine «absoluten» oder «einzig wahren» Definitionen geben kann,
weil es je nach Zweckmässigkeit verschiedene Definitionen ein
und desselben Sachverhalts geben kann. Als Ergebnisse von im
Bewusstsein ablaufenden mentalen Prozessen werden Definitionen und Bedeutungen darum häufig in den Randbereichen einen
gewissen Grad von (rational diskutierbarer) Variabilität aufweisen. Nicht ausser Acht zu lassen ist ferner die Tatsache, dass die
Sprache *historisch* ist, das heisst, die Bedeutungen von Wörtern
und von Begriffen entwickeln sich, um den Veränderungen in unserer Umwelt gerecht zu werden. Der Rückgriff auf das Definieren
über die Gebrauchsbedingungen ist auch deshalb die Methode der
Wahl.

Operieren wir hingegen mit abstrakten Variablen, denen der
kontextualisierende Weltbezug respektive die konkrete Referenzialität fehlt, das heisst, blenden wir Bedeutung und Referenz aus
und verlegen uns auf eine leere, logisch-theoretische oder gar mathematische Formalisierung des Verstehensprozesses, stellt sich
beim Definieren der endlose Regress ein. Der Regress ist ein durch
die entleerende Formalisierung induziertes Phänomen oder gar
Phantom, dessen Auftreten beim Definieren geradezu als Alarm-
zeichen dafür aufzufassen ist, dass mit der Definition etwas nicht
stimmt. Die Erfahrung der Annäherung an einen gewünschten *Gebrauchswert* spielt in Bezug auf das *Verstehen* der Wirklichkeit ei-

ne zentrale Rolle und beeinflusst die gewünschte oder notwendige (davon aber nicht abhängige) Präzision des Definierens.

Die erwähnte Annäherung an einen Gebrauchswert unterscheidet sich fundamental von der Annäherung an einen Grenzwert. Das lässt sich mit dem bekannten, unrealistischen und deshalb paradoxalen *Gedanken*spiel des *endlosen* Halbierens einer Strecke illustrieren (zum Beispiel bei Achilles und der Schildkröte): Die Annahme, dass sich das Halbieren endlos wiederholen lässt, wandelt das in der Realität durchaus erreichbare Ende der Strecke in einen unerreichbaren (mathematischen) Grenzwert um und blendet so die Materialität der Strecke, eben der Rennbahn, aus. ‹Strecke› ist die Bezeichnung eines Exophänomens, muss also eine materielle Grundlage haben; Dinge sind in Bezug auf Raum und Zeit prinzipiell *endlich* (weil quantisiert) und damit auch *restlos* räumlich und zeitlich messbar. «Entleerende», dekontextualisierende Formalisierungen lassen den Wirklichkeitsbezug verschwinden. Das Konzept des «Infinitesimalen», des «unendlich (besser: endlos)» Kleinwerdens ist ein mathematisches Gedankenspiel, welches keiner physikalischen Wirklichkeit entspricht und deshalb in realer respektive kontextualisierter physikalischer Interpretation zu paradoxalen Ergebnissen führen kann oder sogar muss.

Die Brauchbarkeit der oben vorgestellten, auf die Erarbeitung von Gebrauchsbedingungen gestützten neuen Definition von «Definieren» wird in beispielhafter Weise in Rechtstexten und in der Rechtsprechung demonstriert: «Mord» wird beispielsweise von Juristen und Gesetzgebern – durchaus unter Berücksichtigung des Alltagsempfindens und -denkens – definiert als *ein besonders verwerfliches, vorsätzliches Töten;* darum gelten Soldaten, die andere Soldaten im Kampf umbringen, nicht als «Mörder» (werden im Krieg Zivilisten umgebracht, ist der Sachverhalt komplizierter). Da Mord das *verwerfliche* Umbringen einer *anderen* Person bezeichnet, ist der Ausdruck «Selbst*mord*» heute doppelt problematisch: Er wird wegen der Assoziation mit der gesellschaftlich heute nicht mehr allgemein angenommenen Verwerflichkeit kritisiert und durch «Selbst*tötung*» ersetzt (weil auf sich selbst gerichtet).

Ein weiterer Bereich, wo definitorische Präzisionsarbeit geleistet wird, ist das Ingenieur- und Patentwesen: Ob es sich bei automatischen Kupplungen um «das Maschinenelement zur Übertragung von Drehmomenten bei Fahrzeuggetrieben» oder um eine «automatische Verbindungskupplung von Schienenfahrzeugen» handelt – in beiden Fällen kann keinerlei Unsicherheit über die Identifikation aufkommen (siehe Websites).

In der Philosophie hat man es weniger mit der gegenständlichen Wirklichkeit zu tun, sondern vornehmlich mit Wörtern aus der symbolischen oder endophänomenalen Modellierung der Wirklichkeit – die aber durchaus handlungsanweisend, sprachpragmatisch auf die soziale Welt einwirken (können). Als Wörter lassen sie sich prinzipiell begrifflich fassen und zweckdienlich abschliessend definieren. Dass Philosophen und Denker an diesen Definitionen arbeiten und sie weiterentwickeln, weil sie diese nicht immer als adäquate Modellierungen der (sich stets verändernden) Wirklichkeit beurteilen, schlägt sich zum Teil in einer Flut entsprechender Literatur nieder. Für sich ist dies weder ein Beweis für die prinzipielle Unmöglichkeit der Definition noch für die Existenz des Phänomens des endlosen Regresses, sondern schlicht Ausdruck der Komplexität der Wirklichkeit und des Anspruchs auf angemessene Präzision bei deren rational argumentierbarer Erfassung sowie deren konkreter Ordnung.

4   Raum, Zeit(en) und etwas Kosmologie

Hier muss ich mich zwangsläufig amateurhaft(er) bewegen. Das ist allerdings kein hinreichender Grund, diesen Bereich zu meiden, denn für sich selbst *muss* man ein plausibles Weltbild erarbeiten und argumentieren können (bei dessen Erarbeitung mich die im Schlusswort erwähnten Personen zwar begleitet haben, aber für meine Folgerungen keine Verantwortung tragen). Da die (axiomatischen) Grundlagen dieser Bereiche meist auch an philosophische Fragen rühren, fühle ich mich dennoch berechtigt, diese in gewissen Hinsichten auf ihre rationale und begriffliche Konsistenz zu prüfen.

Das beginnt mit grundlegenden Wörtern und Begriffen, wie zum Beispiel ‹Welt› oder ‹Universum› (‹Kosmos›, ‹All›). ‹Welt› ist in der Regel der philosophische, ‹Universum› der heute gängige physikalische Terminus. *Grosso modo* definiert werden diese Termini mit «Gesamtheit all dessen, was existiert (und worüber geredet werden kann)». Auffällig ist der «legere» Gebrauch des Wortes ‹Gesamtheit›, welches eine letztlich *definite* Menge zusammengehörender Dinge meint. Dieser Gebrauch ist deshalb ungenügend, weil ‹Gesamtheit› einerseits das Universum zu einer Entität erklärt und andererseits nicht erlaubt, die Sphäre des Endlichen zu verlassen; mit ‹Gesamtheit› wird stets «etwas» gemeint – und wenn damit – mathematisch ausgedrückt – sogar eine «unendliche Menge» von Dingen gemeint sein soll, dann ist das eine flagrante *contradictio in adjecto,* denn «Menge» ist – wie «Gesamtheit» – endlich und dazu noch ein «Ding». Auch das deutsche Wort «All» entgeht dieser kritischen Einschränkung nicht, denn sobald man ein «All», eine «Gesamtheit», eine «Menge» oder eine «Entität» (vergleiche Smolin im Zitat in Abschnitt 4.1) erkennt, wird zwangsläufig *eingegrenzt* oder «verendlicht» (dem Universum als dem «in eins Gewendeten» ergeht es nicht besser). Sollen ‹Welt›, ‹Universum› oder ‹Kosmos› brauchbar sein, muss ihnen ein «infinites» und «non-entitäres» Verständnis zugrunde gelegt werden (siehe die logischen Argumente in Abschnitt 3.3).

4.1 Urknall und Rotverschiebung

Manche Menschen mögen, dass gewisse Dinge mit einem Knall beginnen:

Vor annähernd 14 Milliarden Jahren gab es den Urknall, den Big Bang. Seitdem fliegt das Universum auseinander. Vor 9 Milliarden Jahren entstand die Sonne und vor 4,5 Milliarden Jahren unser Sonnensystem. [...] Das Leben auf der Erde begann vor etwa 3,9 Milliarden Jahren. Das waren 10 Milliarden Jahre nach dem erwähnten Urknall. (Mölling 2015: 15–16.)

Die Selbstverständlichkeit, mit der das Faszinosum «Urknall» zu einem allgemein anerkannten Fixum wissenschaftlichen Grundwissens über das Universum geworden ist (Mölling ist Molekularbiologin), mahnt allerdings zur Vorsicht. Eine nüchterne Prüfung des Sachverhalts, der Prämissen und der Evidenz ist deshalb angezeigt, weil herrschende Weltbilder nicht nur wichtige Bereiche der persönlichen Sinnkonstitution mitformen, sondern bei der Suche nach Sinn auch behinderlich sein können. Ausserdem müssen wir wachsam sein gegenüber *Metaphern* und Vorstellungen, die dem Lebenszyklus des Menschen verführerisch nachgeformt sind und die bei Geburt, Leben und Tod kosmischer Objekte ihre Berechtigung haben mögen, im Falle des Universums aber versagen.

Das Konzept des Urknalls ist eine Extrapolation aus der Beobachtung von *Rotverschiebungen:*

1929 entdeckte der amerikanische Astronom Edwin Powell Hubble, dass das Licht ferner astronomischer Objekte zum Roten hin verschoben, seine Frequenz also reduziert ist. [...] Geringere Frequenz bedeutet nach Doppler: Der Stern, die Galaxie, der Nebel entfernt sich. Hubble [...] bemerkte bald, dass die Rotverschiebung bei allen weit entfernten Beobachtungsobjekten in seinen Fernrohren auftritt. Und noch mehr: Die Rotverschiebung wird umso stärker, je grösser die Entfernung bereits ist. Nach den Doppler-Gesetzen kann das nur bedeuten: Sämtliche Objekte des Himmels entfernen sich von uns, und sie entfernen sich sogar umso schneller, je weiter sie bereits weg sind. Damit war klar: Das Universum expandiert. Es dehnt sich aus, wird als Ganzes ständig grösser. Und wenn es heute expandiert, dann war es früher, zurückgerechnet, kleiner und noch früher noch kleiner. Irgendwann in einer fernen Vergangenheit muss es winzig gewesen sein und zuletzt nur noch ein Punkt von unendlich kleiner Dimension. Das war der «Urknall». (Schaller [3]2011: 52–53.)

Die von Albert Einstein entwickelte und die kosmologische Forschung beherrschende Relativitätstheorie liefert eine Basis für das Urknall-Modell. Es steht mir nicht zu, diese vielgeprüfte und bestätigte Theorie physikalisch-mathematisch zu kritisieren (dazu sind andere berufen, siehe zum Beispiel Kundt & Marggraf 2014), aber ungeklärte Annahmen und die kreativen, etablierte physikalische Gesetze teilweise sogar verletzenden, «dunklen» Antwortversuche geben jedermann das Recht, über Implikationen und Konsequenzen sorgfältig nachzudenken.

Ich beginne damit: Das Modell geht von einem Objekt in der niedlichen Grösse einer «Urorange» aus, welches sich explosiv «Raum verschafft». Sowohl die Annahme dieses Objekts als auch die seiner explosiven *Expansion* setzen zwingend einen *Ereignisraum* voraus, in dem Objekt und Vorgang eingebettet sein müssen. Dieser Ereignisraum kann aus logischen Gründen nicht eine andere «ontische» Konsistenz haben, das heisst, er kann weder das «Immaterielle» oder das «Nichts» sein, noch kann die ultraverdichtete, plasmaartige «Orange» als «Etwas» aus diesem «Nichts» *ex nihilo* entstehen (Wörter wie ‹entstehen›, ‹schöpfen› oder ‹expandieren› versagen ohnehin). Zum «ontischen» Status von «Nichts» äussere ich mich in Abschnitt 2.3 und 5.3.

Zur Umgehung dieser «nichtigen» Probleme versteigen sich manche Physiker sogar dazu – in flagrantem Widerspruch zu jeglicher menschlicher Erfahrung –, die gleichzeitige Entstehung von Raum, Zeit, Materie und Energie zu postulieren (siehe zum Beispiel Coles 2001: 8–9); andere wiederum nehmen an, dass in der Zeit *vor* dem Urknall (was immer das für ein kurioses Zeitverständnis sein mag) schon mindestens physikalische Gesetze wirkten (in welcher materiellen Umgebung?), die dann zum Urknall führten. Mit Unverstandenem will man also Unverstandenes erklären. Als Ausweg wird neuerdings postuliert, dass der «Urknall» letztlich ein Ereignis in einer Serie solcher Ereignisse sein könnte. Daraus haben sich zum Beispiel die Annahme einer «kontinuierlichen Schöpfung» oder die String-Theorie entwickelt. Diese akzeptieren die notwendige Existenz eines *Ereignisraums,* das heisst einer ontisch gleichartigen Umgebung *mit* Materie. Da sie aber am Konzept der «Schöpfung» festhalten, bewegen sie sich in einer logischen Endlosschleife: Der Urknall, der (höchstens) zu *unserem* (aber nicht zu *dem*) Universum führte, müsste gewissermassen nach dem System der Babuschka-Puppen innerhalb eines anderen, grösseren und umgebenden Universums stattgefunden haben, welches möglicherweise wiederum innerhalb eines weiteren ... und so *ad libitum* weiter.

Dieser Regress wäre mit einem Schlag blockiert, wenn der nicht wegzudiskutierende Umstand, dass Materie in diesen theoretischen Ansätzen immer schon *inhärent existiert,* in seiner vollen Bedeutung akzeptiert würde. Materie muss *ewig* sein, und dem Universum, das die immanente Manifestation dieser «ewigen Materie» darstellt, müsste aus ebenfalls logischen Gründen das Prädikat «unendlich» zuerkannt werden – nicht aber den Dingen (siehe Abschnitt 2.3). Lee Smolin, in seiner sehr anregenden Kritik an der modernen Physik, argumentiert ähnlich:

The universe is an entity different in kind from any of its parts. Nor is it simply the sum of its parts. In physics, all properties of objects in the universe are understood in terms of relationships or interactions with other objects. But the universe is the sum of all those relations and, as such, cannot have properties defined by relations to another, similar entity. Thus the Earth is, in Anaximander's universe, the one thing that doesn't fall, because it is the thing that objects fall to. Similarly, our universe is the one thing that cannot be caused by or explained by something external to it, because it is the sum of all the causes. (Smolin 2013: 97.)

Smolin fehlt meines Erachtens die letzte Konsequenz, denn er unterlässt es, die Unendlichkeit des Universums zu verbalisieren, indem er davon weiterhin als «entity» oder «thing» spricht. Ausserdem spricht er im Untertitel seines Werks von der «Future of the Universe», was eine klar inadäquate Vorstellung von (begrenzter) Zeitlichkeit beinhaltet. *Unendlich zu sein, ist die spezifische Seinsform der Materie;* das Universum ist seine Daseinsform – analog zu (aber nicht gleich) den phänomenalen Aspekten von Dingen. Die

Mühen der Mathematik – und zunehmend der mathematisierten Physik – mit der Realität des «Unendlichen» sowie mit der gewöhnlichen Auffassung und den Grenzen des «Verstehens» beschreibt Richard Morris wie folgt:

Many books have been written on [the mathematics of infinity], and the concept of infinity as an abstract mathematical entity is something that is well understood. But such theories have no applications in the physical sciences. When the infinite is confronted in the real world, it becomes something that is mysterious and elusive. In such cases, mathematical theories are of little help. (Morris 1998: x.)

Urknall-Ereignisse müssen *sub specie aeternitatis* nach meinem Verständnis logisch ausgeschlossen werden, aber ebenso mythische und religiöse Schöpfungsakte. Mit dieser Feststellung soll jedoch nur die physikalische Seite geklärt werden; über die (historische) soziale Funktion der Erzählungen, die solche (fiktiven) Ereignisse betreffen, ist damit natürlich nichts gesagt. In Teilen der infiniten Materie können ja durchaus Ereignisse in Form von Supernovae vorkommen – welchen Ausmasses auch immer. Es geht mir also letztlich weder darum, die Möglichkeit einer Explosion respektive das Modell eines wahrhaft gigantischen Knalls zu verneinen – Supernovae gibt es ja laufend –, noch geht es darum, die Relativitätstheorie für unseren Teil der infiniten Materie grundsätzlich in Frage zu stellen, sondern vielmehr darum, *den Kontext zu verändern, ja meines Erachtens in notwendiger Weise zu korrigieren.* Wir mögen durchaus die Kinder einer Explosion sein, die letztlich unsere Welt und das Leben hervorgebracht hat, aber dieses Ereignis war weder eine noch *die* (Ur)schöpfung. Die dabei entstandenen *Dinge* sind endlich; sie haben messbare Dimensionen, das heisst, sie konstituieren wahrnehmbaren Raum, und sie existieren für eine bestimmte Zeit – wie zum Beispiel die Erde, unser Sonnensystem, die Milchstrasse und ja: auch wir. Die Materie, aus der diese Dinge gebildet sind und in die sie sich wieder auflösen, ist hingegen *infinit,* das heisst ewig und unendlich.

Wenden wir uns noch dem als ziemlich unverrückbar geltenden Eckstein im Argumentarium zugunsten des Urknalls zu, nämlich der *Rotverschiebung.* Die Folge der Schlüsse, welche aus der

Beobachtung der Rotverschiebung im Rahmen der herrschenden *communis opinio* in der Physik gezogen werden, gehorcht stets dem gleichen Muster (siehe exemplarisch das Zitat oben aus Schaller [3]2011: 52–53): Das Universum dehnt sich aus respektive der Raum (neophysikalisch: die Raumzeit) expandiert, und aus der Rückprojektion dieser Expansion sei zu schliessen, dass das Universum einen (Ur)anfang gehabt haben muss (Moore [2]2015: 81–82).

Da, wo physikalische Sachverhalte für Aussenstehende ausnahmsweise einmal wirklich plastisch und konkret werden und sich nicht bloss in das (öffentliche) Interesse dämpfenden mathematischen Formeln ausdrücken, da zeigt sich in aller Deutlichkeit, wie unsicher, ja sogar wie kontrafaktisch manche (dogmatisch festgefahrenen) Ansichten sind. Dass es problematisch ist, wenn der Versuch unterlassen wird (wie auch kritische Physiker monieren), eine fundierte, logische Erklärung für unsere *auf Wahrnehmungen* gestützten Beobachtungen und Intuitionen zu erarbeiten, möchte ich am Beispiel der Rotverschiebung aufzuzeigen versuchen. Ich masse mir also mit der gebotenen Vorsicht an, die diesbezügliche Evidenz zu hinterfragen und damit die Urknalltheorie konzeptionell auf Augenhöhe mit Physikern zu kritisieren.

Es gibt im obigen Zitat aus Schaller [3]2011 zwei Aussagen, denen deskriptiv gewiss nicht zu widersprechen ist: Rotverschiebungen sind zu beobachten, und sie werden umso markanter, je grösser die Entfernung der Lichtquelle ist. Erklärt wird dies mit dem *kosmologischen Dopplereffekt* (siehe Websites). Dieser – auch kosmologische Rotverschiebung genannte – Effekt tritt auf, wenn ein lichtemittierendes Objekt sich vom Beobachter entfernt, und sie ist eine Funktion der Geschwindigkeit, mit der dies geschieht (vergleiche den berühmten Sirenenton, der bei nahenden Fahrzeugen als höher und bei sich entfernenden als tiefer wahrgenommen wird). Verstärkt sich der Dopplereffekt am «tieferen» Ende, bedeute dies – so die gängige Meinung in der Kosmologie –, dass das Objekt sich mit zunehmender Geschwindigkeit vom Beobachter entfernt. Die Beobachtung von Hubble betrifft aber in unerwarteter Weise ausschliesslich *weit entfernte* Objekte. Das macht stutzig, denn als Folge einer Explosion, gerade von der Gewalt und vom Ausmass des suggerierten Urknalls, wäre zu erwarten, dass nähere Objekte sich schneller bewegen als entferntere, weil die Kraft der Explosion mit der Entfernung abnimmt. Die kosmologische Rotverschiebung versagt hier als Erklärung.

Zweierlei ist daher zu fragen: Was spielt die so auffällige *grosse Distanz* für eine Rolle? Woher kommt die aus der Zunahme der Rotverschiebung geschlossene *Beschleunigung,* welche ja zwingend die Existenz einer ebendiese bewirkenden Kraft impliziert? Mir scheint, dass die folgende, alternative Kette von Argumenten und Schlüssen sich aufstellen lässt: *Alle* weit entfernten Objekte, die für uns noch sichtbar sind, müssen *ausserordentlich hell* sein. Dass *nur* entsprechend helle Objekte sichtbar sind, heisst nicht, dass nicht andere Objekte ebenso weit entfernt sein können – aber sie sind für uns nicht hell genug respektive unsere Beobachtungsmittel sind (vorläufig) nicht leistungsfähig genug. Grosse Helligkeit in grosser Entfernung lässt somit auf entsprechend *massive* Objekte schliessen.

Es geht also nicht um einzelne Sterne, sondern um Objekte der Kategorie «(super)grosse Galaxien» mit viel, mit sehr viel Masse. Weil (super)massive Objekte ein besonders starkes Gravitationsfeld haben, rückt dies eine Variante der Rotverschiebung in den Fokus, nämlich die *gravitationelle Rotverschiebung* oder Einstein-Verschiebung. Diese entsteht, wenn elektromagnetische Strahlung (zum Beispiel Licht) aus einer Quelle mit einem gravitionellen Feld kommt, welches imstande ist, die entweichende Strahlung merklich zu «bremsen» (siehe Websites).

Fassen wir zusammen: Je entfernter das lichtemittierende Objekt, umso heller respektive massiver muss es sein, damit wir es beobachten können; umso stärker wird folglich die Wirkung seiner Gravitation auf das von ihm emittierte Licht sein. Die Ursache, wenn nicht gar die Hauptursache für die ubiquitär zu beobachtende, zunehmende Rotverschiebung bei Objekten in extremen Entfernungen ist somit nicht zwingend die beschleunigte (Weg)*bewegung,* sondern viel eher *die bremsende Wirkung ihrer massiven Gravitationskraft.* Die Erklärung der Rotverschiebung als wesentlich gravitationell bedingt, entliesse die extrem entfernten Objekte aus dem uniformen, radial ausgerichteten Bewegungskorsett, wobei Überlagerungen in verschiedenen Graden mit der kosmologischen Dopplerrotverschiebung durchaus denkbar sind. Alle kosmischen Objekte könnten wieder dem normalen Spiel der Kräfte folgen und sich diesen gemäss *in alle Richtungen* bewegen. Kollisionen dürften dann nicht die Spielverderber für die Theorie sein – auch nicht die zwischen der Andromeda-Galaxie und der Milchstrasse zu erwartende, die gewiss «game over» für die Menschheit in dieser Galaxie bedeutete.

Die bisherige Erklärung der Rotverschiebung wackelt also. Der Umstand, dass die anteilsmässigen Wirkungen der verschiedenen Rotverschiebungen möglicherweise nicht zuverlässig zu trennen sind, stellt die zentrale Rolle der Rotverschiebung als Evidenz für den Urknall weiter in Frage. Ausserdem ist ihre Rolle als verlässliche Grundlage für die Eruierung bestimmter Fakten, so zum Beispiel die zeiträumlichen Distanzen, zu relativieren. Wenn ich nicht sicher weiss, aus welchen Komponenten eine Rotverschiebung zusammengesetzt ist, kann die durch die Hubble-Beziehung behauptete lineare Relation, dass nämlich eine Galaxie doppelt so weit entfernt ist, wenn ihre Rotverschiebung doppelt so gross ist (Nussbaumer 2005: 110), kaum als allgemeingültig, geschweige denn sicher gelten. Deswegen stehen die nicht besonders relevanten Schätzungen des *Alters* unseres Teils des Universums (das ja der radialen Distanz zum Zentrum der Explosion entsprechen würde) auf ziemlich wackeligen Füssen.

Die Verquickung von Dopplerrotverschiebung und Urknall zeitigt weitere Ungereimtheiten. Wenn wir die Erklärung übernähmen, dass der Raum – wie die Oberfläche eines expandierenden Globus – sich gleichmässig kugelförmig ausdehne (eine Vorstellung, die auch von Nussbaumer favorisiert wird), dann befänden sich die am weitesten entfernten Galaxien einander diametral gegenüber, das heisst auf Endpunkten eines Durchmessers, der durch die Beobachtergalaxie und das Zentrum der Kugel geht. Diese Punkte sind auch die Kulminationspunkte der jeweiligen Grosskreise auf der anderen Seite des Explosionspunktes, wenn man den Weg entlang des Halbkreises auf der Kugeloberfläche wählt. Durch die Expansion entstünde eine Rotverschiebung entlang des Halbkreises. Der Halbkreis (angedeutet durch den breiten Pfeil) ist aber nicht nur länger als der Durchmesser der Kugel, sondern um sehr vieles länger als der Radius (der dünne Pfeil von Kreismitte zur Peripherie), der dem Alter des Universums entsprechen soll.

Dieser Sachverhalt führt klar zu einer unauflöslichen Aporie: Das Licht einer solcherart maximal entfernten Galaxie könnte *nie* beobachtet werden, weil die Entfernung stets mehr als das Alter des Universums betrüge! Dies wiederum führte zu kuriosen (optischen) Effekten:

[a] Sich tatsächlich beschleunigt wegbewegende Galaxien würden *nicht mehr* beobachtbar sein, sobald ihre Entfernung die Länge des Radius überschritte und ihr Licht wegen «Altersüberschreitung» vom Horizont verschwände. Wenn bei einer vorher noch möglichen Messung der Rotverschiebung der Anteil, der durch die Rauminflation verursacht würde, und der Anteil, der durch die Wegbewegung verursacht würde, nicht differenziert werden können, wäre das Alter des Universums nicht sicher zu bestimmen.

[b] Der beobachtbare Raum beschränkte sich auf den Schnitt durch eine gedachte, vom Mittelpunkt der Kugel ausgehende *Kegelform,* bei der der Durchmesser der abschliessenden Kugelkalotte immer nur zweimal den Radius der Kugel (= Alter) betrüge. Die am entferntesten noch sichtbaren, statischen peripheren Galaxien würden also zwar stets das Alter des Universums verraten (so man die Distanz richtig messen oder berechnen kann), aber das sichtbare Universum würde relativ zur eigentlichen Grösse nie wachsen respektive expandieren.

Die Geschichte wird noch mysteriöser: Ben Moore schreibt, dass das Alter des Universums von 13 Milliarden Jahren «eine Schätzung des Zeitraums [sei], den die Galaxien benötigen, um von einem singulären Punkt im All aus bis zu ihrer gegenwärtigen Position zu expandieren» (Moore [2]2015: 82). Auch Moore scheint der ballonhautartigen Expansion den Vorzug zu geben, das heisst, alle (sichtbaren) kosmischen Objekte befinden sich gewissermassen auf der Oberfläche einer sich ausdehnenden, hohlen Kugel, und zwar im Abstand r = 13 Milliarden Jahren. Es muss sich um *Lichtjahre* handeln, denn dieses Alter entspricht der Distanz zum aktuell entferntesten Objekt, dessen Licht von der Erde aus sichtbar ist (UDFy-38135539) – und diese Distanz wird in Lichtjahren gemessen.

Dies impliziert zwingend zweierlei Paradoxa: Erstens müssten sich die Galaxien in höchst unrealistischer Weise mit *Lichtgeschwindigkeit* vom «singulären Punkt» entfernt haben; zweitens liesse diese Geschwindigkeit kein Beschleunigen (mehr) zu, da nichts sich schneller als Licht bewegen kann. Nicht nur kennen wir solche Objekte nicht – erste Galaxien sollen zudem erst 2–3 Milliarden Jahre nach dem Urknall entstanden sein –, sondern wir würden sie häufig auch sehr bald nicht mehr sehen, weil wir uns auch mit Lichtgeschwindigkeit (weg)bewegten.

Nach heutigem Wissensstand liegt die Expansionsrate bei Supernovae bei ca. 10 % der Lichtgeschwindigkeit am Anfang und nimmt dann ab. Aber *nur* unter der eben vorausgesetzten *konstanten* Lichtgeschwindigkeit entstünde überhaupt zwischen dem «singulären Punkt», der Erde und dem gemessenen Objekt ein ungefähr gleichseitiges Dreieck mit der Seitenlänge r, und *nur* in dieser Konstellation können die gemessenen Lichtjahre *gleichzeitig* Distanz und Alter angeben. Die festgestellten Rotverschiebungen müssen somit vermutlich eher in einer geometrischen Konstellation der folgenden Art erklärt werden: Wenn wir *von der Erde aus* feststellen, dass ein Objekt zum Beispiel 13 Milliarden Lichtjahre entfernt ist und sich von uns entfernt (was ja die Rotverschiebung verursacht), dann entsteht für einen Beobachter im imaginierten «singulären Punkt» ein Dreieck, welches aber nur ausnahmsweise sich als gleichseitiges herausstellen wird. Nehmen wir also an, das Dreieck habe die folgende Form:

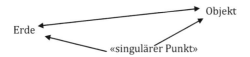

Haben die Erde und das Objekt sich unterschiedlich schnell, das heisst mit uns unbekannten Geschwindigkeiten, vom «singulären Punkt» entfernt, lassen sich aus der Distanz zwischen Erde und Objekt die jeweiligen Distanzen zum «singulären Punkt» nicht berechnen. Dazu müsste noch die Position des unsichtbaren «singulären Punkts» bekannt sein. Die Rotverschiebung ist also nur unter bestimmten, offensichtlich eher seltenen oder gar unwahrscheinlichen Bedingungen als Mass für Distanz = Alter verwendbar. Somit lässt dieser Effekt mehrere Schlüsse zu und spricht für sich in keiner Weise eindeutig für das dogmatisierte Ereignis, welches mit «Urknall» bezeichnet wird. Und damit wird *e contrario* die Annahme eines materiebasierten unendlichen Universums und einer darin stattfindenden Supernova durchaus hyperkosmischen Ausmasses schon «unendlich» viel plausibler.

4.2   Raum und Zeit(en)

Materie konkretisiert sich in unzähligen «dinglichen» respektive «stofflichen» Formen, die – wie aus der berühmten Formel E = $m \cdot c^2$ von Einstein ersichtlich – aus unterschiedlichen Mischungen von Masse und Energie bestehen. Diese Dinge bezeichne ich zusammenfassend als ‹Universum› (zum Verhältnis von Materie und «Geist» vergleiche Kapitel 5). In physikalischer Beschreibung sind die Manifestationen von Materie innerhalb einer real offensichtlich begrenzten Bandbreite von «energiearm» bis «hochenergetisch» stets *bewegt,* sei dies kinetisch bei Ortsveränderungen, sei dies im Ruhezustand. Sie weisen stets eine Form von «Ladung» (elektrisch, schwach, stark, gravitationell) respektive eine Temperatur auf. Folgen davon sind die Unmöglichkeit, den absoluten Temperaturnullpunkt zu erreichen oder schneller als Licht zu sein. Zeit ist eine Dimension von Bewegung und nur im Zusammenhang mit dieser fassbar. Diese Verknüpfung, die sich im Wert c in der Formel E = $m \cdot c^2$ manifestiert, welche ja als Mass für Geschwindigkeit *Distanz und Zeit* inkorporiert, ist ein weiteres fundamentales Indiz dafür, dass Zeit keine Dimension eines wie auch immer gearteten Universums sein kann, sondern eben *den Dingen* immanent ist. Die Materie selbst bewegt sich nicht, weil sie weder ein diskretes «Ding» ist noch einen Raum hat, um sich darin zu bewegen; sie ist darum *infinit,* das heisst, die Rede von Anfang oder Ende hat bei ihr keine Bedeutung. Die Rede von Bewegung ist nur bei Dingen möglich; bei diesen hat es sogar axiomatischen Charakter. Die Immanenz von Bewegung bei den Dingen hat die folgenden zwei fundamentalen Implikationen:

[a] Physikalisch wird Bewegung als (ausschliesslich eindimensional von A nach B sich manifestierende) *Distanz pro Zeiteinheit* beschrieben respektive definiert; entsprechend werden Schwingungen als Taktgeber für die Zeitmessung verwendet, so aktuell die Frequenz des Cäsiumatoms in Atomuhren (Pössel 2005: 26). In der erwähnten Formel ist also nicht nur eine bestimmte räumliche Dimension enthalten, sondern auch die *Zeit* – allerdings als *Korrelat* zur Distanz und *nicht* als eigenständige Dimension. Während mathematische Formeln indifferent sind gegenüber positiven oder negativen Werten, können die Werte des Raumes oder der Zeit real *nie negativ* sein. Weder sind drei Schritte vor und fünf Schritte zurück – wie uns die einfache (vektorielle) Subtraktionsrechnung vorspiegelt – *minus zwei* Schritte, sondern deren acht, noch löscht die Bewegung eines Pendels respektive einer Pendüle Zeit respektive Distanz aus. Rückwärtsbewegungen sind nicht als Ungeschehenmachen von Vorwärtsbewegung zu deuten.

An solchen Beispielen zeigt sich deutlich, dass mathematisch durchaus zulässige Operationen physikalisch leer werden können, wenn sie den Bezug zur Realität verlieren – eine Gefahr, die sich mit der schon erwähnten fortschreitenden Mathematisierung der Physik akzentuiert. Die reale Verquickung von linearem Raum und linearer Zeit schlägt sich auch (vielsagend) im Sprachlichen nieder: Es ist eine interessante, sich überschneidende, bisweilen sogar gemeinsame Metaphorik festzustellen, insbesondere bei Lokalisierungen auf den jeweiligen Achsen, so zum Beispiel vor–nach auf der Raumachse, vorher–nachher auf der Zeitachse. Man kann sich auch vorstellen, in eine (historische) Zeit *zurück*zugehen oder

einen einst verlassenen Raum wieder zu betreten und so weiter.
Diese Gleichartigkeit hängt physikalisch damit zusammen, dass
lokale wie temporale *Distanzen* Korrelate sind und als Abschnitte
auf *ein und demselben* Vektor gemessen werden können respektive müssen.

[b] Nur mit den Manifestationen von Materie, mit den Dingen also,
ist Zeit in der Form von *Temporalität* verbunden. «Temporalität»
meint nicht verschiedene Zeiten, sondern verschiedene Auspră-
gungen von Zeit. Die Differenzen entstehen durch die verschiedenen *Taktungen,* welche materielle Prozesse und innere Bewegungen begleiten. Die internen Bewegungen bei Dingen und das Sich-
bewegen von Dingen gehören unterschiedlichen Temporalitäten
an. Bei Bewegungen lassen sich abhängig von der Geschwindigkeit
zwei korrelierende Effekte feststellen, nämlich die Zeitdilatation
respektive die Längenkontraktion, so zum Beispiel bei den äusserst kurzlebigen Myonen:

> Schuld [an der Nachweisbarkeit von Myonen] ist die Zeitdilatation: Die Myo-
> nen bewegen sich so schnell, dass ihre ‹innere Uhr› langsamer geht und sich
> ihre Lebensdauer aus Sicht der Erde effektiv verlängert. Betrachtet man die
> Sache aus der Sicht der Myonen, dann stellen diese keine Verlängerung ihrer
> Lebensdauer fest. Allerdings ‹sehen› die Myonen die Erde mit beinahe Licht-
> geschwindigkeit auf sich zu rasen, was zur Folge hat, dass für sie die Entfer-
> nung bis zur Erde stark verkürzt gegenüber einem Beobachter auf der Erde
> ist, und zwar um genau denselben Faktor, um den die Lebensdauer der Myo-
> nen im Erdsystem verlängert zu sein scheint. (Kilian & Aschemeier 2012: 63.)

Die relativistischen Effekte der Zeitdilatation und der Längenkontraktion *korrelieren* und geschehen nur in der *ersten Dimension*
(Close 2009: 71), nämlich auf der Achse der *Bewegung.* Sie sind
nicht «universell», sondern «haften» den bewegten Dingen an.
Entsprechend gilt das Mass «Lichtjahr», welches kurioserweise
ein absolutes Mass im relativistischen Universum ist, auch nur für
eine Dimension, nämlich Distanz und Zeit (Close 2009: 71). Für
mich belegen diese Erscheinungen klar die Immanenz von Raum
und Zeit *bei Dingen.* Es ist also durchaus nicht paradoxal, dass die
unbewegte Materie «keine» Zeit *hat,* dass aber ihre Manifestatio-

nen in Form sich bewegender und bewegter Dinge sehr wohl über *Temporalität* als wesentliche Eigenschaft verfügen.

Fassen wir zusammen: Die Bewegung von Dingen gehorcht einer eigenen, *objektunabhängigen* Temporalität und geht nur in eine lineare Richtung; diese ist nicht unendlich, könnte aber gelegentlich endlos sein, also zwar einen bestimmbaren Anfang haben (wie im Falle der Entstehung des Sonnensystems oder der Evolution des Lebens), aber kein bestimmbares Ende. Bewegung kann eine neue Richtung einnehmen, aber sie ist nicht umkehrbar in dem Sinne, dass sie rückgängig, *ungeschehen* gemacht werden könnte; Bewegung ist relativ und gilt nur für diskrete Körper respektive Dinge, die sich innerhalb umgebender Materie bewegen (zum Beispiel wie ein Schiff im Wasser oder wie ein Atom in einem Wassertropfen). Und weil Dinge in Bewegung messbare Distanzen zurücklegen, muss *Zeit* auch da als messbare Grösse vorkommen. Es gibt also reichlich Evidenz für die Wahrheit der Feststellung des Heraklit: «Alles fliesst (πάντα ῥεῖ – panta rhei).»

Dinge haben also eine *immanente Temporalität.* Dieser Sachverhalt hat zur Folge, dass Dinge (zumindest für das erkennende menschliche Auge) gewissermassen ein individuelles Ablaufdatum haben können (wenn sie sich – zum Beispiel in einem Alterungs- respektive Zerfallsprozess – in ein anderes Ding verwandeln oder wenn lebende Materie abstirbt) und dass sie an Prozessen und Abläufen teilnehmen, die den physikalischen Gesetzen gehorchen und daher auch in Kausalketten aufgelöst werden können. Mit zunehmender Komplexität können in einem Ding (zum Beispiel in einem Lebewesen) sogar verschiedene existenziell bestimmende, allenfalls sogar konkurrierende Temporalitäten vorhanden sein: So können auf der atomaren oder molekularen Ebene bestimmte Taktraten existieren, andere Taktungen wiederum in den Zellen oder Organen wirksam sein (zum Beispiel im Zusammenhang mit dem circadianen Rhythmus) und auf der Ebene der Nervenprozesse und des Gehirns abermals andere. Es erscheint plausibel, das unterschiedliche Altern von Menschen (auch) mit individuell unterschiedlich «energieintensiven» Taktraten zu erklären (zum Beispiel wegen andauernder Stresserscheinungen

oder weil man das Glück hat, ein junges Herz transplantiert zu bekommen).

So wie die unaufhaltsam *in ein und dieselbe Richtung* weiter-
laufende Zeit weder eine Dimension noch ein Parameter der Materie ist, so gilt dies auch für den *Raum*. Zeit und Raum sind fundamentale, immanente Eigenschaften *der aus Materie bestehenden
Dinge oder Objekte* und keine von der jeweiligen materiellen
Grundlage ablösbaren Phänomene. Wie sie gemessen und vergleichbar gemacht werden, hängt von der Angemessenheit des
Masssystems in der jeweiligen Anwendung ab. Raum lässt sich
nur in Bezug auf Dinge und auf die Verteilung von Dingen in der
kontinuativen, infiniten Materie definieren.

Das Wort «Raum» hat zwei zentrale Bedeutungen:

[1.] Es ist zum einen die *Bezeichnung für Bereiche der Materie* in
äusserst «verdünnter» und für unsere spezifisch menschliche
Wahrnehmung «transparenter» Konfiguration, das heisst als
(nicht absolutes) Vakuum. Es ist der Raum, wie er «zwischen» den
als diskrete Formen wahrnehmbaren Dingen und Aggregationen
von Materie, aber auch im atomaren Massstab auftreten kann
(Close 2009: 36–38, 40, 106). Man beachte, dass es nicht um wenig Materie *in einem Raum* geht, also um eine quantitative Bestimmung, sondern um eine qualitative Bestimmung, nämlich um
die Differenz zwischen «verdinglichter Materie», das heisst dem
Raum, den Dinge einnehmen, und «kontinuativer Materie», das
heisst der unserer Wahrnehmung nicht so einfach zugänglichen,
nicht konstellierten Materie.

Diese «transparente» Erscheinungsform von Materie – man
könnte sie «(kosmischen) Zwischenraum» nennen – ist für Dinge
sehr durchlässig, weil die Granulierung keine grossen Konzentra-
tionen und keine starken Kräftefelder aufweist. Letztere herrschen zwischen Atomen und daraus bestehenden Aggregationen
respektive Dingen und bilden so eine wahrnehmbare «Oberfläche» respektive eine schwer passierbare Grenze diskreter Dinge
(Close 2009: 28, 34–35) – etwa vergleichbar mit der Art, wie das
Kraftfeld der Erde die kosmischen Strahlen abwehrt. Die für Menschen wahrnehmbare Festigkeit hat mit dem energetischen Zustand zu tun: Je schneller die Bewegung der Moleküle ist, umso

schwieriger wird das Eindringen in die (durchaus beträchtlichen) Zwischenräume zwischen Kern und Elektronen und umso dichter wirkt das Ding (vergleichbar mit einem stillstehenden respektive schnell rotierenden Propeller eines Ventilators, der Zwischenräume freigibt respektive schliesst). Je langsamer die Bewegungen respektive je kälter das Ding, umso leichter lassen sich die Zwischenräume erkennen und auch betreten. Der (Welt)raum ist sehr kalt und daher sehr «offen». Was von Menschen als «Ding» wahrgenommen und bezeichnet wird, steht daher gewiss in einer Relation zum energetischen Status.

Der (Zwischen)raum, der «Weltraum» lässt die sichtbarere Bewegung von «dichteren» Konfigurationen zu, das heisst von Dingen respektive Objekten (u. a. auch von Raumfahrzeugen). Bedenkt man im Weiteren, dass dieser Raum verdünnte Gase enthält (insbesondere Wasserstoff), dass er voll von gravitationellen und elektromagnetischen Wellen ist und dass letztere aus Photonen bestehen, verschwindet die Berechtigung, ihn physikalisch «leer» zu nennen.

[2.] Zum anderen ist das Wort «Raum» die Bezeichnung für die Eigenschaft von materiellen Dingen, *eine räumliche Ausdehnung* zu haben (Schaller [3]2011: 192). Dinge, das heisst «verdinglichte Materie» (die vektoriell ausmessbar ist), nehmen «Raum ein»; sie sind quasi dichtere, «raumgreifendere» Formen von Materie. Der Raum, den sie real einnehmen, lässt sich in den bekannten drei (euklidischen) Dimensionen ausmessen (Länge; Breite respektive Tiefe; Höhe). Raum ist damit – wie Zeit – *ein immanentes Phänomen der realen stofflichen Dinge.*

Die gegenwärtig in der Kosmologie herrschende Vorstellung einer «Raumzeit» als vierdimensionaler Strukturierung des Universums scheint mir in fundamentaler Weise defizitär, und zwar insbesondere in den folgenden drei Punkten:

[1.] Das Konstrukt der Raumzeit ist einerseits *kontraintuitiv,* das heisst, es widerspricht der apriorischen, logisch-rationalen Strukturierung unserer Verstehens- und Vorstellungsprozesse. Die Raumzeit der heutigen Physik ist bloss *denkbar* und mathematisch «formulierbar» – aber offenbar weder (glaubhaft) vorstellbar noch darstellbar. Stutzig macht zum Beispiel der Umstand, dass in der einschlägigen (Fach)literatur bei «Raumzeitdiagrammen» die Zeit – mit einer dünnen Entschuldigung – immer nur mit der linearen (Raum)dimension verknüpft wird. Dadurch entsteht eine verständliche, aber verräterische Äquivalenz mit Diagrammen, welche simple Bewegungen mit den Parametern Distanz und Zeit darstellen (zum Beispiel bei Pössel 2005: 41). Aus der Welt des Vorstellbaren wird die Raumzeit definitiv verbannt, wenn man bedenkt, dass sie mathematisch-physikalisch verstanden nicht eine ergänzte Variante des euklidischen Raums ist (des pseudo-kartesianischen Raumes), sondern ein *Vektorraum* mit einer eigenen *Signatur* (ein Minkowski-Raum). Damit sei die Bedeutung dieses Konstrukts für die Relativitätstheorie und für Berechnungen in deren Rahmen nicht in Frage gestellt, aber der Realitätsbezug bleibt äusserst fragil und in fundamentaler Weise fraglich.

[2.] Weiter kann das Konstrukt der Raumzeit nur die Temporalität bei Bewegungen erfassen. Ist ein Ding nämlich inert, nimmt es *nur* den Raum ein, der seiner aktuellen Ausdehnung entspricht; *die bewegte Zeit* wäre (vektoriell) null. Während des Verharrens *laufen* andere Zeiten aber durchaus: Nicht nur die inneren Temporalitäten des Dings stehen nicht still, sondern auch die Temporalitäten des Beobachters.

[3.] Schliesslich ist das Konstrukt der Raumzeit ein Beispiel für die Tendenz in der modernen Physik, denkbar mögliche, das heisst rein *theoretische* «Phänomene» zu «existenzialisieren». Mit dieser auf den Kopf gestellten «Abstraktion» relativiert sie, ja verunmöglicht sie gar die zunehmende Erfassbarkeit der materiellen *Realität* und die Formulierung einer einsichtigen *Kosmologie* – Bemühungen also, die durch den kritischen Einsatz unseres Denkvermögens, wenn auch nicht ohne Mühe, aber gewiss ohne jeden Zweifel graduell erreichbar wären.

4.3   Sind Naturgesetze universal?

Die Anerkennung der temporalen und räumlichen Unendlichkeit der Materie und die daraus zu ziehende Konsequenz, dass Zeit und Raum sich erst auf der Ebene aggregierter Materie, also der Dinge, manifestieren, hat eine zusätzliche, weitreichende Implikation. Sie betrifft den Status der *Naturgesetze* im Allgemeinen, der *physikalischen Gesetze* im Besonderen. Fundamental ist die Annahme, dass solche Gesetze *immer* und *überall* gelten, das heisst überall und für alle Zeiten. Diese deterministische Annahme steht ganz klar im Widerspruch zur Unendlichkeit der Materie, denn gerade diese schliesst einerseits eine Beobachtbarkeit von aussen aus, andererseits können mangels vergleichbarer Kontinua keine allgemeine(re)n Gesetzmässigkeiten festgestellt werden. Wir können also keine «ewigen» oder «zeitlosen» Gesetze formulieren, weder *für* das Universum noch *auf der Ebene* der Materie; die Suche nach einer allumfassenden «Theory of Everything» ist schlicht ein Ding der logischen Unmöglichkeit (um sie nicht als Hirngespinst oder als irrational-pseudoreligiöse Gralssuche zu charakterisieren). Nur schon der kontingente Vorgang der *Emergenz* ist dafür verantwortlich, dass neue Konstellationen und Gesetze entstehen können und andere, bestehende in ihrem Wirkungsbereich u. U. beschnitten werden. Wir können höchstens Vorgänge und Prozesse in den für uns einsehbaren Teilen des Universums in Form von beschränkt gültigen Gesetzen zu erfassen versuchen. Eine Ausweitung auf das «Ganze» verbietet sich.

Wo können wir aber dann den Versuch unternehmen, physikalische Gesetze zu formulieren, die Anspruch auf einen gewissen oder gar hohen Grad an allgemeiner Aussagekraft erheben können? Wir müssen auf einer tieferen Ebene ansetzen. Gegenstand der Physik kann erst der Bereich der *Dinge* sein – und wahrscheinlich *nur* dieser; die Konfigurationen von Materie und die Interaktion der stofflichen Dinge sind von der Physik zu untersuchen und zu beschreiben. Teil einer solchen Untersuchung müssen die beiden essenziellen Eigenschaften der Dinge sein, nämlich Räumlichkeit und Temporalität. Gerade diese Beschränkung erfordert, wie schon gesagt, eine Neubewertung der Rolle von «Naturgesetzen». Lee Smolin macht dazu einen interessanten Vorschlag:

We're used to thinking that the laws are deterministic. Among other consequences of determinism is that there cannot be anything genuinely new in the universe – that everything that happens is the rearrangement of elementary particles with unchanging properties by unchanging laws. [...] Usually we say that this is because the motion is determined by a timeless law of nature, which, being timeless, will act in the future just as it has acted in the past. [...] But to explain these cases, we actually need a lot less than a timeless law. We could get by with something much weaker – say, a principle stating that repeated measurements yield the same outcomes. Not because they are following a law but because the only law is a *principle of precedence*. Such a principle would explain all the instances in which determinism by laws work but without forbidding new measurements to yield new outcomes, not predictable from knowledge of the past. (Smolin 2013: 146.)

Die Umwandlung zeitloser Gesetze zu zeitlich und räumlich beschränkt geltenden *Regularitäten* sowie die Einreihung von Fällen, Beobachtungen und Experimenten in *Präzedenzfolgen* schafft Grade von Freiheit, die unterschiedlich ausfallen können. Grundsätzlich würde gelten, dass der Beobachter einerseits nicht Bedingungen, Daten, Erklärungen und Konstanten in einem aussichtslosen Versuch so verallgemeinern oder gar manipulieren muss, dass *alle* Fälle *universell* in den gewünschten Skopus eines Gesetzes fallen; andererseits würde der Materie und den Dingen zugestanden, dass sie auch neue und überraschende Sachverhalte und Entwicklungen hervorbringen können, wie zum Beispiel *Emergenzen* und *Evolutionen,* denen nicht nur eine immanente zeitliche Bestimmung anhaftet (sie treten zu einem bestimmten Zeitpunkt auf, entwickeln sich in der Zeit und dauern eventuell eine bestimmte Zeit), sondern auch das Privileg, zunächst präzedenzlos und kausal unerklärlich zu sein und den Anfang einer neuen Reihe von Regularitäten zu markieren. Das Prinzip der Präzedenz verträgt sich gut mit dem *Prinzip der Gleichmässigkeit,* das heisst mit der im Laufe der Zeit sich verfestigenden Feststellung, dass bestimmte Bewegungen (zum Beispiel Schwingungen) regelmässige, die Fortsetzung von Präzedenzen bildende Folgen aufweisen, das heisst Frequenzen oder Taktraten; es verträgt sich auch mit den Fällen, wo Gleichmässigkeit und Symmetrie durchbrochen wird. Und schliesslich wäre festzuhalten, dass das Prinzip der Präzedenz die Rolle der ohne eine zeitliche Komponente nicht zu erfassenden *Erfahrung* im menschlichen Leben zu erklären vermag.

Wie steht es aber auf diesem Hintergrund mit den *Gesetzen der Logik?* Diese gelten doch auch immer und überall, wie dies bei den bisherigen Naturgesetzen der Fall war? Hätten die Gesetze der Logik den Charakter von Naturgesetzen, würden die obigen Überlegungen genügen, um ihre Begrenzungen aufzuzeigen. Sie sind aber nicht physikalische Gesetze der Materie, sondern mentale Regeln, *apriorische Regeln des Denkens,* also der eminenten, emergent entstandenen Fähigkeit des menschlichen Gehirns und Nervensystems. Da der Bereich der Physik sich mit *Fakten* beschäftigt, sind die meisten Sätze darin synthetische oder *empirische Sätze,* das sind Sätze, deren «Wahrheitswert durch Beobachtung der Fakten in der Welt bestimmt werden kann» (Detel 2007.1: 62).

Es ist dennoch keineswegs so, dass die Physik nur empirische Sätze hervorbringt. Auch die zweite Kategorie von *analytischen Sätzen* kommt vor, das sind Sätze, deren «Wahrheitswert allein durch die Bedeutung der in ihm vorkommenden Ausdrücke bestimmt ist» (Detel 2007.1: 62). Der wichtigste Fall eines analytischen Satzes in der Physik wäre (neu) derjenige, der die Unendlichkeit des Universums behauptet. Die Unendlichkeit des Universums ist nicht empirisch beobachtbar; sie ist ein aufgrund logischer Analysen entsprechender Bedeutungen *erschlossenes Faktum.* Die Logik erschliesst uns das Universum nicht empirisch; sie regelt unser *Reden über das Universum.* Wenn die Prädikation des Universums als «unendlich» als «wahr» gesetzt wird, dann sind alle logischen Schlüsse wahr, die daraus folgen und keinem akzeptierten empirischen Satz widersprechen. Dass das Universum «unendlich» ist, ergibt sich logisch daraus, dass die (gegenteilige) Prädikation als «endlich» sich als «falsch» erweist.

Der Vorrang der Empirie und die Herabstufung der physikalischen Gesetze auf die Ebene von Regularitäten in Präzedenzfolgen hat aber eine klare Konsequenz für «Allaussagen», das sind Aussagen, die eine Prädikation auf eine Gesamtheit beziehen. Problematisch sind – wie schon gezeigt – solche Aussagen, wenn sie von einer Gesamtheit auf der «Ebene» des Universums behauptet werden, denn damit würden sie in die Nähe zu den eben in Frage gestellten, universell gültigen und zeitlosen Naturgesetzen rücken (vergleiche Abschnitt 3.3). Zum Beispiel: «Alle Galaxien haben ein

Schwarzes Loch in ihrem Zentrum.» Implizit beansprucht diese Behauptung allgemeine (universelle) Gültigkeit, lässt sich aber für das Universum nicht beweisen.

Räumlich oder zeitlich uneingeschränkte Allaussagen sind auf diesem Hintergrund nicht zugelassen, auch wenn sie logisch wohlgeformt sind, denn die Allheit ist angesichts der Unendlichkeit des Universums niemals empirisch überprüfbar. Hiesse die Behauptung «Alle von der Erde aus in den letzten hundert Jahren beobachtbaren Galaxien haben ein Schwarzes Loch in ihrem Zentrum», so wäre sie empirisch überprüfbar, das heisst, sie wäre entweder «wahr» oder «falsch». Sie könnte dann als Formulierung einer Regularität und als Präzedenz für weitere Beobachtungen gelten, ohne dass die Möglichkeit einer interessanten Ausnahme ohne Schwarzes Loch empirisch ausgeschlossen wäre.

Die apriorisch gegebene Logik ist somit für die Rationalität des Redens und des Schliessens notwendig. *Formal* lässt sie sich prinzipiell formelhaft und ohne inhaltliche Einschränkungen auf alle rationalen Prozesse anwenden (es kann also auch logisch korrekt über das «Nichts» oder über «Irrationales» geredet werden). Für den Bereich der Physik, das heisst der physischen Realität, sind aber referenzbedingte *inhaltliche* Einschränkungen vorzunehmen, denn insbesondere auf der Ebene des Universums gibt es nur analytische und keine empirischen Sätze, das heisst, die Logik gilt zwar auch da formal absolut, aber der Gegenstandsbereich, das heisst, das, worüber gesprochen werden kann und darf, ist unter Umständen eingeschränkt, weil eine empirische Referenz vorauszusetzen ist. Wann immer wir also in einem Bereich einen rationalen Diskurs pflegen, müssen wir die kategoriale oder sachliche Ebene berücksichtigen und den Typus der Aussage in Relation dazu setzen. In der Physik heisst das, dass wir die räumlichen und die temporalen Bedingtheiten spezifizieren sowie die Bereiche der Empirie und der Analytik im Auge behalten müssen.

Das Instrument der Logik ist in dieser Hinsicht dem Instrument der Mathematik durchaus ähnlich. Die Entwicklung der Logik im formalen Bereich spiegelt ja jene der Mathematik (und jene der Mathematisierung in der Physik); je höher der Grad an Formalisierung, umso geringer der Empiriebezug und umso grösser die

Vernachlässigung der realen Referenzialität. Das mag für die Logik als (Geistes)wissenschaft interessant und notwendig sein, aber es schränkt deren Anwendbarkeit deutlich ein.

4.4 Ein persönliches (kosmologisches) Fazit

Wichtige Beobachtungen und die Evidenz stehen also *nicht* im Widerspruch zur logisch ohnehin niemals zu widerlegenden Annahme, dass das materielle Universum *unendlich* sei. Im Gegenteil: Diese Annahme passt sogar besser zu Beobachtungen und Evidenz; sie schafft insbesondere weniger (künstliche) Probleme. Der *Urknall* mit der Expansionsthese im bisher gepflegten (das jetzige Universum hervorbringenden) Verständnis ist meines Erachtens weder gesichert noch letztlich logisch sicherbar. Wenn die Expansionstheorie von der heutigen Physik als bisher nicht widerlegt betrachtet wird (zum Teil allerdings, weil wichtige Argumente übersehen werden), so ist das noch kein Beweis ihrer Richtigkeit, denn damit wäre methodisch ohnehin höchstens eine notwendige, aber keineswegs eine hinreichende Bedingung für ihre Richtigkeit gegeben.

Die Setzung eines knalligen (Ur)anfangs taugt nicht als säkularisierter Ersatz für einen mythischen oder gar quasitheologischen Schöpfungsakt des Universums. Solche Vorgänge sind aber mit den sie begleitenden Erscheinungen neben Stabilisierungen oder Kontraktionen in Teilen des Universums nicht nur denkbar, sondern auch konkret beobachtbar (Supernovae und Schwarze Löcher geben uns einen Begriff davon). Wir müssen also wissenschaftlich und weltanschaulich, so schwer uns das auch fallen mag, deutlich *kleinere Kuchen backen* und uns damit abfinden, dass das Universum uns stets reale – wenn auch vorübergehende – Grenzen setzen wird. Ebendiese Grenzen auszuloten, wird gewiss weiterhin eine spannende Herausforderung sein und uns wohl, wenn nicht «auf ewig», so doch «ziemlich lange» oder – angenommen, unsere Art überlebt – vielleicht sogar «endlos» beschäftigen!

Für mich persönlich und für mein «Unternehmen Sinnkonstitution» ergeben sich aus den kosmologischen Überlegungen zentrale Einsichten: Die in Mythen sedimentierten Imaginationen von

Schöpfung entspringen dem natürlichen Bedürfnis der Menschen, eine *Erklärung* für ihr Dasein zu haben. Das Denken in Kausalketten von Ursache(n) und Wirkung(en) spielt unbestrittenermassen eine eminente Rolle in der Entwicklung und im Überlebenskampf des Menschen. Dieses Schema hypertrophiert aber gelegentlich und treibt Menschen dazu, in wichtigen, aber eigentlich «unerklärlichen» und kausal unerklärbaren Zusammenhängen ebensolche Erklärungen zu *fabrizieren* – also eine Ur-Sache zu erfinden, zu *erzählen.* Diese Facette hat eine starke emotionale (religiöse) und suggestive Komponente, besonders dann, wenn es gilt, in einer vermeintlichen Kausalkette den Punkt zu markieren, an dem etwas «weltbewegend» Einmaliges oder etwas von grossem Wert angefangen hat. Auch in Mythen wird der Uranfang *gesetzt.* Dass er nie der letzte denkbare Uranfang sein kann, ergibt sich aus logischen Gründen (Stichwort: Regress); deshalb wird dieser zum Beispiel als Figur eines Schöpfers konzipiert, der schon immer da war, da ist und sein wird – und der zugleich zu Grund und Ursache für das menschliche Dasein erklärt wird.

Mythen imaginieren und erzählen also eine Schöpfung, aus der Welt und Menschen hervorgehen. Dabei gibt es eine wichtige, zu beachtende Differenz in der Erzählform: Mythen können die Schöpfung entweder als ein Geschehen oder als ein Handeln «erklären». Beim Geschehen ist die Frage nach dem «Wozu» nicht besonders relevant, beim Handeln schon, denn das «Wozu» ist die Frage nach dem Sinn einer Handlung – und handelnden Schöpfern wäre ein *Wozu* zwingend zu unterstellen. Diese Unterstellung hätte somit als Konsequenz, dass die Menschen zu blossen Instrumenten in einem «göttlichen Plan» degradiert würden (siehe die eindrückliche Behandlung dieser Thematik im Aufsatz «Über das Marionettentheater» von Heinrich von Kleist). Wenn aber in sinnvoller (und beobachtbarer) Weise die Menschen als zielgerichtet handelnde Wesen mit einem eigenen Willen und mit einem Verantwortungsgefühl anzunehmen sind, können sie eigentlich nicht die letztlich willenlosen, «wirksam» eingesetzten Figuren eines wie auch immer gearteten göttlichen Plans sein.

Die für mich unabweisbare, sowohl das aktuelle physikalische Weltbild wie auch die «alten» Mythen entkräftende Feststellung, dass das materielle Universum keine Schöpfung ist, sondern immanent ewig und unendlich ist, mag dazu verleiten, die Bedeutungslosigkeit und Verlorenheit des Menschen zu betonen oder sogar zu beklagen und von der Hoffnungslosigkeit seiner Situation zu sprechen. Der Sachverhalt hat aber für mich eine weitaus positivere Seite: Als zufällig entstandenes Ding im Universum bin ich nämlich zwingend Teil seiner Ewigkeit. Noch mehr: Wir bestehen nicht nur alle aus ebendieser ewigen Materie, wir sind nicht nur – poetischer ausgedrückt – aus diesem gleichen ewigen Sternenstaub geformt (siehe Marti 2014). Wir sind unverwechselbare *Unikate* mit individuellen Ablaufdaten, *lebende, reproduzierende* Wesen mit der Fähigkeit, im Universum zu navigieren und sogar buchstäblich den *Gang der Dinge* zu beeinflussen. Mitunter so weit, dass wir dank unserer Materialität auch an einer (prinzipiell beliebig verlängerbaren) Lebenszeit arbeiten können. Ob wir das tun sollen und mit welchen Folgen wir dabei rechnen müssen, steht allerdings auf einem anderen Blatt.

Dass ich hier bin, hat also eine unbezweifelbare materielle Ursache; das Wozu, das *Ziel* meines Daseins und Handelns ist aber damit nicht erklärt – es kann nur von mir beantwortet respektive formuliert werden. Darum ist es nicht möglich, einen Sinn *des Lebens* zu begründen. Gründe haben *erklärenden* Charakter; sie stellen einen (rational) vermittelbaren und bewertbaren Zusammenhang zu einer Folge her (ich bin zum Beispiel da, *weil* mich meine Eltern gezeugt haben). Die Ergebnisse wissenschaftlicher Forschung liefern Gründe; sie erklären die Regelmässigkeit und Prognostizierbarkeit natürlicher Vorgänge. Solche Gründe und Wirkursachen sind bewertungsfrei: Ich mache Licht (Folge), weil es dunkel ist (Grund); dazu betätige ich einen Schalter, der den Strom freigibt (Ursache). Wann immer ich diese Handlung vollziehe, ist mit einer gewissen Regularität das gleiche Ergebnis zu erwarten.

Wozu ich eine Handlung vollziehe, welchen Sinn *in meinem persönlichen Leben* ich dabei aktiviere, ist jedoch ausserhalb solcher kausaler Ketten. Bei Menschen gibt es somit einen weiteren fundamentalen Typus von Gründen, nämlich solche, die das Handeln auf ein gewünschtes Ziel hin, das heisst *teleologisch* steuern (ich esse, *um zu* leben; ich lese, *um* mein Wissen *zu* erweitern; ich spare, *damit* ich reisen kann und so weiter). Erst nach erfolgtem Handeln können solche Ziele und Absichten zu erklärbaren *geschichtlichen* Fakten gerinnen, anhand derer ein Handeln nachvollzogen und – bis hin zu richterlich – auch beurteilt werden kann. Solche finalen Gründe sind *volitional* bestimmt, das heisst, sie sind Ausdruck des Willens handelnder Individuen. Sie können einer habituellen Regularität unterliegen, und sie bewirken nicht immer dasselbe. Sie unterscheiden sich darum von generalisierbaren wissenschaftlichen Erklärungsketten, bei denen Ursachen *determinierende* Auslöser eines vorhersehbaren Geschehens, eines vorhersehbaren Vorgangs sind.

Die Absichten und Ziele menschlichen Handelns gehorchen also einer teleologisch zu begreifenden, individuellen, in der Neuzeit in noch nie dagewesenem Ausmass auch *frei gestaltbaren Finalität.* Sie dienen grundsätzlich dazu, als negativ oder verbesserbar wahrgenommene Zustände zu vermeiden oder zu verändern respektive in positiv bewertete Zustände überzuführen (zum Beispiel weniger arbeiten, mehr Freizeit – oder umgekehrt). Dabei nutzen wir natürlich «planend» unser Wissen auch über determinierte Kausalitäten. Weil menschliches Handeln final bestimmt ist und in einem Kontext stattfindet, wird nicht nur die Frage drängend und sinnvoll, wie und wozu ich lebe, sondern auch die, wem gegenüber ich allenfalls meine Art zu leben zu verantworten habe. Was ich zur Organisation des menschlichen Zusammenlebens beitragen kann, ja vielleicht beitragen *sollte,* damit individuell und kollektiv Freiheit möglich wird, damit Verantwortung sichtbar wird und übernommen werden kann und damit jede Person ihr Glück schmieden kann, eben das bestimmt den Horizont des Handelns mit. Es stellt sich auch die Frage nach werthaltigen *Prinzipien des Handelns,* die in einem konsensualen Prozess auf verschiedenen Ebenen festzulegen sind, denn nur so ist individuelles und kollektives Verhalten berechenbar, konstruktiv und vertrauenswürdig. *Es stellt sich also ziemlich ultimativ die Frage nach dem individuellen, mit dem jeweiligen Kollektiv verträglichen Sinn im Leben.*

5 Zur Verortung des Geistigen

«Materie» und «Geist» sind die Kernbegriffe des *dualistischen Weltbildes*. Viele bedeutende Denker haben viel Bedeutendes zum Thema «Dualismus» gedacht und geschrieben. Die folgenden Ausführungen fassen verstreut schon Erwähntes zusammen und dienen dem bescheideneren Versuch, für mich selbst in ausreichendem Masse Klarheit über das Verhältnis zwischen Materie und Geist und meinem Weltbild eine rational argumentierte Grundlage zu verschaffen, in der eine Verortung von Sinn und Werten möglich wird. Die reale Existenz von Materie ist evidenziell gesichert (spätestens dann, wenn wir uns gegenseitig «nerven»). Obwohl Materie *infinit* ist und daher den Seinsbereich «besetzt», wird durchaus ernsthaft die Existenz eines auf gleicher Stufe stehenden Seinsbereichs behauptet, dies insbesondere im (metaphysischen) Sinne von etwas Göttlichem, welches *souverän* entweder ausserhalb der Materie bestehe oder diese durchdringe, transzendiere – sie gewissermassen «lebendig mache» oder gar «beseele» (siehe Abschnitt 2.2.7). Damit ist nicht der Bereich gemeint, der mit dem menschlichen Bewusstsein zusammenhängt, der als neuronale Erscheinung des Gehirns einen *endophänomenalen Charakter* aufweist und auch «geistig» genannt wird (so etwa im Ausdruck ‹Geistesblitz› oder in der Bezeichnung ‹Geisteswissenschaft›). Zur Differenzierung will ich diese Erscheinung konsequent «mental» nennen (siehe *Vierte Feststellung* in Abschnitt 5.2). Im Folgenden will ich zeigen, dass der «souveräne» Bereich nur als Extension des endophänomenalen Bereichs existieren kann und als Imagination zu gelten hat.

5.1 Von der Mächtigkeit unseres Denkvermögens

Das Gehirn ist ein grossartiges und mächtiges Organ; es erlaubt uns zu denken. Das Vorstellungsvermögen ist der Bereich des *Denkvermögens,* der *Wahrnehmungen mit den Sinnen* zugeordnet ist: Wir können beim Vorstellen – in reduzierter Form – Dinge «sehen», Melodien oder Geräusche «hören», körperliche Eindrücke «spüren», Düfte «riechen» und Geschmacksrichtungen «schmecken». Gewisse Menschen können bisweilen mehrere Wahrnehmungsformen mental «synästhesieren» (zum Beispiel Farben hören, Töne sehen). Beim Vorstellen sind die eigentlichen Sinnesorgane unbeteiligt, wohl aber von ihnen vermittelte Wahrnehmungen und daraus abgespeicherte Sinnesdaten; deshalb spricht man metaphorisch zum Beispiel vom «inneren Auge». Mit dem Vorstellen verbunden ist der wichtige Bereich der Empfindungen respektive der Emotionalität, der mentalen Vorgängen einen *Gefühlswert* zuordnet (siehe Wassmann 2010).

Das Denkvermögen verfügt in der *Imagination* über ein «formales» Denken. Dieses versetzt uns in die Lage, mentale Objekte zu erzeugen, zu manipulieren und zu speichern: So können wir zum Beispiel Dinge zählen, mit ihnen rechnen, sie aufgrund stofflicher oder exophänomenaler Eigenschaften und Ähnlichkeiten kategorisieren, Sachverhalte begreifen oder in Begriffe fassen, Erkenntnisse gewinnen und als Wissen bewahren und so weiter. Das Denkvermögen ist auch entscheidend daran beteiligt, solche exophänomenale Objekte in *sprachlichen* Äusserungen als Mitteilungen zu senden, zu empfangen und als Wissensdaten zu bewahren. Traditionell wäre dies der Bereich der Metaphysik (siehe das Stichwort in Kirchner & Michaëlis 1998: 412). Hierher gehört auch der erkenntnisgefährdende Vorgang der (sprachlichen) *Hypostasierung* (vergleiche Abschnitt 2.2.8), vor dem Franz Hohler warnt, wenn er sagt: «Gerechtigkeit wird es niemals geben. Umso wichtiger, dass es Gerechte gibt.» (Hohler 2008a: 108.)

Das Denkvermögen, unser Verstand, kann auch spielerisch mit Bewusstseinsinhalten umgehen; das hat insbesondere zur Folge, dass das Denkbare selbstreferenziell, inhaltsarm oder gar inhaltsleer werden kann, dass das Denken – apriorischen, rein formalen Regeln folgend – sich zunehmend von der Realität, von der Empirie entfernt, dass es wahrnehmungswidrig werden kann. So hat in der Mathematik, als Beispiel, die Entdeckung, dass die Anzahl der Dimensionen für den formalisierten Rechenvorgang keine Schwierigkeit bedeutet, dazu beigetragen, in Missachtung des fundamentalen und notwendigen Kriteriums der Wahrnehmbarkeit anzunehmen, dass so etwas wie «Raumzeit» oder «Vierdimensionalität» konkret *existiere* (siehe Abschnitt 4.2). Solange dies ein spielerisches Ausloten *mathematischer* Möglichkeiten und vereinfachter Rechenprozesse bleibt, ist nichts einzuwenden; wenn dies aber von *Physikern* zum beinahe zwanghaften Anlass genommen wird, gewissermassen ein empirisches Gegenstück zur theoretischen vierten Dimension *suchen* zu müssen – und sie diese noch in der Zeit zu «finden» glauben –, dann läuft die Physik Gefahr, sowohl ihre empirische Grundlage als auch ihren rationalen Charakter zu verlieren. Kappt das Denken den Bezug zur Realität, kann das Gehirn *hypertrophieren.* Schon David Hume warnte davor, die Mathematik ins Theoretische abdriften zu lassen und von ihr mehr zu verlangen als das Modellieren von Erfahrungen:

So ist es ein durch Erfahrung entdecktes Gesetz der Bewegung, dass das Moment oder die Kraft eines sich bewegenden Körpers genau proportional seiner Masse und Geschwindigkeit sei, und dass dies zur Folge habe, dass mit wenig Kraft grösste Hindernisse beseitigt oder grösste Gewichte gehoben werden können, wenn wir mittels einer Vorrichtung oder maschinellen Anlage die Geschwindigkeit dieser Kraft derart beschleunigen können, dass sie den Widerstand zu überwinden vermag. [...] *Die Entdeckung des Gesetzes selbst verdanken wir jedoch ausschliesslich der Erfahrung* (meine Hervorhebung, RHG), und alle abstrakten Gedankengänge der Welt könnten uns seiner Erkenntnis keinen einzigen Schritt näherbringen. (Hume 2004: 18; in der leicht adaptierten Übersetzung S. 48–49.)

Die Feststellung der Hypertrophie ist übrigens nicht gleichbedeutend mit einer prinzipiell negativen Beurteilung solchen Denkens. Im Gegenteil: Ich bin der Überzeugung, dass wir diese Hypertrophie brauchen, weil wir sonst das wichtige *Denken in Möglichkeiten* nicht besässen. Sie bringt uns in der Tat «auf Ideen» – auf gute, mitunter aber auch auf weniger gute. Wird die Mathematik von Physikern allerdings mit dem Hinweis darauf verteidigt, dass eine anfängliche, mathematische «Spinnerei» sich später als brauchbare Abbildung einer empirisch nachweisbaren Realität erwiesen habe, so erweist sich die Mathematik allerdings gerade nicht als «Erkenntnisinstrument»: Das Zusammengehen einer Realität und einer gar nicht zuerst als deren Abbild entwickelten Formel ist klar kontingent und nicht einer instrumental zu verstehenden Kausalität zu verdanken.

Unser Denkvermögen lässt auch ausgesprochene «Schlaumeiereien» zu: Wir können problemlos «oxymoronische» Ausdrücke aus positiv-negativ oder negativ-positiv konnotierten Wörtern bilden, um negative oder unangenehme Sachverhalte in einem positiven Licht erscheinen zu lassen oder um problematisches Verhalten zu verschleiern (über Sinn und Wert solchen Handelns wird schon kaum mehr gestritten). So führt zum Beispiel das als politische Waffe in Debatten verwendete und so anschmiegsame Wort ‹Steuergeschenk› (siehe Fuster 2016) ein (un)heimliches «geschenktes» Leben. Und sollten wir uns nicht wie Werner Enz auch fragen, warum Wörter der Form ‹Negativ-N› so beliebt sind?

Wendungen wie «Negativwachstum wurde überwunden», «Negativwachstum setzt sich fort», «das Wachstum ist zum zweiten Mal in Folge negativ» oder, noch schlimmer: «Wachstumsprognose ist von minus 6 % auf minus 5,2 % nach oben korrigiert worden» stehen nicht nur für sprachliche Verarmung. Da der Begriff falsch verwendet wird, entstehen Missverständnisse oder Interpretationsspielräume, was bisweilen im Sinne der Wortschöpfer sein mag, mit Sicherheit aber keinen Beitrag zur Aufklärung über gesamtwirtschaftliche Zusammenhänge leistet. [...] Schrumpfung, Schwund, Verringerung, Rezession oder auch Kontraktion dürften zielführende Begriffe sein. Präzision im Grundsätzlichen hat Vorteile: Man kann dann über Wachstumsverlangsamung oder über eine abklingende Rezession schreiben, statt zu rätseln, was «weniger Negativwachstum» denn bedeuten könnte. [...] Dass neuerdings mit «Negativ-Teuerung» und «Negativ-Inflation» artverwandte Zeitgenossen aufgetaucht sind, zwingt zu weiteren Reflexionen. [...] (Enz 2015; zum Thema der Negation als Vorsilbe siehe Abschnitt 3.4.)

Das Denkvermögen kann in alle Bereiche hineinspielen, in denen bewusste Vorgänge ablaufen. «Denken» ist eine aktive und reflexiv-reflektive systemische Tätigkeit des Verstands, die nicht nur steuernd wirksam sein kann, sondern auch *die* Voraussetzung für das Ich und für den freien Willen darstellt (siehe Abschnitt 8.6). Gerade im Bereich des Denkens hebt sich der Mensch in einem Mass von anderen Tieren ab, wie es bei der Wahrnehmung nicht so sehr der Fall ist. Das Denken ist ein eigenständiges, ausgesprochen wirkmächtiges mentales Geschehen und Handeln, welches erkennende oder wahrnehmende Bezüge zur Realität aufweisen, sich aber dieser in der Form einer sich verselbständigenden Imagination durchaus verschliessen kann. Das Denken kann symbolische Repräsentationen erzeugen (insbesondere sprachliche), kann primäre und erinnerte Sinnesdaten vergegenwärtigend einbeziehen, kann konkrete Handlungen initiieren und soziales Verhalten steuern, kann schliesslich Wahrnehmungs- und Erinnerungsobjekte manipulieren – muss aber jeweils nicht.

Denken ist zu guter Letzt nicht nur eine systemische Tätigkeit des Gehirns, sondern auch eine bewusste Tätigkeit, die als «nachdenken» oder gar «philosophieren» mit bestimmten Inhalten beschäftigt werden kann und die bei Letzterer eine Ausrichtung auf die Lebensgestaltung voraussetzt (vergleiche Abschnitt 6.2). Wie alle Objekte des Bewusstseins gehören Denkobjekte zu den Endophänomenen. Sie sind individuell erzeugt, persönlich, *prima facie* nichtöffentlich – und grundsätzlich flüchtig. Der Mensch hat allerdings erstaunliche Wege und mitunter monumentale Formen gefunden, um ein materielles, möglichst langes Weiterleben seiner Endophänomene (und Empfindungen) zu ermöglichen.

5.2 «Geist» imaginieren

Das Gehirn kann also nicht nur realitätsbezogen erfassend tätig sein, sondern auch *fiktionalisierend:* Es kann kontingente Erscheinungen in Konstellationen und Strukturen des Materiellen «hineinlesen», solche in ihnen «erkennen» oder schlicht an sie «glauben». Aktives *Fantasieren,* in Form fiktionaler Literatur verstofflicht, findet da gesellschaftlich Anerkennung; medizinisch wird es durch Placebos hilfreich genutzt; bei manipulierten Forschungsdaten ist es dagegen nicht zu akzeptieren.

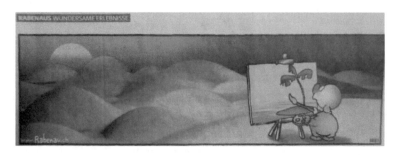

Dank einem naiven, *unterstellten* (hypostasierten) Bezug zur Realität entstehen *künstliche* Wahrnehmungsobjekte, die ihrerseits mentale Prozesse auslösen (können). *Alle* Produkte des Gehirns existieren neuronal und sind als Phänomene an die materielle Trägerschaft gebunden. Neuronale Prozesse, die in uns gewisse Zustände hervorrufen (zum Beispiel Emotionen), sind nicht «Produkte eines Geistes»; es ist wichtig, zu erkennen, dass wir solche nur wegen der mentalen Qualität und aus Konvention «geistig» nennen (dürfen) – selbst wenn sie real nur «chemisch» sind.

Visionen und Wundern wird besonders in religiösen Kontexten und in einem gläubigen Vollzug der Status von «Realität» zuerkannt, das heisst eines wahrgenommenen Dings oder zumindest eines echten Phänomens, und ihrem «Schattenwurf» wird ein «göttlicher Genius» oder eine «transzendente Wirkkraft» zugrunde gelegt. Als Endophänomene sind sie aber zunächst individuell, und es fehlt ihnen eine interpersonal verifizierbare Realität. Genau dieser Sachverhalt wird allerdings gelegentlich in einem Akt intellektuellen Kopfstehens in ein wahres Kennzeichen der (mystischen und unterwürfig oder gläubig zu akzeptierenden) Existenz solcher «Realitäten» umgemünzt – wie dies im Märchen «Des Kaisers neue Kleider» von H. C. Andersen die betrügerischen «Kleiderfabrikanten» tun. Die Sprache bietet solchen Spielen nicht nur keinen Widerstand, sondern liefert auch noch «gutgläubig» die notwendigen Etiketten und «Unbegriffe» für das «Nichtwahrnehmbare».

Warum ist eine dualistische Weltanschauung fantastischirrational? Eine *erste Feststellung:* Von Anhängern einer dualistischen Weltschau wird mit einer gewissen Akzeptanz (und Konstanz) behauptet, dass Geist und Materie nicht zur gleichen Klasse von Entitäten gehören, das heisst, Geist sei nicht eine andere Form von Materie (oder umgekehrt). Dabei werden der entitarisiert-souveräne und der mentale, endophänomenale Geist nicht klar differenziert. In einer geharnischten Reaktion auf einen Artikel zur Frage «Was ist Geist?» (Widmer 2016) schreibt ein Leser:

Kraft seiner spirituellen Ausbildung dürfte derselbe Medizinmann immerhin empirisch erlebt haben, dass die geistig-metaphysische Ebene sehr wohl jenseits und völlig unabhängig von der physischen zu existieren vermag, während umgekehrt jegliche materielle Entwicklung stets von geistigen Inputs abhängig ist. Diese In-Puts sind letztlich die im Artikel thematisierte Information, welche in und hinter jeglicher materiellen Form(ation) steckt – immateriell und ohne selber ein Materie-Produkt zu sein.

Der souveräne, «völlig unabhängige» Geist soll also «hinter jeglicher materiellen Form(ation)» stecken ... Geist und Materie werden – wie das Zitat zeigt – von Verfechtern des Dualismus als fundamental verschieden und nicht zusammenführbar beurteilt. Gleichwohl wird (implizit) angenommen, dass sie mindestens eine «gemeinsame» entitäre Qualität haben – nämlich dass sie *sind* respektive *existieren* (lat. *ens* ‹seiend›). Wird die Qualität, etwas *Seiendes* zu sein, behauptet und bejaht, lässt sich nicht gleichzeitig und ohne Widerspruch behaupten, dass Geist und Materie fundamental verschieden sind, denn sie sind genau in diesem *einen* Qualium klassifikatorisch zusammenführbar. Der Widerspruch bliebe, auch wenn wir uns auf die scheinbar unverfängliche Position zurückzögen, das Universum umfasse halt Geist und Materie. Der Mensch kann allerdings Seiendes nur als verdinglichte, phänomenal in Erscheinung tretende Materie *wahrnehmen.* Diese Wahrnehmungen sind grundsätzlich objektivierbar, kommunizierbar und interpersonal überprüfbar. Ich für mich stelle also in diesem Punkt fest, dass diese für den supponierten souveränen Geist nicht gilt. Da er nicht wahrnehmbar ist, kann er nicht existieren.

Eine *zweite Feststellung* ergibt sich aus der Analyse des Wortes ‹immateriell›: Als scheinbares Antonym zu ‹materiell› muss es eine «Eigenschaft» von «Dingen», allenfalls von «Substanzen» bezeichnen, die sich gerade dadurch auszeichnen, dass sie *nicht* aus Materie bestehen sollen, dass sie also nichtstofflich sind. Semantisch könnte man die Auffassung vertreten, es handle sich um ein *privatives* Wort wie ‹leer› (zu den Privativa siehe Abschnitt 2.2.3). Die Abwesenheit von «etwas», also zum Beispiel ein ‹Loch›, eine ‹Höhlung› oder eine ‹Lücke› sind Bezeichnungen für das lokale «Fehlen» von (festerer) Materie, wobei die Form der «Leere» sich nach den Gegebenheiten der umgebenden Materie richtet. Sowohl in der Abwesenheit als auch in diesem «Etwas» liegt also die Krux. Die Seinsweise, die mit ‹immateriell› suggeriert wird, ist nämlich nicht wahrnehmbar, weil nicht einmal «etwas» da ist. Konsequenterweise gibt es im Gegensatz zur möglichen privativen Nominalbildung ‹Leere› kein sinnvolles Wort ‹?Immaterie› analog zu ‹Materie›, das heisst, es gibt sprachlich und mental – wie schon festgestellt – *kein* übergeordnetes (Klassen)wort zur Bezeichnung einer Klasse, welche ‹Materie› wie ‹?Immaterie› umfasste (so wie zum Beispiel ‹Haustier› als Allgemeinwort für ‹Kuh›, ‹Schwein› und so weiter existiert).

Anders verhält es sich natürlich beim Paar Materie respektive Antimaterie: damit werden *zwei Subklassen* von «Materie» bezeichnet. Da ist ‹Materie› sowohl die Bezeichnung der Klasse (analog ‹Kuh›) als auch die Bezeichnung eines Elements ‹Kuh› der Klasse (neben der «Antimaterie» ‹Stier›). ‹?Immaterie› bezeichnete also ganz einfach nichts; und da «das Nichts» *e definitione* nicht existiert, ist es auch *nicht wahrnehmbar*. Die Bezeichnung ‹immaterieller Geist› ist somit in fundamentaler Weise «nichtssagend» (und pleonastisch); sie referiert auf keine Realität. Da «immaterieller Geist» nicht wie Materie und ihre Exophänomene für unsere Sinne wahrnehmbar und rational überprüfbar existiert, kann er auch nicht als «Nicht-» oder «Paralleluniversum» existieren.

Dritte Feststellung: Das Wort ‹immateriell› kann als Synonym für ‹geistig› verwendet werden, wie uns zum Beispiel Gesetzestexte belehren. Sie sprechen von immateriellen Gütern wie zum Beispiel vom Recht auf Eigentum oder von Freiheiten, aber auch zum Beispiel von «geistigem» Eigentum (im Sinne von «aus der Verstofflichung mentaler Anstrengungen geschaffenem Eigentum»). In solchen Zusammenhängen wird mit «immateriell» eine durch Menschen festgelegte, mental konstruierte *Relation zu* gewissen Dingen oder Phänomenen bezeichnet; eine Relation ist ein *trans-*

formiertes Endophänomen. Ohne diesen Bezug zu etwas Materiellem wird das Wort ‹immateriell› buchstäblich «gegenstandslos» respektive «referenzlos». ‹Relation› meint ein Endophänomen, das sich zunächst als individuelle mentale Wahrnehmung zwischen Dingen konstituiert, dann aber in *verstofflichter Form* auch zu einer kollektiv im Konsens geteilten Wahrnehmung respektive einem Wissensobjekt werden kann. «Eigentum» stellt mental eine Beziehung zwischen mir (Ding 1) und einem Buch (Ding 2) her; ohne die (endophänomenalen) Vorstellungen «Eigentümerin» und «Eigentum» konstituiert sich keine Relation (hier eine zweiwertige). Durch die Versprachlichung erhalten sie eine (exo)phänomenale Grundlage, die sie zu interpersonal verständlichen und verhandelbaren «Gegenständen» macht.

Vierte Feststellung: Eine aussenweltliche Existenz von «Geist» ist weder empirisch noch rational argumentierbar, aber es ist evident, dass *Menschen* «Geist» im Sinne mentaler Vermögen haben. So wird das Denkvermögen in seinen Manifestationen wahrgenommen und üblicherweise als «nichtstofflich» verstanden. Wie geht das mit den obigen Feststellungen zusammen? Existieren kann «etwas» nach meiner Auffassung nur als Materie oder als materiebasiertes Phänomen; mentale Fähigkeiten existieren *nur* als Endophänomene. Das Gehirn, welches sich im Laufe der Evolution bei Lebewesen entwickelt hat (zum Komplex Geist [«mind»]-Gehirn vergleiche Hagner 2008), ist als Teil des Nervensystems beim Menschen *die* materielle Voraussetzung für das endophänomenale Vermögen.

Stirbt ein Mensch, manifestiert sich in aller Deutlichkeit die Abhängigkeit des Mentalen von seiner materiellen Grundlage. Auch die Symptome bestimmter Krankheiten, die einen Verlust der Persönlichkeit zur Folge haben (können), sind der krankhaften Veränderung oder Desintegration des Gehirns geschuldet (zum Beispiel bei Alzheimer). Das Feststellen des «Hirntods», das heisst der Ausschluss der Möglichkeit, dass das Gehirn seine Funktionen wiedererlangen kann, ist daher für mich ein durchaus taugliches Kriterium, um das Leben einer Person (klinisch) für beendet zu erklären.

Allerdings genügt die blosse Entwicklung eines Gehirns nicht; es braucht auch einen entwickelten *Verstand:* Das menschliche Gehirn, insbesondere, hat nämlich die Fähigkeit entwickelt, nicht nur «externe» Phänomene wahrzunehmen und mental zu reproduzieren (etwa die Form oder die Farbigkeit eines materiellen Objektes), sondern auch «interne» Phänomene (siehe Abschnitt 2.2.3), nämlich das *Wahrnehmen von Vorgängen des Wahrnehmens selbst.* Wir bezeichnen diese Fähigkeit als *(Selbst)bewusstsein.* Der mentale Bereich ist als Komplex von Endophänomenen aufzufassen mit einer *materiellen Basis* in den neuronalen Netzen des damit über Bewusstsein verfügenden Gehirns. Dies trifft wohl in dieser Ausprägung nur bei den Hominiden zu (nur Menschen scheinen offensichtlich zu «wissen, dass sie wissen» – Sokrates lässt etwas schief grüssen).

Beschliessen will ich diese auf die Bestimmung des (auch «geistig» oder «Geist» genannten) mentalen Vermögens fokussierten Ausführungen mit einer *fünften Feststellung:* Menschen sind «eins» mit dem Universum in dem Sinne, dass sie aus Materie bestehende Dinge sind. Diese «Ein(s)heit» konstituiert einen fundamentalen Bereich der Gleichheit; diese speziellen menschlichen «Ausformungen» von Materie haben zudem als emergente immanente Eigenschaft, dass sie *leben.* Menschen sind zudem *die* Lebewesen, die einem möglicherweise kontingenten «Spleen» der Evolution ein aussergewöhnliches Organ zu verdanken haben, nämlich ein verstehendes *Gehirn.* Menschen sind als Art bis zu diesem Punkt untereinander prinzipiell und apriorisch gleich, auch darin, dass die Grundlagen der Gehirntätigkeit und die darauf beruhenden Fähigkeiten allen gemeinsam sind, so zum Beispiel die Sprachfähigkeit, die logische Denkfähigkeit und so weiter.

Diese fundamentalen Fähigkeiten, die in einem prägenden Zeitfenster sehr potent sein können (zum Beispiel die Fähigkeit im Kindesalter, jede beliebige Sprache zu erlernen – und gleichzeitig mehrere), sowie insbesondere das Bewusstsein, welches die Basis für das nachvollziehende Denken oder das Denken in Alternativen bildet und welches die erstaunliche Vielfalt der Manifestationen des Mentalen ermöglicht – ebendiese Fähigkeiten sind die Voraussetzungen sowohl für die Kollektivität wie auch für die Individualität des Menschen in zentralen Bereichen des Denkens, Fühlens und Handelns. Es ist die Grundlage für gemeinsame «Sinnräume» oder «Sinnfelder» (allerdings nicht im Sinne von Gabriel 2015), wie sie sich in gesellschaftlichen Übereinkünften, Konventionen und in der Sprache manifestieren; es ist aber auch die Grundlage für individuelle «Sinnräume» oder gar «Widersinnräume», welche im Guten wie im Schlechten die Würze des menschlichen Lebens darstellen. Wie so oft erweist sich ein evolutionäres Ereignis nicht nur als vorteilhaft bezüglich der Anpassung an bestimmte Bedingungen, sondern sie zeigt sich plastisch bezüglich einer zweckmässigen oder erweiterten, mitunter hypertrophen und nicht immer vernünftigen Nutzung weit über die ursprüngliche «Bestimmung» hinaus (zur nicht statthaften Teleologisierung der Evolution siehe Abschnitt 5.7).

Der längeren Rede kurzer Sinn: *Ein «souveräner» Geist ist imaginierbar* und hat seine materielle «Basis» im Gehirn; aus der blossen *Denkbarkeit* heraus diesem (oder der «Seele») den Status einer wahrnehmbaren Entität zuzuschreiben, ist jedoch fundamental realitätswidrig. «Glauben» ist – wie «denken» – ein endophänomenaler Vorgang, der (auch) keine Realität «schaffen» kann. Für den Erwerb von objektivem (Welt)wissen ist Glauben allerdings ein wenig taugliches Instrument. Dies gilt auch für das Denken, sofern *das Primat der Empirie* verletzt wird, denn es ist zwingend, dass wissenschaftliche Einsichten letztlich mit objektiv vermittelbaren Vorstellungen verbunden sein müssen (Denkbares ist nicht genug). Als Quelle vieler wichtiger Sinn- und Wertvorstellungen wirkt der Glaube hingegen mächtig und ordnend in das Leben hinein und muss in seinen handelnden Aspekten analysiert werden.

Die Bezeichnung ‹Gott› ist eine sprachsystematisch mögliche, volitionale Namensgebung; die sprachlich-hypostasierende Verstofflichung soll suggerieren, dass damit gerade nicht ein Scheinding, sondern ein Ding mit einem eigenen Realitätsanspruch bezeichnet wird, dem dann zahlreiche «Eigenschaften» zugeschrieben werden können. Wie Ludwig von Mises aber ausführt, ist es zum Beispiel ein klarer Anthropomorphismus, einem Gott Handeln zuzuschreiben (von Mises [2]2016: 18); solches Handeln lässt sich nur mit menschlichen Verstandeskategorien beurteilen und führt dauernd in Widersprüche: Greift ein so konzipierter Gott nämlich in das Weltgeschehen ein, kann er es niemals allen recht machen; greift er nicht ein, so bleibt sein «Schweigen», sein Nichthandeln (insbesondere) angesichts menschlichen Leidens unverständlich – wie kann er also «allmächtig» sein? Ich erinnere mich an die Beweisführung eines denkfreudigen Mitschülers am Gymnasium, die aufzeigte, warum die Zuschreibung der Eigenschaft «allmächtig» (mit dem Bestandteil «all») zu einem logischen Widerspruch führen *muss*. Er sagte: «Wenn Gott allmächtig wäre, dann könnte er ja einen Felsbrocken schaffen, den er aufzuheben *nicht* imstande wäre.»

Das wohl stärkste Argument gegen eine «souveräne» geistige oder transzendente Sphäre hat für mich mit dem Typus der Wahrnehmung zu tun: Bilder und Fotos halten für mehrere Personen reale oder imaginierte Sachverhalte (exophänomenal) fest. Gottesbilder sind imaginierte Vorstellungen; sie sind deshalb nicht nur verschieden und abhängig von einem individuellen Gehirn und von individuellen Wahrnehmungsorganen, sondern deren exophänomenale Darstellungen würden zwingend auch differieren. Es gibt nun einmal keine metaphysische Instanz, die empirisch nachweisbar in vielen Personen *identische,* endophänomenal wahrnehmbare Vorstellungen bewirken würde. In mehreren Personen *identische,* «rein» *mentale* Denkinhalte, wie etwa mathematische oder logische, sind leer und haben keinen referenziellen Bezug. Damit wird der theologische und metaphysische Begründungsapparat rational hinfällig oder zumindest in fundamentalen Teilen problematisch.

Dies kommt einer in der Tradition der Aufklärung stehenden, weiteren Befreiung des Menschen aus selbst gewählter oder gar verschuldeter Unmündigkeit gleich. Der Mensch ist nicht leblose Materie – und gerade dank seines (Selbst)bewusstseins und wegen der befreienden Wirkung seiner mentalen Vermögen ist er auch auf sich selbst zurückgeworfen und steht somit in der nicht überwälzbaren Pflicht, für sein Handeln unmittelbar Verantwortung zu übernehmen. Es kann für mich daher keine rational vermittelbare religiöse oder theologische Begründung für ein Verbot der Selbsttötung oder der Gesundheitskontrolle bei Embryonen geben. Eine metaphysische Begründung für das Gute respektive für das Böse scheitert, weil wir nicht mit Berufung auf den gleichen Gott uns die Schädel einschlagen können. Wir Menschen müssen uns *als Menschen* auf Rechtsgrundlagen und auf moralisch-ethische Prinzipien respektive Regeln verständigen, die der Freiheit und der Verantwortung der Individuen gegenüber sich selbst und gegenüber anderen gerecht zu werden versuchen. Angepasste Neuauflagen, besonders der Goldenen Regel, stehen an.

Es bedarf keiner unfruchtbaren Theodizeeversuche mehr, wohl aber unabweisbar einer *Anthropodizee.* Um Mensch respektive Persönlichkeit zu sein, muss der Körper «neuronal begeistert» sein; der individuelle Körper ist der Raum, der materielle Rahmen des mentalen Komplexes. Das Mentale ist dem lebendigen Körper zwar immanent «eingeschrieben», aber dadurch nicht einfach determiniert; es ist ein phänomenaler Ausdruck des lebendigen Körpers. Da mit dem Tod des Körpers auch das Mentale und seine Funktionen aufhören zu existieren, liegt es nahe, davon auszugehen, dass Denken und Fühlen wesentliche, mit dem Körper respektive mit körperlichen Organen immanent verbundene mentale Phänomene sind. Die Vereinigung von Denken und Fühlen unter dem Dach des Mentalen gibt ausserdem einen Erklärungsrahmen für deren zwar in unterschiedlichen Anteilen, aber kaum je unter Ausschluss des anderen Bereichs erfolgende Mitwirkung an mentalen Vorgängen, die eine Persönlichkeit konstituieren. Für mich kann es deshalb für Menschen weder einen rein rationalen noch einen rein emotionalen Bezug zu Welt und Leben geben.

5.3 Vom Sinn des Zurückbindens an immanente Wahrheiten

Die Vorstellung, dass Materie und damit *jede* Konfiguration von Materie (zum Beispiel auch Tiere oder Pflanzen) potenziell eine «geistige» Erscheinungsform aufweisen könne, gewissermassen wie die zweite Seite einer Münze, ist problemlos *denkbar.* Weil solche «Hirngebilde» denkbar sind, weil sie dadurch endophänomenale Existenz gewinnen, mit «bedeutsamen» Wörtern verbalisiert werden und eine Art Verständigung ermöglichen, kann dies dazu verführen, Denkwelten ohne wirklichen Bezug zur Realität aufzubauen. Je nach ihrer Rolle in der Sinnkonstitution werden solche Welten von Personen oder Gemeinschaften gegen jede empirische Evidenz und jedes rationale Argumentieren für real gehalten und deshalb bisweilen problemgenerierend verteidigt. So kann es vorkommen, dass *toter Materie* ein «Geist» eingeschrieben wird. Wasser, Berge, Steine, Feuer etc. können «geisterfüllt» oder «beseelt» *gedacht* werden – und zur Welt kann auch ein mächtiger, ewiger «Geist» hinzugedacht werden (‹Gott›, ‹Atman›, ‹Brahman›, ‹Manitu› …). Solche «Begeisterungen» sind fiktionale und ephemere Produkte unseres kreativ-imaginierenden, analogisierenden und bisweilen wuchernden Verstandes.

Die Vorstellungen von in das weltliche Geschehen eingreifenden Göttern in polytheistischen wie auch in monotheistischen Religionen (in Fortsetzung mythischer Jenseitsvorstellungen) gehören zu den folgenreichsten (und leider potenziell furchtbarsten) Denkfiguren der Menschen. Diese Arten der autoritären Beschneidung der eigenen Freiheit und die dadurch institutionalisierte und zu ertragende Unmündigkeit sind äusserst konfliktträchtig (wie die vielen religiös motivierten Kriege zeigen). Solche theistisierenden Allmachtsprojektionen stiften letztlich nicht verstandesmässig einsichtige Wahrheit, sondern sind als Religionen (oder Ideologien) u.a. untaugliche Versuche, den Zufall auszuschalten und ein sonst scheinbar unerklärliches Schicksal zu ertragen respektive diesem Sinn abzuringen (siehe Fischer 2008).

Wir tun uns im Allgemeinen wohl deswegen so schwer mit dem Zufall, weil er kein *inhärenter* Sinnträger ist. Wir können ihm Sinn verleihen oder seine Folgen sinnvoll korrigieren, aber das ist eine persönliche Leistung, bei der allenfalls lebensbewältigender Sinn aus den eigenen Erfahrungen geschöpft oder konstruiert wird. Anstatt Arbeit an der endogenen Sinnstiftung zu fördern, bietet religiöse Hilfe häufig entmächtigende exogene Phantome an und bringt so tragischerweise Unordnung in die Frage der Verantwortung des einzelnen Menschen wie seiner Kollektiva. Der (christliche) Gott ist nicht, wie Nietzsche das formuliert hat, «tot» – er war als Imagination gar nie am Leben oder «das Leben». Im

Gegensatz dazu steht die Grösse von Menschen, die in schwierigen Situationen auf sich selbst zurückgeworfen sind und dabei eindrückliche, ihre menschliche Würde wahrende Kräfte entwickeln: Hier sehe ich unzweifelhafte Evidenz für die Existenz und für die Wirkung eines selbstbewussten mentalen Bereichs *im Menschen.* In dieser Sache spricht mir Franz Hohler ganz aus der (Verstandes)seele:

Not lehrt beten, sagt ein Sprichwort, in der Not rufen wir wie Hiob, um zu sehen, ob einer ist, der uns Antwort gibt, oder auch eine. Sie kennen die Geschichte vom Missionar, der mit dem Schiff zu seinem fernen Bestimmungsort über den indischen Ozean fährt. Das Schiff gerät in einen fürchterlichen Sturm, und besorgt sucht der Missionar den Kapitän auf und fragt ihn: «Wie sieht es aus, kommen wir durch?» Der Kapitän sagt: «Wir stehen jetzt ganz in Gottes Hand.» Darauf der Missionar: «Ist es so schlimm?» Dieser Witz gefällt mir, weil die Pointe mehr als satirisch ist, denn nebst dem, dass sie den Gottesmann als jemanden entlarvt, der selbst nicht an das glaubt, was er verkündet, lässt sie etwas sehr Menschliches durchblicken, nämlich dass niemand von uns wirklich sicher ist, ob da einer ist, der Antwort gibt, einer, der unsere Gebete erhört. Der Verstand nämlich sagt uns: niemand erhört unsere Gebete, kein höheres Wesen mischt sich in unser Erdenleben ein, um für Hilfe und Gerechtigkeit zu sorgen, wie hätte dieses höhere Wesen sonst Auschwitz zugelassen oder Hiroshima oder Srebrenica? Wenn Auschwitz oder Hiroshima oder Srebrenica irgendeinen Sinn hatten, dann den, uns Menschen aufzurufen, Antwort zu geben, beizutragen dazu, dass so etwas nicht passieren kann, oder, von heute aus gesprochen, nicht mehr passieren kann. (Hohler 2008.)

Hier gilt es allerdings zwei Sachverhalte zu unterscheiden:
[a] Natürlich waren Religionen – und sind es zum Teil heute noch – ein, wie Di Fabio es nennt, «Quellcode der kulturellen Selbstfundierung von Sozialverbänden» (2005: 165). Das ist ein ziemlich klarer historischer Tatbestand.
[b] Ob Religionen aber unverzichtbar sind – wie Di Fabio postuliert –, weil fraglich sei, ob «die kulturellen Grundlagen der modernen, nach besonderen Funktionszusammenhängen geordneten Gesellschaft ohne den transzendentalen Weltzugang überhaupt

dauerhaft gesichert werden» können, ist zu bezweifeln (siehe die Zitate aus Di Fabio in Abschnitt 8.4).

Wenn ich in meinen Überlegungen den radikalen rationalen Weltzugang auslote, so nicht als Kampf gegen Personen, welche die Priorität des Rechtes im Öffentlichen durchaus anerkennen und Religion für sich als sozialverträgliche Quelle der Lebensbewältigung nutzen oder gar benötigen, sondern als ideologiekritischen, bewusst (Eigen)verantwortung übernehmenden Gegenentwurf als zu prüfendes und ebenso sozialverträgliches alternatives Angebot. Wenn ich im Sinne einer empirisch-immanenten *Grundwahrheit* als gegeben annehme und anerkenne, dass ich ein auf Sinn hin angelegtes Wesen bin, dann muss ich meinem Leben dauernd Sinn, und zwar *verständlichen,* menschenwürdigen und mitmenschenverträglichen Sinn geben. Was mich angeht, so konstituiere und sichere ich solchen Sinn, indem ich die Lebensform des *Philosophierens,* des ernsthaften Nachdenkens mit zwingendem Bezug zum eigenen Leben, bevorzuge und übe (siehe Abschnitt 6.2). Darin eingewoben ist ein ständiges Streben nach Bildung, nach vermitteltem Wissen und tradierter Lebenserfahrung. Damit erfülle ich ein weiteres, offensichtlich in mir (und vermutlich in vielen, wenn nicht in allen Menschen) angelegtes Bedürfnis: das Bedürfnis nach Orientierung, insbesondere nach *Wertorientierung.* Meine Orientierungspunkte sind philosophierend erarbeitete Werte, die im inneren Kern mich dazu anhalten, in meinem Denken und mit meinem Handeln anderen und mir keinen oder möglichst geringen Schaden zuzufügen (siehe Abschnitt 8.4).

Woher stammen denn meine Werte? Einige habe ich durch Erziehung eingeprägt bekommen (und akzeptiert), in andere musste ich mich etwa durch Bildung und Erfahrung finden und einüben. Dabei bin ich zum Schluss gekommen, dass kein Wert uneingeschränkt gültig ist respektive sein darf, denn die Aktivierung von Werten geschieht immer *in einem Lebenskontext* – und dieser kann in extremen Situationen normale Werteskalen auf den Kopf stellen. Das ist nicht relativistisch oder gar opportunistisch gedacht, sondern Ergebnis eines rationalen Umgangs mit Werten, die sich in einer humanen Lebenspraxis im Hier und Jetzt zu bewähren haben. Solcher Umgang mit Werten steht zwangsläufig mit ideologischen und religiösen Systemen im Konflikt, denn diese verbinden Orientierung meist mit dem nicht hinterfragbaren (dogmatisch-totalitären) Anspruch, richtige, ja einzig richtige und wahre Orientierung zu bieten. Dies nimmt Angehörigen dieser Gemeinschaft nicht nur (in entmündigender Weise) Verantwortung ab, sondern kann in eine furchtbare, rechthaberische Sicherheit münden, die in einem intoleranten, fundamentalistischen Umgang gipfeln kann mit Personen und Gemeinschaften, die anderen Werten anhängen (so der Patriarch in Lessings *Nathan:* «Tut nichts! Der Jude wird verbrannt ...»). Damit wird klar unrechte Machtanmassung betrieben und vielen Menschen teilweise immenser Schaden zugefügt. Konfliktpotenzial zwischen Philosophieren und Glauben ist also besonders im Umgang mit der Wahrheit zu orten.

Dieser Konflikt kristallisiert sich für mich persönlich in einer meist unauflösbaren Spannung, ja in einem Widerspruch zwischen *Glaubenswahrheit* und naturwissenschaftlicher respektive *philosophischer Wahrheit.* Ich kann nicht «gläubiger Wissenschaftler» sein, der wünschenswerte Interpretationen heiliger Schriften *nicht glaubend,* sondern wissenschaftlich, das heisst *rational,* zu sichern sucht:

Wissenschafterin und Gläubige zu sein, ist für Hamideh Mohagheghi kein Widerspruch. [...] Tatsächlich stünden Verse im Koran, aus denen man eine Legitimation für Gewalt herausholen könne, räumt Mohagheghi ein. Und setzt dem Gewaltvorwurf aber sogleich entgegen: «Der Koran ist kein Gesetzbuch. Ich kann ihn nicht aufschlagen und sagen: So und so muss ich handeln.» Die Grundlagenschrift des Islam müsse *wissenschaftlich gedeutet* werden (meine Hervorhebung; RHG). Eine differenzierte Koranauslegung ist Mohagheghis Herzensanliegen. (Mohagheghi 2016.)

Entscheidend für mich ist der unterschiedliche Umgang mit Wahrheit in der *Lebenspraxis.* Diesem Begriff der Wahrheit will ich mich anhand der teilweise schon behandelten Problematik von negierten Allaussagen annähern. Mit «Es gibt keine Kartoffeln» kann ich zweierlei meinen:

Sachverhalt [a]: Ich habe ein Wort ‹Kartoffel› und vielleicht sogar eine persönliche Vorstellung davon, was eine Kartoffel «ist», aber

Kartoffeln existieren nicht (das Wort hat eine Bedeutung, aber keine Referenz; es verweist sozusagen auf eine «Einhorn»-Kartoffel). Sachverhalt [b]: Das Wort ‹Kartoffel› hat eine Referenz, und ich benutze es richtig, weil ich weiss, was eine Kartoffel ist, aber zu einer bestimmten Zeit und an einem bestimmten Ort sind da keine Kartoffeln.

Übertragen wir das existenzielle [a] und das lokativische [b] Muster auf die Aussage «Es gibt keine Götter respektive keinen Gott», dann kann ich wieder zweierlei meinen: Sachverhalt [a]: Ich habe ein Wort ‹Gott› und vielleicht sogar eine (persönliche) Vorstellung davon, was (ein) Gott «ist», aber Gott existiert real nicht (dem Wort fehlt die Referenz). Sachverhalt [b]: Das Wort ‹Gott› hat eine Referenz; ich benutze es richtig, weil ich weiss, was Gott ist, aber jetzt und hier ist er gerade nicht. Letztere Vorstellung widerspräche der (nicht nur christlichen) Glaubenswahrheit, dass Gott allgegenwärtig ist; die Interpretation könnte hingegen zum Beispiel bei den antiken griechischen Göttern funktionieren, die ab und zu «auf Reisen» – besonders der amourösen Art – waren.

Wie steht es mit der Aussage «Es gibt keine Wahrheit(en)»? Sachverhalt [b] kann zutreffen, wenn zum Beispiel ein Text lauter Lügen verbreitet – was voraussetzt, dass andernorts Wahrheiten existieren, welche die Lügen entlarven. Sachverhalt [a] kann niemals zutreffen, weil «wahr sein» eine *Eigenschaft einer Aussage* ist. Aussagen unterliegen notwendig dem Kriterium «wahr» respektive «falsch»; mit «Es gibt keine Wahrheit(en)» wird eine Aussage gemacht, die dem Wahrheitsanspruch ebendieser Aussage widerspricht. Diese *Selbstreferenzialität* ist unauflöslich: Soll nämlich «Es gibt keine Wahrheit(en)» als Aussage wahr sein, fällt sie selbst unter den Wahrheitsanspruch der Allaussage und kann niemals wahr sein (analog zu Epimenides, der – selbst Kreter – sagte: «Alle Kreter sind Lügner»). *Da die Aussage «Es gibt keine Wahrheit(en)» niemals wahr sein kann, müssen für uns Menschen zwingend nicht-relativierbare Wahrheiten existieren.*

Die Feststellung, dass es Wahrheiten gibt, impliziert, dass es mindestens eine Aussage geben muss, auf welche die Eigenschaft «wahr» unzweifelhaft zutrifft. Solche gibt es – neben analytischen Aussagen vom Typ «Jede Strecke hat einen Anfang» – zuhauf: «Ich habe eine Mutter»; «Meine Mutter lebt noch»; «Das Universum ist unendlich» und so weiter. Ich muss mich nicht auf die unübersehbare Literatur zu Wahrheitsbedingungen einlassen (siehe die Komplexität der Diskussion im Umfeld von ‹Wahrheit› in Kirchner & Michaëlis 1998: 715–720), denn mich interessiert das Prädikat «X ist wahr» als Eigenschaft von Aussagen nur im pragmatischen Umfeld von Sinnfragen. Um wahr zu sein, dürfen sinnkonstituierende Aussagen *für mich* keiner der folgenden Bedingungen widersprechen: der alltagstauglichen, realen Evidenz der Realität; dem argumentierbaren Konsens innerhalb des persönlichen Lebensumfelds; der logischen Konsistenz respektive Widerspruchsfreiheit; der damit gegebenen Hinterfragbarkeit (keine Denkbarrieren der «korrekten» Art). Die Inkompatibilität von philosophischen oder naturwissenschaftlichen Wahrheiten und Glaubens- oder Ideologiewahrheiten lässt sich nicht damit begründen, dass sie logisch nicht gleich definiert sind respektive zwei verschiedene Klassen von Wahrheiten konstituieren (beide arbeiten mit Axiomen und lassen manchen gültigen Schluss zu). Vielmehr ist es die problematische, ja sogar inakzeptable *Erhebung von Aussagen in den Rang von Wahrheiten* in bestimmten lebenspraktischen Kontexten, in denen eine oder gar mehrere der eben aufgestellten Bedingungen verletzt werden:

Erstens: Glaubens- oder Ideologiewahrheiten dürfen nicht hinterfragt werden. Die katechetische respektive programmatische Adelung gewisser Aussagen zu absoluten Wahrheiten versucht solches Hinterfragen zu unterbinden (und vermehrt bei Glaubenden unnötig Gewissensfragen). Philosophische und naturwissenschaftliche Wahrheiten nehmen zugegeben gelegentlich einen unangemessenen, dogmatischen Charakter an, lassen sich aber bei fehlender oder nicht nachprüfbarer Evidenz ablehnen und sind durch den Nachweis von Widersprüchen widerlegbar. Das fundamentale Gesetz der Widerspruchsfreiheit, ein Lackmustest der Wahrheitsprüfung, darf auf Glaubens- oder Ideologiewahrheiten also nicht angewendet werden. Sage ich philosophierend gelegentlich «Ich glaube, dass p» (und nicht: «Ich bin überzeugt …»), signalisiere ich, dass ich mich diskursiv und denkend (noch) in einem Limbo der *Ungewissheit* befinde, dass ich noch nach Wahrheit oder zumindest nach Spuren davon suche. Bei Praktizierenden einer Religion respektive Ideologie wiederholt oder bestätigt das «Ich glaube ...» meist vorgefertigte, ohne Widerrede zu akzeptierende religiöse oder ideologische Gewissheiten. Religiöser oder ideologischer Glaube ist also Ausdruck von Sicherheit.

Zweitens: Religionen respektive Ideologien behaupten, dass gewisse Aussagen «zeitlos» wahr seien. Zeitlosigkeit ist weder logisch noch evidenziell beweisbar; sie dekontextualisiert den Lebensbezug. Römisch-katholisch geht man mit «zeitlos wahr» wie folgt um:

Wenn der Glaube und die Glaubenswahrheiten richtig verstanden werden, stimmen sie mit den Forderungen der menschlichen Vernunft überein, und das Evangelium ist stets zeitgemäß und zuständig. (Allg. Direktorium für die Katechese [1997], Nr. 175; siehe Websites.)

Die Zirkularität erinnert fatal an die bei Hochzeiten häufig vorgetragenen zwei Gebote für den Ehemann: «1. Frau hat immer recht. 2. Wenn nicht, gilt automatisch Bestimmung 1.» Einfacher kann man einen dogmatischen Anspruch wohl kaum fassen. Die Intelligenz und die Denkfähigkeit von kirchlichen Denkern und Theologen verdienen Respekt, aber viele Themen des Glaubens sind gerade wegen der Existenz von Glaubenswahrheiten und deren Wirkung als «zeitlose» dogmatische Barrieren freiem argumentativem Denken *a priori* entzogen. Interessanterweise anerkennt der römisch-katholische Glaube den Vorrang des persönlichen Gewissens in sittlichen Fragen – überlässt das Urteil darüber jedoch der «himmlischen Justiz». Freies, liberales Denken, das nicht «wertfrei», aber doch «ideologiefrei(er)» sein kann und sein sollte, ist deshalb ein wichtiger Gegenpol zu dogmatischen Glaubenswahrheiten.

RABENAUS WUNDERSAME ERLEBNISSE

MEiN GEWiSSEN iST REiN.

NATÜRLiCH iST ES REiN.

DU HAST ES JA AUCH NOCH NiE BENUTZT!

Drittens: Glaubens- oder Ideologiewahrheiten verhindern eine Pluralität der Meinungen in bestimmten Denkbereichen. Das ist weder eine Aussage darüber, wie gläubige oder einer Ideologie anhängende *Menschen* persönlich und im Verkehr mit anderen damit umgehen, noch eine Kritik daran, dass Glaubens- oder Ideologiewahrheiten und -einstellungen für sie in ihrer Lebenspraxis sinnstiftend sind. In der Regel schränken diese den Freiraum für persönliche Lebensexperimente und für die Sinnsuche ein, weil ihre Wirkung leider wesentlich totalitär, gleichschaltend und intolerant ist. Fundamentalen Auslegungen von Glaubens- oder Ideologiewahrheiten sind deshalb dort Grenzen zu setzen, wo sie sich der vernünftigen Einsicht verschliessen, dass verschiedene Lebensformen in nichtaggressiver und verfassungsmässig geschützter Weise koexistieren können – und können müssen. Damit können naturwissenschaftliche Wahrheiten besser umgehen, weil sie einen inhärent pluralistischen Zug aufweisen und den Wettstreit der Ideen nicht nur zulassen, sondern geradezu herausfordern. Dies erzieht zu Bescheidenheit und Demut gegenüber den besseren Argumenten und trägt grundsätzlich zur Erweiterung der persönlichen Frei- und Sinnräume bei.

Beenden wir damit die vergleichende Kritik der Wahrheitsbegriffe und kehren zur Sinnschöpfung zurück. Letztere stellt – auch wenn sie mit Bezug auf einen mit «transzendent» bezeichneten Bereich geschieht – eine «immanente» Erscheinung, eine fundamentale und notwendige Möglichkeit des menschlichen Geistes dar. Sie gehört zu den auffälligsten Konstanten in der menschlichen Geschichte, sowohl beim kollektiv verfassten als auch beim individuellen Menschen. Es ist daher unumgänglich, dieses besonders in Religion und Philosophie so wirkmächtige Wort ‹Transzendenz› und das von ihm Bezeichnete im Zusammenhang mit der Sinnkonstitution zu diskutieren.

Ein einfaches Beispiel für den konkreten Vorgang des Transzendierens ist die Bildung eines Klassenbegriffs. Hier wird in einem mentalen Abstraktions- oder Reduktionsvorgang über reale Exemplare hinausgehend, das heisst diese *transzendierend,* eine zweckmässige Typisierung vorgenommen. Das Wort ‹Haustier› bezeichnet eine (funktionale) Klasse, in der wir Katzen, Hunde,

Kühe und so weiter zusammenfassen; ich gebrauche dieses Wort korrekt, wenn ein Tier, auf das ich zeige (Referenz) ein Haustier (Bedeutung) ist (bei einer Wildkatze wäre dies eben nicht der Fall). Dieser endophänomenale Vorgang bildet aus Einzelexemplaren einen real nicht existierenden *Typus* und ordnet so (mental) die «Welt»; einem Ding wird ein bestimmtes Attribut zuerkannt (das beschreibt nicht den neurologischen Vorgang). Ich kann dann von einem Tier sagen: «Das ist *ein* Haustier», aber nicht «Das ist *das* Haustier».

Solches Transzendieren ist auch bei imaginierten Exemplaren möglich, beispielsweise wenn aus «Zwergeinhörnern» (Exemplare) «Einhörner» (Typus) und aus Exemplaren dieses Typus wiederum «geflügelte Pferde» (Typus 2. Ordnung) imaginiert werden. So spielerisch können wir eben mit unseren Verstandesfähigkeiten umgehen. Den unschuldigen Charakter des Spielerischen verliert hingegen das *programmatische Transzendieren*. Damit bezeichne ich folgenden Vorgang: Realen Exemplaren wird eine *realitäts- oder wahrheitswidrige* Eigenschaft oder Funktion zugeschrieben, zum Beispiel «Alle Menschen sind gleich». Diese *defektive* Charakterisierung bezweckt nicht eine Typusbildung, sondern stellt eine *Handlungsanweisung* dar: Da alle Menschen evidenterweise nicht gleich sind, sie aber – nach Ansicht gewisser Menschen – gleich sein *sollten,* schaffe ich damit programmatisch einen *zu erreichenden, künftigen* Typus. Diese Art der *utopisierenden* Typusbildung kann einen tiefgreifenden kollektiven Druck aufbauen mit Konsequenzen, welche die freie individuelle Entwicklung von Menschen behindern und welche auch unter mildernden Kontextbedingungen in ihrem Charakter unveränderbar utopisch und potenziell totalitär bleiben. Dies gilt sogar für die positiv rechtswirksame und in hohem Masse typusbildende Aussage «Alle Menschen sind *vor dem Gesetz* gleich», denn «wir alle» wissen, dass auch hier Ausnahmen möglich sind und trotz strenger Kontextbedingung auch vorkommen.

Die wohl problematischste Annahme ist schliesslich die, dass Transzendenz und Immanenz zwei *fundamental verschiedene, gegenseitig klar abgegrenzte existenzielle «Wirklichkeiten»* sein sollen. Als Hauptgegensätze werden angeführt: ewig versus vergänglich, materiell versus immateriell sowie sinnlich allgemein erfahrbar versus (von auserwählten wenigen) übersinnlich (erfahrbar). Das Verfahren, mit dem diese Annahme *ad absurdum* geführt werden kann, ist «denkbar» einfach. Die Ontologisierung der komplementären Merkmalspaare führt zu folgendem Konstrukt: Es muss ein übergeordnetes «Etwas» existieren, welches sich in zwei Bereiche trennen lässt, zum Beispiel in einen vergänglichen und in einen ewigen. Wir haben also eine Klasse respektive einen Typus («Etwas»), bestehend aus zwei Elementen respektive Exemplaren («Vergängliches» und «Ewiges»). Dafür gibt es aber keinerlei verifizierbare Evidenz, sondern nur unlösbare logische Knoten: Normale Menschen können Transzendentes nicht erkennen – «paranormale» Menschen können keine Beweise dafür erbringen. Ein «Gott», der über diesen beiden Bereichen «thronte», würde nicht bloss im Transzendenten existieren, sondern müsste im «hypertranszendenten Etwas» ebenfalls zu Hause sein. Und um das alles zu «sehen», müsste ein «übermenschlicher» Beobachter jenseits aller drei Bereiche sein ...

Den hier geschilderten Aporien des Erkennens liegt ein uns aus anderen Zusammenhängen wohlbekannter, fundamentaler Sachverhalt zugrunde, der unbedingt im Auge zu behalten ist: Die Wörter ‹Transzendenz› und ‹Immanenz› sind keine echten Antonyme (siehe Abschnitt 3.4, ab Feststellung [a]). Ihnen fehlt der gemeinsame Klassenbegriff, der das Erfahrbare und das Nichterfahrbare als Elemente der *gleichen Klasse* «begreifen» lässt. Das Transzendente hat schlicht nicht den Status einer «ewig-unendlichen *Wirklichkeit*» im Gegensatz zur angeblich endlichen *Wirklichkeit.* Transzendenz erweist sich in dieser Hinsicht als ein Synonym zu «Nichts», als *simple Negation* von Immanenz.

Wenn mit dem Wort ‹transzendent› der Bereich des sinnlich nicht erfahrbaren «Sinnlich-nicht-Erfahrbaren», des Irrealen oder Jenseitigen bezeichnet wird, bedeutet dies nicht, dass das Transzendente *nicht gedacht* werden kann. Im Gegenteil: Als gedachtes Denkbares existiert es *im endophänomenalen Bereich.* Weil es aber ohne Referenz in der Realität ist, kann eine allenfalls zugeordnete Vorstellung sehr egozentrisch sein. Grenzen zu überschreiten, ist ein fundamentaler Antrieb des Menschen – auch wenn ihn dies gelegentlich zu sowohl spektakulären wie auch spekulativen Übungen an untauglichen oder problematischen Objekten verführt ... Die Fähigkeiten des menschlichen Verstandes können sich nicht nur auf die Exophänomene in der Realität richten; sie können auch in einem hypertrophen Vorgang die Realität überschreiten, transzendieren und sich auf *Endophänomene* richten. Das «Jenseits» oder «Gott» gehören in die gleiche Kategorie wie das «Einhorn» oder die transzendenten Zahlen in der Mathematik – alle sind *denkbar, postulierbar.* Was denkbar ist, hat klar seine eigene Seinsweise; es *existiert* als Endophänomen und kann natürlich zur persönlichen Sinnkonstitution herangezogen werden. Da dieser der Bezug zu einer von mehreren Individuen unabhängig wahrnehmbaren Realität (Referenz) fehlt, behindert sie echtes Verstehen und auch die Verständigung mit anderen; kurzum: die wünschbare empirisch-rationale Begründung von Sinn ist so nicht möglich.

Transzendente Sinngehalte, das heisst solche, die einem jenseitigen, religiös oder esoterisch ausgerichteten *Erfahrungs*bereich entstammen, sind in einer philosophierenden Lebensform nur dann verwertbar, wenn sie auch empirisch-rational hergeleitet werden können. Aber auch wenn ich diese Lebensform vorziehe, muss ich feststellen, dass die Strahlkraft «eigenweltlicher» transzendenter Sinnschöpfung offensichtlich äusserst mächtig und attraktiv ist, während die der rationalen Sinnfindung trotz des gleissenden Lichtes der Aufklärung eher ein verschattetes Dasein führt. Die Problematik dieses Sachverhalts wird von Anton Hügli wie folgt auf den Punkt gebracht:

Die religiöse Frage schafft sich immer wieder neue Bahn. Spektakulär: wenn gewaltbereite Fundamentalisten wieder einmal zuschlagen oder gar einen weiteren Gottesstaat, noch abscheulicher als der letzte, zu errichten im Begriffe sind; schleichend: wenn Soziologen glauben feststellen zu können, dass trotz Massenaustritten aus den Kirchen und leeren Gotteshäusern das religiöse Bedürfnis breiter Schichten wieder wachse; staatstheoretisch: wenn Verfassungsrechtler zur Auffassung kommen, dass der säkulare Staat auf Voraussetzungen beruht, die er selber nicht bereitstellen kann; moralphilosophisch: wenn Ethiker Zweifel äussern, ob eine autonome Moral genügend

Motivationskraft habe, wenn man ihre religiösen Wurzeln zerschneide; philosophisch: wenn Wortführer des Zeitgeistes wie prominent Jürgen Habermas – «im Bewusstsein von dem, was fehlt» – das Gespräch mit religiösen Würdenträgern suchen und die Publikation von philosophischen Schriften zum Thema Wissen und Glauben, Philosophie und Religion nicht mehr abreissen will. (Hügli 2015.)

Gegen diese Batterie von geradezu unerschöpflichen Quellen möglicher egozentrischer Sinnschöpfung ist aufklärerisch wirklich schwer anzukommen. Der Hauptgrund dafür ist wohl darin zu orten, dass es – wie Hügli andeutet – manchen gelingt, Sinnkonstrukte als Machtinstrumente zu missbrauchen, weil sie gerade nicht mühsam und aufwendig argumentiert werden müssen, sondern vereinfachend bloss *postuliert* und *dogmatisiert* zu werden brauchen. Andererseits finden sich immer Menschen, die sich von solchen Vereinfachungen blenden lassen. Nicht einmal die unweigerlich sich einstellende Erfahrung, dass die meist damit verbundenen (Heils)versprechen, auf diese Weise Grenzen überschreiten und eine neue Daseinsstufe erreichen zu können, niemals eingelöst werden, vermag die Attraktivität dieser mysteriösen Scheinwelten zu beeinträchtigen – zumal Ansichten dazu in verstofflichten Formen verbreitet werden können. Wir sind und bleiben verführbare Wesen, die sowohl Aufwand als auch Verantwortung gerne scheuen, wenn es geht.

5.4 Das Verstofflichen von Vorstellungen und Gedanken

Viele menschliche Endophänomene respektive Denkgebilde kennen ein überraschendes *«Leben nach dem Tod»*. Das wird dadurch möglich, dass der Mensch sie in Dinge und Exophänomene transformiert, indem er vielerlei materielle, mindestens in Teilen dann objektivierbare Werke schafft, so zum Beispiel Texte, Bilder, Zeichnungen, Plastiken, Symbole, Partituren … im kulturellen Bereich, aber auch Werkzeuge, Gebrauchsgegenstände, Fahrzeuge, Motoren … im täglichen Leben. Dieser Unterschied in den Seinsweisen und in den objektiver Wahrnehmung zugänglichen Formen (vergängliches Endophänomen versus überdauerndes Ding und exophänomenale Formen) kommt für mich sehr treffend in folgender Einsicht zum Ausdruck: Zwei Musikkritiker streiten sich darüber, wann eine Aufführung «beseelt-schön» oder nur «seelen-los-virtuos-schön» sei. Dabei macht der eine Kritiker schliesslich die folgende Feststellung: «Ich glaube, ich habe Sie verstanden: Wenn Sie die Schönheit besingen, geschieht es nicht, weil sie existiert, sondern damit sie existiert.» (Zitat aus der Besprechung des Romans *China am Klavier* von Etienne Barillier in *NZZ am Sonntag* vom 25.1.2015; Bücherbeilage, S. 11.)

Die in dieser Feststellung hypostasierte Schönheit ist zwar im Auge des Betrachters, das heisst, sie existiert zunächst als ephe-meres Endophänomen nur für ein bestimmtes Individuum, erhält aber durch das «Besingen», durch die Versprachlichung in publizierter Form, eine für andere wahrnehmbare, nach-denkbare Form und eine objektive Existenz als Exophänomen. Auch wenn «Schönheit» eine solide materielle Grundlage hat, so sie zum Beispiel von einer Blume behauptet wird, ist sie – im Gegensatz etwa zur Form – ein kontingentes, kaum objektivierbares Exophäno-men, denn der Verwendung der Bezeichnung liegt eine subjektive, innere *Empfindung* oder ein Urteil zugrunde. Erst die Verstofflichung in einem Bild oder in einer Beschreibung öffnet sie (exophänomenal) einer allgemeinen und objektivierbaren Wahrnehmung – sowie für Spielereien, wie beim berühmten Bild von René Magritte, welches unter dem Kurztitel «Ceci n'est pas une pipe» (Dies ist keine Pfeife) ein Wahrnehmungsproblem illustriert, nämlich «La trahison des images» (sinngemäss: Verräterische Bilder). Magritte sagt selbst zu seinem Bild:

Ein Bild ist nicht zu verwechseln mit einer Sache, die man berühren kann. Können Sie meine Pfeife stopfen? Natürlich nicht! Sie ist nur eine Darstellung. Hätte ich auf mein Bild geschrieben, dies ist eine Pfeife, so hätte ich gelogen. Das Abbild einer Marmeladenschnitte ist ganz gewiss nichts Essbares. (Siehe Websites.)

Individuelle, sehr persönliche Imaginationen, die eine grosse Bandbreite aufweisen können (wie etwa Visionen, Fantasien, Kompositionen), können sich in einer verstofflichten, *exophäno-menalisierten* Form nunmehr in einem korrespondierenden Fä-

cher von Handlungen und Verhalten äussern und andere zu entsprechendem Verhalten und Handeln animieren. Besonders faszi-
nierend und (historisch) wirkungsvoll sind verstofflichte, kommunizierbar gemachte Imaginationen (zum Beispiel als Bilder, als
Texte, als Oratorien), die als Grundlage allgemeiner kultureller
oder religiöser Vorstellungen dienen und in konventionalisierter
Form dann von mehr oder weniger grossen Gruppen Menschen
geteilt und tradiert werden.

Auch wenn sich zunächst persönliche Imaginationen so mit
Aussenstehenden teilen lassen, gibt es für sie allerdings auch
Grenzen der Objektivierung: Die konnotativ vermittelten Vorstellungen und Inhalte sind kaum je in allen Facetten «gleich». Dies
gilt etwa für Paradiesvorstellungen, die meist aus Versatzstücken
diverser Wahrnehmungen und Erinnerungen bestehen, aber auch
für (Tag)träume, Mythen … In diesem und in ähnlichen Spielräu-
men können sich kreative Prozesse entfalten, die zu einer Weiterentwicklung von Ideen oder Wissen führen; solche Prozesse können aber auch als Bedrohung oder Verfälschung des «Originals»
empfunden werden und unter Ausübung von Macht eingeschränkt
oder unterbunden werden – man denke an die Gefahr von Dog-
matisierungen in Wissenschaft und Religion. Einen besonders
fruchtbaren Spielraum bilden die kreativen Prozesse in den verschiedenen Sparten der Kunst, der Musik und der Literatur, die
das reduktive, *verdichtende* Element mit dem Erinnerungsvorgang
gemeinsam haben – man denke an Gedichte oder Partituren – und
deren Aufführung, Interpretation oder Inszenierung beim Lesen-
den, Hörenden oder Betrachtenden nur persönlich gefärbte, mehr
oder weniger weit gehende Annäherungen an das «Original» auslösen können.

Obwohl Denk- und Vorstellungsprozesse Imaginationen darstellen und obwohl sie meist in Kombinationen auftreten, bestehen zwischen den beiden Prozessen wesentliche Unterschiede.
Vorstellungen können zwar aus Versatzstücken primärer Sinnesdaten aus Wahrnehmungen der realen und exophänomenalen
Wirklichkeit bestehen, aber in ihrem kreativ-konzipierenden Charakter sind sie vorerst *egozentrisch-persönliche Imaginationen*.
Kunstwerke, Filme und Literatur sind die *verstofflichten Produkte*

von Imaginationen, die in dieser transformierten und reduzierten Form zu Objekten der Wahrnehmung werden können – *auch* für andere. Typisch ist, dass der imaginative Prozess bei verschiedenen Personen, auch wenn der (etwa begriffliche) Anreiz für alle der gleiche war, zu verschiedenen Resultaten oder Interpretationen führt, das heisst, divergierende, beim Urheber vielleicht sogar Entsetzen ob dem «Unverständnis» verursachende Endophänomene generiert.

Es ist eine alltägliche Erfahrung, dass zum Beispiel Imaginationen von «Glück» (siehe Abschnitt 8.7) oder Vorstellungen vom «Sinn des Lebens» (siehe Abschnitte 6.3 und 7.2) notorisch auseinandergehen, weil sie zwangsläufig nicht gültig objektivierbar sind, solange sie nur als subjektive innere Wahrnehmungen existieren. Dies gilt im Bereich der Wörter natürlich auch: Im Gegensatz zu Bezeichnungen für Dinge und Exophänomene, deren Bedeutung durch die Realität eingegrenzt und stabilisiert wird, ist die Bedeutung von Bezeichnungen für Endophänomene grundsätzlich *labil(er)*. Dort, wo Imaginationen objektivere Züge annehmen, findet vorgängig zwingend eine Verstofflichung statt; diese materielle Form stattet von aussen nicht zugängliche Imaginationen, Visionen, Eingebungen, Träume … mit für andere wahrnehmbaren Zügen und festeren Bedeutungskernen aus, damit sie objektiviert mitteilbar werden. Das zunächst ganz Persönliche kann so auch prägend werden für Personen, welche diese Vorstellungen gemeinschaftlich teilen (wollen oder müssen).

Solche Übertragungsvorgänge sind konstitutiv für die Bildung von (Sub)kulturen, von Traditions-, Religions- und Glaubensgemeinschaften oder schlicht von kohärenten Gruppen jeglicher Grösse; sie wirken «sinnbildend» und «identitätsstiftend», weil sie dazu anregen, in einem imitatorischen emotionalen Akt oder in einer entsprechenden Entwicklung, etwa in einem Lernprozess, *vorgefertigten Sinn* für ihr Handeln zu übernehmen und zu verinnerlichen. Dadurch lauert in ihnen die Gefahr eines (mitunter totalitären) Konservativismus. Für selbständige Überlegungen zur Lebensgestaltung, insbesondere in den Schnittbereichen mit den Lebensräumen anderer Menschen, sind solche externalisierte Weltsichten, Ideen, Meinungen und Vorstellungen sehr hilfreich, wenn nicht gar weitgehend unerlässlich (siehe Abschnitt 5.5).

Gedanken hingegen sind – ganz im Sinne des Kleist'schen «Verfertigens von Gedanken beim Schreiben» – Ergebnisse reflektiv-kumulativer Prozesse, die durch jede Art von Wahrnehmungen oder Erfahrungen ausgelöst und im Gang gehalten werden können. Auch wenn diese Prozesse zunächst subjektiv ablaufen, ist die Verfertigung von Gedanken *inhärent rational* angelegt. Diese Form von «innerem Monolog» ist grundsätzlich sprachlich verfasst; ihre Verstofflichung in gesprochener oder geschriebener Sprache ist prinzipiell auf Mitteilung und mentale Auseinandersetzung ausgerichtet, das heisst, sie strebt idealerweise nach *interpersonaler Objektivität*. Die Wahl von Wörtern ist demzufolge auf Präzision des Ausdrucks, auf Verständlichkeit und auf Eindeutigkeit der Bedeutungen ausgerichtet. Der Duktus ist logisch, kausal argumentierend; das Ziel sind Erklärungen der Dinge und Phänomene, Erkenntnisse über die äussere und innere «Welt» sowie über Zusammenhänge zwischen primären und sekundären Wahrnehmungen in allen möglichen Kombinationen.

Wörter braucht es auch bei der Verständigung über Ziele und Absichten (womit wir wieder im Sinnbereich landen): Gedanken und Ideen lassen sich nicht nur «vergemeinschaften», sie drängen wohl dazu; sie können zur Bildung von mehr oder weniger homogenen, aber auch abweichenden Denkrichtungen oder Meinungsmehrheiten führen, insbesondere aber können sie konstruktiv (im doppelten Sinne des Wortes) als systematische Strukturvorlagen für gemeinschaftliche Ordnungen und Institutionen dienen, zum Beispiel für Rechts- und Staatsordnungen. Sie regen dazu an, (Frei)räume rational und gemeinschaftlich (mit) zu gestalten; soweit sie «sinnbildend» und «identitätsstiftend» wirken, geschieht dies nicht in einer hermetischen Art, sondern transparent, dialogisch und mit einer gewollten Entwicklungsperspektive.

Wozu nun alle diese peniblen Differenzierungen zwischen den Objekten der Wahrnehmung und des Denkens? Weil sie für mich wesentlich dazu beigetragen haben, den Bereich zu identifizieren, in dem die zentrale, mich interessierende Frage nach einem *Sinn im Leben* (siehe Abschnitt 7.1) zu verorten ist. *Ich brau-*

che Sinn, um absichtsvoll und angemessen wertbezogen handeln zu können. Sinnbildung findet im Bereich des Imaginativen statt, wo Vorstellungs-, Denk- und Sprachvermögen angesiedelt sind; sie gehört zur Kategorie der *Endophänomene.* Auch wenn gewissenhaft *ichbezogene* Antworten gesucht werden, ist der wesentliche Zweck auf dem Weg des Handelns und auf dem Weg entsprechender lebensbezogener Verhaltensweisen stets auch *nach aussen* auf Mitmenschen gerichtet.

5.5 Verschiedene Weltsichten als Sinnquellen – und Gefahren

Ob die hier anvisierten Antworten vornehmlich Anforderungen der Rationalität oder solchen der Empfindungen und Gefühle genügen sollen, hängt von der Person ab – natürlich gibt es zwischen diesen beiden Extremen viele Mischformen, welche die Bandbreite der natürlichen Verschiedenheit und der mentalen Möglichkeiten der Menschen abbilden. Je nach mentaler Ausprägung oder Charakter werden Menschen auf die Frage nach dem Sinn im Leben eine Antwort suchen (wollen), vielleicht aber auch nicht. Ist Suche mit einem gestalterischen Impetus angesagt, können sie zum Beispiel einer eher philosophierenden oder einer eher religiösen Antwort zuneigen, einer eher pragmatisch-tätigen oder einer eher meditativen Variante den Vorzug geben (oder auch vielfältige Mischformen entwickeln).

Als Quellen für die Sinnsuche respektive Sinnstiftung werden also einerseits Denkansätze oder gar -systeme (Philosophien), andererseits Vorstellungen aus Religionssystemen in Frage kommen. Mit einem Wort: Die verstofflichten Endophänomene vieler Individuen, Kollektive und Generationen lassen sich beiziehen und konsultieren. Es gibt zunächst keine stichhaltige externe Begründung, warum ein System in diesem Punkt «leistungsfähiger» sein soll als ein anderes. Auch wenn es darum geht, konkrete Formen des sozialen Zusammenlebens zu etablieren, sind zum Beispiel philosophische oder religiöse Lösungen häufig inhaltlich nicht weit auseinander (wenn auch die Begründungen und die Zielsetzungen differieren mögen). Die zentrale Differenz liegt meines Erachtens in folgendem Punkt: Diese beiden Hauptsysteme begründen *unterschiedliche Weltsichten,* Menschenbilder und gesellschaftliche Organisationsformen, nämlich einerseits eher theologische und andererseits eher rational-aufgeklärte. Diese Weltsichten und sozialen Strukturen weisen insbesondere dem Menschen grundlegend verschiedene Positionen zu:

[a] Die theologische Sicht glaubt an eine geistig-göttliche, das Materielle schaffende und manipulierende Seite des Universums, an eine teleologisch-eschatologische Ausrichtung der in Mythen erzählten Schöpfung, häufig auch an die Möglichkeit der Ausserkraftsetzung physikalischer Gesetzmässigkeiten durch «Wunder» und an Grenzen der Erkenntnis respektive der Erkenntnisfähigkeit. Der Mensch ist in der Rolle des mehr oder weniger unmündigen oder unfreien «Kindes» im Verhältnis zum Beispiel zum schöpfenden (Gott)*vater,* der ausgewählten Menschen (Propheten, Gesandten) Sinn und Ziel der Schöpfung offenbart hat und so dem individuellen Leben in der Nachahmung oder Nachfolge Sinn verleiht. Das Individuum braucht dabei den Rückhalt einer gleichgesinnten Gruppe. Die wohl lückenlose Verbreitung dieser imaginativen Sicht in der Frühzeit der Menschheit scheint darauf hinzudeuten, dass insbesondere das mehr oder weniger hilflose Ausgesetztsein den Kräften der Natur ihrer Entwicklung förderlich war. Die zugehörigen sozialen Strukturen sind wohl darum auch überwiegend durch verwandtschaftliche oder pseudoverwandtschaftliche respektive klientelistische Beziehungen geregelt, stellen archaisch oder traditionell geprägte Gefühlswerte in den Vordergrund (zum Beispiel Ehre, Loyalität) und sind tendenziell hierarchisch-autoritär.

[b] Die aufgeklärte Sicht anerkennt die Materialität des Universums, die Gültigkeit und die grundsätzliche Erkennbarkeit von (natur)wissenschaftlich-rationalen Gesetzmässigkeiten, das Wirken der Evolution sowie die Errungenschaften der neuzeitlichen Aufklärung und der Wissenschaften. Der Mensch als diejenige evolutionär (zufällig) entstandene Instanz, welche dies alles wahrnimmt, untersucht und zusehends besser versteht, ist zentraler und mit einem freien Willen ausgestatteter Dreh- und Angelpunkt dieser Sicht. Das Ich gewinnt auf Kosten der Gruppe an

Prominenz. Diese Sicht war wohl bis in die beginnende Neuzeit hinein die einer Minderheit; sie scheint mit zunehmender Dynamik die theologische Sicht zu verändern oder gar zu verdrängen, was wohl damit zu erklären ist, dass die Menschen dank der Entwicklung von Wissenschaft und Technik die Kräfte der Natur immer besser verstehen und beherrschen und eine eigene (Um)welt konstruieren können und wollen. Die zugehörigen Strukturen basieren auf (legitimierenden) Rechtssystemen und mitunter vertraglich ausgehandelten Positionen, stellen rationale Werte in den Vordergrund und sind tendenziell demokratisch-egalitär.

Wahrnehmung ist als Fähigkeit der imaginativen (Selbst)wahrnehmung das *Fundament* der für Menschen wichtigen Differenz zwischen dem «Ich» und dem «Du» respektive den «Anderen», das heisst, ein individuelles Ich kann sich aus den Fesseln der Arterhaltung befreien und seine Interessen über die der Art stellen. Ich will hiermit nicht mit einem teleologischen Gestus unterstellen, dass die Evolution die Erhaltung von *Arten* zum Zweck hat oder Lösungen für deren Überleben «anbietet» oder gar «erarbeitet». Der Evolution wird häufig (und unüberlegt) Zielgerichtetheit unterstellt. Dass sogar ein «ausgebuffter» Biochemiker der «Teleologisierung» der Evolution gelegentlich erliegen kann, zeigt die folgende Frage von Gottfried Schatz bezüglich der Alzheimer verursachenden Gene: «Warum hat die Evolution die Gene, welche Alzheimerkrankheit verursachen oder das Risiko für sie erhöhen, nicht völlig ausgemerzt?» (NZZ vom 4.6.2015.) Evolutionär ist sowohl die Entstehung wie das Vergehen solcher Gene *ein Zufall;* dies gilt auch für deren Nützlichkeit oder Schädlichkeit. Allerdings sind wir heute teilweise schon in der Lage, gemäss unserer Vorstellung von «guter, zielgerichteter Entwicklung» einzugreifen – ob zu unserem Vorteil, bleibe dahingestellt.

Manche evolutionären Ereignisse haben in zufälliger Weise die Erhaltung einer Art zur Folge, andere ihren Untergang; was in einer Epoche sich als Vorteil erweist, kann sich in einer nächsten als Nachteil zeigen. Auf einen minimalen Nenner gebracht können wir wohl einzig feststellen, dass gleichzeitig mit der Entstehung des Lebens die Evolution als ein zugehöriges systemisches Vermögen in Erscheinung tritt. Die Evolution ist «blind» und stellt ein

Experimentierfeld für die Entwicklung von Lebensformen dar, die in einem Prozess von Versuch und Irrtum einer lebensfeindlichen Umgebung ausgesetzt werden (siehe Abschnitt 5.6). Obwohl Mutationen in den Genen gewiss weiterhin geschehen und eine (längerfristig wirkende) Rolle spielen werden, können wir heute respektive in nächster Zukunft so in Prozesse des Lebens, namentlich in die (tierischen und menschlichen) Keimbahnen, eingreifen, dass die schicksalhaften Zufälligkeiten des Evolutionären bewusst zurückgedrängt und *geplante* Entwicklungen zunehmend möglich werden. Gezielte «Arterhaltung» ist nicht mehr nur vorstellbar, sondern auch technisch machbar – und damit wird das Priorisieren der «Ich-Erhaltung» eine zunehmend konkretere Möglichkeit (jetzt schon in Form einer Lebensverlängerung, bald in Form ...?). Es ist also abzusehen, dass Individuen in naher Zukunft willentlich Entscheidungen zugunsten oder auch zuungunsten der eigenen Gene werden fällen (können), dass sie auch epigenetisch abgebildete positive und negative Erfahrungen in kürzeren Zeithorizonten an Nachkommen werden weitergeben können.

In nüchterner Einschätzung und ohne Wertung ist man wohl versucht anzunehmen, dass damit die Interessen der Art gefährdet sein könnten. Vereinzelt mag dem so sein, aber über alles gesehen hat diese Entwicklung im Vergleich zur «blinden» oder gar «sinnleeren» Evolution nach Darwin'schem Verständnis eine das Überleben der Art durchaus sichernde «sinnhafte» Ratio, wie Lamarck sie sich schon vorstellte: Individuen können innerhalb artgemässer Möglichkeiten mit Lebensentwürfen experimentieren, die vielleicht schneller reagierende epigenetische Spuren hinterlassen und – wenn sie erfolgversprechend erscheinen oder gar erfolgreich sind – sehr viel schneller von anderen Individuen der Art übernommen werden können, weil sie nicht auf eine langsam sich vollziehende genetische Veränderung mit unsicherem Ausgang warten müssen. Damit wird eine Ebene von mutationsähnlichen Prozessen erschlossen, welche variantenreicher auf Herausforderungen der technisierten und globalisierten Welt reagieren und Anpassungen beschleunigen können (siehe zum Beispiel den Artikel in der *NZZ am Sonntag* vom 25.1.2015, «Hoffnung für Depressive», in dem Eingriffe in das epigenetisch veränderte Stress-Gen FKBP5 das Stresshormonsystem und das Leben depressiver Personen stabilisieren könnte).

Da bewegt sich die Menschheit allerdings auf dünnstem Eis. Eine Weltsicht und damit möglicherweise auch Rechtssysteme, die Eingriffe in die genetische Entwicklung des Menschen autorisieren – und geschähen diese in noch so guter eugenetischer Absicht –, öffnen ethische und moralische Schleusen und setzen nicht nur Individuen, sondern auch die Menschheit als Art unvorhersehbaren Risiken aus. Die menschenverachtenden Versuche im Rahmen der nationalsozialistischen Ideologie sollten ein «ewiges» Mahnmal sein; die Fortpflanzungsmedizin scheint sich diesbezüglich auch auf einem schmalen Grat zu bewegen. Da helfen aber Argumente wenig, diese Entwicklungen seien *gegen die Natur*. Was möglich ist, wird praktiziert werden; *wir* müssen humanethische Leitlinien und Wertehorizonte definieren, normierend die Ansprüche des «Individuums» und der «Art» abwägen und festlegen. Andrea Roedig spricht von einer «ignoranten Hybris» bezüglich der Sorge, in der «die Sorgfalt, die Angemessenheit im Umgang mit sich selbst, der Welt und mit anderen» liege. Dazu gehöre «auch die Einsicht, dass irgendwann eine Zeit abgelaufen ist» (NZZ vom 25.4.2015).

Hybris ist für mich allerdings ein unzutreffender Ausdruck, denn er unterstellt in erster Linie, dass Menschen sich anmassen, Göttern gleich zu sein. Wenn aber keine Götter existieren, wie kann denn Hybris das Thema sein? Da wir frei entscheiden können, tragen wir – und nur wir – *die Verantwortung*. Das Stichwort «Sorge» aus dem obigen Zitat scheint für jede Weltsicht von zentraler Bedeutung zu sein, egal aus welchen Sinnsystemen auch immer die Legitimation geholt wird. Werte und Normen, welche diese Sorge strukturieren sollen, sind auf allen Ebenen von Beziehungen gleichberechtigt auszuhandeln und zu Vorgaben *ethischen Handelns* zu erheben. Aus dieser Sicht ist es unumgänglich, das eigene Handeln in die Frage nach dem *Wozu des eigenen und fremden Lebens* einzubetten. Wir müssen versuchen, dem existenziellen Paradox und seiner Ichbezogenheit zu begegnen, wie dies Peter Strasser «altersweise» formuliert:

Bei fortschreitendem Alter wird man von potenziell tödlichen Krankheiten bedroht. Daher beginnt sich ein Grossteil des Lebens darum zu drehen, der unaufhebbaren Not, ein endliches Wesen zu sein, mit den schier unausschöpfbaren Möglichkeiten der Hochleistungs- und Alternativmedizin zu begegnen. Es gehört zu den aktuell-akuten Alterswahrheiten, dass sich die Maxime «Leben, um nicht krank zu werden!» im Laufe der Zeit verschärft. Der Wunsch, nicht sterben zu müssen, tritt schliesslich als existenzielles Paradox in Erscheinung. Statt nicht krank zu werden, um möglichst gut leben zu können, scheint nun zu gelten: «Leben, um nicht zu sterben!» Unsere Kultur will dem Alter kaum noch zugestehen, einmal an jenen Punkt zu gelangen, von dem es in der berührenden Bach-Kantate heisst: «Ich habe genug!» Von den Versprechungen der Spezialisten an das Leben geschmiedet wie an den Felsen, an dem Prometheus einst schmachten musste, will man, obwohl man das eigene Leben im Grunde längst satthat, doch immer mehr davon bekommen. (Strasser 2016.)

Religionen, Ideologien und andere Weltsichten (zum Beispiel ökonomische, politische und so weiter) verfehlen ihre Aufgabe als menschenbezogene Sinnquellen in fundamentaler Weise, wenn die Sorge nicht auf das menschliche *Leben* in seinen individuellen und kollektiven Formen bezogen ist und die Form von Sorge, wie sie in der Goldenen Regel formuliert ist, nicht gewährleistet wird (siehe Abschnitt 6.4).

5.6   Der Sinn von «Sinn»

Der eben erwähnte Sachverhalt eröffnet schliesslich einen erhellenden Blick auf den *Sinn der Suche nach einem Sinn im Leben* (siehe Abschnitt 7.1). Entscheidungen, insbesondere explizit willentliche, auf einem mentalen Prozess beruhende Entscheidungen, richten sich nach Kriterien und verlangen – weil sie Handlungen auslösen – nach einer *Begründung dessen, was damit erreicht werden soll.* Handlungen stehen in einem sinnvollen Zusammenhang mit bevorstehenden oder auch schon getroffenen Entscheidungen («wonach steht mir respektive uns der Sinn»). Betreffen Entscheidungen das (Über)leben selbst, so bekommen sie einen imperativen Charakter und werden auf dem Hintergrund des persönlich massgebenden Sinns im Leben gefällt. Damit ist wohl ein notwendiger Ansatz gegeben, warum die Suche nach Sinn im Leben – egal aus welchen Quellen dieser letztlich geschöpft wird – zu einem fundamentalen, arteigenen Charakteristikum menschlichen Lebens geworden ist: *Es geht darum, (im Handeln) sich selbst und andere zu verstehen respektive von anderen verstanden zu werden.* Ich würde diesen Sachverhalt für mich so formulieren wollen:

Sinn steuert als endophänomenales Kriterium die persönliche Lebensgestaltung und ist Handlungen eingeschrieben. Dadurch ist Sinn zwangsläufig für andere wahrnehmbar und bewertbar. Je nach Position und Einfluss wird er so zu einem massgebenden, entsprechende Reaktionen fordernden Faktor in der materiellen und menschlichen Umwelt. Sinn, den ich schöpfe und meinem Leben gebe, trifft auf Sinn, den andere ihrem Leben geben; wesentliches Ziel ist Verstehen eigenen und fremden Handelns. Die Vielfalt der Reaktionen und die Möglichkeit der Konsensbildung bestimmen das individuelle und das gemeinschaftliche Leben.

Es ist oben ausgeführt worden, dass Menschen je nach mentaler Ausprägung auf die Frage nach dem Sinn im Leben *grosso modo* einer eher philosophierenden oder einer eher religiösen Antwort zuneigen können. Die als Quellen einer Sinnstiftung identifizierten Denksysteme respektive Religionssysteme konstituieren unterschiedliche Formen von Individualität und von Gemeinschaft. Etablieren sie sich in entsprechend grossen Räumen (zum Beispiel als Hochkulturen oder Weltreligionen), so führt diese Art von Gemeinschaftsbildung auch zu einer Ausweitung des Pools für den genetischen Austausch: Die Gene verlassen gewissermassen die engräumige Familie und breiten sich in der weitläufigeren Gesellschaft aus. Auch aufgrund dieses Sachverhaltes ist anzunehmen, dass die aufklärerischen Systeme eine «Weiterentwicklung» und eine Ablösung der theologischen sind, da sie die Freiräume von Individuen und Gesellschaften bedeutend erweitern. Dabei lässt sich die unangenehme Feststellung wohl nur schwerlich entkräften, dass Aggression, besonders in der Form machtbesessenen und eroberungsgetriebenen Kriegführens – also über die berechtigten Bedürfnisse der Verteidigung hinaus –, eine bedeutsame Begleiterscheinung der evolvierenden Individualisierung auf Kosten der Arterhaltung ist; es ist schon häufig bemerkt worden, dass die Menschen zu den wenigen Lebewesen gehören, die gegeneinander (potenziell artgefährdende) Kriege führen.

Lauro Martines beschreibt und analysiert in seinem Werk *Blutiges Zeitalter – Europa im Krieg 1450–1700* Kriegshandwerk und Kriegführung in der Renaissance. Gerade in dieser Zeit manifestiert sich in besonders eindrücklicher Weise, wie das «Ich» absolutistischer Herrscher und autokratischer Personen das Leben von Völkern bestimmte – und wie die von der «theologischen» Weltsicht bestimmte (Nicht)reaktion der Menschen solches Verhalten begünstigte. Wir treffen hier auf die unbestreitbare Tatsache, dass die Fähigkeit der Gattung Mensch, Sinn zu schöpfen, weder *a priori* zweckmässig respektive vorteilhaft ist noch nur die «grossen (Sinn)fragen» betrifft. Diese Fähigkeit erinnert an den Gang der Evolution, an diese spielerische Disposition bei Lebewesen, laufend kontingente oder epigenetisch erworbene Möglichkeiten der Reaktion auf Umwelt und Umstände oder der Interaktion mit diesen zu erproben. Erweist sich eine Möglichkeit als tauglich oder zweckmässig, kommt es vor, dass sie adoptiert und weiterentwickelt wird; untaugliche Versuche bleiben auf der Strecke oder enden wegen ungünstiger Umweltveränderungen in Sackgassen.

Da unser Handeln in einem Kontext komplexer Bedingungen stattfindet, ist selten ein einzelner Sinn darin involviert; wir bewegen uns vielmehr in *Sinnfeldern.* Ich benutze diesen Begriff wie folgt: Ein Sinnfeld subsumiert unter einem zentralen Sinnbegriff weitere Sinnbegriffe (die selbst Sinnfelder sein können); Gabriel (S. 113) spricht in einer glücklichen Metapher von einem «Magnetfeld». Ich verstehe Sinnfelder als *gewertete Tätigkeitsfelder* (im

Gegensatz zu Gabriel 2015): Sie ordnen Tätigkeitsfelder und steuern darin unser *Handeln;* sie gestalten unser individuelles Leben und das Leben in der Gemeinschaft. Daher ist der zentrale Sinnbegriff des Felds stets *mit einem Wert gekoppelt.*

Ein Beispiel: *die Bildung.* Wenn eine Person sich bildet, handelt sie mit einer bestimmten Absicht und in einer bestimmten Weise (siehe den *Grundsatz* in Kapitel 1). Bei der Absicht ist *grosso modo* zu unterscheiden zwischen persönlichen und öffentlichen Interessen: Persönlich werden der Bildung zugeordnete Sinnfelder wie zum Beispiel garantierte Freiheiten bei der Studien- oder Berufswahl genutzt, um eigene Lebenspläne zu verwirklichen. Bildung im persönlichen Bereich ist nicht zwingend von einem Bildungsangebot abhängig und stellt kein akademisches Reservat dar; wer aufmerksam die «Lebensschule» absolviert, erwirbt auch Bildung. Bildungs- respektive Ausbildungsangebote sind aus Sicht der Gemeinschaft ambivalent: Zum einen gewährleisten und unterstützen solche Wahlmöglichkeiten den persönlichen Prozess der Individualisierung; zum anderen sollen sie gemeinschaftsfördernd Normen und Werte vorleben und fördern, so etwa der verantwortliche Umgang mit Freiheit(en) oder die Erziehung zu Bürgersinn. Dies hätte unter anderem dadurch zu geschehen, dass Sinnfelder wie die Freiheiten in den Bereichen Lernen, Lehren oder Forschen als Rechtsansprüche verbrieft und verteidigt werden; es geschähe aber insbesondere dadurch, dass Lehrende einen Bildungsauftrag zu erfüllen hätten und vermehrt wieder (Lebens)-vorbilder wären.

Bettet man die Bildung in die Sinnfelder «Staat» oder «Wirtschaft» ein, so ist nicht nur leicht zu erkennen, welche staats- und gesellschaftspolitische Bedeutung diese hat (wir brauchen in beiden Feldern gebildete, das Wohl der Gemeinschaft im Auge behaltende Eliten), sondern es wird auch klar, warum nicht ausschliesslich, aber besonders im tertiären Bereich der freie Ideenwettbewerb garantiert sein muss (die Nähe zur freien Marktwirtschaft ist durchaus gewollt). Der eminente Wert von Bildung ist die Abwehr freiheitsbedrohender Welt*bilder* und unverständiger Welt*bildner* durch Selbständigkeit im Urteil und die Verteidigung sinnvoller gemeinschaftlicher Werte gegen bedrohliche Anmutungen des Individualismus. Bildung ist in der Auseinandersetzung mit dem Feinsten der kulturellen Traditionen fundamentale Sinnstiftung und damit ein Beitrag zum Erhalt des Sinns von «Sinn».

5.7 Die Rede vom «evolutionären Sinn»

Es scheint mir wichtig, hier eine Kritik des (von mir konsequent gemiedenen) Ausdrucks «evolutionärer Sinn» einzufügen (das Thema wird im Zusammenhang mit der Ethik in Abschnitt 7.6 wieder aufgenommen). Eine informative Geschichte der Theorie der Evolution bieten übrigens Junker & Hoßfeld [2]2009 (zur Definition siehe besonders S. 16–17). Die bestimmenden Faktoren der Evolution sind Variation und Selektion. Erstere speist sich aus Mutationen und Migrationen, Letztere kann natürlich, künstlich (Zucht) oder sexuell (Präferenzen) erfolgen. Nicht erwähnt wird die Möglichkeit von Emergenzen, die allerdings auch vererbbar sein müssen. Evolutionstheoretische Erklärungen haben viele Bereiche der Wissenschaft befruchtet, insbesondere bezüglich Sozialverhalten (Kooperation, Ethik, Sexualverhalten, Religion und so weiter; vergleiche das Stichwort «Evolution» in Lexikon Philosophie 2011: 84–87).

Auf den ersten Blick scheint uns eine Aussage der Form «Der evolutionäre Sinn von X ist Y» durchaus inhaltlich ergiebig zu sein (zum Beispiel «Der evolutionäre Sinn von ‹Sinn› ist bewusste Lebensgestaltung»). Und doch erweist sich die Verwendung von «evolutionär» als nähere Kennzeichnung von «Sinn» als problematisch, weil sie einem möglicherweise fehlerhaften Verständnis von Evolution entspringt. Wenn Evolution (wie in Abschnitt 5.5 schon festgestellt) nicht das zielgerichtete Lösen von Problemen des Lebens bezweckt, wenn also – soweit wir das erkennen können – *keine Kausalität* zwischen einer (emergenten) evolutionären Entwicklung und ihrer Verzweckung zu erkennen ist, sondern sich eine Entwicklung nachträglich als zufällig nützlich und zweckdienlich erwiesen hat, dann scheint in diesem Zusammenhang eine Kennzeichnung von «Sinn» als «evolutionär» und die Rede von einem «Sinn der Evolution» buchstäblich unsinnig. Wir müssten die Evolution als Kette von Handlungen verstehen, die sowohl willentlich als auch sinnvoll wären – was evidenterweise nicht der Fall ist.

Die Nominalisierung des Verbs «evolvieren» zu «Evolution» hat die problematische hypostasierte Vorstellung einer Instanz zur Folge, welche als Subjekt von Aussagen auftreten kann und als Quasiagens Handlungen auszulösen vermag. Diese grammatische Struktur erlaubt durch ihre Ähnlichkeit mit anderen Subjekt- respektive Agensformen zu unterstellen, dass «die Evolution» aktiv eine Entwicklung steuern und dieser sogar in einem gewissen Sinn ein Ziel geben kann. Nun ist es aber so, dass auf die Frage «Wer respektive was evolviert?» die tautologische Antwort «Die Evolution evolviert» leer ist, das «wer?» respektive «was?» also nach anderen Subjekten verlangt: So kann zum Beispiel das Leben, ein Gespräch, eine Idee, eine Person evolvieren, *sich* entwickeln – ja, auch ein Sinn.

Aus diesen Beispielen wird klar, dass «evolvieren» nicht eine agentive, sondern eine mediopassive Bedeutung hat (vergleiche die Ambivalenz von «ich koche» – Rüben oder vor Wut?): Wir haben es nicht mit Handlungen, sondern mit einem *Geschehen* (vergleiche die Aussage «*mir* geschieht recht») und mit einem *Potenzial* zu tun. Materie und ihre emergente Form, das Leben, befinden sich stets in Bewegung. Dieses Geschehen führt zu determiniert-reaktiven, aber auch zu zufällig-emergenten Vorgängen. Aus welchen Vorgängen sich vorteilhafte Zustände, nutzbare Prozesse und Fähigkeiten etablieren und sich dabei sogar festere Einrichtungen und Konstellationen (etwa Organe) herausbilden, ist nicht vorhersehbar. Dass gewisse Entwicklungen sich als *zweckdienlich* erweisen oder erwiesen haben, ist eine Beurteilung *ex post.* Wir verkennen die Evolution, wenn wir ihr zuschreiben, sie habe «erkannt», dass das Leben in einer mit Sauerstoff gesättigten Umgebung eine sauerstoffverarbeitende Fähigkeit verlangt, dass also die Entwicklung einer Lunge «sinnvoll» sein könnte. Die Entwicklung einer Lunge birgt keinen *«evolutionären»* Sinn; für das Experiment «Leben» hat sich dieses Organ allerdings als nützlich und zweckdienlich herausgestellt, weil es das Experimentierfeld des evolvierenden Lebens gewaltig erweitert hat.

Obwohl damit die «Blindheit» der Evolution evident ist, mag sich ein leises Unbehagen einstellen, wenn ihr *gar kein* Sinn zugeschrieben werden darf. Dürfen die Fragen «Warum gibt es Evolution?» oder «Wozu gibt es Evolution?» denn gar nicht gestellt werden? Konstituiert dies nicht ein unzulässiges Denkverbot? Fragen stellen ist eine Sache, Antworten erwarten und finden eine andere. Ich wage also den Versuch, auf die erste Frage eine erklärende Antwort zu geben: Die immanente physikalische Daseinsform der Dinge ist *Bewegung;* Wirkung der Bewegung ist unausweichlich aktives und reaktives *Verändern;* ein Bereich der Dinge hat sich zufällig-kombinatorisch so verändert, dass (emergent) *Leben* entstanden ist. *Evolution ist eine kontingent entstandene Möglichkeit der Veränderung von Bauplänen lebender Materie.* Die Fragen «Wozu gibt es Evolution?», «Wozu gibt es Materie?» oder «Wozu gibt es Bewegung respektive Veränderung?» sind hingegen nicht beantwortbar, weil teleologische Fragen sich einer kausalen Erklärung entziehen.

Im Rahmen der Stammesgeschichte sollte also die Bezeichnung ‹Evolution› auf das zufällige, nicht ein vorherbestimmtes Ziel anvisierende verändernde Geschehen (besonders im genetischen Bereich), also auf den Prozess der Artenentwicklung bei Lebewesen, beschränkt bleiben. Diese Veränderungen mussten nicht, aber konnten zu einer erfolgreicheren Anpassung an die Umwelt führen, so dass gewisse Arten sich auf Kosten anderer ausbreiteten. Einer der bedeutenden Sprünge der Evolution führte zum Beispiel zur Entwicklung der Fähigkeit, Sauerstoff für den Stoffwechsel zu nutzen (siehe Lane 2013: 77–81).

Die nüchtern-neutrale Feststellung, dass die Evolution zu erfolgreichen Anpassungen führte und noch immer führen *könne* – zumal die Umwelt sich dauernd verändert respektive durch die Menschen auch verändert wird –, darf keinesfalls so interpretiert werden, dass die Evolution eine inhärente Teleologie habe, das heisst, dass es ihr «erklärtes» Ziel sei, adäquate Fähigkeiten zur Sicherung des Überlebens anzubieten und ausserdem eine bestimmte Art – zum Beispiel die Menschen – hervorzubringen. Nein, die Evolution ist durch und durch «blind». Die Evolution ist eine inhärente, vitale Veränderungen verursachende Bewegung leben-

der Wesen; sie hat weder einen *Zweck* noch einen *Sinn* (zur Differenzierung von ‹Sinn› und ‹Zweck› siehe Abschnitt 7.1). Die stam-
mesgeschichtliche Evolution *passiert* einfach; alle Lebewesen und
Arten sind ihr ausgeliefert. Während die Rede von einem «evolutionären Zweck respektive Sinn» unzulässig ist, lassen sich hingegen Anpassungen, das heisst Weiterentwicklungen evolutionär
entstandener Fähigkeiten, durchaus in einem Zweckrahmen sehen.

Aufgrund von Anpassungen, die sich an die Evolution von Gehirn und (zentralem) Nervensystem anschliessen und die in der
Entwicklung des Stirnlappens gipfeln, geschieht nun beim Menschen ein *bahnbrechendes* Ereignis, welches zu den folgenreichsten in der Geschichte der Menschheit gehört: Charles Darwin *erklärt* 1859 die Mechanismen der Evolution in seinem Hauptwerk,
*On the Origin of Species by Means of Natural Selection, or the Preser-
vation of Favoured Races in the Struggle for Life* (Zur Entstehung
der Arten durch natürliche Auslese, oder über das Überleben be-
vorzugter Rassen im Kampf ums Leben) (siehe Junker & Hoßfeld:
[2]2009: 75–105). Dadurch machte er die Evolution – auch wenn sie
noch nicht so benannt wurde – zu einem Objekt des menschlichen
Verstehens. Solche Objekte sind die Keimzellen für sich offenbar
zwangsläufig ausbreitende Felder, in denen sich weitere Einsichten und entsprechendes Handeln entwickeln können. So legten
zum Beispiel die von Gregor Johann Mendel nach 1856 durch
Kreuzungsexperimente bei Erbsen entdeckten Regeln der Verer-
bung die Grundlagen für die heutige Genetik (siehe Junker & Hoßfeld: [2]2009: 159–161). Erst dadurch wird eine *Verzweckung* der
Mechanismen der Evolution möglich, konnte ausgehend von der
Domestikation und der Zuchtwahl sich schliesslich eine Gentechnik entwickeln.

Die heute möglich werdende Deutung der Evolution als «sinnvoll» ist Ausdruck davon, dass deren Prozesse durch diese, eine
Verzweckung ermöglichenden Ereignisse fortan nicht nur in einen
denkerischen, begründenden Rahmen gerückt werden können,
sondern auch in einen teleologischen, welcher der Kategorie des
Sinns zugänglich ist. Wenn biologische (oder viele andere) Prozesse mit «Sinn» belegt werden können, sind sie *wahrgenommen*
worden, ins Bewusstsein gerückt und endophänomenal «verar-

beitbar». Die Evolution und ihre Ergebnisse werden so nicht nur zu Objekten der (naturwissenschaftlichen) Wahrnehmung und Forschung «erklärt», sondern können sich auch zu Objekten kausalgesteuerten Planens wandeln, das heisst, sie können für Zwecke und Ziele benutzt werden (zum Beispiel für ökonomische). Ob ‹Evolution› als Bezeichnung noch zutreffend ist oder hier eine Umdeutung erfährt, sei dahingestellt.

Wir stellen also fest, dass zum artspezifischen (stammesgeschichtlichen) Rahmen weitere Sinnfelder hinzugetreten sind, nämlich das des *Individuellen* oder das des *Humanen*. Da das Warten auf und dann das Zulassen oder Ausprobieren von zufälligen Genmutationen *(trial and error)* als «ineffizient» beurteilt werden kann (es hat gedauert, bis aus wilden Wölfen domestizierte Hunde wurden, aus wilden Gräsern sich Reis und Hirse entwickelten), ergibt sich nun für den Menschen die Möglichkeit, direkt(er) zu *handeln* und zum Beispiel bei ungünstigen Entwicklungen (zum Beispiel Anfälligkeit für bestimmte schwere Krankheiten) zunehmend einzugreifen. Solche für Art und Individuum eventuell bedrohlichen und deshalb ambivalent zu bewertenden Möglichkeiten lassen kollektive und individuelle *Sinnfragen* aufkommen (siehe Abschnitt 7.6), denn in Handlungen umgesetzt sollten sie sich an Werten und Vorstellungen messen lassen. Je nach Antwort und zugrunde liegendem Weltbild – auch ob gehandelt werden *soll* oder nicht – können (medizinische) Handlungen ausgelöst werden, die evolutionär entstandene Sachverhalte sogar aushebeln – *Wissen wird in der Tat zu Macht.*

Wir stehen letztlich vor der paradoxen Situation, dass die Einsicht in evolutionäre Prozesse wesentlich einer evolutionären Entwicklung zu verdanken ist (sie ermöglicht zweckdienliche Eingriffe und vielleicht sogar eine nützliche Steuerung, insbesondere der Geschwindigkeit von Entwicklungen). Die damit gegebene Möglichkeit, diese Prozesse an einem *Sinn* zu messen und handelnd in sie einzugreifen, lässt nun volitionale Sinnkonstitutionen zu, die der Evolution im positiven Fall einen humanen weltanschaulichen Charakter anmessen können, im negativen Fall aber inhumane Wertsetzungen und problematische Manipulationen nicht ausschliessen. Die individuelle Antwort auf solche Entwicklungen, die moralische und ethische Aspekte des Lebens tangieren, geschieht im Rahmen der persönlichen Sinnkonstitution; soll sie sich als Bestimmung des Humanen in einem Kollektiv etablieren, so ist sie rational zu begründen, zu kommunizieren und allenfalls rechtlich zu verankern.

Teil II: Das Lebenshaus

6 Philosophieren

6.1 Philosophieren kommt *vor* Philosophie

Der Begriff «Philosophie» wird meist interpretiert als zusammen-gesetzt aus den griechischen Wörtern φίλος (phílos) ‹Freund› und σοφία (sophía) ‹Weisheit›. Übersehen wird dabei meist, dass die Verbindung der beiden Wörter die einer Verb-Objekt-Verbindung ist. Etymologisch ist φιλοσοφία klar die Nominalisierung der Verb-Objekt-Konstruktion ‹Liebe zur Weisheit respektive zum Wissen›; sie entsteht aus dem *Verb* φιλεῖν ‹freundlich gestimmt sein gegen-über; lieben; pflegen› und dem Objektnomen σοφία ‹Weisheit; Wissen› (sophía bezeichnete ursprünglich jede Fertigkeit oder Sachkunde, auch handwerkliche und technische). Damit ist ‹Philo-sophie› strukturell analog dem Verbalnomen ‹Philosophiestudium›, welches sich aus ‹Studium der Philosophie› (< ‹Philosophie stu-dieren›) herleitet. Diese Analyse decke sich offenbar durchaus mit dem Befund in frühen griechischen Quellen, wonach der verbale Ausdruck vor dem substantivischen auftritt (P. Schulthess). Das Nomen φιλοσοφία lasse sich erst bei Herodot nachweisen (*Histo-ria* I.30). Diese Herleitung steht im Widerspruch zur etwas hybri-den Erklärung in Kluge [23]1999: 629: «[...] Abstraktum zu gr. *philó-sophos* m. «Freund der Weisheit», zu gr. *philos* m. ‹Freund› und gr. *sophós* ‹geschickt, weise›.» Im Deutschen liegt dieser strukturelle Befund nicht mehr offen zu Tage.

Die Frage «Was ist Philosophie?» ist ein Dauerbrenner – min-destens ein akademischer. Viele Denker, die in Philosophiege-schichten als Philosophen eingereiht sind, aber auch viele Philo-sophiehistoriker, die ebendiese Zugehörigkeit zur Zunft festge-stellt oder festzustellen hatten, haben sich diese Frage gestellt. Die Antworten sind vielfältig, aber es scheint unmöglich, mit diesen den Status einer echten Definition zu erreichen, nämlich umfas-send zu sein und klare Grenzen zu ziehen zwischen dem, was un-ter den Begriff fällt und was nicht. Diese Vielfalt mag exemplarisch mit folgendem Zitat illustriert sein:

Philosophie wurde im Laufe ihrer Geschichte als Streben nach dem Guten, Wahren und Schönen (Platon) oder nach Weisheit, Wahrheit und Erkenntnis (Hobbes, Locke, Berkeley) definiert. Sie forsche nach den obersten Prinzipien (Aristoteles) und ziele auf den Erwerb wahren Wissens (Platon). Sie ringe um die Erkenntnis aller Dinge, auch der unsichtbaren (Paracelsus), sei Wissenschaft aller Möglichkeit (Wolff) und vom Absoluten (Fichte, Schelling, Hegel). Sie ordne und verbinde alle Wissenschaft (Kant, Mach, Wundt), stelle die «Wissenschaft aller Wissenschaften» dar (Fechner). Die Analyse, Bearbeitung und exakte Bestimmung von Begriffen stehe in ihrem Mittelpunkt (Sokrates, Kant, Herbart). Philosophie sei jedoch zugleich auch die Kunst, sterben zu lernen (Platon), sei normative Wertlehre (Windelband), das vernunftgemäße Streben nach Glückseligkeit (Epikur, Shaftesbury) respektive das Streben nach Tugend und Tüchtigkeit (Aristoteles, Stoa). (Siehe Websites.)

Der *Duden* bietet die folgende, den Raumverhältnissen eines Wörterbuches geschuldete, knappe Definition respektive Beschreibung an:

Streben nach Erkenntnis über den Sinn des Lebens, das Wesen der Welt u. die Stellung des Menschen in der Welt; Lehre, Wissenschaft von der Erkenntnis des Sinns des Lebens, der Welt u. der Stellung des Menschen in der Welt [...]. (Duden [7]2011 [CD-ROM]; Buch: S. 1337.)

Diese ausufernde Vielfalt erlaubt es der Alltagssprache, sich des Wortes in einem beinahe originär zu nennenden Sinne zu bemächtigen und von «Philosophien» in verschiedensten *Bereichen des menschlichen Lebens* zu sprechen, aber auch von den Prinzipien bestimmter Vorgehensweisen in organisierten Einheiten (zum Beispiel «Marketingphilosophie») bis hin zu individuellen Geisteshaltungen oder Verhaltensregeln (zum Beispiel «Spielphilosophie» eines Fussballtrainers). Philosophie lasse sich darum

nicht allgemeingültig definieren, weil jeder, der philosophiert, eine eigene Sicht der Dinge entwickelt. Daher gibt es annähernd so viele mögliche Antworten auf die oben gestellte Frage wie Philosophen. (Siehe Websites.)

Wo soll man in diesem «Chaos» ansetzen, wenn man dennoch versuchen will, den «Begriff» zu retten? Es fällt auf, dass nach autoritativen Meinungen (etwa bei Dilthey) offenbar keine ernsthaften

Versuche unternommen worden sind, zu ergründen, *warum* ein Wort wie ‹Philosophie› nicht definierbar ist respektive sein soll. Aus den zitierten Beschreibungen, Meinungen und Äusserungen geht hervor, dass «Philosophie» vorzugsweise mit einer Lehre oder gar Wissenschaft in Verbindung gebracht wird; die Verbindung mit einer bestimmten Tätigkeitsform wird dagegen kaum beachtet. Der lexikogrammatische Zugang zur *Tätigkeit des Philosophierens* – das Kernwort ist ja ein *Verb* – scheint mir aber gerade einen Weg vorzuzeichnen, der gewisse Zirkularitäten des klassischen, auf das Nomen fokussierten definitorischen Vorgangs zu umgehen erlaubt. Mit anderen Worten: Ist jemand in einer bestimmten Weise tätig, gibt es ein entsprechendes Ergebnis. Daraus folgt: Wer *philosophiert,* erbringt eine spezifische denkerische Leistung und produziert entsprechende mentale *Ergebnisse* respektive Einsichten, denen man die Bezeichnung ‹Philosophie› geben kann.

> Wer philosophieren will, muss, methodisch betrachtet, vor allem drei Dinge tun: analysieren, argumentieren und interpretieren. [...] In gewissem Sinne präsentiert dieses Buch daher auch so etwas wie einen *methodischen Werkzeugkasten.* Wer mit diesem Werkzeug umzugehen weiß, wird nicht notwendigerweise gut philosophieren; aber ohne diese Methoden wird man schlechter philosophieren, als man es könnte. Gut zu philosophieren heißt auch: selbst und selbständig zu philosophieren. Und da Philosophieren Denken ist, wird, wer selbst philosophiert, auch selbst denken. (Damschen & Schönecker 2012: 1.)

Damit wird die Nähe von Denken und Philosophieren (über)deutlich gemacht, indem sogar eine gewisse Identität suggeriert wird – für mich zu Unrecht, denn die entscheidende *differentia specifica* zwischen beiden lässt sich durchaus finden (siehe meine Differenzierung von ‹[nach]denken› und ‹philosophieren› in Abschnitt 6.2). Die Zusammenführung der Ergebnisse philosophierenden Denkens mag also eine Philosophie als Resultat haben. Damit ist zunächst einmal der logische Vorrang der *Tätigkeit des Philosophierens* vor dem Resultat gegeben. Bei der Erarbeitung einer Definition muss ich also nicht vor der Vielfalt der Ergebnisse kapitulieren: Ob eine Philosophie als Philosophie gelten (darf), hängt zu-

nächst einzig davon ab, ob sie als Resultat einer philosophierenden Tätigkeit zu klassifizieren ist. Immanuel Kant führt zu diesem
Sachverhalt Folgendes aus:

> Bis dahin kann man keine Philosophie lernen; denn, wo ist sie, wer hat sie
> im Besitze, und woran läßt sie sich erkennen? Man kann nur philosophieren
> lernen, d. i. das Talent der Vernunft in der Befolgung ihrer allgemeinen Prin-
> zipien an gewissen vorhandenen Versuchen üben, doch immer mit Vorbe-
> halt des Rechts der Vernunft, jene selbst in ihren Quellen zu untersuchen
> und zu bestätigen, oder zu verwerfen. (Siehe Websites.)

6.2 Was tun wir, wenn wir philosophieren?

Mit der Feststellung, dass eine Philosophie das Ergebnis von Philosophieren ist, ist zwar dem Anschein nach das Hindernis der
Vielfalt beseitigt, aber die Aufgabe, die sich jetzt stellt, ist nicht
minder anspruchsvoll: die Bedeutung des Verbs ‹philosophieren›
zu bestimmen. Beginnen will ich meinem sprachsensitiven Na-
turell gemäss mit einer lexikogrammatischen Analyse: Das Wort
‹Philosophie› ist – wie schon gesagt – ein Nomen, und zwar ein
Verbalnomen, denn es leitet sich aus dem Verb ‹philosophieren›
her. Das Verhältnis des Verbs zum Verbalnomen scheint zunächst
wie beim Wortpaar ‹ordnen› respektive ‹Ordnung› deutbar: Das
Resultat einer ordnenden Tätigkeit ist eine entsprechende «Ordnung»; das Resultat des Philosophierens ist eine «Philosophie».
Damit stünde das derivierte Wortpaar ‹philosophieren› respektive
‹Philosophie› in einem vielleicht nicht ganz zufälligen Gegensatz
zu vielen Begriffen, die andere (wissenschaftliche) Lehren bezeichnen, wie etwa ‹Biologie›, ‹Physik›, ‹Psychologie› oder ‹Anglis-
tik›. Das Nomen ‹Biologie› ist nicht etwa eine Ableitung aus ‹biolo-
gisieren›; da verhält es sich nämlich gerade umgekehrt: ‹biologi-
sieren› ist aus ‹Biologie› abgeleitet, also ein denominatives Verb.
Es ist möglich, Biologe zu sein, ohne diese Rolle zu einer Lebensform zu erheben; für Philosophierende im wahren Sinne des Wortes ginge das nicht (wohl auch nicht in der reduzierten Rolle als
Vertreter der akademischen Disziplin).

Der Vergleich mit dem Wortpaar ‹ordnen› respektive ‹Ordnung› trägt offensichtlich nicht wirklich: ‹ordnen› hat ein (direktes) Objekt, welches so bearbeitet wird, dass an respektive in ihm Ordnung sichtbar wird, zum Beispiel ordnet ein Parlament (durch ein Gesetz oder eine wirksame Ver-Ordnung) den Bereich der Steuern; Ordnung bei den Steuern ist das «ordentliche» Resultat. Die Analyse von ‹philosophieren› respektive ‹Philosophie› zeigt hingegen Folgendes: Das Verb ‹philosophieren› hat *kein* direktes Objekt respektive ist nicht transitiv; es funktioniert also weder wie ein transitiv-resultatives Verb vom Typ ‹ordnen› noch wie Verben vom Typ ‹töpfern› (zum Beispiel ‹eine Schale töpfern›) oder ‹waschen› (zum Beispiel ‹eine Schale waschen›), deren Objekte gewissermassen die «Betroffenen» der jeweiligen Tätigkeit sind. Philosophiert wird *über* etwas, das heisst, die Tätigkeit des Philosophierens wird durch etwas ausgelöst, angeregt oder inspiriert – es hat also eine vielsagende Ähnlichkeit mit einem Verb wie ‹erkranken *an*›, wo das präpositionale Objekt die *Ursache* der Erkrankung bezeichnet. Verfolgen wir diesen «konstruktiven» Faden weiter, so fällt eine strukturelle Übereinstimmung zwischen ‹nachdenken *über*› und ‹philosophieren *über*› auf: Wie schon festgestellt, ist die präpositionale Einleitung *‹über›* wesentlich, denn sie leitet den Gegenstand oder Sachverhalt ein, worüber philosophiert oder eben nachgedacht wird, bezeichnet also den Reiz oder den Auslöser dieser in der eigenen Person sich vollziehenden mentalen Tätigkeit. Dieser enge Zusammenhang zwischen den beiden Verben wird durch die Erläuterung im *Duden* bestätigt:

[philosophieren] sich mit philosophischen Problemen beschäftigen; über ein Problem nachdenken, über etw. grübeln u. darüber reden: über das Leben, Gott und die Welt p. (Duden [7]2011: 1337.)

Übergehen wir die Tautologie in der ersten Aussage und konzentrieren wir uns auf die strukturelle wie auch eine inhaltliche Verwandtschaft. Ist ‹philosophieren› also einfach ein Synonym zu ‹denken› respektive ‹nachdenken›? (Duden [2]1985: 488 suggeriert das ausdrücklich: «sinnv[erwandt]: nachdenken; sich unterhalten».) Aus Gründen der Sprachökonomie bin ich skeptisch. Für mich ist die folgende, entscheidende Differenz zu erkennen:

‹nachdenken über› lässt ein distanziert-objektives Verhältnis zum Gegenstand zu; ‹philosophieren über› ist zwar immer auch rationales Nachdenken, aber ein *subjektiv-betroffenes.* So kann ich etwa über den Tod oder das Gute nachdenken und allenfalls (mich nicht zwingend involvierende) Ansichten dazu erarbeiten; *philosophiere* ich aber über den Tod oder das Gute, so geht es insbesondere um «meinen Tod» oder um «mein Gutsein», das heisst, ich bin als Person betroffen. Damit riskiere ich nicht nur einfach, dass das Ergebnis für mich existenzielle Folgen hat, sondern ich ziele bewusst auf diese Konsequenz. Philosophieren geht insofern über das Nachdenken über einen Gegenstand hinaus, als es *ein fundamental existenzieller Gestus* ist; es ist notwendig in die eigene Lebenspraxis eingewoben, es ist ein Denken mit einem unmittelbaren und unabweisbaren Einfluss auf das *eigene Verhalten,* es ist insbesondere ein persönliches Infragestellen respektive eine Reaktion auf ein Infragegestelltsein.

Philosophieren ist eine bewusst gewählte *Lebensform,* die auf einem skeptischen, in Frage stellenden und sinnkonstituierenden Nachdenken über reale und mentale Gegenstände gründet. Dieses Nachdenken ist mit einer auf das eigene Leben bezogenen, potenziell verhaltensverändernden, existenziellen Konsequenz zu vollziehen. Wir können jederzeit über alles im Sinne einer (durchaus auch verweigerbaren) intellektuellen Herausforderung *nachdenken,* aber wahrhaft *philosophieren* können wir *ausschliesslich* über unabweisbare existenzielle Lebensfragen. Das paradigmatische Beispiel dafür ist gewiss Diogenes. Eine andere fundamentale Differenz zu «nachdenken» ist wohl darin zu sehen, dass beim Philosophieren die Kategorie des «Neuen» irrelevant ist. Ob jemand das Gleiche schon gedacht hat oder nicht, spielt für meine Lebenspraxis keine entscheidende Rolle. Beim Nachdenken über einen Gegenstand scheint hingegen das Streben nach «neuer» Einsicht oder Perspektive in vielen Fällen sozusagen konstitutionell zu sein. Da wäre es gut, sich ab und zu des bissigen Kommentars von Arthur Schopenhauer zu erinnern:

§ 273: Im Ganzen also gilt hier, wie überall, diese Regel: das Neue ist selten das Gute; weil das Gute nur kurze Zeit das Neue ist. [...] § 295: Weil die Leute statt des Besten aller Zeiten, immer nur das Neueste lesen, bleiben die Schriftsteller im engen Kreise der cirkulierender Ideen und das Zeitalter verschlammt immer tiefer in seinem eigenen Dreck. (Schopenhauer 1977: 552; 606–607.)

Udo Di Fabio weist darauf hin, dass durch die Beschäftigung mit Lebensfragen ausserdem eine wichtige Kulturleistung erbracht wird:

Kultur betrifft in ihrer sichtbaren, der Diskussion offen zugänglichen Schicht die existentiellen Fragen des Lebens: Was ist die Welt, wer bin ich, worin liegt der Sinn des Lebens, was macht den Menschen aus, welches Denken, welches Wollen, welches Handeln ist das richtige? (Di Fabio 2005: 22.)

Die Einsicht, dass es beim Philosophieren um die sisyphidische Arbeit an einer Lebenspraxis geht, gibt meines Erachtens der bekannten These des René Descartes einen wenig beachteten, auf das (Selbst)bewusstsein bezogenen Dreh: *cogito, ergo sum* «Ich denke, also bin *ich*» (meine Kursivierung). Die Interpretationen dieser Behauptung durch Nachfolger und Gegner von Descartes haben das Element ‹sein› in der Verbform ‹sum› betont. Dabei geht unter, dass die konjugierte Form das Subjekt ‹ich› beinhaltet. Dass Descartes die Betonung auf ‹ich› gelegt haben könnte, ergibt sich daraus, dass ‹sein› in ‹denken› schon impliziert wird, mit anderen Worten also: «Ich bin *ich,* weil ich *denke.*»

Die Einsicht hat noch eine weitere grundlegende Implikation: Wenn eine Person eine Äusserung macht der Art «Als Politiker (Biologe, Soziologe …) bin ich der Meinung, dass das Thema X wichtig ist, aber als Staatsbürger halte ich das Thema X für nebensächlich», so signalisiert sie, dass sie sich in mehreren Rollen bewegen und diese je nach Situation und Stand des Nachdenkens über das Thema X mehr oder weniger prioritär behandeln kann. Für philosophierende Menschen ist dies nicht möglich: Die «Rolle» des Menschen, der seine Vernunft mit einem zwingenden existenziellen Bezug nutzt, verlässt die Ebene üblicher sozialer Rollen; ein(e) Philosophierende(r) zu sein, ist streng gesprochen *keine Rolle mehr.* Damit wird eine Distanziertheit zu dem, was gedacht und wie gehandelt wird, aufgehoben und einer bedingungslosen

Integrität und Identität Platz gemacht. Die Maske *(persona)* fällt! Philosophiert also jemand zum Beispiel über den Tod, so ist der Tod als Sachverhalt davon in keiner Weise betroffen; zwingend und notwendig betroffen ist im Zuge dieses Reflektierens hingegen die eigene Person.

Die philosophierende Tätigkeit ist somit im doppelten Sinne *reflexiv:* Sie bezieht sich auf das Leben der eigenen Person zurück, und sie vollzieht sich in der eigenen Person als reflektierendes Denken – man könnte vereinfacht sagen: Philosophieren ist Nachdenken unter Einbezug einer potenziellen Verhaltensreaktion der eigenen Person. Es liegt also (in behavioristischer Ausdrucksweise) ein *Reiz-Reaktion*-Schema vor. Geht man von der festgestellten Vielfalt der «Philosophien» aus, so scheint es grundsätzlich unerheblich zu sein, welcher Reiz die Reaktion «philosophieren» auslöst: Es kann zum Beispiel eine Fliege sein, wie Büchner sie in der ersten Szene des ersten Akts von *Leonce und Lena* einführt («Hei, da sitzt e Fleig an der Wand! Fleig an der Wand! Fleig an der Wand!»); es kann aber auch etwas so Erhebendes sein wie «die Liebe».

Weswegen also philosophiert wird, scheint somit *unbestimmt* oder «kontingent»; prinzipiell kann *alles Mögliche* als Anreiz zum Philosophieren dienen. Aber gerade das Beispiel der Fliege lässt eine weitere Präzisierung zu: Der (An)reiz mag beliebig sein; dieser stellt aber nicht zwingend gleichzeitig den Gegenstand dar, *worüber* dann effektiv philosophiert wird. Es wird nämlich schwerlich über die Fliege philosophiert, sondern darüber, was mit der Fliege *gemeint* ist, zum Beispiel ein lästig-lastendes und zielloses Herumschwirren – also über ein Verhalten, welches einen Bezug zur eigenen Person und zum eigenen Leben hat. Da das Objekt des Verbalnomens «Philosophieren» auf eine besondere Tätigkeit, eigentlich auf ein besonderes Verhältnis zwischen Mensch und Wissen verweist, ist damit auch eine weitere Besonderheit verbunden: Es verweist auf ein Ziel, auf eine wert- und sinnhaltige Absicht, aber nicht auf ein Ergebnis. (Das beinhaltet auch Kritik am dahergeplapperten Spruch «Der Weg ist das Ziel», denn dieser kann in seiner Konsequenz gerade *nirgends* hinführen.) Mit anderen Worten: Philosophierend richte ich mein Leben darauf aus, *(wert)bewusst und sinnvoll zu handeln.* Es ist für mich die Form des *Unterwegsseins* auf ein bestimmtes Ziel hin, vielleicht auch auf mehrere Ziele.

Wann sprechen wir also zu Recht davon, dass jemand philosophiert? Kurz: Welche Bedingungen sind an den Gebrauch des Wortes ‹philosophieren› gebunden? Gehen wir wieder vom sprachlichen Nachbarn, vom ‹nachdenken über›, aus: Der Bereich der Gegenstände und Sachverhalte, worüber wir nachdenken können, ist prinzipiell unbegrenzt. Um als Nachdenken zu gelten, hat diese Tätigkeit rational und argumentativ zu sein; die Ergebnisse müssen sprachlich kommunizierbar sein. Diese Unbegrenztheit impliziert eine Kontingenz der Reize, die das Nachdenken anregen – wobei problemlos auch über die (An)reize nachgedacht werden kann. Nun hat es sich eben gezeigt, dass nicht alles, worüber nachgedacht werden kann (zum Beispiel über die Büchner'sche Fliege an der Wand), zu den Gegenständen des Philosophierens zu rechnen ist. Soll der Gegenstand oder der Sachverhalt, worüber ich philosophiere, mich existenziell betreffen, beschränkt dies die Auswahl auf solche, *die das Potenzial haben, mich in meinem persönlichen Verhalten existenziell betreffen zu können.* Erst wenn bestimmte Einsichten in ein absichtsvolles Verhalten oder in ein gezieltes Handeln münden (können), wird jenseits des auslösenden Reizes über etwas *philosophiert.* Bei «Tod», «Liebe» oder dem «Guten» ist dies klar der Fall, weil der unmittelbare Bezug zum Leben diesen Reizwörtern mitgegeben ist. Bei «Hammer», «Verkehrsproblem» oder «Ameise» bedarf es eines vermittelnden Zwischenschritts, der verhaltensbezogene Sachverhalte einbezieht.

Es stellt sich heraus, dass wir zwar jederzeit über alles nachdenken können, aber genuin philosophieren können wir *ausschliesslich* über Lebensfragen. Ersteres stellt eine intellektuelle Herausforderung dar, die man annehmen oder ablehnen kann; Letzteres ist über die intellektuelle Herausforderung hinaus unabweisbar existenziell. Das bedeutet, dass es weder intellektuelle noch philosophische Probleme, sondern eigentlich nur intellektuelle oder philosophische Herangehensweisen an Probleme respektive Methoden des Umgangs mit Problemen gibt. *Für mich als Individuum ist dabei weder das Niveau der intellektuellen Heraus-*

forderung noch die Komplexität des Themas entscheidend: Massgebend sind die Relevanz der Fragen für mein Leben und mein Wille, mich rational mit diesen auseinanderzusetzen. Mit anderen Worten: Jeder Mensch kann philosophieren.

Der vielzitierte bekannte Spruch des Sokrates, nämlich «Ich weiss, dass ich nichts weiss», mag da ein gutes Exempel sein für den Unterschied zwischen intellektuellem und philosophischem Verständnis: Nach-gedacht, das heisst aus Sicht der Logik, ist die Feststellung klar widersprüchlich: Wenn ich wirklich weiss, dass ich nichts weiss, dann weiss ich ja schon dieses «etwas» – und nicht «nichts» (Stichwort: Selbstreferenzialität). Die Krux liegt aber nicht hier, sondern im Umstand, dass solche «Sprüche» *dekontextualisiert* werden. Es ist mit Sicherheit anzunehmen, dass der Spruch in einem genuin philosophierenden Kontext geäussert wurde, das heisst, er stellt eine Aussage zu einem konkreten Thema dar («Ich weiss, dass ich *zu dieser Frage* nichts weiss»). Er ist somit ein den Dialogpartner respektierender Gestus: «Nichts, was ich allenfalls schon zu dieser Frage weiss, soll dem Dialog im Weg stehen und allenfalls das, was du weisst, ausschliessen; ich bin bereit, mich und mein bisheriges Wissen in Frage stellen zu lassen.»

Im Anschluss an Sokrates möchte ich noch dies «zu wissen» geben: Ich bin Philosophierender, kein Philosoph. Damit möchte ich meine Position in einem möglichen Konfliktfeld der folgenden Art deutlich machen:

Darf ein Umweltethiker einen Offroader fahren? Muss eine Medizinethikerin, die sich für die Organspende ausspricht, einen Organspendeausweis haben? Ethikerinnen und Ethiker beantworten solche Fragen zuweilen mit einer Anekdote des Philosophen Max Scheler, der, angesprochen auf den Widerspruch zwischen seinen moralischen Maßstäben und seinem ausufernden Lebensstil, gesagt haben soll: «Geht denn der Wegweiser in die Richtung, in die er zeigt?» Der Band [Christoph Ammann (Hg.), Barbara Bleisch (Hg.), Anna Goppel (Hg.): *Müssen Ethiker moralisch sein? Essays über Philosophie und Lebensführung*] spürt dem Selbstverständnis von Menschen nach, die sich beruflich mit ethischen Problemen befassen oder die eine bestimmte moralische Position vertreten, und stellt die Frage, ob für sie besondere moralische Maßstäbe gelten, oder ob eine solche Forderung weltfremd oder sogar wissenschaftsfeindlich ist. (Siehe Websites.)

Die akademische Entwicklung der Philosophie macht es nicht einfach, den für das Philosophieren notwendigen Einklang zwischen «Rolle» und Leben herzustellen. Die Folge ist der Wandel philosophierender Menschen in nachdénkende und nàch-denkende Philosophen. Da letztere sich als *Rollenträger* verstehen (können), kann eine Ausgliederung des Philosophierens aus dem eigenen Leben stattfinden; das Diskursverhalten ist dann weniger ein existenzielles als ein «akademisches».

6.3 Philosophieren als Lebensform und Sinn im Leben

Ich bin zum Schluss gekommen, dass Philosophieren für mich *die Lebensform* ist, welche die *(wert)bewusste, gewollte und reflektierende Sinnkonstitution für mein Leben* ermöglicht. Die Herleitung dieses Schlusses ging von der sprachlichen Analyse des Verbs ‹philosophieren› aus. Genuines Philosophieren als denkende Tätigkeit entzündet sich also offensichtlich an den eigenen *Lebensfragen* (siehe Thomä & Schmid & Kaufmann 2015; Rezension von *Der Einfall des Lebens* in NZZ vom 17.12.2015). Die Intention meines Philosophierens ist nicht das Verfassen «einer Philosophie», sondern das Entfalten einer unverwechselbar eigenen Lebensform, das Reflektieren und Umsetzen eines persönlich erarbeiteten *Sollens* – mag dies innerhalb gewisser Grenzen nun gesellschaftlich allgemein akzeptiert sein oder nicht. Philosophieren bedeutet als weiteres zentrales Kriterium (in Abgrenzung zu religiösen Lebensformen), einer radikalen Rationalität verpflichtet zu sein, die argumentatives Begründen, Infragestellen und offenen dialogischen Austausch nicht nur erlaubt, sondern existenziell benötigt und fordert. Dieser Dialog muss meines Erachtens Ausdruck eines gewissermassen «freibleibenden» Angebots sein und darf nicht der Verbreitung von «Wahrheiten» oder einem missionarischen Zweck dienen; dies ist dem philosophierenden Grundgedanken wesentlich fremd und tendiert dazu, den Dialog als Ideenwettbewerb mit dem Ziel der reflexiven Rechtfertigung oder sogar Höherbewertung eigener Positionen zu missbrauchen. Der Dialog ist nicht nur Folge davon, dass ich nicht alleine lebe (leben kann), sondern er stellt auch sicher, dass ich meine Autonomie stets in Bezug zur menschlichen Umwelt sehe, die so Einfluss auf die Sinngebung ausübt, zum Beispiel im Akzeptieren oder Zurückweisen von Werten oder Prämissen. In diesem dialogischen Sinne ist Sokrates ohne jeden Zweifel der paradigmatische Philosoph.

Die eben gemachte Aussage, dass die philosophierende Lebensform mir «die (wert)bewusst reflektierende Sinngebung» ermöglicht, impliziert Weiteres: Das Leben – Leben überhaupt, aber insbesondere auch das Leben einzelner Lebewesen – hat *keinen inhärenten Sinn* (siehe Lexikon Philosophie 2011: 247–248 unter [Sinn des Lebens]; mehr dazu in Kapitel 7). Wir sind prinzipiell nicht in der Lage, das evolutionäre Enigma zu lösen, wozu es Leben gibt und warum die Belebung bestimmter Materieformen möglicherweise sinnvoll sei; dazu müssten wir ausserhalb der Schöpfung respektive des Universums stehen. Darum läuft die «grosse» Frage nach dem Sinn *des Lebens* unweigerlich ins Leere. Der arterhaltende (biologische) Sinn des Paarens zwecks Weitergabe von Leben sei hier ausgeklammert.

Die sich am Sinn «des» Lebens orientierende Frage «Was soll das Ganze?» wirkt bei Markus Gabriel aufgeblasen, und seine pleonastisch «sinnbefreite» Antwort verfehlt deutlich «das Ganze». Sie bleibt als verschrumpelte Haut eines zu gross aufgeblasenen (Versuchs)ballons, dem die Luft am Ende als unfreiwillige Bestätigung ihrer Leere ausgegangen ist:

Fangen wir also wieder von vorne an! Was soll das Ganze? Dies ist die philosophische Grundfrage schlechthin. Eines Tages sind wir zur Welt gekommen, ohne zu wissen, woher noch wohin. Dann haben wir uns durch Erziehung und Gewöhnung in die Welt hineingefunden. Und sobald wir uns einmal an die Welt gewöhnt hatten, vergassen wir meist zu fragen, was das Ganze soll. Was ist das eigentlich, die Welt? (Gabriel 2015: 27.) [...] Die Leitfrage dieses Buches ist also die Frage, was das Ganze soll. Haben das menschliche Leben, die menschliche Geschichte und die menschliche Erkenntnis überhaupt einen Sinn? (Gabriel 2015: 29.) Die Antwort auf die Frage nach dem Sinn des Lebens liegt im Sinn selbst. [...] Oder, um es auf den Punkt zu bringen: Der

Sinn des Lebens ist das Leben, die Auseinandersetzung mit unendlichem Sinn, an der wir glücklicherweise teilnehmen dürfen. (Gabriel 2015: 255.)

Diesen Ansatz finde ich unfruchtbar. Seine Grenzen zeigen sich spätestens dann, wenn es darum geht, Katastrophen zu verarbeiten, in denen objektiv kein «Sinn» zu erkennen ist (etwa bei Naturkatastrophen wie Tsunamis, Erdbeben und so weiter oder bei persönlichen Schicksalsschlägen wie zum Beispiel dem Tod naher Personen, bei lebensbedrohender Krankheit und so weiter). Wenn etwa durch einen Unfall ein blühendes, junges Leben ausgelöscht wird, kann für Aussenstehende die Frage nach dem Sinn, nach dem Wozu eines solchen Ereignisses nur ins Leere laufen. Ob wir das Ereignis als «sinnlos» bezeichnen oder ob wir diesem eine «verborgene» und möglicherweise gar nicht zu «verstehende» (göttliche) Sinngebung unterstellen – der nahezu zwanghafte Versuch, nach Anhaltspunkten für einen übergeordneten «Sinn des Ganzen» zu suchen, kann nur scheitern.

Die nachhaltige Bewältigung der exemplarisch erwähnten Ereignisse und deren Folgen für die Betroffenen scheint offenbar nur dann möglich zu sein, wenn es gelingt, einen stabilen, lebensbejahenden Sinnrahmen *in sich* zu finden oder zu konstruieren und dadurch die gemachten Erfahrungen sich anzueignen respektive in das emotionale und rationale Gewebe der eigenen Persönlichkeit zu *integrieren*. Sinnsuche und -konstitution ist also nicht nur – wie man verkürzt meinen könnte – ein insbesondere auf die Gestaltung der Gegenwart oder auf die Zukunft ausgerichteter Prozess; sie hängt in einem nicht unerheblichen Masse von einer erfolgreichen und integrierenden Bewältigung der *Vergangenheit* ab, insbesondere wenn sie traumatische Erfahrungen beinhaltet. Der folgende Ausschnitt aus einem Interview mit Daniel Hell, emeritiertem Professor für klinische Psychiatrie, scheint mir in diesem Zusammenhang sehr aufschlussreich:

Reto Hunziker (Interviewer): *«Kann ein Patient mit einem Traum nichts anfangen, analysieren Sie ihn dann für ihn?»* Daniel Hell: «Nein. Ein Traum ergibt nur Sinn, wenn der Patient auch selber einen Sinn darin findet. Es muss am Ende für den Patienten stimmen, nicht für mich. Wir sprechen miteinander und interpretieren den Traum zusammen. Manchmal kommt es dabei zu einem Aha-Erlebnis. Aber manchmal eben auch nicht.» (*NZZ am Sonntag*, 29. März 2015, Beilage, S. 7.)

Befreien wir uns also von der ganz grossen Frage nach dem «Sinn *des* Lebens» und konzentrieren wir uns auf die Konstituierung eines tragenden, heilsam wirkenden Sinns *im eigenen Leben*. Äusseres Zeichen dafür, dass dies uns «glückt» (siehe Abschnitt 8.7), ist das «erfüllte Leben». Egal, woher unsere Sinnkomponenten stammen, und egal, ob wir diese explizit philosophierend erlangt haben: Ein «erfülltes Leben» stellt sich dann ein, wenn es uns glückt, das Leben mit (persönlichem) Sinn zu füllen. Damit sei nicht einer «egozentrischen Sinnblase» das Wort geredet, in der jeder für sich lebt: Wir Menschen, ob philosophierend oder nicht, sind darauf angelegt, unserem Leben einen Sinn geben zu wollen, ja zu müssen. Warum wir nahezu triebhaft dazu gedrängt sind, *Sinn* zu suchen respektive zu konstruieren, hat für mich mit folgendem Sachverhalt zu tun: Die durch das (Selbst)bewusstsein und die Selbstwahrnehmung mögliche Konstitution eines Ich lässt einen Rechtfertigungsdruck entstehen, insbesondere weil man sich als Ich gegenüber anderen abgrenzt und die Erfahrung macht, dass man nicht immer gleicher Meinung ist mit anderen (vergleiche das kindliche «Nein!») oder gleich handelt wie diese – aber gleichwohl deren Anerkennung braucht.

Die Rechtfertigungen und Erklärungen des eigenen Handelns und Denkens müssen für einen selbst und für andere *sinn*voll *verstehbar* sein, damit sie nachvollzogen, beurteilt und allenfalls akzeptiert werden können. Dazu braucht es einen überindividuellen, sozialen Rahmen, der sich aus dem Zusammentreffen verschiedener individueller und konkurrierender Sinnentwürfe heraus ergeben kann (zum Beispiel in einem Rechtssystem). In der Auseinandersetzung mit anderen Sinnentwürfen, im gutwilligen Eingehen sinnvoller Kompromisse, kann sich dann ein gemeinschaftlich sinnvolles «Ganzes» konstituieren, kann ein Fundament tragender Werte entstehen, können wir Red und Antwort stehen und somit *Verantwortung* übernehmen (siehe Bleisch 2015). Da dieser Vorgang (sisyphidischen) Prozesscharakter hat, wird es nie völlig spannungsfrei sein.

Philosophierenden Menschen dient der *rationale* Umgang mit Sinnangeboten der Gestaltung ihres Lebens (damit ist keine Abwertung anderer Sinngebungen, zum Beispiel religiöser, verbunden); sie vergewissern sich halt mit den Mitteln der Vernunft eines Sinns respektive der persönlichen Lebensprämissen und schaffen so die Voraussetzung für eine bewusste Sinngebung und Lebensführung (wie im Titel von Hadot 1995, *Philosophy as a Way of Life,* angedeutet). Und vermutlich brauchen sie gewissermassen schicksalhaft als genau so geartetes oder gewordenes Individuum diese gerade ihm entgegenkommende Methode der Vergewisserung. Philosophierend versuche ich also Sinn- und Verhaltensangebote zu bearbeiten, die sozusagen die «Rohlinge» darstellen und die ich erst in geprüfter und geschliffener Form akzeptiere, damit sie in meinem Leben Sinn stiften (können). Mit welcher Konsequenz und mit welchem Anspruch dies geschehen soll respektive geschieht, entscheide und verantworte ich. In der Einleitung zu den *Senilia* von Arthur Schopenhauer schreibt Franco Volpi:

Offenkundig ist [Schopenhauer] der Überzeugung, dass Philosophie – diese einzigartige Modifikation des Lebens, die ein Verständnis und eine Orientierung desselben möglich macht – das Leben selbst nicht aus der Ferne betrachten soll, um es theoretisch-neutral zu beschreiben, und es schliesslich zu einem Gegenstand unter Gegenständen zu machen, also es zu «verdinglichen». Philosophie besteht nicht nur darin, ein dem Leben gegenüber gleichgültiges, fremdes Theoriengebäude zu errichten, sondern ebensosehr darin, dem Leben Form und Orientierung zu geben, also praktisches Lebensverständnis zu sein. Als solche impliziert sie praktische Klugheit und Sorge um sich selbst. Diese Auffassung des Philosophierens, die die akademisch-universitäre Tradition vernachlässigt und unterschlagen hat, gilt es wiederzufinden und wiederzubeleben. (Schopenhauer 2011: 12.)

Dabei ist festzuhalten, dass die philosophierend erarbeitete Sinngebung im Laufe des Lebens einem Wandel unterworfen sein kann oder gar sein muss, der sich meist dann einstellt, wenn schicksalsbedingt Lebensumstände und bisherige Sinngebung in einen (existenziellen) Widerspruch geraten. So kann der Sinn oder können Sinnkomponenten dann wegbrechen, wenn man zum Beispiel eine nahestehende Person verliert, nicht ganz freiwillig in den Ruhestand versetzt wird oder – vielleicht banaler – ganz einfach im Lotto (des Lebens) einen Sechser hat.

Es geht also – wie in diesem Abschnitt demonstriert – primär um die Bestimmung der zentralen Merkmale der Bedeutung des Verbs ‹philosophieren› und um den Bezug solchen Tuns mit der Sinngebung im eigenen Leben. Die Intention des Philosophierens ist somit nicht primär die Erarbeitung einer Philosophie, die zwangsläufig zu einer gewissen Verfestigung und Statik neigen würde, sondern das Bemühen, eine der eigenen Person angemessene, phasen- und situationsgerechte Lebensform zu realisieren sowie das stete Reflektieren und Umsetzen eines bewusst gewählten, eigenverantwortlichen *Sollens*. Es geht um das Setzen und Übernehmen von Prämissen und Prinzipien, die dem eigenen Leben Sinn geben und darin verhaltenssteuernd wirken. Ihre Eignung erweist sich meist erst darin, dass daraus rationale Einsichten und rationale Ziele für unser Verhalten gewonnen werden können. Deshalb müssen Sinngebungen zwingend veränderbar sein (damit man eben mögliche oder im Laufe der Zeit entstehende Widersprüche oder Zielkonflikte aus «seiner» Lebenswelt schaffen kann). Könnten oder dürften sie nämlich nicht mit argumentativen Verfahren verändert werden, bekämen sie einen dogmatischen Charakter und ähnelten nicht hinterfragbaren religiösen respektive ideologischen Überzeugungen. Eine philosophierende Lebensform lässt die immer wieder vorzunehmende und zu aktualisierende *Selbstvergewisserung* zu. Ein starker Auslöser solcher Prozesse der Selbstvergewisserung ist die Feststellung eines Paradoxons, eines Widerspruchs zu Prämissen des eigenen Philosophierens oder zur bisherigen Sinngebung, wobei nicht Widerspruchsfreiheit das Ziel ist, sondern der rationale, lebens- und sozialverträgliche Umgang mit diesen Unvermeidlichkeiten.

6.4 Ethik und Philosophieren

Während Philosophieren eine *Praxis,* eine bestimmte Art, bewusst und absichtsvoll «tätig» zu sein respektive zu handeln und zu leben, darstellt, können Bereiche der Philosophie wie Wissenschaften konstituiert sein, das heisst mit einem mehr oder weniger klar definierten Gegenstandsbereich und mit entsprechenden Methoden. Versuchen wir dies am Beispiel der Ethik zu erläutern, die etwa wie folgt definiert wird:

Die Ethik (griechisch ἠθική (ἐπιστήμη) ēthikē (epistēmē) «das sittliche (Verständnis)», von ἦθος ēthos «Charakter, Sinnesart» (dagegen ἔθος: Gewohnheit, Sitte, Brauch), [...] vergleiche lateinisch mos) ist eines der großen Teilgebiete der Philosophie und befasst sich mit Moral, insbesondere hinsichtlich ihrer Begründbarkeit. [...] Die Ethik – und davon abgeleitete Disziplinen (zum Beispiel Rechts-, Staats- und Sozialphilosophie) – bezeichnet man auch als «praktische Philosophie», da sie sich mit dem menschlichen Handeln befasst (im Gegensatz zur «theoretischen Philosophie», zu der die Logik, die Erkenntnistheorie und die Metaphysik als klassische Disziplinen gezählt werden). (Siehe Websites.)

Halten wir fest: Im Rahmen der Ethik als Fach wird nicht philosophiert; es wird (wissenschaftlich) nachgedácht respektive – als Lernende – «nàch-gedacht». Das Thema weist aber offenkundig einen engen Zusammenhang mit dem Philosophieren auf. Wie gestaltet sich dieser Zusammenhang? Philosophieren zielt auf eigene Verhaltensweisen. Da unser Verhalten und Handeln mit wenigen Ausnahmen in einen sozial-dialogischen (Rechtfertigungs)zusammenhang eingebettet ist, gebieten mir Denken und Fühlen, mich mindestens in den Berührungszonen an Prinzipien zu orientieren, welche Folgen und Auswirkungen meines Handelns auf andere berücksichtigen. Das wohl berühmteste Prinzip dieser Art ist die sprichwörtliche Goldene Regel: «Was du nicht willst, dass man dir tu', das füg' auch keinem anderen zu.» (Zu den nützlichen und moralischen Seiten dieser Regel vergleiche Heller 2004: 161–164.)

Aus einer ursprünglich philosophierend erarbeiteten Anleitung für das eigene Leben (so *will* ich leben) kann also eine allgemeine Regel (so *sollte* ich respektive man leben) entstehen; das denkerische *Ergebnis* des philosophierenden Bemühens eines Menschen hat sich als vernünftige, wertvolle These für das menschliche Zusammenleben entpuppt; eine individuelle Prämisse ist zu einer allgemein sinnvollen ethischen Regel mutiert. Werden die spezifische Herleitung dieser Regeln und der vorgeschlagene Regelkorpus auf ihre Einsichtigkeit hin in einem überindividuellen rationalen Rahmen diskutiert und geprüft, so mag aus diesem Bemühen eine *Philosophie* respektive eine philosophische Disziplin entstehen.

Ethisches Verhalten wird aus dem persönlichen Kontext herausgelöst und unter allgemeinen (wissenschaftlichen) Aspekten betrachtet und geprüft; Ethikerinnen und Ethiker *denken darüber nach* und bauen ein spezifisches Wissen darüber auf. Die dabei gewonnenen Erkenntnisse können somit *nach-gedacht,* also auch gelehrt und gelernt werden. Das Nach-Denken ethischen Wissens ist nachvollziehendes, im eigentlichen Sinne des Wortes «reflektierendes» Denken und daher zumindest anfänglich tendenziell nicht fundamental oder kritisch, sondern in einem vorgegebenen Kreislauf «geschlossen»; es führt zum Erwerb (in der Regel allgemein anerkannten) ethischen *Wissens;* es ermöglicht das Nachprüfen und Gewichten von Argumenten mit der Möglichkeit der Klärung und der Annahme oder Ablehnung. Als vermitteltes Wissen fehlt allerdings (vorerst) das Element der existenziellen Dringlichkeit des Vollzugs. Die Einsichten können und sollen aber auch in ständiger Auseinandersetzung mit den Herausforderungen des Lebens in einer bestimmten Zeit weiterentwickelt werden, um so Angebote für das individuelle Philosophieren, für das Leben und Handeln des Individuums zu machen (zum Verhältnis von Evolution und Ethik siehe Abschnitt 7.6).

Ein besonderes Spannungsfeld hat sich in der Moderne zwischen Ethik und Technik aufgebaut. Wir geraten da häufig in dilemmatische Situationen, weil die handwerklich-technischen Errungenschaften des Menschen zwar dem zunächst wohl «unschuldig-erfinderischen» Einsatz individueller oder kollektiver Fähigkeiten zu verdanken sind, die damit möglichen oder sogar vollzogenen Handlungen sich jedoch ethischen Massstäben respektive einem auf diese sich stützenden Urteil zu unterwerfen haben. Junker Hán Fēi, ein antikchinesischer Denker, formulierte das Dilemma wie folgt: Wer verhält sich korrekter? Ist es der Bogenmacher, der so ausgezeichnete Bögen und Pfeile herzustellen vermag, dass sie sämtliche Panzerungen durchschlagen, oder ist es der

Schildmacher, dessen Panzerungen so hervorragend konstruiert sind, dass sie jedem Pfeil widerstehen? Das Dilemma lässt sich nur auflösen, wenn wir den instrumentalen Charakter der Technik akzeptieren: Instrumente sind nicht *per se* ethisch konnotiert; unser Handeln damit hingegen sehr wohl. Wir müssen das *Wozu* der Erfindungen kennen, den *Zweck* respektive *die Absicht* der damit vollziehbaren Handlungen beurteilen (können).

Der Zusammenhang mit kriegerischen Handlungen ist nicht ganz zufällig, denn der Krieg ist bekanntlich nicht nur «Elter aller Erfindungen», sondern auch das häufigste Handlungsfeld, welches den Zweckrahmen für Erfindungen liefert. Weitere «problemgenerierende Zweckrahmen» für technische Erfindungen und Entwicklungen sind im heutigen Leben die Bereiche der Humanwissenschaften und der Wirtschaft. Nicht die technischen Entwicklungen sind aber *a priori* zu bremsen; sie müssen allerdings dauernd begleitet sein von Diskussionen zu ethischen Massstäben, zu verbindlich-verantwortlichen Verhaltensweisen sowie zu den (rechtlichen) Rahmenbedingungen, die unethisches Handeln mit dem technisch Möglichen einschränken respektive verhindern sollen.

Über die spezifischen Probleme etwa des selbstfahrenden Autos hinaus (wer ist handelndes Subjekt? Wer trägt damit die ethische Verantwortung? Und so weiter) stellen sich besonders schwierige Fragen im Bereich der individuellen und kollektiven Freiheiten (siehe Kolmar & Booms 2016). Führt eine solche Erfindung respektive Entwicklung dazu, dass mehr Menschen in den Genuss von mehr sinnvollen und sozialverträglichen Freiheiten kommen? Ist die Bilanz ausgeglichen, oder ist sie eventuell sogar deutlich negativ? Bei Autos sitzen heute in der Regel Menschen am Steuer, die zugegeben von vielen Assistenzsystemen Unterstützung bekommen (können), die aber in kritischen Situationen nicht nur selbst handeln müssen, sondern auch unter solchen erschwerten Bedingungen grundsätzlich ohne Einschränkung für ihr Handeln verantwortlich sind.

Bei Flugzeugen, die schon seit längerem einen ausserordentlich hohen Grad an Selbststeuerung aufweisen (Autopilot, Instrumentenlandung und so weiter), ist der Kontext dank diverser Überwachungssysteme, Redundanzen und klarer Regeln so kontrollierbar, dass die Komplexität der normalen Entscheidungen reduziert wird und diese von den Piloten bewältigt werden können – in einem Notfall, bei dem unterstützende «Systeme» aussteigen, ist hingegen die Komplexität derart, dass sie die menschlichen Fähigkeiten häufig übersteigt. In nur wenigen Fällen scheinen mir technische Probleme im Flugverkehr eine entscheidende ethische Komponente zu haben, die den Piloten oder den Überwachenden alternative, ethisch grundierte Handlungen aufzwingen können (ich denke da zum Beispiel an die Instrumentalisierung von Flugzeugen für terroristische Akte). Insbesondere sind die im Flugverkehr geltenden Massnahmen und die hinzunehmenden Einschränkungen der Freiheit im Verhältnis zum Ertrag tendenziell unerheblich, nämlich im Verhältnis zur beinahe uneingeschränkten Freiheit, Reiseziele, Reisemittel und Reisezeitpunkte individualistisch zu wählen.

Für «selbstfahrende» Fahrzeuge ist der Kontext ungleich komplexer: Nicht nur fehlt ein engmaschiges Überwachungssystem (so es aus liberaler Sicht überhaupt wünschbar wäre), sondern auch die Situationen, in die das Fahrzeug geraten kann, haben viel häufiger eine schwerwiegende und schwer in den Griff zu bekommende ethische Komponente. Martin Kolmar und Martin Booms resümieren diese wie folgt:

Ein mit fünf Personen besetztes Auto A hat auf einer Küstenstrasse einen Ausfall des Bremssystems. Ihm kommt ein mit einer Person besetztes Auto B entgegen. Ein Zusammenstoss ist unvermeidlich, wenn nicht eines der beiden Fahrzeuge über die Klippe fährt. Bleiben beide Fahrzeuge auf der Strasse, sterben sechs Menschen, fährt A über die Klippe, sterben fünf, fährt B über die Klippe, stirbt eine Person. Bisher musste man sich über solche Fragen keine grossen Gedanken machen, weil die Entscheidung spontan vor Ort getroffen wird und die Fahrer weder die Informationen haben noch die Zeit, komplexe ethische Probleme zu lösen, wenn sie in eine solche Situation geraten. Dies ändert sich mit dem autonomen Fahren grundlegend. Wie die Autos in der geschilderten Situation reagieren, wird durch Algorithmen tief in der Software entschieden, so dass sich bei der Programmierung der Software die moralische Frage stellt, wie der Konflikt gelöst werden soll: Die

Ethik muss vorab in das technische System eingespeist werden. (Kolmar & Booms 2016.)

Wie soll das aber möglich sein – eine allmächtige Software, ein «Gotteshirn», das alle potenziellen Situationen kennt und (in Bruchteilen von Sekunden) nicht nur (wieder)erkennt, sondern auch richtig abgleicht, das ausserdem fähig ist, aus den möglichen Alternativen heraus ethisch verantwortbare Entscheidungen zu treffen? Wie steht es mit der menschlichen Verantwortung, wenn Software «handelt»? Können wir diese einfach delegieren? Und entscheidend: Wie steht es mit unserer Freiheit, nicht wie Marionetten eines Zentralrechners uns lenken zu lassen, sondern Entscheidungen «gegen das System» zu fällen oder gar zu erzwingen?

Am Ende stellt sich heraus, dass die von «selbstgesteuerten» Fahrzeugen aufgeworfenen Probleme keineswegs Probleme eigener technischer Prägung darstellen, die auch technisch gelöst werden können, sondern dass diese Probleme weitgehend identisch sind mit den altbekannten existenziellen Problemen des Menschen – denen er übrigens *philosophierend* gegenübersteht. Solche Fahrzeuge dürfen meines Erachtens nur unter stark einschränkenden Bedingungen Verwendung finden (als Autos mit Routen zum Beispiel im überschaubaren lokalen öffentlichen Verkehr oder in gut überwachbaren Systemzusammenhängen, zum Beispiel auf einem Campus – somit analog zu schienengebundenen Systemen wie Bahn oder Metro), weil so die Komplexität der Regelung noch bewältigbar ist und die ethische Verantwortung einigermassen benennbar bleibt. Das sollten wir auch deshalb tun, weil einerseits die Komplexität eben nur *im Prinzip* technisch lösbar ist und weil andererseits der Umfang der – doch beschönigend so genannten – «Selbststeuerung» die im Menschen angelegten Widersprüche, Werte und Sensibilitäten nicht angemessen berücksichtigen kann – und wir können wohl getrost sagen: niemals angemessen wird berücksichtigen können.

Wir dürfen uns nicht in einem Akt kollektiver Unterwerfung einem solchen totalitär konzipierten «Gotteshirn» (eine so propre wie verräterische Metapher) ausliefern, weil es letztlich nichts anderes als einen vorgegebenen Willen vollstrecken kann, und zwar den eines bestimmten, «programmierenden» Menschen oder bestimmter, die Entscheidungen für uns treffender Menschen, die zudem immer anonymer bleiben können und unangreifbarer werden. Schieben wir unsere ureigenen Probleme nicht zur Seite oder blenden wir sie nicht aus: *Wir Menschen* sind unüberwindbare Beschränkungen für die von uns entwickelten Techniken, weil wir sie *instrumental* für verschiedene, sowohl gute wie auch schlechte Ziele einsetzen (können). Wir sollten diesen Sachverhalt ohne technoklastische Allüre in aller Demut und Bescheidenheit akzeptieren und die notwendigen persönlichen und sozialen Konsequenzen daraus ziehen.

7 Sinn als Grund und Ziel des Philosophierens

7.1 Sinn und Zweck

Wird «Sinn» auf das Leben bezogen, sind meines Erachtens mindestens die drei folgenden Referenzen des Wortes ‹Leben› zu unterscheiden:

[a] «Leben» mit Referenz auf eine besondere Eigenschaft der «Natur» oder der Materie, die zum Beispiel die Reproduzierbarkeit respektive die Reproduktion ermöglicht. Ob dieses evolvierende «Leben» Sinn ergibt, lässt sich grundsätzlich nicht entscheiden, es sei denn unter der religiös grundierten Annahme einer (all)mächtigen Instanz, welche das Universum geschaffen hat und Sinn darin sah, Leben existieren zu lassen.

[b] «Leben» mit Referenz auf das Leben anderer Lebewesen, das heisst mit einem Ich als aussenstehender Instanz, welche Sinn für andere Lebewesen konstatiert, bejaht oder verneint. Etwa: «Er gab sein Leben sinnlos dahin.» Oder: «Sie hatte ein sinnerfülltes Leben.»

[c] «Leben» mit Referenz auf das eigene Leben, das heisst endophänomenale Sinnkonstitution oder Feststellung von Sinnhaftigkeit aus der Selbstreflexion eines Ich heraus. Etwa: «Sie krempelte ihr Leben radikal um.» Oder: «Er lebte sein eigenes Leben.»

Im Folgenden steht Bedeutung [c] im Vordergrund. Weiter oben bin ich zum Schluss gekommen, dass wir Menschen alle daraufhin angelegt zu sein scheinen, unseren Erfahrungen Sinn abzugewinnen oder unserem Leben Sinn geben zu wollen. Dies ist für mich in einer philosophierenden Lebensform optimiert, denn für mich bedeutet diese, ein Leben zu führen, welches an einem bewusst reflektierten Sollen orientiert ist. Zur Sinnkonstitution gehört also die *Sicherung des Sollens.* Das Sollen beruht auf Werten und setzt unseren Absichten Grenzen. Woraus und wie gewinnen wir Werte, die sinnhaltig sind und die aus freiem Willen heraus von uns bestimmte Normen und Verhaltensweisen geradezu *gebieterisch* verlangen? (Zur Typologie der Werte siehe Abschnitt 8.4.)

Meine Antwort ist kurz und bündig die folgende: indem wir aus der solipsistischen Einsamkeit unseres Denkens ausbrechen und mit anderen Gespräche führen (natürlich auch lesenderweise). Wenn wir also das «Du denkst respektive philosophierst» dem «Ich denke respektive philosophiere» ebenbürtig zur Seite stellen und den Dialog als konstitutives Element der philosophierenden Lebensform anerkennen und möglichst oft aufnehmen, dann sind wir auf einem guten Weg. Sinnkonstitution im eigenen Leben, aber auch das Ermöglichen von Sinn im Leben anderer geschieht prinzipiell im Rahmen von Fragen und Antworten, seien diese Teil eines inneren oder eines äusseren, explizit partnerschaftlichen Dialogs.

Fragen wir uns zunächst, aus welchen Wurzeln das Wort «Sinn» stammt. *Kluge* sagt uns dazu Folgendes:

SINN *m.* [...] Die etymologischen Verhältnisse sind unklar. Einerseits steht das Substantiv neben dem starken Verb ahd. *sinnan* ‹reisen, sich begeben, trachten nach› [...], andererseits ist die Bedeutung ‹Sinn› früher bezeugt, als nach einer Entwicklung aus ‹trachten nach› zu erwarten wäre. Auch aussergermanisch scheiden sich die Möglichkeiten in einerseits 1. *sentīre* ‹empfinden, wahrnehmen› (s. *sentimental*), andererseits air. *sét,* kymr. *hynt* ‹Weg› (vgl. auch *senden*). [...] (Kluge [23]1999: 764.)

senden *swV* (< 8. Jh.) Mdh. *senden* [...]. Kausativum zu einem schwer abgrenzbaren Verb, das vorliegt in ae. *sinnan* ‹wandeln›, ahd. *sinnan* ‹sich begeben nach, trachten nach› [...]. (Kluge [23]1999: 758.)

Wir stellen abermals fest, dass bei den uns interessierenden Wörtern ein Ableitungsverhältnis zwischen einem Verb und einem (abstrakten) Nomen existiert. Während Kluge sich im Zitat nicht festlegt, in welcher Richtung die Derivation sehr wahrscheinlich stattgefunden hat, ist Wolfgang Pfeifer hier dezidiert:

Sinn m. ‹Fähigkeit, Reize zu empfinden, Denken, Gedanken, Gesinnung, Gemüt, Verstand, geistiger Inhalt›, ahd. (9. Jh.), mhd. mnd. mnl. sin, nl. zin *stellt sich als Verbalsubstantiv zu dem unter* sinnen *(s. d.) behandelten stark flektierenden Verb* (meine Kursivierung; RHG) und gehört mit den dort sowie den unter Gesinde und senden (s. d.) angeführten Formen zu einer Wurzel ie. *sent- ‹eine Richtung nehmen, gehen›, übertragen ‹empfinden, wahrnehmen›.

Die Übertragung der Bedeutung fällt bei Sinn bereits vollständig in vorgerm. Zeit (anders als bei sinnen, s. d.). (Siehe Websites.)

Die Bedeutung von ‹Sinn› – und damit auch die Definition – ist somit durch die Analyse des zugrunde liegenden Verbs ‹sinnen› zu gewinnen. Zu diesem Verb führt Pfeifer Folgendes aus:

SINNEN Vb. ‹nachdenken, grübeln, seine Gedanken planend auf etw. richten›, ahd. *sinnan* ‹gehen, reisen, wandern, streben, verlangen› (9. Jh.), mhd. *sinnen* ‹gehen, reisen, wahrnehmen, merken, verstehen, seine Gedanken oder Begierden auf etw. richten›, mnd. *sinnen* ‹erstreben, denken, nachsinnen›, nl. (aus dem Dt.) *zinnen,* aengl. *sinnan,* auch ‹achthaben, sorgen›. Für das stark flektierende Verb und das zugehörige, unter Sinn (s. d.) behandelte Verbalsubstantiv ist von einem Nasalpräsens germ. **senþnan, *sendnan* auszugehen, das sich mit […] lat. *sentīre* ‹fühlen, empfinden, wahrnehmen, Einsicht haben, meinen, denken›, *sēnsus* ‹Empfindung, Gesinnung, Ansicht, Sinn› […] auf eine Wurzel ie. **sent-* ‹eine Richtung nehmen, gehen›, übertragen ‹empfinden, wahrnehmen› zurückführen läßt. Als Ausgangsbedeutung für die heute allein geltende übertragene Verwendung ist ‹seine Gedanken in eine Richtung gehen lassen, sie auf etw. richten› anzusetzen. […] (Siehe Websites.)

Der Duden bringt den heutigen Gebrauch auf eine ähnliche, aber kürzere Formel:

SIN|NEN <st. V.; hat> [mhd. *sinnen,* ahd. *sinnan,* urspr. = gehen, reisen] (geh.): 1. in Gedanken versunken [über etw.] nachdenken, Betrachtungen [über etw.] anstellen: [lange hin und her] s., wie ein Problem zu lösen ist; was sinnst du? (woran denkst du?); sie schaute sinnend (in Gedanken versunken) aus dem Fenster. 2. planend seine Gedanken auf etw. richten; nach etw. trachten: auf Mord, Rache, Flucht s.; <veraltet mit Akk.-Obj.:> Verrat s.; <subst.:> ihr ganzes Sinnen [und Trachten] war darauf gerichtet, sich dafür zu rächen. (Duden ⁷2011: 1609–1610.)

Der koordinierte Ausdruck «Sinnen und Trachten» ist aufschlussreich (siehe auch weiter unten), denn er zeigt, dass sprachlichdenkerisch wohl zwei Aspekte des Denkvorgangs zu differenzieren sind:

TRACH|TEN <sw. V.; hat> [mhd. *trahten,* ahd. *trahton* < lat. tractare, traktieren] (geh.): bemüht sein, etw. Bestimmtes zu erreichen, zu erlangen: nach Ehre,

Ruhm t.; einen Plan zu verhindern t.; danach t., etw. zu verändern. (Duden ⁷2011: 1763.)

Die gedankliche Tätigkeit, die mit ‹sinnen› bezeichnet wird, würde ich – die zitierten Wörterbücher präzisierend – wie folgt beschreiben:

‹sinnen› bezeichnet ein längeres, tiefgründiges und abwägendes Nachdenken über ein «sinnvollerweise» zu wählendes künftiges Verhalten angesichts eines bedeutsamen Themas oder Problems respektive über eine Antwort auf ein Ereignis von grosser Auswirkung auf das eigene Leben. Die konventionellen Objekte fügen sich in dieses Muster ein: Auf Rache oder Flucht sinnt man, wenn man zuvor angegriffen oder gefangengesetzt worden ist; auf Mord oder Verrat sinnt man, wenn man sich zum Beispiel tief gekränkt oder in seiner Ehre verletzt fühlt (darum gelten diese Taten auch als vorsätzlich). Als Verhaltensreaktion wird somit eine persönliche Antwort gesucht, die eine lebensbedrohliche Situation richtigstellt, die Sinn im eigenen Leben wiederherstellt, die auf ein weiteres, sinnerfülltes Leben (oder auf einen ehrenhaften Tod) zielt.

Über das «gewöhnliche» Nachdenken hinaus setzt «sinnen» somit voraus, dass eine Verhaltensreaktion, eine Handlung an Sinn, an den Absichten zu messen sei. Dies wiederum setzt voraus, dass die reagierende Person Sinn respektive Sinne entwickelt (hat), sie die Situationen bewertet und bestimmte Reaktionen darauf vorgibt. Wer zum Beispiel «einen Sinn für Gerechtigkeit» entwickelt hat, wird in Situationen, die er oder sie als «ungerecht» beurteilt, (re)aktiv eingreifen wollen, um sowohl diesen Sinn zu befriedigen als auch *danach zu trachten*, einen Zustand von «Gerechtigkeit» (wieder)herzustellen; wer über einen ausgeprägten Sinn für «Anstand» verfügt, wird «unanständiges» Verhalten monieren und korrigieren wollen; wer ein entwickeltes Ehrgefühl hat, wird entsprechend danach trachten, verletzte Ehre bei sich oder bei anderen wiederherzustellen und so weiter.

Solche Sinne können uns im Rahmen einer Erziehung eingeprägt worden sein oder aber werden von uns selbst aufgrund von Lebenserfahrungen, Lernprozessen oder philosophierenden Nachdenkens gebildet. Sie sind *nicht absolut,* sondern können im

Rahmen zum Beispiel einer Güterabwägung einem situativ und relativ gesehen «höheren» Sinn untergeordnet werden (etwa wenn Recht vor Gerechtigkeit gestellt wird). Ausserdem: Sollten wir nach etwas «trachten», dann legt der hier ersichtlich gemachte Zusammenhang mit «sinnen» nahe, dass solches Trachten in einem mit Sinn ausgestatteten und somit zumeist normativen Kontext geschieht. Das Verhältnis dieser zwei Wörter im Ausdruck ‹Sinnen und Trachten› würde ich wie folgt charakterisieren: ‹sinnen› bezeichnet die *gedankliche* Reaktion auf eine Situation und das Formulieren einer Antwort, ‹trachten› hingegen das *agierende* Element, das gewählte Verhalten und die konkreten Handlungen, die dieser Antwort dienen. Das Objekt von «trachten» muss wohl *positiv* besetzt sein; nach Unrecht *trachten* dürfte als unüblicher, ja gar unkorrekter Wortgebrauch gelten. Wer so handelt, dem fehlt vermutlich die korrekte *Gesinnung* («[zu veraltet gesinnen = an etw. denken]: Haltung, die jmd. einem anderen od. einer Sache gegenüber grundsätzlich einnimmt; geistige u. sittliche Grundeinstellung eines Menschen: eine fortschrittliche G.; seine G. wechseln.» Duden [7]2011: 714).

Daran anknüpfend scheint es mir möglich, die in der indoeuropäischen Wurzel **sent-* angesetzte Grundbedeutung ‹eine Richtung nehmen, gehen› in die obigen Gedanken zu integrieren. In bedeutsamen Lebenssituationen müssen wir entscheiden, welche Richtung wir auf unserem Lebensweg einschlagen wollen, wohin unsere Lebensreise gehen soll (wie Dante dies erfuhr, kann eine solche Situation durchaus «höllisch» sein: «Ich fand mich, grad in unseres Lebens Mitte, In einem finstern Wald zurück, verschlagen, Weil ich vom rechten Pfad gelenkt die Schritte.» *La divina commedia,* Canto primo). Nicht nur unsere Gedanken müssen also in eine bestimmte Richtung gehen, auch unser Handeln muss eine angemessene Ausrichtung erfahren. Wie sieht denn Sinn als Orientierung im Leben, als «Eigenschaft» des Lebens aus? Welche Sinne, welchen Sinn aktivieren wir, wenn wir «sinnen»? Befragen wir also zu den Bedeutungen des Wortes «Sinn» ein allgemeines und zwei spezialisierte Wörterbücher. Im *Duden* finden sich zum Grundwort «Sinn, der; -[e]s, -e [mhd., ahd. sin, eigtl. = Gang, Reise, Weg]» die folgenden relevanten Punkte:

4. <o. Pl.> GEDANKLICHER GEHALT, BEDEUTUNG; SINNGEHALT: der verborgene, geheime, tiefere S. einer Sache; der S. seiner Worte blieb mir verborgen; den S. von etw. begreifen; etw. ergibt [k]einen S.; etw. macht [k]einen S. (ugs.; etw. ergibt [k]einen Sinn, ist [nicht] verständlich, sinnvoll; nach engl. something makes sense); jmds. Äußerung dem -e nach wiedergeben; im engeren, weiteren S.; im -e des Gesetzes (so, wie es das entsprechende Gesetz vorsieht); [nicht] im -e des Erfinders sein (ugs.; [nicht] in jmds. ursprünglicher Absicht liegen).

5. ZIEL U. ZWECK, WERT, DER EINER SACHE INNEWOHNT: etw. hat seinen S. verloren; es hat keinen, wenig, nicht viel S. (ist [ziemlich] sinnlos, zwecklos), damit zu beginnen; etw. macht keinen/wenig S. (ugs.; hat keinen/wenig Sinn; nach engl. it doesn't make [any] sense); nach dem S. des Lebens fragen; etw. ist ohne S. (ist sinnlos); ohne S. und Verstand (ohne jede Überlegung; unsinnig, sinnlos); weder S. noch Verstand haben (völlig unsinnig sein). (Duden [7]2011: 1609.)

Aus philosophischer Sicht sind zum Beispiel die folgenden Bestimmungen zu finden:

SINN, biologisch ein reizaufnehmendes Organ der Lebewesen; → Sinnesorgane. Philosophisch der Wert und die Bedeutung (das Interesse), die eine Sache od. ein Erlebnis für mich oder für andere hat. Im Unterschied zum → Wesen gehört der S. nicht zur Sache selbst, sondern er wird ihr vom Menschen beigelegt, so dass eine Sache für den einen Menschen sinnvoll, für den anderen sinnlos sein kann, oder für mich heute sinnvoll und ein Jahr später sinnlos. Zum Gegenstand der Forschung wird der S. eines Gegenstandes oder eines Geschehnisses unter der stillschweigenden Annahme eines Kollektiv-Subjektes gemacht (Volk, Kultur, Epoche o. dgl.), das die Sinngebung jeweils vorgenommen hat respektive vornimmt. [...] Ein Verfahren, den S. dessen zu erforschen, den jemand einem Worte, einer Geste, einer Handlung usw. beilegt, ist das → Verstehen: → Sinngehalt; sinnhaltig. – S. kann auch die allgemeine Sinnesart eines Menschen, seine Empfänglichkeit oder sein Verständnis für etwas bedeuten. (Schmidt 1961: 532.)

Oder:

Sinn, mhd. *sin* >Sinn<, >Verstand<, andererseits lat. *sentire* >empfinden<, *sensus* >Sinn<, zuerst bei Notker für lat. → *ratio*, dann für lat. → *sensus*, 1. Organ der → Sinnlichkeit, die Fähigkeit der Menschen und Tiere, durch die → Sinnesorgane → Reize zu empfangen, die → Empfindungen auslösen; 2. Organ der Erkenntnis; S. in dieser Bedeutung ist die Empfänglichkeit oder Zugänglichkeit für geistige Sachverhalte, die zwar nicht für ein volles Aneignen bürgt, aber eine wesentliche Voraussetzung dafür ist; 3. svw. → Bedeutung, → Zweck, das heisst, der verstehbare oder verstandene Inhalt eines Wortes, Satzes, eines Kunstwerks, einer Handlung. Seit W. Diltheys Unterscheidung zwischen erklärenden → Naturwissenschaften und verstehenden → Geisteswissenschaften ist die Erforschung des S.es zur Aufgabe der → Hermeneutik geworden. Der S. ist die → Bedeutung, die eine geistige Überlieferung durch die → Auslegung gewinnt, folglich weder objektiv (eine Eigenschaft des Gegenstands unabhängig vom Subjekt) noch rein subjektiv (unabhängig vom zu verstehenden Gegenstand), sondern Ergebnis der Beziehung zwischen Sinnträger und verstehendem Sinngeber. [...] (Kirchner/Michaëlis 1998: 604–605.)

Damit sind viele Bedeutungsbereiche angesprochen, aber die wohl wichtigste Aussage liefert das zweite philosophische Zitat: «Im Unterschied zum Wesen gehört der Sinn nicht zur Sache selbst, sondern er wird ihr vom Menschen beigelegt, so dass eine Sache für den einen Menschen sinnvoll, für den anderen sinnlos sein kann oder für mich heute sinnvoll und ein Jahr später sinnlos.» Sinn ist weder einer Sache immanent, noch ist er absolut; er ist eine (vermutlich zwingend emergente) Begleiterscheinung des reflektierenden und reflektierten Lebens.

Welchen Sachen schreiben wir denn Sinn zu, wenn sie auf unser Leben bezogen sein sollen? Wir schreiben Sachen *Sinn im Leben* zu, wenn sie auf unsere Lebenspraxis Einfluss nehmen sollen. Der traditionelle katholische Beichtspiegel hat da eine bündige Formulierung gefunden: Wirkung in Gedanken, Worten und Werken (das heisst Handeln). Der Lebensbezug schränkt also die Sachen ein auf solche, die das Warum und das Wie, insbesondere aber *das Wozu* einer gewählten, individuellen oder sozialen Lebensform betreffen. Philosophierend gebe ich bewusst Antworten auf diese Fragen, «sinnend» unterziehe ich meine Antworten rationalen Überprüfungen und im Dialog öffne ich sie der Prüfung durch andere.

Bevor ich mich der Diskussion von Sinn als Antwort auf die Lebensfrage zuwende, ist eine Klärung vorzunehmen: Der Begriff des «Zwecks» weist bedeutungsmässig eine grosse Nähe zu «Sinn» auf (sichtbar zum Beispiel an der geläufigen Wendung «Sinn und Zweck der Sache ist ...»); er kann und soll aber doch der inhärenten Differenz entsprechend gebraucht werden (Duden [7]2011: 2093 zum Beispiel definiert ‹Zweck› zirkulär als «verborgenen, erkennbaren Sinn»). Im Rahmen meines Themas, bei dem es um Handeln in einem Lebensbezug geht, stellt sich diese Differenz in den Gebrauchsbedingungen wie folgt dar: «Zweck» ist Ausdruck einer bestimmten Absicht oder bestimmter Interessen, die durch eine *kausal konzipierte* Handlungskette erreicht werden sollen. Der Zweck ist die gewollte Folge einer Handlung(skette), die somit vom gegebenen oder angestrebten Ziel her konzipiert wird. Hauptkriterium ist die Verfügbarkeit «zweckmässiger» Fähigkeiten oder Mittel. Ob der zweckorientierte Einsatz solcher Mittel ethisch oder moralisch allenfalls fragwürdig sein könnte, das heisst, ob der Einsatz in einem Sinnzusammenhang steht, bleibt nebensächlich («Der Zweck heiligt die Mittel» ist üblich, aber «Der Sinn heiligt die Mittel»?). Wir stellen Werkzeuge her (zum Beispiel einen Hammer), um einen bestimmten Zweck zu erfüllen (nämlich Nägel einzuschlagen). Mit einem Hammer kann ich aber auch «sinnlos» Nägel einschlagen; dabei erfüllt der Hammer seinen Zweck, aber die Handlung ist nicht notwendigerweise sinnvoll.

Da Handlungsketten sich an einem *Wozu?* ausrichten, ist grundsätzlich allen solchen Handlungen eine Zweckkomponente eigen – sei diese uns nun bewusst oder nicht. Es gibt keine zweckfreien Handlungen; zwecklos können sie nur dann sein, wenn sie ihren Zweck verfehlen. Handlungen im Rahmen einer Zweckbestimmung sind deshalb immer *instrumental,* das heisst, sie «bezwecken» etwas und sind im Erfolgsfall eben «zweckmässig» respektive «zweckdienlich» (gewesen). Wenn ich ein Medikament schlucke, welches schmerzlindernd konzipiert ist, mache ich mir ebendiesen Zweck für einen eigenen Zweck zu eigen; das Medikament soll bezwecken, dass ich schmerzfrei bin. Mit anderen Worten: Auch Zwecke sind *instrumentalisierbar.* Instrumente sind wertfrei und können vielen Zwecken dienen; der menschliche

Gebrauch von Instrumenten lässt sich «sinnvoll» bewerten – und soll auch bewertet werden.

Sinnüberlegungen lassen sich also an zwei Punkten solcher durchwegs zweckbestimmten Handlungsketten anstellen: Zum einen bei der Absicht, zum anderen bei der Wahl der Mittel (vergleiche die Überlegungen zum *Grundsatz* in Abschnitt 1.2). An diesen Punkten die Sinnfrage zu stellen, heisst, die Rahmenbedingungen, einzuhaltende Normen und Wertvorstellungen einzubeziehen und zu beurteilen. Wir stellen gelegentlich bei Handlungen, die ihren Zweck verfehlt haben, fest, dass der Wille dahinter, dass die Absichten «gut» waren. Wenn – wie schon vorgekommen – die Zeugung eines Kindes zum Zweck hat, einen Nierenspender für sein erkranktes Geschwister zu bekommen, dann lässt sich sowohl die Absicht dieser Handlung als auch die Wahl eines Kindes als Mittel in einem Sinnzusammenhang beurteilen (nach Kant würde die Verzweckung respektive Instrumentalisierung von Personen den moralischen kategorischen Imperativ verletzen). Einfach darf man sich ein solches Urteil also nicht machen!

Was der Erfüllung eines Sinns dient respektive dem Trachten oder Handeln Sinnhaftigkeit verleihen soll, darf bezüglich seiner Zweckmässigkeit nicht unabhängig von ebendiesem erstrebten Sinn konzipiert werden. Der Zweck muss sinngetreu sein, er muss dem Sinn dienen. Die von mir gewählte philosophierende Lebensform hat somit den mit Sinn unterlegten Zweck, mir sowohl die Erarbeitung von Sinnkategorien als auch ein auf diesen beruhendes, sinnvolles Leben zu ermöglichen. Gewiss ein auf Sinn hin offener Zweck, aber ob eine solche Lebensform glückend diesen erhofften Zweck erfüllt, steht allerdings auf einem anderen Blatt.

7.2 Sinn als Antwort auf die Lebensfrage

Kommen wir also auf «Sinn» zurück – die Form «*den* Sinn» möchte ich bewusst meiden. Auch erinnere ich daran, dass ich den Ausdruck «Lebenssinn» respektive «Sinn *des* Lebens» meide, weil es offensichtlich ist, dass es normalerweise im Leben keinen einzigen absoluten Sinn gibt (was verschiedene Ebenen mit hierarchischen Beziehungen nicht ausschliesst); dort, wo ein solch absolutistischer Sachverhalt vorläge, nähme eine Sinnvorstellung ideologisch oder sogar manisch überhand.

Welches ist denn die fundamentale Lebensfrage, und wie sieht eine Antwort darauf aus? Nehmen wir an, die Antwort müsste etwa der Form entsprechen: «Ich sehe X als Sinn in meinem Leben.» Nehmen wir ferner an, dass für X in der Regel ein Nomen erscheint, zum Beispiel: «Ich sehe (Liebe, Ehrlichkeit, Kinder) als Sinn in meinem Leben.» Und denken wir zum Schluss daran, dass Sinn eine Qualität unseres Handelns meint. Daraus folgt ganz klar, dass die Nomina in der Antwort Sachverhalts- respektive Aussagecharakter haben müssen, dass sie eigentlich einen Handlungskontext ansprechen: Wenn ich «Liebe» für X einsetze, dann meine ich, dass mein Leben dann sinnerfüllt ist, wenn ich (eine Person) *lieben darf* respektive wenn ich (von einer Person) *geliebt werde.* Diese Umsetzung in eine Aussage funktioniert bei allen derivierten Abstrakta, also bei Ehrlichkeit, Freiheit, Freundschaft und so weiter. Wie steht es aber mit «Kinder»? Hier zeigt sich, dass solche dinghaften Wörter nicht *per se* sinnvoll sind, sondern den Fokus wertgesteuerter und sinnvoller Handlungen bezeichnen – wie etwa die Aussage «Für meine Kinder *tue* ich alles» zum Ausdruck bringt.

Auf diese Weise bezeichnen solche Antworten Sinngehalte des Lebens. Dass sie gleichzeitig direkt auf die Frage «*Wozu* lebe ich (noch)?» antworten, wird klar, wenn wir keine Sinngehalte (mehr) benennen können (siehe das Zitat aus *Der Mythos des Sisyphos* von Albert Camus am Anfang von Kapitel 1). Man beachte das *Wozu*, welches die Frage in den Kontext eines sinngeladenen Zwecks situiert; die Frage nach dem Warum wäre hingegen die nach einer Erklärung oder Begründung *post festum.* Auch bei William James ist die Selbsttötung gewissermassen der Lackmustest für die Sinnfrage, da eine solche Handlung die negierende Antwort auf die Frage «Ist das Leben lebenswert?» sein kann (siehe James 2010: 43–62, insbesondere 47–49). Die häufigste Begründung für die Selbsttötung ist ja gerade die Feststellung respektive die Klage, dass das eigene Leben keinen Sinn mehr macht – *e contrario* stellt diese Begründung Evidenz dafür dar, dass wir *auf einen Sinn im*

Leben hin angelegt sind (vergleiche Abschnitt 6.3). Albert Camus stellt diesen Zusammenhang überzeugend her:

> Wenn ich mich frage, wonach ich beurteile, dass diese Frage [nach dem Sinn] dringlicher als jene andere ist, dann antworte ich: der Handlungen wegen, die sie nach sich zieht. Ich kenne niemanden, der für den ontologischen Beweis gestorben wäre. Galilei, der im Besitz einer bedeutsamen wissenschaftlichen Wahrheit war, widerrief sie mit der größten Leichtigkeit, als sie sein Leben gefährdete. (Camus 2014: 15.)

Auf diesem Hintergrund könnte die Frage aufkommen, warum ich der Klärung physikalischer und sprachlicher Fragen in Teil I einen so breiten Raum gewähre. Die Antwort lautet: weil meine Meinungen auf Wahrnehmungen der physischen und phänomenalen Realität beruhen und weil schlüssige Argumente aus Wahrnehmungen und Erfahrungen die Grundlagen für *Handlungen* bilden. Ich würde nicht aus einem diffusen Gefühl heraus, mein Leben habe keinen Sinn, mich selbst töten wollen, sondern allenfalls als Ergebnis eines verstehenden, rationalen Prozesses.

Eine Annäherung an Sinn im eigenen Leben setzt also die Suche nach einer oder verschiedener Antworten auf Fragen der Form «Wozu lebe ich (genau) *so?*» oder «Wozu will ich (genau) *so* leben?» voraus. Wer die Frage nach dem Sinn im eigenen Leben stellt, tut dies im Hinblick auf die Gegenwart und die Zukunft, und zwar mit der Absicht, die verbleibende Lebenszeit bewusst(er) und selbstverantwortlich(er) zu leben und zu gestalten. Darum ist «Sinnen», sind sinngeleitete Antworten auf Fragen nach den Bedingungen, die erfüllt sein müssen für ein sinnerfülltes Leben, wichtige Indikatoren (etwa nach dem Tod einer geliebten Person: «Ohne Liebe kann ich nicht leben», oder nach einer Scheidung: «Ohne meine Kinder macht mein Leben keinen Sinn mehr»). Über die eigene Person hinaus mehr oder minder verallgemeinernd lässt dies eine Feststellung der alternativen Form «Das Leben hätte keinen respektive weniger Sinn, wenn X fehlen würde» zu. X kann vieles bezeichnen, aber nichts davon kann für die jeweilige Person banal sein.

Diese Verallgemeinerungen können zur Konstitution von Gruppen von Personen mit ähnlichen oder gleichen Werten, Interessen oder Vorlieben führen (zum Beispiel zu Vereinen, Parteien, Bewegungen). Wird aus der identitätsstiftenden Feststellung der Sinnhaftigkeit für eine oder mehrere Personen eine *Forderung* an andere oder an «die Gesellschaft» abgeleitet, kann dies nach innen «hermetisierenden» und nach aussen – mit einem Schuss Fundamentalismus – «missionarischen» oder «totalitären» Tendenzen Auftrieb geben. Solche Sachverhalte sind auch im Zusammenhang mit (Lehr)personen zu diskutieren, die einen bestimmenden Einfluss auf Auszubildende ausüben können, und zwar besonders dann, wenn sie die Werthaltungen einer Sozietät respektive allgemeingültige Teile davon gegen die eigenen Überzeugungen in Lehrsituationen vertreten (sollen) (vergleiche Rosenwasser 2014).

Es kommt vor, dass Leiden und Krankheiten sich sinnmindernd auswirken. Die häufige Reaktion respektive der häufige Versuch (meist religiös motiviert), einer schwierigen Situation oder einem katastrophalen Ereignis (zum Beispiel dem Tod einer geliebten Person) einen Sinn zuzuschreiben oder abzuringen (der sich erst später einstellen mag), beruht jedoch meist auf einem doppelten (Miss)verständnis, dass nämlich solche Ereignisse nicht nur von einer «höheren Instanz» ausgehen, sondern auch – gegen alle Erfahrung – gerade deswegen mit Sinn gefüllt seien, ja sein müssen. Wird eine solche «jenseitige» Instanz nur in einem endophänomenalen Verständnis als existent erkannt und werden die Ereignisse als kontingente Emanationen eines (blind waltenden) *Schicksals* verstanden, so eröffnen sich für mich ergiebigere und selbstverantwortlichere Möglichkeiten des Umgangs damit (siehe Abschnitt 5.3). So können wir solchen Ereignissen die Funktion von Auslösern für ein (erneutes) Fragen nach Sinn im eigenen Leben, für eine «belebende» Neuorientierung zuschreiben. Dass dabei auch eine so tiefgreifende Sinnentleerung vorkommen kann, die zur Konsequenz hat, dass man sein Leben beenden will, ist dann ebenfalls ein selbstverantworteter und verantwortlicher Umgang mit einer neuen Situation.

Mit anderen Worten: *Wir* als individuelle Personen – und *nur* wir (aber nicht zwingend im Alleingang) – müssen zur Bewältigung solcher Ereignisse «sinnend» eine neue Antwort oder neue Antworten auf die Frage des Wozu im eigenen, vielleicht tiefgreifend veränderten Leben suchen. Dabei verschieben sich sehr wahrscheinlich die Gewichte unter den verschiedenen bestehenden und den neu zu erarbeitenden Sinnkomponenten, und es ist auch nicht ausgeschlossen, dass wir den auslösenden schwierigen Situationen einen entsprechenden persönlichen Sinn abgewinnen, ihnen durch akzeptierende Integration in das eigene Leben eine sinnstiftende Funktion zuerkennen können.

7.3 Schuld und Sühne im Rahmen von Sinn und Verantwortung

Eine notwendige und grundlegende Differenzierung im Zusammenhang mit Fragen nach Sinn scheint die nach dem *Zeitpunkt* zu sein, wann eine Sinnfrage artikuliert wird: Hat ein Ereignis stattgefunden, das intrinsisch nicht «Sinn ergibt» respektive im Widerspruch zu bisherigen Sinnentscheidungen steht, so ist die Frage auf die Suche nach einer nachträglich einsichtigen Erklärung ausgerichtet. Die gedankliche Arbeit ist retrospektiv in die Vergangenheit gerichtet; es geht um eine Sinnsuche respektive *Sinnfindung,* um die sinnvoll deutbare, «verantwortbare» *Lebensgeschichte.* Die Lebenserfahrung zeigt, dass Sinnsuche respektive Sinnfindung nicht nur ein notwendiger, sondern auch ein sehr einschneidender Vorgang sein kann. Dies gilt insbesondere dann, wenn ein Ereignis mit direkten lebensbedrohlichen Folgen für Individuen oder für eine grosse Anzahl von Menschen verbunden ist (zum Beispiel Katastrophen wie Tsunamis, Vulkanausbrüche, Dürreperioden, Kriege und so weiter). Grundsätzlich gilt, dass diese Art von «Sinnfragen» nur dann Sinn ergeben, wenn einem Ereignis eine absichtlich handelnde und somit ursächlich *verantwortliche* Instanz zugeschrieben werden kann. Zur Einordnung und Bedeutung dieser Form von Verantwortung äussert sich Konrad Paul Liessmann in folgender, stringenter Weise:

Bei der Frage nach Schuld und Sühne geht es in einem fundamentalen Sinn um die Frage der Verantwortung. Im Begriff der Verantwortung steckt die Antwort. Und jede Antwort impliziert eine Frage. Sich verantworten bedeutet in einem ganz ursprünglichen Sinn, auf eine gestellte Frage antworten zu können – oder schärfer: antworten zu müssen. Wo, aus welchen Gründen auch immer, keine Frage gestellt werden kann oder gestellt werden darf, gibt es keine Verantwortung. Verantwortung setzt immer einen Fragesteller und einen Befragten voraus. Menschen, die grossmäulig Verantwortung übernehmen, ohne gefragt worden zu sein, sollte man deshalb mit Vorsicht begegnen. Umgekehrt gilt aber auch: Man soll sich hüten, von jemandem Verantwortung einzufordern, den man entweder nicht fragen kann oder sich nicht zu fragen getraut. Wer also trägt Verantwortung, wer kann Verantwortung einfordern, wer kann für wen und unter welchen Bedingungen Verantwortung übernehmen? (Liessmann 2014.)

Hier wird deutlich, dass Fragen nach der Verantwortung und nach dem Sinn nur philosophierend und nur bei menschlichen Instanzen und Beteiligten gestellt werden können. Sinnsuche, die eine (externe) Bereitstellung von Sinn erwartet (zum Beispiel von einer religiös oder theologisch begründeten Instanz), kann deshalb wegen der kaum vermeidbaren Widersprüche zu einem Hadern, ja gar zu einer Lebenskrise führen. Darum sind unkritisch übernommene Sinnangebote (auch gut gemeinte) in solchen Situationen nicht nur deshalb so unbefriedigend, weil sie exogen statt endogen sind, sondern auch weil sie häufig sich sowohl einer rationalen Prüfung entziehen als auch keine eigentliche Antwort liefern. Damit behaupte ich nicht, dass es unmöglich sei, aus solchen Ereignissen und ihren Folgen direkt oder indirekt einen lebensgestaltenden Sinn *zu gewinnen*. Die Ereignisse respektive die Erfahrungen könnten durchaus die (katalytische) Wirkung haben, eine Lebenshaltung entstehen zu lassen oder sie zu bestätigen; sie sind dadurch aber nicht selbst sinnvoll, sondern stiften allenfalls dazu an, die Wirkung *sinnstiftend* zu integrieren.

Wird hingegen eine Kette von zweckmässigen Handlungen geplant, um nach etwas zu *trachten,* um ein als sinnvoll erachtetes Ziel zu erreichen, so ist die gedankliche Arbeit prospektiv, in die Zukunft gerichtet; es geht um *Sinngebung,* um das oder ein *Lebensziel.* Sinngebung ist – wenn immer möglich – grundsätzlich eigene Arbeit und führt auch zu einem persönlichen Sinn, der zwar nicht verallgemeinerbar ist, wohl aber im philosophierenden Gestus mitteil- und teilbar. Dadurch können spannende – und allenfalls spannungsreiche – Lebensziele formuliert werden, die über die eigene Person hinausgehen (zum Beispiel in einer Beziehung). Als sehr hilfreich und in diesem Zusammenhang mit Gewinn zu beachten ist mir eine Faustregel zur Bewertung von Handlungen in Erinnerung und Ehren, die (damals: Pater) Josef Venetz in einem Kurs in Bezug auf Handeln im Rahmen der Ehe vorschlug: Handlungen sollten unter den Aspekten sinnlos, sinngemäss und sinnvoll beurteilt werden. Sinnlos und zu unterlassen wären Handlungen, die für beide Ehepartner gar nicht stimmen; sinnvoll wären solche, hinter denen beide stehen können; sinngemäss wären Handlungen, hinter denen nur die eine oder der andere voll stehen mag, aber beide im Interesse eines gemeinsamen Lebensziels akzeptieren wollen.

Das in Abschnitt 7.1 diskutierte Verhältnis von Sinn und Zweck gibt auch einen Blick auf den Zusammenhang zwischen Sinn (im Leben) und (Lebens)*ziel* frei: Es besteht gewiss kaum Zweifel daran, dass zum Beispiel der persönliche Einsatz im Interesse der Herstellung demokratischer und egalitärer Rechte oder der Schaffung einer ökologisch bewusst handelnden Gesellschaft hehre Ziele darstellen. Solche Ziele sind aber *instrumental* im Charakter; für sich allein stiften sie noch keinen Sinnzusammenhang. Gerade zum Beispiel die Forderung nach Egalität (zu der ihre oberflächliche Schwester, die politische Korrektheit, gehört) ist der Gefahr von Pervertierungen ausgesetzt, weil das Wozu nicht offen diskutiert wird. Auch der Fortschritt (sei dieser technisch, ökonomisch, wissenschaftlich, sozial und so weiter) kann deshalb nicht *per se* schon als sinnvoll oder sinnlos verstanden werden; erst wenn er daran gemessen wird, ob er dem Leben dient, lässt sich dies beurteilen.

7.4 Vom philosophierenden Umgang mit Sinnwidrigem

Sinn ist nicht etwas absolut oder autonom (Vor)gegebenes. Damit Sinn entstehen oder existieren kann, braucht es sinnstiftende Instanzen sowie *Sinnzusammenhänge* (letztlich wohl ein kohärentes Weltbild). Einen Sinnzusammenhang brauchen wir, weil Sinnkomponenten qualifiziert sein können (technisch, finanziell, mo-

ralisch, religiös und so weiter). Übernommene oder selbst gene-
rierte Sinnzusammenhänge haben also eine *überindividuelle Komponente;* sie erlauben menschliches Planen als endogene Sinnset-
zung, jedoch mit einem sozialen Rahmen. Hinter der Sinngebung
steckt eine mentale Leistung; sie setzt Bewusstsein voraus, aber
auch die Bereitschaft, das Hinterfragen zuzulassen und ein Hin-
terfragtwerden zu bestehen. Geschieht Letzteres nicht, so kann es
trotz hehrem Sinn zu fetischisierenden, dogmatisierenden oder
verabsolutierenden Fixierungen kommen, die sich rationaler Ar-
gumentation grundsätzlich entziehen.

Nach gängiger Meinung entstehe «Philosophie» aus dem Widerspruch. Gerate ein Sachverhalt in Widerspruch zu einem (persönlich oder allgemein) bisher akzeptierten Sachverhalt – insbesondere zu einem Sachverhalt mit dem Charakter einer Prämisse
oder eines Prinzips im Weltbild –, kurz gesagt: lasse sich eine Paradoxie erkennen, so löse dieses Gefühl der Befremdung darüber,
dass eine Affirmation und ihre Negation gleichzeitig gelten sollen,
ein kritisches – eben «philosophisches» – Reflektieren aus. Dieses
ziele dann auf eine Beseitigung der Paradoxie durch eine Neufun-
dierung der axiomatischen Grundlagen, das heisst der Prämissen.

Diese Meinung beruht meines Erachtens in unerkannt paradoxer Weise selbst auf einem Widerspruch: Bereits in Kraft stehende Prämissen sind das Ergebnis einer Sinngebung oder Sinnstiftung, möglicherweise eines *Philosophierens;* die Prämisse ist
bereits konstituierter Sinn im Leben, ist lebensphilosophischer
Inhalt. Die problematische Bezeichnung dieses Sinns als «Prämisse» suggeriert allerdings, dass mögliche Widersprüche insbesondere auf der logischen Ebene auftreten. Das mag fallweise so sein,
aber der Widerspruch zu einem gewählten Sinn im Leben führt in
der Regel gerade nicht zu einer Negation oder zu einem Widerruf,
sondern zu einer Korrektur, Modifikation oder Weiterentwicklung.
Wird zum Beispiel der als «Mein Sinn im Leben besteht darin,
vollkommen frei zu sein» formulierte fundamentale Sinn in bestimmten Lebenslagen in seinem Wirkungsbereich eingeschränkt,
so wird damit dem ursprünglichen Sinn nicht logisch widersprochen, sondern kontextuell, das heisst situations- und verhaltens-
bezogen. Der Sinn wird nicht logisch negiert und damit ganz auf-

gegeben, sondern pragmatisch modifiziert respektive bedingt sinnstiftend: «Mein Sinn im Leben besteht darin, *möglichst* frei zu sein.» Ergo gedeiht das *Philosophieren* durch Einrede und Einspruch.

Sinn ist also weder einem Sachverhalt immanent respektive inhärent, noch ist er absolut (oder: «binär»). Die Erfahrung der Einschränkung, vielleicht sogar der Katharsis, kann nämlich einen punktuellen oder dauerhaften Prozess der Selbstvergewisserung auslösen, der aber im philosophierenden Gestus nur *rational* ablaufen kann. Die wohl auffälligste Verfahrensform ist vermutlich die des Selbstgesprächs, des inneren Dialogs, welches der argumentbasierten Wiederherstellung eines widerspruchsärmeren Prämissensatzes dient («widerspruchs*frei*» wäre zu stark logisch konnotiert). In diesem Zusammenhang wären auch Aspekte von *Lebenslügen* zu thematisieren. Da empirisch evident gemacht werden kann, dass sie Selbsttäuschungen im Sinne verfehlter oder misslungener Sinngebung sein können, folgt – ein weiteres Mal – *e contrario* und aus den Sinnkrisen, welche das Auffliegen solcher Lügen begleiten können, dass ein akzeptabler «Sinn im Leben» für Menschen offensichtlich lebensnotwendig ist.

Solches Philosophieren ist zwar selbstbezogen, aber der rationale Charakter eröffnet Wege zum Allgemeinen. Weil rationale Argumente beigebracht werden müssen, können diese auch von anderen Menschen nàch-denkend aufgenommen, geprüft, akzeptiert oder verworfen werden. Die eigene, persönliche Vorstellung und ihre Prämissen gewinnen umso mehr an Wirkmächtigkeit und Verbindlichkeit, je mehr Menschen deren Plausibilität und Gültigkeit anerkennen. Die Prozesse auf dieser Ebene, nämlich im Rahmen intraindividueller Auseinandersetzungen, konstituieren *Philosophie.* Sie verlassen die Ebene der philosophierenden Sinngebung und Sinnvergewisserung, initiieren den Vergleich zwischen möglicherweise konkurrierenden (Lebens)philosophien, stellen die Rationalität der Begründungen zur Diskussion und operieren – wohl zwangsläufig – mit logischen Argumenten. Hier können Philosophien einen wissenschaftlichen Anspruch einlösen.

Im Philosophieren kann und soll durchaus über den «Sinn des Philosophierens» philosophiert werden – als Selbstvergewisse-

rung der eigenen philosophierenden Lebensform und Lebensbewältigung und als stets zu erneuernde Antwort auf die Frage, warum und insbesondere *wozu* man überhaupt philosophiert; als
zentrale Frage liegt sie aber insbesondere den *philosophischen*
Bemühungen zugrunde. Dabei sind Staunen oder Neugier nicht
weniger oder mehr als Motive auszumachen als bei anderen Verhaltensformen oder Handlungen, zum Beispiel mit der Absicht,
Wissen zu erwerben. Philosophie (siehe Abschnitt 6.1) mag «Streben nach Erkenntnis über den Sinn des Lebens» sein, aber *Philosophieren* intendiert, ja *ist* in erster Linie ein bewusst sinnvolles
Leben führen, das heisst sinngewinnend denken und damit im
Einklang sinnerfüllend wie sinnerfüllt handeln.

Philosophierend denken und handeln sind wiederum (lebendige) Prozesse, deren Resultate einer steten Absicherung und
Vergewisserung bedürfen und allenfalls Veränderungen unterworfen sein können und sollten. Darum kann Permanenz oder Ex-
aktheit keine massgebende Kategorie sein; Wahrhaftigkeit und
Authentizität sind hingegen fundamental. Darum kommt in vielen
Definitionsversuchen das Wort «streben» vor: Dieses bezeichnet
nicht nur das Prozessuale, sondern weist gewissermassen auf den
«lebenslänglichen» Charakter philosophierenden Bemühens hin.
Und diese philosophierende Verschränkung von Denken und
Handeln lässt bezweifeln, ob eine sich so verhaltende Person
überhaupt je «eine Philosophie *besitzt*» oder *haben* kann.

7.5   Sinn und Ratio

Die hier vorgebrachten Überlegungen und Argumente sind rationaler Natur, das heisst, sie gehorchen den Gesetzen der (klassischen) Logik, deren Gesetze ihrerseits ihre Evidenz teils in der
Realität, teils in der Sprache haben. Sie sind insbesondere der Versuch, die mich beschäftigenden Fragen einzig auf der Grundlage
logischer Prämissen wie der Bedingung der Widerspruchsfreiheit
oder des Gesetzes des ausgeschlossenen Dritten für mich zu beantworten. Aussagen werden also auf ihre Konsistenz mit der Logik geprüft, und es werden nur solche zugelassen, die sich logisch
begründen lassen. Kurz und bündig gesagt: Ich versuche, mit Me-

thode zu verstehen. Mit einer fundamental wichtigen Einschränkung: Sachverhalte, die formallogisch absolut korrekt hergeleitet werden, die aber dem Kriterium der «Konsistenz mit der Realität» nicht genügen, sind für mein Anliegen (und für mein Leben) irrelevant (wie etwa der «bärtige Barbier» von Bertrand Russell in Abschnitt 3.2).

Diese rationale Grundlegung, diese (mindestens für mich persönlich) bereinigte Sicht auf das Universum und auf die wahrnehmbare Realität, in der wir Menschen leben, scheint mir unumgänglich, um die Diskussion des Sinns in meinem Leben sauber verorten zu können. Da eine metaphysische Begründung aus dieser Sicht nicht möglich ist (weil es für mich keine Realität jenseits der materiellen Realität gibt) und da das Akzeptieren der «realitätskorrigierten» Logik respektive der sie konstituierenden Kausalität das Akzeptieren von Sinn (und Bedeutung) impliziert, ergibt sich – zum wiederholten Male –, dass ich (und wohl der Mensch generell) keinen inhärenten Sinn «habe» respektive «hat» und dennoch ohne Sinngebung und ohne angeeignete Sinnangebote nicht wirklich leben kann.

Daraus ergibt sich zwingend die Frage, *wie* Sinn generiert werden kann. Gestützt auf die bisherigen Ausführungen in dieser Schrift, kann das Verfahren in kürzestmöglicher Form wie folgt charakterisiert werden: Im Wesentlichen konstituiert sich Sinn in verständlichen, das heisst rational nachvollziehbaren Antworten auf kritische Fragen zum *persönlichen Handeln,* zum Warum, zum Wie und insbesondere zum Wozu. Sinn kristallisiert sich in *Grundsätzen, Regeln und Lebensweisheiten,* die zu selbst entwickelten und gesetzten Vorgaben und Prinzipien für unser Leben werden und die in fundamentaler Weise das Übernehmen von Verantwortung signalisieren, und zwar sowohl sich selber als auch anderen gegenüber, aber auch gegenüber wichtigen Sachverhalten oder Lebenslagen. Ohne die steuernde Wirkung des Sinns oder der Sinnkomponenten ist die Ausübung eines freien – oder freiwillig eingeschränkten – Willens nicht vorstellbar: Warum und wie und wozu *will* oder *soll* ich etwas tun oder lassen? Warum und wie und wozu *muss* ich etwas tun oder machen?

7.6 Evolution und Ethik

Aufgrund einer rational-aufklärerischen, auf dem Primat der Materie und auf dem menschlichen Geist beruhenden Weltsicht sind metaphysische oder transzendente respektive religiöse Autorisierungen der Ethik für mich ausgeschlossen. Ich spreche bewusst von «Autorisierung», und zwar in dem Sinne, dass die Ethik nicht in diesen Bereichen ihren Ursprung hat respektive haben kann. Damit soll die Rolle von Bemühungen in diesen Bereichen, wertvolle ethische Normen zu formulieren und zu verbreiten, nicht gemindert werden. Es stellt sich also die Frage nach der Entstehung und Verortung der als «ethisch» oder «moralisch» bezeichneten Normensysteme persönlichen und interpersonalen Verhaltens (ich vermeide bewusst den Begriff «evolutionärer Sinn»; zu seiner Kritik vergleiche die Ausführungen in Abschnitt 5.6). Erwin Schrödinger hat in diesem Zusammenhang eine Erklärungskette entwickelt; entlang dieser bewege ich mich im Folgenden in adaptierter Form (siehe Schrödinger [5]2014: 92–118).

Aus evolutionärer Sicht sind es anerkanntermassen ontogenetische und phylogenetische Mutationen respektive selektive Anpassungen, deren zufälliges Auftreten die Entwicklung von Arten und ihrer Mitglieder beeinflusst und aus einer *«ex post»*-Sicht deren Überlebenschancen verbessert haben. Bei den Menschen und bei einigen anderen Arten habe sich so eine Fähigkeit entwickelt, nämlich das *Bewusstsein,* dessen Vorteil – so Schrödinger – darin bestehe, dass habituelle, in Nerven und Gehirn ablaufende Prozesse und Steuerungen gewissermassen «energiesparend» auf eine Stufe verlagert werden könnten, die unter der Schwelle des Bewussten liege (so zum Beispiel die meisten physiologischen Vorgänge wie die Verdauung, aber auch Herzschlag, Atmung, habituelle Bewegungen und so weiter). Damit entstünden Freiräume zugunsten der *bewussten* Wahrnehmung aussergewöhnlicher oder abweichender Vorgänge, zugunsten erhöhter Konzentration oder Anspannung in Situationen, die eine angepasste und gezielte Reaktion erforderten (zum Beispiel Jagd, Kampf und so weiter; siehe Schrödinger [5]2014: 101–105).

Dank des Bewusstseinsvermögens habe das Gehirn die Möglichkeit der Steuerung von Prozessen (zum Beispiel kann jedermann mit entsprechenden Übungen und mit Erfahrung die Frequenz des Herzschlags senken) und ganz allgemein von absichtlichen Handlungen (zum Beispiel «gewitztes» Vorgehen auf der Jagd), letztlich auch die Möglichkeit der Speicherung von Erfahrungen und von erworbenem Wissen entwickelt. Anstelle einer starren Reaktion auf einen vorgegebenen Reiz, zum Beispiel auf eine bestimmte Wahrnehmung, sei ein Freiraum entstanden, in dem eine differenzierte und angemessene Antwort auf eine einfachere oder auch komplexere, sich allenfalls laufend verändernde Situation möglich werde. Menschen könnten fortan nicht nur überlegter und vernünftiger reagieren, sondern auch zwischen Möglichkeiten des Handelns wählen – und auch Alternativen (experimentell) ausprobieren und bewerten.

Man mag Schrödinger nicht in allem folgen wollen, aber wenn wir uns bewusst sind, dass wir *eine Wahl* haben und in freier Abwägung von Optionen entscheiden, kann das damit zwangsläufig einhergehende *Urteilsvermögen* die Angemessenheit der möglichen Antworten überprüfen, das heisst, in den Entscheid fliessen Momente ein, die das Resultat der geplanten Handlungen schon miteinbeziehen. Die möglichen Antworten lassen sich also auf ihre *Zweckmässigkeit und Sinnhaftigkeit* prüfen. Kurz und bündig: Künftige Handlungen lassen sich einem «Ich will», dem (bewussten) *Willen* unterwerfen, welches die getroffene Wahl auslöst. Im Sinne der Gegenprobe: Es ist doch eine typisch (menschliche) Reaktion auf eine instinktive, ja gar atavistische Handlung mit ungünstigem Ausgang (insbesondere bei Affekthandlungen), dass wir hinterher häufig sagen: «Das *wollte* ich aber nicht!»

Soweit wir die Menschheitsgeschichte zurückverfolgen können, treten die frühen Menschen stets in Gruppen auf, das heisst, die Chancen von Individuen zu überleben sind als Art oder in einem sozialen Verband besser als bei ausgeprägtem Einzelgängertum. Das gilt ganz besonders, wenn sich arbeitsteiliges Spezialistentum entwickelt hat. Diese der Erfahrung und Einsicht geschuldete Logik hat zur Folge, dass individualistisches respektive egoistisches Wollen kontextabhängig bewusst bestimmten Beschränkungen zu unterwerfen ist, nämlich dann, wenn Interessen der Gruppe respektive der Art im Spiel sind. Die individuelle und kollektive Reaktionsbereitschaft gegenüber Gefährdungen, die von anderen Gruppen, von anderen Lebewesen oder von Umweltbedingungen ausgehen mögen, ist somit vorteilhaft oder sogar notwendig; richtet sich aber diese Reaktion aggressiv nach innen, so ist sie insbesondere dann nachteilig, wenn sie masslos wird und den Bestand der Gruppe gefährden kann.

Das individuelle und kollektive Wollen ist also auf seine Zweckmässigkeit und insbesondere auf seine Verträglichkeit mit den jeweiligen Interessen hin zu prüfen und allenfalls zu beschränken. Die Vorteilhaftigkeit von Verhaltensnormen, die von möglichst allen Gruppenmitgliedern beachtet werden, werden kulturell weitergegeben (über eine epigenetische Begründung wäre nachzudenken). Fazit: Das Wollen wird einem individuell wie kollektiv entwickelten *Sollen* unterworfen. Daraus ergibt sich eine rationale Begründung von sozialen Normensystemen, von der Religion über eine aufgeklärte Ethik bis hin zu den modernen Rechtssystemen. Diese fordern altruistisches Verhalten nötigenfalls unter Strafandrohung gegenüber egoistischem Verhalten ein. Im Extremfall, so Schrödinger, hätten sich aus einer analogen Ratio heraus «Staaten» wie bei den Bienen oder Ameisen entwickelt, bei denen das «egoistische» Wollen offenbar vollkommen ausgeschaltet ist und nur das «soziale» Sollen gilt (siehe Schrödinger [5]2014: 116–117).

Beim Menschen ist sowohl altruistisches wie auch egoistisches Verhalten festzustellen. Für Schrödinger ist dies ein Anzeichen dafür, dass – im Gegensatz zu den stammesgeschichtlich älteren Bienen und Ameisen – die Menschen erst «am Beginn einer biologischen Umbildung von egoistischer zu altruistischer Einstellung stehen» (Schrödinger [5]2014: 117), das heisst, er scheint darin den Verlauf der Evolution vorherzusehen (und ihr eine meines Erachtens unzulässige Teleologie zu unterstellen). Aber nicht nur deswegen gehe ich mit Schrödinger darin nicht einig, dass die Menschen ebenfalls auf dem Weg zu perfekten, altruistisch geprägten «Reproduktionsstaaten» seien. Zunächst ist festzuhalten, dass die Menschen im mentalen, das heisst im endophänomenalen

Bereich, den Rahmen der Evolution stammesgeschichtlicher Prägung überschreiten; sie können insbesondere gestützt auf ihr gentechnisches und diagnostisches Wissen selektiv in evolutionäre Prozesse eingreifen und diese übersteuern. Evolutionäre Schritte, die sich in einem bestimmten Kontext als (nachträglich) nützlich oder sogar überlebensnotwendig erweisen, haben meist ein entwickelbares Anwendungsspektrum, welches oft über den engeren Kontext hinausgeht und unerwartete (Neben)wirkungen zeitigt. So hat die Entwicklung des Gehirns einerseits die Wahrnehmung der realen Umwelt zusehends verbessert, andererseits auch das Imaginieren von «Irrealitäten» möglich gemacht (Stichwort: Hypertrophie; siehe Abschnitte 5.1 und 5.4).

Von einer «evolutionären Entwicklung» zu sprechen, halte ich für problematisch (ebenso die Rede vom «evolutionären Sinn», siehe Abschnitt 5.7), denn die Ereignisse der genbasierten, mutativen «Evolution» sind *diskontinuierlich* und nicht durch Anpassung geprägt. Der Begriff der ‹Evolution› ist daher meines Erachtens zu präzisieren: Nicht nur das Tautologische am Ausdruck «evolutionäre Entwicklung» zeigt ein Problem an, sondern auch die übliche Bedeutung von ‹Evolution› als «langsame, bruchlose Entwicklung». Es ist begrifflich zu unterscheiden zwischen der mit einer Anpassungsleistung verbundenen kontinuierlichen ‹Evolution› (etwa des Menschen und seines Gehirns) und dem Moment, wo eine solche Kontinuität durch ein Emergenzereignis (‹Fulguration›) radikal unterbrochen und die entsprechende Mutation den Anfang eines neuen evolutionären Prozesses bedeutet (siehe die Ausführungen zu Lorenz in Abschnitt 8.6). Sowohl Evolution wie auch Fulguration (für die es leider keinen überzeugenden Oberbegriff gibt) geschehen; sie sind Ereignisse und nicht Handlungen; sie können somit nicht mit Sinn unterlegt werden – was bei der Gentechnik sich gerade ändert.

Die Entwicklung von Wollen und Sollen und die damit verbundenen Entscheidungsmöglichkeiten haben beim Menschen Individual- und Kollektivräume freigelegt, in denen Sinn konstituiert und ausgehandelt werden kann, ja *muss*. Anpassungen bei Normen und Ordnungen, die häufig über zufällige, gelegentlich aber auch durch willentliche «Verstösse» erfolgen (die offensichtlich bei

Bienen und Ameisen so nicht vorkommen), sind nicht «evolutionär», sondern im eigentlichen Sinne «schöpferisch», wenn vielleicht auch nicht alle und nicht immer auf längere Sicht vorteilhaft. Sicher nicht zu verneinen ist aus meiner Sicht, dass viele grosse *Kulturleistungen* ohne den individuellen Egoismus, ja ohne die Egomanie einzelner Menschen nicht zustande gekommen wären – zunächst möglicherweise auf Kosten des Kollektivs, danach aber durchaus zu seinem Vorteil (zum Beispiel bei den grossen Infrastrukturprojekten in der antiken Welt wie Kanalbauten, Schutzmauersysteme, Verkehrsnetze und so weiter).

Weil wir Menschen die Grenzen altruistischen oder egoistischen Verhaltens ausloten und verändern können und weil die von uns beherrschten Instrumente (von Technik bis Freiheiten) wertfrei sind, brauchen wir für unser Zusammenleben eine *Ethik,* die individualistischem und egoistischem Wollen rational begründete und notwendige Schranken auferlegt sowie Verzicht und Selbstüberwindung fördert respektive fordert (Letzterer für Schrödinger ⁵2014: 112–114 ein wichtiger Begriff). Darum ist die Suche nach sinnvollen und adäquaten ethischen Massstäben eine der Entwicklung der Menschheit gewiss förderliche Tätigkeit. Die Tatsache, dass Einzelne oder Untergruppen immer wieder oder sogar auf Dauer gegen (ethische) Normen verstossen, lässt die Vermutung zu, dass eigen*sinniges* respektive sich nicht an den Interessen des Kollektivs orientierendes Verhalten auch zu nützlichen Veränderungen führen kann.

Angenommen, dem sei so, müsste man bei der Ursachenforschung im Zusammenhang mit dem so häufig beklagten *«Egoismus» der heutigen Zeit* insbesondere das Gebaren des «Gegenspielers», das heisst des Kollektivs respektive der in ihr gültigen kollektiven Normen, unter die Lupe nehmen. Egozentrierte Verhaltensweisen könnten nämlich (über die dadurch ausgelösten kulturellen und technischen Entwicklungsschübe hinaus) sinnvolle und notwendige Reaktionen darauf sein, dass Normen überhandnehmen, die gewissermassen Druck in Richtung des Ameisen- oder Bienenstaates als kollektiver Idealform aufbauen. Egozentriertes Verhalten könnte somit eine notwendig widerständige Antwort sein auf individuelle Freiräume unnötig beschneidende kollektive Normen

– mit entsprechendem Verlust von persönlicher Verantwortlichkeit und Entscheidungsfreiheit in Bereichen von der Mobilität bis
zur Ernährung. Egozentriertes Verhalten kann eine Reaktion sein
auf nicht mehr lebens- und situationsgerechte ethische und moralische Normen (Stichworte: Freitod, religiöse Gebote); es kann
Unbehagen artikulieren gegenüber der Unübersichtlichkeit zu
grosser Kollektive und der Entfremdung in ihnen (Stadt, Gemein-
de, Staat, Weltkirche; Rückzugsgruppen oder -gesellschaften); es
kann Protest sein gegen die Einebnung der Individualität respektive gegen die Ausrichtung auf einen zentral festgelegten Durch-
schnitt (Stichworte: Entindividualisierung, Gleichmacherei, Aus-
grenzung, Randgruppen); und so weiter.

Dass diese «egozentrierten» Entwicklungen respektive Gegen-
reaktionen in ihren extremen Formen durchaus auch zu einer gefährlichen Auflösung oder Zerfaserung des Kollektiven führen
können, ist sicher ernst zu nehmen, zumal die Möglichkeiten der
Menschheit, unethisches Verhalten (das heisst egozentriertes oder
gar egoistisches Wollen) bei einzelnen Individuen und kleineren
oder grösseren Gruppierungen zu sanktionieren, mit dem Fort-
schreiten der technischen Entwicklung und der zunehmenden
Ideologisierung des Altruismus eher schwieriger handhabbar zu
werden scheinen. Wir dürfen deshalb nicht nachlässig werden in
unseren Bemühungen um die Wahrung und Entwicklung einer
freiheitlichen Ethik und liberaler Rechts- und Wirtschaftsordnun-
gen, die dem kollektiven Handeln notwendige Schranken setzen.

Ich fasse meine in der Auseinandersetzung mit Schrödinger
gewonnenen Einsichten zusammen: Als Voraussetzung für die
Menschwerdung ist einerseits der *fulgurativ-revolutionäre* Schritt
der Entstehung des *Gehirns* zu nennen. Andererseits haben evolutionäre Anpassungen und die *Nutzung* des sich ausweitenden Potenzials des Gehirns Möglichkeiten zur freien, gewollten Steuerung des individuellen Verhaltens eröffnet; das «Ich» kann sich
vom «Wir» emanzipieren. Im kollektiven Kontext können Menschen in Konflikt geraten mit evolutionär bereits etablierten Steuerungsmustern, welche das Verhalten der Individuen so einschränken und lenken, dass primär das Überleben der Art sichergestellt

wird und Tendenzen zur (Selbst)zerstörung starken Beschränkungen unterworfen werden (siehe zum Beispiel Ameisen).

Einem weiteren fulgurativen oder evolutionären Schritt zu verdanken ist sodann die Entstehung von *Bewusstsein* im Gehirn gewisser Arten. Dieses eröffnet einerseits eine Überschreitung des kollektiven Kontexts und erlaubt Individuen, eigenwillig und mitunter gegen die Interessen des Kollektivs zu handeln; andererseits ermöglicht sie auch die Wahrnehmung des Gefahrenpotenzials, welches in dieser Befreiung von festgelegten Steuerungsmustern liegt, die das Überleben der Art garantieren sollen. Eine Möglichkeit, die sich herausgebildet hat, um sowohl die Interessen der Art als auch den individuellen Freiraum zu wahren, ist die Entwicklung von entsprechenden sozialen Organisationsformen und Normensystemen. Die meisten historischen Systeme haben eine Anpassung im individuellen Verhalten der Menschen durch die Schaffung von Strukturen mit privilegierten Personen und Minderheiten sowie durch die Etablierung autoritärer (mythisch-religiöser) Weltbilder herbeigeführt. Erst in der Neuzeit entwickelten sich freiheitlichere kollektive Strukturen auf der Basis aufgeklärter Vorstellungen sowie allgemeiner Rechte und Verhaltensnormen (Menschenrechte, Verantwortungsethik). Diese bringen die Sorge um die Art(en) und die Sicherung der persönlichen Entwicklung in eine bessere Balance respektive sind ein Versprechen, es so weit zu bringen.

8   Lebensgestaltung, freier Wille und Glück

8.1   Das Jetzt

Mit Sinn im Leben ist die *Lebensgestaltung* unauflöslich verknüpft (siehe Abschnitt 6.3). Was meine ich aber mit «Lebensgestaltung»? Was kann ich überhaupt damit meinen? Folgendes ist wohl unbestreitbar: Ein «Vorleben» vor der Geburt ist ungewiss; zwischen Geburt und Jetzt ist die Vergangenheit, das Gelebte. Zwischen Jetzt und Tod ist die Zukunft, das zu Lebende, und das «Nachleben» nach dem Tod ist wiederum ungewiss. Daraus geht hervor, dass eigentlich nur eine einzige «Zeit» im eigentlichen Sinn handelnd gestaltbar ist, nämlich *der Moment, in dem wir gerade leben, das Jetzt.* Die Vergangenheit ist nicht mehr gestaltbar; sie ist allenfalls noch als Erinnerungsmasse «vergegenwärtigbar» und in diesem Prozess in gewisser Weise auch «veränderbar». Die Zukunft ist ein unbestimmter zeitlicher Horizont; darin wird vermutlich Leben stattfinden, dessen vorwegnehmende Gestaltbarkeit aber ungewiss und bestimmt eingeschränkt ist (ausgeklammert sei für den Augenblick, dass immer mehr Menschen ihren Tod bewusst gestalten wollen, siehe Abschnitt 8.7). Diese beiden Phasen wirken in die Gegenwart, in das gerade jetzt stattfindende Leben hinein: die Vergangenheit als Hort guter respektive «Deponie» schlechter Erfahrungen, die Zukunft als Versprechen, wie eine Gegenwart einmal sein könnte. Kurz gesagt: Nur das Jetzt ist im eigentlichen Sinne des Wortes gestaltbar, ist in veritabler Weise «leben»!

Mit «Jetzt» soll hier nicht in «suizidaler» Weise die formallogisch als ausdehnungslos konstruierbare Schnittstelle zwischen Vergangenheit und Zukunft gemeint sein (quasi als ein weiteres Beispiel einer realitätsfernen Mathematisierung). Für unser Bewusstsein bietet sich ein Verständnis des Jetzt als einer *gefühlten und wahrnehmbaren Dauer* an, die real mit einem mehr oder weniger einheitlichen Ereignis-, Zustands- oder Handlungshorizont gekoppelt ist – und zumindest im Deutschen sprachlich entsprechend im Präsens formuliert wird. «Ich bin (jetzt) am Telefon» kann zum Beispiel mehr als eine Stunde dauern, «Ich bin (jetzt) in den Ferien» gilt für einige Tage bis Wochen, «Ich baue ein Haus» benötigt schon ein paar Monate, und mit etwas Glück kann die Aussage «Ich bin jetzt pensioniert» mehrere Jahre umfassen. Alle diese Jetzt-Horizonte, von Langeweile bis Kurzweil, können sich ausserdem überschneiden und miteinander interferieren. Natürlich sind die genannten Beispiele alle Elemente einer Lebensgestaltung, aber es umweht sie ein beruhigender Hauch von erstaunlich unaufgeregter, aber befreiender Banalität, wie dies auch bei der folgenden Anleitung zur Kunst des Alterns von Otfried Höffe aufscheint:

Für die zweite, personale Seite der Kunst des Alters liegen sowohl die Herausforderungen als auch die Antworten auf der Hand: Gegen das Nachlassen der körperlichen und geistigen, der sozialen und emotionalen Fähigkeiten empfiehlt sich ein dreifaches L: Laufen, Lernen und Lieben, klugerweise um ein viertes L, das Lachen, zu erweitern. Wer nämlich möglichst früh für körperliche Bewegung (L 1), geistige Tätigkeit (L 2) und soziale Beziehungen (L 3), nicht zuletzt, worauf das vierte L anspielt, für ein ausgefülltes Gefühlsleben sorgt, dessen einschlägige Fähigkeiten, sagt unsere Alltagserfahrung, die die Altersforschung bloss bekräftigt, bleiben länger frisch, und man kann so noch viele Jahre ein hohes Mass an Selbstbestimmung geniessen. (Höffe 2015a.)

Damit sind zwar mögliche Jetztzeiten und deren (allgemeine) Füllmöglichkeiten erwähnt, aber wirklich *Entscheidendes* ist damit noch nicht angesprochen. Lebensgestaltung im engeren Sinne, das heisst *bewusste* Lebensgestaltung, beruht auf Entscheidungen. Im Jetzt – und nur im Jetzt – fällen wir Entscheidungen von geringer über mittlerer bis grosser Tragweite und gestützt auf mehr oder weniger grosse Freiheitsgrade. Wenn wir also von Lebensgestaltung sprechen, dann meinen wir Situationen, in denen wir Entscheidungen von bedeutsamer, gestaltender Tragweite fällen (müssen). Insbesondere geht es um die Entscheidungen, bei denen *Werte* im Spiel sind.

Werte sind mit Verhaltensweisen gekoppelt, die häufig internalisiert respektive antrainiert sind, zum Beispiel wie bei der Feuerwehr, weil sie (in extremen oder überraschend auftretenden Situationen) Entscheidungen abnehmen und adäquates Handeln erleichtern sollen. Die Entscheidung und das Antrainieren können natürlich nur im Jetzt geschehen. Bewusste Lebensgestaltung beinhaltet die Vergegenwärtigung vergangener Erfahrungen und das Abschätzen zukünftiger Entwicklungen – und ganz bestimmt besteht es aus (Denk)arbeit, *und zwar jetzt.* Insofern kommt mir sehr entgegen, dass ich mich dem, was Franco Volpi als «Bibliotherapie» bezeichnet hat, aus Neigung und mit Vergnügen anschliesse. Diese bestehe bei Schopenhauer in der gründlichen Lektüre

der Klassiker aller Epochen – streng in der Originalsprache. Für einen Leser, der wirklich zu lesen versteht, wie Schopenhauer, werden diese alle zu Zeitgenossen, und sie bieten das beste Vademekum, mit dem sich die Vulgaritäten und der Überdruss des Tages ertragen lassen. Die echte Lektüre – nicht das attitüdenhafte Lesen – ist nicht neutral: Sie lässt uns sicherer oder unsicherer, glücklicher oder trauriger, stärker oder schwächer zurück, aber niemals so wie vorher. Sie bietet die beste Schule des Denkens, denn sie zwingt uns dazu, uns mit dem auseinanderzusetzen, woran wir selbst nicht gedacht hatten. [...] Aber Lesen ist nicht genug. Nach der antiken Lehrtradition muss die Lektüre vom Schreiben begleitet werden. So wie die Biene im Laufe des Tages den Blütenstaub sammelt, indem sie von Blume zu Blume fliegt, und am Abend dafür sorgt, dass er sich nicht verflüchtigt, sondern zu Honig kondensiert wird, auf dieselbe Weise sollen wir die Früchte der verschiedenen Lektüren, die wir im Laufe des Tages machen, in schriftlicher Form sammeln und festlegen, damit sie nicht verlorengehen. Deswegen rät Plinius der Ältere: «Nulla dies sine linea», das heisst, «Kein Tag sei ohne eine [Zeile]» (*Naturalis historia* XXXV, 84). (Schopenhauer [2]2011: 15–16.)

So streng in der Eingrenzung auf Klassiker mag ich nicht sein, aber intelligente und anregende Bücher sollten es allemal sein, die dazu beitragen, das Denken zu schulen. Sinn dieser Schulung ist die Erarbeitung von Antworten auf das (vergangenheitsgerichtete) Warum und das (zukunftsgerichtete) Wozu meines Handelns sowie auf die Frage, ob ich allenfalls (moralisch) für etwas verantwortlich bin oder gemacht werden kann. Barbara Bleisch führt die sehr nützlichen Termini «retrospektive» respektive «prospektive Verantwortung» ein und führt dazu aus:

[...] die moralische Bewertung von Kausalfaktoren [ergibt] sich nicht allein aus deren kausaler Unmittelbarkeit, sondern [ist] durch einen normativen Hintergrund strukturiert. Generell gilt, dass die Zuschreibung retrospektiver Verantwortung an das Vorliegen einer prospektiven Verantwortung gebunden ist. Bevor wir geklärt haben, wer im Sinne einer prospektiven Verantwortung für [etwas ...] verantwortlich ist, lässt sich die Frage der retrospektiven moralischen Verantwortung gar nicht beantworten. (Bleisch 2015: 151.)

Damit sind wir eben wieder mit Fragen nach einem normativen Kontext, nach dem *Sinn* konfrontiert: Warum respektive wozu *will, soll* oder *muss* ich (versuchen,) etwas genau so (zu) tun, wenn ich mich einer entsprechenden Entscheidung in der Gegenwart oder in der Zukunft gegenübersehe (siehe Abschnitt 7.5)? Da ich in dieser Schrift grundsätzlich von *meiner* Sinnkonstitution spreche, will ich die folgenden Fragen im Zusammenhang mit Autonomie und Lebensgestaltung ebenfalls vornehmlich *aus meiner Sicht* aufgreifen und behandeln, dabei aber den rationalen, argumentativen Diskurs keineswegs verlassen. Das Autonomiebedürfnis und die Reibungspunkte entsprechen also einem ganz eigenen persönlichen Profil – und führen deshalb zum unüblich häufigen Gebrauch der (hier bitte als bescheiden zu interpretierenden) Ich-Form. Für eine allgemeine und insbesondere allgemeingültige(re) Abhandlung von Autonomie und Freiheit fühle ich mich weder berufen noch ausreichend befähigt, aber aus Erfahrung weiss ich, dass ich mit vielen Problemen und Ansätzen nicht ganz allein *(autós)* bin. Auch bin ich mir bewusst, dass aus (neuro)biologischer Sicht Einwände gegen meine (geisteswissenschaftlich geprägten) Vorstellungen von Autonomie und freiem Willen kommen können (siehe zum Beispiel Roth 2001). Zweifellos hat die gesellschaftliche Natur des Menschen eine neurobiologische Grundlage, aber ich bestreite, dass sie kausal damit erklärbar wird (vergleiche Bauer 2015 sowie das Interview mit Joachim Bauer in *NZZ* vom 5.5.2015).

Im Folgenden will ich daher auch nur einige wenige, mir in meiner Lebenssituation besonders wichtig erscheinende Bereiche ansprechen, in denen die Grenzen der Autonomie für mich wirk-

lich existenzielle Sinnfragen aufwerfen: die autonome und freie
Lebensgestaltung (mit einem längeren Exkurs zur Freiheit des
Willens); Nähe und Distanz in Beziehungen, oder: kein Ich ohne
Du; Leiblichkeit und Endlichkeit (Krankheit, Alter, Tod).

8.2 Grenzen der autonomen und freien Lebensgestaltung

Es wird in den folgenden Absätzen von *Grenzen* die Rede sein –
Grenzen, die mir gesetzt sind oder werden, aber auch Grenzen, die
ich mir selber setze, setzen muss. Ich bin überzeugt, dass die Erfahrung von Grenzen ein grundlegendes anthropologisches Konstitut ist, und es lohnt sich, im Zusammenhang mit Sinnkonstitution über dieses Konstitut und seine Implikationen nachzudenken.
Glückende Antworten auf die Frage des Wozu meines Lebens haben zwei fundamentale Konsequenzen: Zum einen wirken sie be-
freiend, weil sie meinem Tun und Lassen Sinn verleihen, zum anderen grenzen sie Bereiche aus, in denen ich das Tätigsein ein-
schränke oder mir sogar verbiete. Erfolgreiche Sinngebung macht
mich in diesem Sinne *autonom,* das heisst eigengesetzlich (siehe
unten) oder – vielleicht besser – «eigen*rechtlich*» (siehe Abschnitt
8.4 zu den Werten, die aus Rechten hervorgehen). Die dabei gesetzten Grenzen markieren einen *Anforderungshorizont,* dem ich
mit meinem Verhalten zu genügen habe.

Das kann (hoffentlich häufig) gelingen; aber ich kann – und
werde auch – scheitern und meinen Ansprüchen nicht genügen.
Die Erfahrung des Scheiterns ist also offensichtlich eine Grenz-
erfahrung; sie zeigt mir reale Grenzen meines Potenzials auf. Dies
eröffnet die Möglichkeit eines dialektischen Prozesses zwischen
der Formulierung von für mich sinnhaltigen, verantwortbaren
Grenzen, das heisst der persönlichen Sinngebung, und der gewissenhaften Abgleichung mit meinen realen Möglichkeiten, seien
diese physischer oder psychischer Natur oder von aussen gesetzt.
Daraus folgt, dass die Konstitution verantwortbaren Sinns und der
diesen begleitenden Werte ein immer wieder einsetzender Prozess ist und eine Aufgabe darstellt, die mich ein Leben lang begleiten wird.

Das Zeitalter der Moderne hat mit den rasanten und atemberaubenden Entwicklungen in Technik und Wissenschaft die individuellen und kollektiven Möglichkeiten autonomen menschlichen Handelns gewaltig erweitert. Dennoch lehrt uns die unmittelbare und mittelbare Erfahrung – bisweilen ausserordentlich schmerzhaft und häufig im persönlichen «Kleinen» –, dass unsere Autonomie in der Lebensgestaltung nicht grenzenlos ist. «Lebensgestaltung» als heute weitverbreitete Forderung ist typisch für eine säkularisierte, «enttheologisierte» Anschauung respektive für die Ich-Sicht. Einem Leben nach religiösen Regeln fehlen bis zu einem gewissen Grad die freien gestalterischen Möglichkeiten: wenn insbesondere keine Skepsis gegenüber religiösen Überzeugungen gezeigt werden darf, wenn unhinterfragbare Regeln bestimmen, wird das Gelingen des Lebens letztlich aus der Hand gegeben.

Aber zuerst will ich ausführen, was ich unter Autonomie respektive unter dem Adjektiv «autonom» verstehe: Das griechische Wort *nómos* (νόμος) bezeichnet menschliche Ordnung, von Menschen gesetztes Recht und erlassene Grundregeln (Gesetze). Mit der Vorsilbe *autós* (αὐτός) «selbst» bezeichnet es Unabhängigkeit und Selbständigkeit, in philosophischen Kontexten auch Willensfreiheit. Im Zusammenhang mit der Diskussion der Sinnkonstitution wäre also eine autonome Person eine Person, die ihr Leben nach *eigenen* Gesetzen und Regeln gestaltet. Da ich bisher keinen stichhaltigen rationalen Grund erkenne, göttliche oder transzendentale Instanzen in der Rolle von Gesetzgebern zu sehen oder anzuerkennen, ist Autonomie ein zwingend im Menschen angelegtes, seiner Selbst- und Fremdreflexion zu verdankendes lebensgestalterisches Element (für eine philosophische Verortung siehe Kirchner & Michaëlis 1998: 87).

Hier scheint es mir nun wichtig, bei der Bedeutung des Wortes «Autonomie» und seiner Bestandteile genau hinzuhören und auf die Implikationen zu achten. Mit dem Bestandteil *nómos* wird deutlich, dass Gesetze, Regeln und eine Ordnung im Spiel sind; mit dem Bestandteil *autós* wird ein Selbstbezug hergestellt. Der autonome Mensch wird damit zwar zu seinem eigenen Gesetzgeber erhoben, aber: Er *gibt sich Gesetze,* und zwar in einem notgedrungen *bewussten* Vorgang. Autonomie ist also deutlich gegenüber einer chaotischen Unordnung, dem ungesetzlichen Treiben einer «autonomen Szene» oder einem «anything goes»-Verhalten abzugrenzen. Autonomie hat nicht damit zu tun, dass einer allein Gesetze *für andere* aufstellt, die für ihn selbst nicht gelten. Eine solche Person wäre eher als Tyrann oder Autokrat zu charakterisieren – mit unfreien Untertanen. Erlasse ich nämlich für mich eigenwillig Gesetze – auch in der Gestalt von Eigennormen –, nehme ich mich eigenverantwortlich in die Pflicht, mich an meine selbstgewählte Ordnung zu halten (analog dem sprichwörtlichen viktorianischen Engländer, der auch in der Wüste zum Dinner *for one* stets in korrekter Kleidung erschienen sein soll).

Und doch lässt sich – unter der gewiss vernünftigen Annahme, eine Ordnung sei meist vorteilhafter als Unordnung – an dieser Herleitung eine zwar kuriose, aber fundamentale Konsequenz entdecken, die sich etwas plakativ in die folgende Formulierung giessen lässt: Bin ich allein *(autós)*, brauche ich eigentlich weder *nómoi* noch Autonomie; bin ich hingegen *nicht* allein, brauchen ich und andere sowohl Normen als auch Autonomie, wobei der Rahmen dieser «Eigengesetzlichkeit» idealerweise möglichst gleichberechtigt auszuhandeln und gelegentlich zu überprüfen ist. Diese Herleitung der Autonomie geht in die gleiche Richtung wie die von Otfried Höffe wie folgt zusammengefassten Gedanken Kants:

Im provokativen Gegensatz zur Verkürzung der Moral auf eine Sozialmoral beginnt Kant im Fortgang der Pädagogikvorlesung mit Pflichten gegen sich. Selbst in der *Rechtslehre,* also der Theorie dessen, was die Menschen zwangsbefugt einander schulden, hebt die Einteilung der Rechtspflichten bei einer Rechtspflicht gegen sich an. Vor das Gebot, in einen Rechtszustand einzutreten, tritt die Pflicht, ein rechtlicher Mensch zu sein und «im Verhältnis zu anderen seinen Wert als den eines Menschen zu behaupten» (VI 236). Freiheit verpflichtet also. Der Adressat der ersten Verpflichtung ist aber nicht der andere, im Gegenteil richtet sich die Pflicht vielmehr zunächst gegen sich selbst. Für diesen Vorgang gibt es einen moralischen und zugleich sachlichen Grund. Um die üblichen Pflichten, die gegen andere, übernehmen zu können, ist man nicht etwa bloss zusätzlich, sondern sowohl in systematischer als auch in entwicklungsgeschichtlicher Hinsicht schon zuvor gegen sich selbst verpflichtet. Und die Annahme dieser Verpflichtung erfolgt in einem Akt freier Anerkennung (siehe Abschn. 17.3). (Höffe 2015: 101.)

Dies alles funktioniert nur, wenn als Voraussetzung im Hintergrund ein grundlegendes (Ein)verständnis bezüglich der notwendigen (demokratischen, rationalen und rechtlichen) *Verfahrensregeln,* mit denen Übereinkünfte ausgehandelt werden können, etabliert ist und wenn die Beteiligten bereit sind, sich allenfalls dem Entscheid einer Mehrheit zu unterwerfen. Als Körperschaft können Menschen selbstverständlich nicht ohne gewisse gemeinsame Normen und Regeln leben, aber ohne ein qualifiziertes Mass an Autonomie verkommen wir möglicherweise in der Tat und in der Mehrheit zu supranational organisierten, politisch und marktwirtschaftlich ausbeutbaren Bienen- oder Ameisengemeinwesen. Es ist unbestreitbar, dass wir in Zwangskörperschaften (hineingeboren) sind: In erster Linie ist da die Staatsbürgerschaft zu nennen. Im Gegensatz zu Bienen und Ameisen können wir die Mitgliedschaft in vielen Staaten aufkünden *(opting out)* und anderswo eintreten – sofern die gewünschte Gemeinschaft das Aufnahmebegehren akzeptiert. Tun wir das nicht, so ist dies als Zustimmung zu dieser Mitgliedschaft zu werten und es sind die entsprechenden Rechte und Pflichten konsequent zu übernehmen (inklusive der Pflicht, wünschbare Änderungen der Regeln der Gemeinschaft in anerkannten Verfahren anzustreben).

Sinnkonstitution ohne Schutz der Autonomie und ohne Berücksichtigung der Tatsache, dass wir eminent *sozial* sind, das heisst in Gesellschaften leben, ist nicht wirklich «sinnvoll» möglich. Zu den grössten Garanten von Teilen meiner Autonomie gehören die Menschenrechte sowie die Verfassungs- oder Grundrechte. So listet etwa die schweizerische Bundesverfassung (BV) an die zwei Dutzend (klassische) Freiheitsrechte auf. Solche bewusst gesetzten Rechte, die nur in klar definierten (Not)situationen und zeitlich begrenzt ausser Kraft gesetzt werden dürfen, garantieren Freiräume des autonomen Handelns und dienen dem gegenseitigen Schutz; sie erlauben auch ein hohes Mass an autonomer Lebensgestaltung. Es ist unter diesen Umständen ein angemessenes Geben und Nehmen, aber keine Garantie, dass Rechte immer ausgeübt oder geschützt werden können: Die zum Beispiel durch die Wirtschaftsfreiheit alimentierte Geldwirtschaft bedingt für viele beinahe unausweichlich unselbständige Lohnarbeit mit Autonomieabstrichen, aber die Verfassung garantiert – als Form von Ausgleich – zum Beispiel die freie Berufswahl (wobei dieses Recht ausgehebelt werden kann durch die Aufhebung von Arbeits- und Ausbildungsplätzen). Die realistisch lebbare Autonomie ist in vielen wichtigen Bereichen der Gesellschaft zu deren Nachteil gefährdet, zum Beispiel in der Wissenschaft, wegen interessengeleiteter Entscheidungen in Politik und Verwaltung, im Kulturleben und so weiter.

Erhebliche Autonomieprobleme ergeben sich insbesondere durch die wachsende Zahl von «Quasizwangskörperschaften», bei denen es für mich zwar eine Rolle, aber keine (sauber) geregelte Mitgliedschaft und gute Verfahrensregeln gibt. Es betrifft insbesondere Bereiche, in denen Geld zu verdienen ist, in denen Angebot und Nachfrage angeblich «spielen». Wenn zum Beispiel im Bereich des Konsums sowohl Gewinnoptimierung wie auch Datenhunger dazu führen, dass aus meinem Konsumverhalten (personalisierbare) Datenspuren werden, zu deren Aufnahme und Speicherung, geschweige denn Verwertung ich meist nicht explizit gefragt worden bin oder mein Einverständnis gegeben habe, dann tangiert dieser Auswuchs von Big Data meine Autonomie grundlegend, denn das Fundament allen Wirtschaftens, nämlich der Vertrag zwischen gleichberechtigten Anbietern und Nachfragern, wird zerstört oder in krass benachteiligender Weise formuliert respektive durch eine ungeregelte, usurpatorische oder sogar *Laissez-faire*-Praxis einseitig festgelegt.

Meine Autonomie wird in solchen Fällen mehrfach beschnitten: [a] Um zu konsumieren, muss ich *nolens volens* solche Verträge eingehen respektive über mich ergehen lassen – besonders bei lebensnotwendigen Gütern, bei denen Selbstversorgung nicht möglich ist. [b] Meine Datenspuren können zur Ware gemacht und verkauft werden (ein *opting out* ist praktisch unmöglich zu erreichen, vergleiche etwa kürzlich die Auseinandersetzungen mit Google oder Facebook, sollte aber obligatorisch auf ein *opting in*, also auf ein bewusstes Erlauben, umgestellt werden). [c] Wie wehre ich mich effektiv dagegen, dass etwa Google, Facebook oder andere die elementaren Prinzipien der freien Meinungsbildung verletzen dürfen, indem sie mir nicht nur gefilterte, zu meinem (angeblichen) Profil passende Angebote machen, sondern auch verhindern, dass ich die Alternativen einsehen kann? [d] Ich kann mich dem nur durch freiwillige, aber gleichwohl fremdbestimmte Einschränkung meiner Autonomie entziehen (zum Beispiel durch Konsumverzicht oder durch Ausweichen auf dubiose Kanäle). Aber ich kann damit (individuell) kaum wirksam Einfluss nehmen auf Entwicklungen, welche diese Bereiche betreffen, da echt partizipative Formen sich kaum behaupten können (wie zum Beispiel Genossenschaften).

Kein Wunder, braucht es den griffigen Konsumentenschutz. Dieser dürfte sich dieser Thematik vermehrt annehmen, aber gleichzeitig auch weniger ideologisch sein. Auch darf er sich nicht aufgrund eines selbstgegebenen und sich stark an u. U. intransparenten Interessen orientierenden Mandats zum alleinigen Vertreter aller aufschwingen; wollen wir unsere Autonomie wahren, muss das Verhältnis zu solchen durchaus nützlichen Organisationen sehr wohl bedacht und demokratisch geregelt sein. Wenn ich in solchen öffentlichen Bereichen meine Lebensverhältnisse bewusst ordnen und mein Mass an Autonomie selbst gestalten will, dann muss ich das aktiv tun können; es darf nicht sein, dass dies nur reaktiv möglich sein soll und erst noch aus schwachen Defensivstellungen heraus. Es müssen adäquate Rechte eingerichtet sein, die wir (auch mit Hilfe «unserer» Partner) möglichst einfach einfordern können; es sollte nicht sein, dass die Etablierung notwendiger rechtlicher Rahmenbedingungen ein so mühseliges Geschäft ist. Aber hier ist durchaus Vorsicht und behutsames Vorgehen geboten: Je mehr wir an Gerichte abtreten, umso weniger autonom sind wir – und doch sollten wir auf einer Basis von Vertrauen geleistete freiwillige Versprechen verbindlich erklären und (schiedsgerichtlich oder in einem Mediationsverfahren) einfordern, wenn nötig auch einklagen können.

Welche persönlichen Folgerungen sind für mich aus den obigen Ausführungen für Sinnkonstitution und für autonome Lebensgestaltung zu ziehen? Nur teilweise erfreuliche. Die Bereiche meines Lebens, die sich dominant *im öffentlichen Raum* abspielen, erfahren zwar Schutz, aber zunehmend auch Gefährdung. Diese Mischung ist nicht weiter verwunderlich, aber die vorhandenen und nur zum Teil offen erkennbaren Gefährdungen haben wegen der Macht der spielbestimmenden Teilnehmer ein Potenzial, welches meine mögliche Autonomie nicht nur zu ersticken droht, sondern auch einen korrigierenden und nachhaltigen Protest zu verhindern vermag. Wenn es zum Beispiel witterungsbedingt keinen Salat hat, kann ich zwar nicht welchen kaufen, empfinde aber den situativ entstehenden Zwang, auf etwas anderes ausweichen zu müssen, nicht als Manipulation; wenn hingegen ein Anbieter Salat aus dem Sortiment nimmt, um den Verkauf eines anderen Produktes mit einer höheren Marge zu steigern (systemischer Zwang – für Konsumierende, aber u. U. auch für Produzierende), dann stehe ich im Effekt auch ohne Salat da, empfinde aber den Entscheid als unfrei, wenn ich auf etwas anderes ausweichen muss. Essen wird zu einem Politikum (siehe Hayer 2016).

Das ist nicht illegal, aber möglicherweise unethisch, und es spiegelt das Machtgefälle und verrät den hochmütigen Geist des Umgangs. Im Endeffekt sind beide Resultate gleich (ich habe für eine gewisse Zeit keinen Salat), aber die Auswirkung auf die Autonomie meines Handelns ist eine deutlich andere. Ich zweifle, ob die Schwächung der Autonomie der Konsumenten, die in Kauf genommen wird, längerfristig ein Vorteil ist für die tonangebenden Marktteilnehmer, für die Anbieter; ich bin mir hingegen ziemlich sicher, dass offene Gespräche mit den entsprechenden Organisationen Partnerschaften stärken und die Attraktivität für bewusstere Kunden erhöhen werden. Ich bin überzeugt, dass eine (noch) reflektiertere Rolle im Bereich des Konsums zwar sinnstiftend und sinnvoll wäre, aber auch die Chancen auf (Grenz)erfahrungen des Scheiterns erhöhen würde; dies mag – gewiss über den Kauf von Salat hinaus – zu einer autonomeren, aber wohl kaum geruhsameren Lebensgestaltung beitragen.

8.3 Liberales Gedankengut – gut, aber gefährdet

Die Gedanken in dieser Schrift möchte ich grundsätzlich «aufge-klärt-liberal» nennen. Die Bedeutung und das Wohlergehen libera-len Gedankengutes in Staat und Gesellschaft (gerade auch meiner Schweiz) verdient hohe Aufmerksamkeit. Angesichts der vielen guten Studien und Quellen, die zur Verfügung stehen, wäre es ein Leichtes gewesen, zentrale Vorstellungen von «Liberalismus» und von «liberaler Wirtschaftsordnung» summarisch in Erinnerung zu rufen. Bei der Abfassung dieses Abschnitts drängten sich mir aber hartnäckig *Gefährdungen* der liberalen Ordnung ins Bewusstsein und nötigten mir eine entsprechende Behandlung ab. Sowohl die Vielfalt der Gefährdungen als auch die unvermeidliche Länge des Abschnitts (und mancher Zitate) zeigen jedoch eindringlich auf, in welch komplexem und zuweilen schwierigem Kontext und mit welch (sisyphidischen) Mühen freie und selbstverantwortete Sinnkonstitution sich vollzieht. Beat Wieser spricht mir da aus dem Herzen:

Freiheit ist ein sehr fragiles Gut, das einen sorgsamen Umgang erfordert. [...] Freiheit ist eine anstrengende Sache. Sie muss dauernd verteidigt werden, denn sie ist sehr verletzlich und vielerorts unbeliebt. Manche herrschen und leben problemloser ohne Freiheit und Widerspruch. Doch wir sind im Genuss dieses Privilegs. Tragen wir ihm Sorge. (Wieser 2015.)

Die mit «Liberalismus» bezeichnete Denkrichtung hat ihr Funda-ment in zentralen Postulaten der Aufklärung: Sie ist ein Produkt konsequent angewandter Rationalität. Liberales Gedankengut äussert sich heute in zwei wichtigen Bereichen, einerseits in den politischen Ordnungen (Stichwort: Freiheit des Individuums in Abgrenzung zum Staat und zu anderen Individuen), andererseits in der Wirtschaftsordnung (Stichwort: freie Marktwirtschaft; sie-he Websites).

Liberale Vorstellungen eröffnen in den Bereichen Politik und Wirtschaft diverse *Spannungsfelder,* die einen Rahmen und griffige Mechanismen verlangen, damit inhärente Gegensätze ausgegli-chen werden können. Ein fundamentales Spannungsfeld zeigt sich bei der Ausgestaltung der Freiheit (siehe Abschnitt 8.4.1). Wenn

meine Freiheit(en) und die Freiheit(en) anderer dort, wo sie notgedrungen aufeinanderstossen, Grenzen erfahren, wenn absolute
Freiheit weder möglich noch einforderbar ist, dann kann es nur
um einen *möglichst hohen Grad* an individueller Freiheit gehen,
dann sind zum Beispiel im Bewusstsein der Zielkonflikte zwischen
Freiheit und Sicherheit (Stichwort: Terrorismusbekämpfung) ein
rationales Aushandeln der Gestalt dieser Freiheiten und der Massnahmen zu deren Sicherung notwendig. Dieses zentrale Anliegen
der individuellen Freiheiten zeigt auch auf, wie menschliche Ordnungen grundsätzlich zu strukturieren sind: Sie sollen sich darauf
konzentrieren, notwendige soziale *Grenzen* in Form von (Grund)rech-
ten und Pflichten zu setzen und deren Ausübbarkeit respektive
Einhaltung zu garantieren; dabei soll die Rechtsordnung so adäquat wie möglich verhindern, dass Menschen durch die Interessen
anderer gesteuert werden können. Das Verhältnis zwischen
Rechtsstaat und Gesetzgebung ist keineswegs ohne Tücken, wie
Friedrich von Hayek luzid ausführt:

Das Prinzip des Rechtsstaates ist daher gleichbedeutend mit einer Einschränkung des Bereiches der Gesetzgebung: es beschränkt sie auf jene Art
allgemeiner Normen, die wir als formales Recht bezeichnen, während es eine Gesetzgebung ausschließt, die direkt bestimmte Individuen treffen oder
einer Behörde die Befugnis zum Gebrauch der Staatsgewalt für eine solche
unterschiedliche Behandlung geben soll. Es bedeutet nicht, daß alles gesetzlich geregelt wird, sondern im Gegenteil, daß die staatliche Zwangsgewalt
nur in gesetzlich vorher definierten Fallen und in einer solchen Weise ausgeübt werden kann, daß die Art ihrer Anwendung von vornherein feststeht.
Ein bestimmtes Gesetz kann daher eine Verletzung des Prinzips des Rechtsstaates bedeuten. (von Hayek 2014: 114–115.)

Rechtssicherheit wird ausserdem nicht beliebig erhöht, indem Gesetze minutiös formuliert werden; ganz im Gegenteil: Ein solches
Vorgehen zwingt einerseits zu immer erschöpfenderen, aber nie
alles abdeckenden Delikts- und Strafkatalogen, andererseits fordert es die «kreative» Suche nach den gesetzlichen Schlupflöchern
heraus. Was nicht verboten ist, ist doch schliesslich erlaubt ...?
    Die dem Staat übertragenen Monopole sind durch *checks and*
balances zu kontrollieren, also durch der *Gewaltenteilung und*

-trennung dienende Institutionen (mindestens legislativ, exekutiv und judikativ), die in geregelten Verfahren interagieren, Schranken errichten und Gleichgewichte schaffen. Gestärkt wird ein solches System durch geschichtete, föderale Ordnungen, die dem *Subsidiaritätsprinzip* gehorchen sowie die Mitspracherechte der unteren Ebenen in den oberen Ebenen regeln. Prägnant formuliert bedeutet dieses Prinzip: Was eine untere (politische) Ebene kompetent bewältigen kann, soll nicht auf einer höheren Ebene entschieden werden. In der Schweiz heisst das, dass Kantone nicht Aufgaben wahrnehmen sollen, die auf Gemeindeebene bewältigt werden können, respektive der Bund solche von Kantonen. Ordnungen müssen also einen hohen Grad an Formalisierung und Regularisierung aufweisen, damit sie inhaltlich möglichst wenig in das Leben der Menschen eingreifen.

Öffentliche Verwaltungen sind auf den Dienst an der Allgemeinheit zu verpflichten und zweckmässig zu gestalten. Dem meist ökonomistisch verschleierten Einwand, dass das mehrstufige föderale Verfahren den Entscheidungsweg «unnötig» schwerfällig, teuer und ineffizient mache, ist entschieden entgegenzuhalten, dass die Durchsetzung schlanker, kostengünstiger und effizienter Verfahren durchaus problematische Konsequenzen haben kann. Will man hohe Effizienz in komplexen Fragen erreichen, muss man sich nicht nur auf die «Loyalität» möglicherweise interessengeleiteter (und teurer) Experten verlassen, sondern auch die – von einer ausreichend kompetenten Verwaltung – wahrzunehmende Überwachung der Prozesse (gefährlich) «schlank» halten oder gar aus den Händen geben – mit Konsequenzen für jeden Steuerzahlenden.

Eine weitere problematische Erscheinung der Forderung nach Effizienz bei Entscheidungswegen ist das Überhandnehmen von Regulierungen auf dem «effizienten» *Verordnungsweg*. Damit kann der steinige Weg durch die Instanzen umgangen und eine Genehmigung durch den Souverän vermieden werden, aber das Verfahren zersetzt das Vertrauen in die staatlichen Organe und führt zunehmend zu einer gefährlichen Dissoziation zwischen den ihrer Entscheidungsrechte «auf kaltem Wege» beraubten Bürgern und der als selbstherrlich und «verantwortungslos» agierend wahrgenommenen Verwaltung respektive Regierung. Das Fehlen niederschwelliger Eingriffsmöglichkeiten, die frühzeitig das Setzen von Signalen und das Ausarbeiten von Kompromissen zulassen (häufig muss per Initiative gleich die Verfassung geändert werden), ist gewiss mitverantwortlich für unausgewogene respektive extreme Volksentscheide in den letzten Jahren (zum Beispiel bei der Masseneinwanderungsinitiative). Dass die interessenbasierte Bewirtschaftung dieser Unzufriedenheit durch politische Gruppierungen die Dissoziation verschärft, ist eine sowohl unappetitliche als auch konstitutionell gravierender werdende Konsequenz.

Demokratische Institutionen haben *instrumentalen Charakter;* darum können sie «missbraucht» werden. An sich dienen sie dazu, dass der Souverän respektive das Volk bei der Gestaltung der ihn betreffenden Ordnung mitwirken kann. Ihre Tauglichkeit respektive Ausgestaltung ist darum dauernd zu überprüfen, wie an folgendem Sachverhalt illustriert werden kann. In der Schweiz referieren zwei Ausdrücke auf die Gesamtheit der mündigen Bürger: Mit dem in der Bundesverfassung nicht benutzten ‹Souverän› ist die letztinstanzlich entscheidende Gesamtheit der stimm- und wahlberechtigten Bürger gemeint. Mit ‹Volk› wird auf folgende unterschiedliche «Grössen» referiert: [a] die Gesamtheit der *schweizerischen* Staatsbürger (inklusive der Fünften Schweiz); [b] die Gesamtheit der stimm- und wahlberechtigten Bürger (= Souverän); [c] der eine Wahl oder eine Abstimmung für sich entscheidende Teil der stimm- und wahlberechtigten Bürger, der an einem Urnengang teilnimmt. Der *Souverän* wird befragt respektive ihm wird eine Vorlage unterbreitet (das heisst, es sind *alle* stimm- und wahlberechtigten Bürger zur Meinungsäusserung aufgerufen), aber das *Volk* entscheidet darüber (das heisst die Mehrheit der Teilnehmenden). Bei einer Stimmbeteiligung von beispielsweise 35 % bilden also 17,51 % des Souveräns schon die Mehrheit. Meine Meinung ist also sehr leicht zu majorisieren; auf diese Weise können sogar totalitär konzipierte Ordnungsvorstellungen Platz greifen, die in Form von Einschränkungen bei der Mobilität oder bei der freien Nutzung von Eigentum, in Form von Kleiderverboten, Essensgeboten und so weiter ziemlich «gewaltsam» in mein Leben eingreifen und so mir «ihren Sinn» aufdrücken.

Jedes Instrument – auch «die Demokratie» – ist prinzipiell indifferent gegenüber seiner Nutzung. Wozu zum Beispiel eine Initiative eingesetzt wird, ob (für die einen) in einem nützlichen oder (für andere) in einem missbräuchlichen Sinne, ist dem Instrument «egal». Gelingt es einer Partei zum Beispiel, in demokratischen Wahlen eine Mehrheit zu erringen, welche ohne Rücksicht auf die Opposition die Änderung der Verfassung ermöglicht, dann hat sie freie Bahn, um institutionelle *checks and balances* auszuhebeln. Das demokratische Verfahren kann so legal dazu verwendet werden, einer totalitären Ordnung den Weg zu ebnen. Mir darf es nicht egal sein, wie öffentliche Instrumente eingesetzt werden, insbesondere wenn dabei meine individuellen Freiheiten massiv tangiert werden (können). Wir müssen uns also Gedanken machen, was wir als Missbrauch definieren und wie wir Lücken, die Missbrauch ermöglichen, schliessen wollen – und zu welchen Kosten.

Ich masse mir nicht an, diese Probleme lösen zu können, aber ein paar Gedanken lassen sich laienhaft formulieren. Das Wahlsystem in der Schweiz scheint mir tauglich: Proporz als Regel bei den Wahlen in die Legislativen (eventuell ergänzt durch die überlegenswerte Möglichkeit, die Partei «abzuwählen», die man partout nicht im Parlament haben will, um so polarisierende Extreme zurückzubinden); Majorz bei den Exekutiven. Bei Abstimmungen, das heisst bei Sachgeschäften, sollten wir bedenken, dass an der Urne nur «Ja» oder «Nein» zu einer Vorlage gesagt werden kann. Das hat zur Folge, dass die Komplexität des Geschäfts u.U. heruntergebrochen werden muss, dass speziell die Frage, *ob* etwas geschehen soll, von der Frage, *wie* es geschehen soll, getrennt wird. Das kann an einem Beispiel so aussehen: Es zeichnet sich ab, dass ein neues Schulhaus gebraucht wird (dass der Flughafen ausgebaut werden soll; dass eine Lagerstätte für radioaktive Abfälle benötigt wird und so weiter). In einer ersten Abstimmung ist also zu fragen, ob ein solches Vorhaben überhaupt geplant oder realisiert werden soll. Damit kann vermieden werden, dass ein schon konkretisiertes Projekt verworfen wird, und zwar nicht weil an der

Notwendigkeit gezweifelt wird, sondern weil das Projekt nicht überzeugt. Aufgrund des Grundsatzentscheids wird dann geplant, eventuell in Varianten, und der Souverän hat die Möglichkeit, einer dieser Möglichkeiten die Stimme zu geben.

Geht es um Gesetze, ist das Trennprinzip zwar immer noch zu beachten, aber das zweistufige Verfahren ist anzupassen. So hätte etwa das Volk gefragt werden können, ob es grundsätzlich die Einwanderung geregelt respektive begrenzt haben will. Das Parlament hätte dann die Wahl, die Ausführung in eine Verfassungsbestimmung oder auch in ein Gesetz zu giessen, welches (a) dem fakultativen Referendum unterstünde (zweite Befragung des Volkes) und (b) das Formulieren eines tragfähigen, Minderheitsmeinungen ebenfalls berücksichtigenden Kompromisses ermöglicht. Da wir keine Verfassungsgerichtsbarkeit kennen, sollte es erschwert werden, auf dem Weg der Initiative ausformulierte Bestimmungen in die Verfassung zu schreiben. Das Volk sagt also zuerst, ob überhaupt, das Parlament sagt dann wie, und das Volk nimmt allenfalls nochmals dazu Stellung. Damit würde verhindert, dass Verfassungsbestimmungen nur die Interessen einer (relativ zufälligen) Mehrheit spiegeln und wichtige Rechte von Minderheiten verletzen.

Bedächtige Bedachtheit, die Raum für das Aushandeln von Kompromissen lässt, und sichtbare Sorgfalt bei fundamentalen regulativen Prozessen sowie die Aufrechterhaltung der direkten Kommunikation mit den Stimmbürgern hilft nicht nur, die Entstehung «betroffener Subjekte», von Bewegungen der Empörten und von egozentrischen Haltungen zu vermeiden, sondern fördert den (mit)denkenden Citoyen mit «Bürgersinn». Dazu würde auch gehören, dass die Entwicklung zum Berufsparlament kritisch zu hinterfragen ist.

Das System von *checks and balances* hat nicht nur eine konstitutionelle Funktion. Es kann auch anderen Bereichen zugrunde gelegt werden. Wird Macht systematisch geteilt, entstehen *kleinere* Einheiten – *small(er) is beautiful*. Die Diktatur der Effizienzsteigerung ist gefährlich, denn sie tendiert dazu, kreatives Kommunizieren zu erschweren sowie Alternativen und Vielfalt auszuschliessen. Das «System» wird zwar weniger redundant, dadurch aber auch weniger fehlertolerant; es zerstört so Quellen möglicher guter Lösungen, und die Auswirkungen von *trial and error* vervielfachen sich (Fehlentwicklungen sind im Kleinen nicht nur schneller erkennbar, sondern auch schneller zu beheben). Nicht zu unterschätzen ist ferner, wie schnell die Forderung nach Effizienz totalitäre Züge annimmt, denn sie fordert kleinmaschiges – um nicht zu sagen: «kleinkariertes» – Regulieren und Kontrollieren. Dies alles hat sein Pendant in der bereits erwähnten minutiösen Formulierung von Gesetzen, die der Tendenz Vorschub leisten, Gerichte mit (häufig eher kleinlichen, rechthaberischen) Klagen anzurufen, bevor der Versuch eines Ausgleichs gemacht worden ist. Damit wird nicht nur das aufeinander zugehende Gespräch vernachlässigt, sondern man unterwirft sich (vielfach unnötig) einem Richtspruch, indem Verantwortung an Richter abgetreten wird.

Überträgt man diese Einsicht von der Politik auf die Wirtschaft, so muss eine freiheitliche – wohlgemerkt: *gerade* eine freiheitliche – Wirtschaftsordnung so gestaltet sein, dass der Marktmacht grosser Akteure Schranken gesetzt sind. Grösse jeglicher Art ist ein entscheidender Faktor von Macht; der Macht und dem damit verbundenen Missbrauchspotenzial kann eine liberale Ordnung ausser durch sinnvolle Machtteilung eigentlich nur auf eine Art begegnen: Da der Missbrauch von (grosser) Macht ein entsprechendes (grosses) Schadenspotenzial hat, sollte der Preis von Macht sich in strengen Haftbarkeitsanforderungen der Firmen und in gradierten gesetzlichen Verantwortlichkeiten von Führungspersonen spiegeln. Hohe Gehälter und Boni sind nicht das eigentliche Problem, sofern ihre Bezüger den Anspruch einlösen, dass Geschäftsmodell und Geschäftsgebaren auch die Interessen der Allgemeinheit, der Gesellschaft zu berücksichtigen haben. Sind sie aber Risikoprämien für problematische Geschäftsmodelle, so ist nicht primär bei den Boni anzusetzen, sondern bei der Zulässigkeit und sozialer Verträglichkeit der Geschäftsmodelle.

Eine Konsequenz davon wäre für mich, dass hier tätige Firmen in ausreichendem Mass von *schweizerischen* oder in der Schweiz akkulturierten Führungspersonen geleitet werden sollten. Dies entspringt nicht einem nationalistischen, heimatschützlerischen oder gar rassistischen Gedanken, sondern der Überlegung, dass, wer Bürger oder Bürgerin ist, eher ein intrinsisches Interesse am Funktionieren dieser einzigartigen Demokratie haben wird, weil sie eben Heimat ist und bietet. So wird neben den ökonomischen Profit wohl eher auch der soziale Nutzen gestellt und in dieser Abwägung zumindest versucht, die Verantwortung der Wirtschaft in Wort und Tat wahrzunehmen.

Die Institutionalisierung einer *freien Marktwirtschaft* ist eine weitere grosse Errungenschaft des Liberalismus. Es ist nicht von der Hand zu weisen, dass die politische Freiheit auf das Engste mit ökonomischen Freiheiten verknüpft ist und auch sein muss. Warum eine freie Marktwirtschaft trotz inhärenter Ungleichheiten ein sehr hohes Mass an individuellen Freiheiten garantiert und daher – zumindest in einer Demokratie – das System der Wahl sein muss, geht aus den folgenden, etwas ausführlicher zitierten luziden Überlegungen aus der Schrift *Der Weg zur Knechtschaft* von Friedrich von Hayek hervor:

Wir haben die Wahl nicht zwischen einem [sozialistischen; RHG] System, in dem jeder erhält, was ihm nach irgendeinem absoluten und allgemein gültigen Maßstab zusteht, und einem [liberalen; RHG] System, in dem die Anteile der Individuen zum Teil vom Zufall oder vom Glück oder Unglück bestimmt werden sollen. Vielmehr bleibt uns nur die Wahl zwischen einem System, in dem der Wille einiger Personen darüber entscheidet, wer etwas bekommt und was er erhält [135], und einem solchen, in dem dies mindestens zum Teil von der Fähigkeit und dem Unternehmungsgeist der Betreffenden abhängt und zum anderen Teil von unvorhersehbaren Umständen. Daran ändert auch die Tatsache nichts, daß in einer freien Marktwirtschaft die Chancen ungleich sind, da ein solches System notwendigerweise auf dem Privateigentum und (dies freilich nicht mit gleich unbedingter Notwendigkeit) auf dem Erbrecht beruht und auf der dadurch hervorgerufenen Ungleichheit der Startbedingungen. Das spricht in der Tat in hohem Grade dafür, diese zu vermindern, so weit das möglich ist, ohne den unpersönlichen Charakter jenes Prozesses aufzuheben, in dem jeder seines Glückes Schmied ist und in dem keine Privatansicht über das, was recht und wünschenswert ist, andere tyrannisiert.

Die Tatsache, daß die Chancen, die dem Unbegüterten in einer Marktwirtschaft offenstehen, weit geringer sind als die des Reichen, hat nicht den geringsten Einfluß darauf, daß der Arme in einer solchen Gesellschaft viel freier ist als ein Reicherer unter einem anderen Gesellschaftstypus. [...] Ob es sich für ihn darum handelt, seine Arbeitsstelle oder seinen Wohnsitz zu wechseln, sich zu gewissen Anschauungen zu bekennen oder seine Freizeit in einer bestimmten Weise zu verbringen, so ist vielleicht zuweilen der [136] Preis, den er zahlen muß, um seinen Neigungen zu folgen, hoch, und vielen mag er sogar zu hoch erscheinen; indessen gibt es keine absoluten Hindernisse, keine Gefahren für seine Sicherheit und Freiheit, die ihn durch rohe Gewalt an seine Arbeit und seine Umgebung fesselten, die ihm von einem Vorgesetzten zugewiesen sind. [...]

[137] Es wäre falsch, anzunehmen, daß es sich um eine bloße Verschiebung der Macht vom Individuum auf den Staat handelt. Es ist vielmehr Macht, die neu geschaffen wird und die in der Marktwirtschaft niemand besitzt. Solange das Eigentum sich auf viele Besitzer verteilt, hat – da jeder für sich handelt keiner von ihnen die ausschließliche Macht, das Einkommen und die Stellung konkreter Individuen zu bestimmen; man ist nur insoweit an ihn gebunden, als er vielleicht bessere Löhne zahlt als ein anderer Arbeitgeber. Unsere Generation hat eben vergessen, daß das System des Privateigentums die wichtigste Garantie für die Freiheit ist, und zwar nicht nur für diejenigen, die Eigentum besitzen, sondern auch fast ebenso sehr für die, die keines haben. [...] Wer kann im Ernst daran zweifeln, daß ein Angehöriger einer kleinen ethnischen oder konfessionellen Minderheit auch ohne Eigentum dann, wenn die übrigen Mitglieder seiner Gemeinschaft Eigentum besitzen und daher in der Lage sind, ihn zu beschäftigen, freier sein würde als dann, wenn das Privateigentum abgeschafft und er Eigentümer einer nominellen Quote des Gesamteigentums wäre? [...] [138] (von Hayek 2014: 135–138.)

Wie (überraschend) gross diese Quote sogar in der relativ liberalen Schweiz ist, beschreibt René Scheu in seiner Besprechung von Paul Masons Buch *Postkapitalismus:*

Der [Staat] ist in der Schweiz höchst mächtig und aktiv, als Preissetzer, Eigentümer, Arbeitgeber und Steuereintreiber. [...] Mehr als die Hälfte der Preise für Güter und Dienstleistungen ist staatlich administriert, vor allem in den betont staatsnahen Branchen: Landwirtschaft, Verkehr, Bildung, Gesundheits- und Sozialwesen, Rundfunk, Post, Energie- und Wasserversorgung, Finanzbranche; über ein Fünftel aller Vermögenswerte in der Grössenordnung von 500 Milliarden Franken gehört dem Staat; ein Drittel aller Beschäftigten arbeitet direkt beim Staat oder in einem staatlich geprägten Betrieb; die erweiterte Fiskalquote (inklusive aller Zwangsabgaben an die berufliche Vorsorge und die Krankenversicherung) beträgt in der Schweiz rund 43 Prozent. Diese letzte Zahl [...] bedeutet, dass selbst in der Schweiz der einzelne produktive Bürger nur mehr über rund die Hälfte seines Wirtschaftserfolgs selbst verfügt. Ist das die vielgescholtene freie Marktwirtschaft, worin der Einzelne Herr über seine wohlverdiente Kaufkraft ist? Eigentum aber bedeutet nicht nur juristische Verfügungsmacht, wie sie in der Verfassung steht, sondern faktische. Ludwig von Mises nannte darum Mischsysteme wie das real existierende völlig unaufgeregt «halbsozialistisch»: Nicht der Bürger selbst, sondern gewählte und nicht gewählte andere entscheiden über die Verwendung der Hälfte seines Eigentums. (Scheu 2016.)

Je höher der Grad an «bewusster Lenkung», an ökonomischer «Planung», umso eingeschränkter die Räume für freies Handeln. Aber gerade hier tritt ein weiteres Spannungsfeld in Erscheinung: Die unbestreitbare Bedeutung der Wirtschaft darf nicht in eine Diktatur ökonomischer Interessen münden, sondern muss – wie von Hayek selbst auch mehrfach erwähnt (zum Beispiel von Hayek 2014: 60) – mit dem Mittel des Wettbewerbs in einem vernünftigen Ausgleich zu den individuellen und politischen Freiheiten stehen; das Verhältnis Politik versus Wirtschaft bedarf einer anhaltenden Diskussion bezüglich der gegenseitigen Verträglichkeit; dabei sind insbesondere die unterschiedlichen Interessenlagen auf die übergeordneten Freiheiten und Interessen der Menschen und der Gesellschaft abzustimmen.

In diesem Zusammenhang ist unbedingt der Begriff der «Entwicklung(shilfe)» zu hinterfragen, denn dieser wird nach westlichem Verständnis zu oft mit ökonomischem Wachstum gleichgesetzt. Werden aber politische Fragen wie die des Eigentums und des Rechts als Wirkungsbereiche der Hilfe ausgeklammert, wird der Nutzen der Marktwirtschaft für das auf Hilfe angewiesene Land eingeschränkt, weil den «Helfern» die Ausbeutung – insbesondere von Ressourcen – erleichtert wird. Wie allerdings

Eingriffe in diese Bereiche als Bedingungen für Hilfe legitimiert und gefordert werden können, ist eine noch ungelöste Frage.

«Profit» darf nicht nur ein ökonomischer Begriff sein; als «Nutzen» muss er sich auch für eine Gesellschaft auszahlen. Wenn insbesondere *privates Eigentum* eines der fundamentalen Voraussetzungen für individuelle Unabhängigkeit respektive Emanzipation und für eine freiheitliche gesellschaftliche Ordnung ist, dann muss eine angemessene Verteilung von Eigentum angestrebt und ausgehandelt werden. Hier wäre in Bezug auf die Mitverantwortung und die Mitgestaltung der Bürgerinnen und Bürger dieses Landes die zeitgemässe Wiederbelebung *genossenschaftlichen Gedankengutes* anzustreben, wie sie etwa die Versicherungsgesellschaften Mobiliar und Vaudoise oder die Bank Raiffeisen praktizieren – und welches die Paradebeispiele Migros und Coop leider weitgehend aufgegeben haben.

Die Form der Genossenschaft wäre sogar in Bezug auf das beträchtliche «Staatseigentum» zu prüfen. Staatliche Dienste – die als Regiebetriebe durchaus mit einem Leistungsauftrag und Effizienzanforderungen erbracht werden sollen – sind in erster Linie am gesellschaftlichen Nutzen auszurichten. Wie sähen zum Beispiel PTT oder SBB aus, wenn sie genossenschaftlich organisiert wären, wenn nicht der Staat oder profitorientierte Unternehmen, sondern die Stimmbürger in ihrer Eigenschaft als Genossenschafter und mit dem Allgemeinnutzen im Blick gesellschaftliche und unternehmerische Verantwortung für diese grossen und lebenswichtigen Solidarwerke übernähmen? Wir Bürger sollten die beschönigend «Privatisierungen» genannten und einer unkritischen «Anbetung» der Effizienz geschuldeten Bestrebungen, (rentable) staatliche Dienstleistungen in Aktiengesellschaften überzuführen oder sogar an privatwirtschaftliche Interessengruppen und Unternehmen abzutreten, nicht einfach hinnehmen, sondern unseren Anteil reklamieren.

In genossenschaftlichen Formen liessen sich nicht nur die eben erwähnten Differenzen zwischen ökonomischem *Profit* und gesellschaftlichem *Nutzen* austragen respektive glätten, sondern auch die Selbstverantwortung bei der Bestimmung des Umfangs an Leistungen und Diensten, die der Allgemeinheit dienen (Post,

Telekom, öffentlicher Verkehr, Infrastruktur und so weiter), wahrnehmen und stärken. Wird Profitabilität an erste Stelle gesetzt, so führt dies tendenziell zum Abbau unprofitabler (aber sozial wichtiger) Leistungen, zu einer Entsolidarisierung und zu einer Vernachlässigung des immateriellen Nutzens (wie dies aktuell im Gesundheitswesen passiert). Stossend ist, dass keine nachhaltige Diskussion darüber stattfindet, welche solidarischen staatlichen Leistungen wir als Souverän in welchem Umfang wollen und wie wir die *ausreichende Finanzierung* solcher Leistungen, aber auch anderer Folgen menschlichen Verhaltens durch Steuergelder und Abgaben sicherstellen müssen.

Was soll unsere militärische Sicherheit, was soll unsere Landwirtschaft kosten dürfen? Welche Risiken für unsere Unabhängigkeit und welche Unsicherheiten bei der Versorgung mit Nahrungsmitteln wollen wir in Kauf nehmen? Bei welchen natürlichen Ressourcen wollen wir mitreden können und die Verfügungsrechte regeln (zum Beispiel beim Wasser und beim Strom), wo und wie wollen wir Wettbewerb zulassen – und zu welchem Preis? Wie wollen wir eine angemessene Streuung des Privateigentums sowohl im Sinne der Armutsbekämpfung als auch im Sinne der politischen Ermächtigung erreichen und wie wollen wir extreme Formen von Reichtum, welcher gegen die Interessen der Allgemeinheit eingesetzt werden könnte, verhindern? Wie soll Arbeit, ihre Verteilung und ihre Rolle als Quelle von Einkommen und Wohlstand in Zukunft aussehen (siehe Liessmann 2016)? Sollten Sozialleistungen nicht eher zur Finanzierung von Arbeitsmöglichkeiten mit einem menschenwürdigen Lohn als zur Sicherung des täglichen Bedarfs eingesetzt werden (also eher im Sinne der Benediktsregel allenfalls unrentable «Grundarbeit» unterstützen als im Sinne eines «arbeitsfreien» bedingungslosen Grundeinkommens; siehe die diesbezüglichen Gedanken des Abtes von Einsiedeln, Urban Federer, in *forum* 1/2016: 27)? Wie wollen wir mit Ungleichheiten in unserer Gesellschaft umgehen, welche wollen wir tolerieren, welche nicht, für welche braucht es ein soziales Netz (für eine frühe Kritik am Wohlfahrtsstaat siehe von Hayek 2014, ähnlich auch Habermann 2013)? Wo wollen wir andererseits handlungsfähige Menschen explizit *nicht* vor Schaden bewahren und vor Risiken schützen, sondern ihnen in möglichst vielen Bereichen und Beziehungen klar Verantwortung für ihr Tun und Handeln übertragen, damit nicht nur Erfolge, sondern auch Misserfolge respektive heilsame Lernprozesse möglich bleiben? Wie weit soll mittels entsprechender Gesetzgebung die Einmischung in persönliche Angelegenheiten gehen dürfen (zum Beispiel beim Freitod, beim Glücksspiel und so weiter) und wie soll die Allgemeinheit sich gegen die Folgen absichern (zum Beispiel durch das Äufnen einer Versicherung mit einer Steuer auf Wetteinsätzen und -gewinnen – auch zulasten der Anbieter)?

Mit diesem Katalog von Fragen und Sorgen bin ich natürlich nicht allein. Peter A. Fischer führt exemplarisch die folgenden freiheitsfeindlichen Entwicklungen an:

Das Tückische an dem vom grossen liberalen Ökonomen und Nobelpreisträger Friedrich A. von Hayek eindrücklich beschriebenen «Weg zur Knechtschaft» ist nämlich, dass dieser schleichend und somit meist unbemerkt erfolgt. Da gilt es mit einem neuen bürokratischen Finanzdienstleistungsgesetz den angeblich dummen Anleger vor sich selbst zu schützen. Oder der Bundesrat und seine Verwaltung entdecken, dass sie den Bürger mit einem neuen Fernmeldegesetz vor aggressivem Telemarketing und überteuerten Roaming-Kosten bewahren wollen. Oder die Bürokratie kommt auf die Idee, sich für das Kinderwohl einsetzen zu wollen, indem sie private Betreuung reguliert und Kinder in Krippen schubst. Und plötzlich braucht es einen Kurs, um Feuerwerk abzufeuern und Hunde zu halten. – Allzu profan klingt da der Einwand, dass es bisher ja auch gut ohne ging. Statt über eine Reform des Gesundheitssystems nachzudenken, dessen Kosten ausser Kontrolle geraten, werden lieber die Krankenkassenprämien für immer mehr Betroffene subventioniert. Manchenorts wird sogar eine Mehrheit der Stimmbürger zu Empfängern von staatlichen Transfers und Verbilligungen, an die sie sich schnell gewöhnen: Das ist genau, wovor Hayek gewarnt hatte. Der Einzelne gerät zunehmend in Abhängigkeiten und verliert an individuellem Freiraum, Wahlmöglichkeiten und Rechten. Mehrheiten von Stimmbürgern bestimmen über fremdes Geld. Eine vermeintlich wohlmeinende Bürokratie lullt die Bürger ein. Gerne wird übersehen, dass all die Verheissungen zu Kosten führen, welche die Wirtschaft lähmen und die Gesellschaft schwächen. Erst recht unsozial wird dieser Versorgungsstaat, wenn er, wie in grossen Teilen der westlichen Welt, sich die «Wohltaten» auf Pump und damit zulasten der nächsten Generationen leistet. (Fischer 2015.)

Wie zeitweise hohl klingt auf diesem Hintergrund das Hohelied des «selbstbestimmten Lebens», und wie vertrackt ist angesichts der vielen unmerklichen und versteckten Freiheitsbeschränkungen das Unterfangen der persönlichen Sinnkonstitution!

8.4 Werte: eine kleine Typologie für die Lebenspraxis

In der Französischen Revolution sind mit der Trias *liberté* (Freiheit), *égalité* (Gleichheit) und *fraternité* (Brüderlichkeit) aufgeklärt-liberale Räume erschlossen worden, in denen sich sowohl für Kollektive wie auch für Individuen massgebende Wertehorizonte entwickelt haben und sich noch immer entwickeln. Das Ringen um die «richtigen» Werte prägt einerseits das persönliche Leben, andererseits die mannigfaltigen Versuche in Geschichte und Gegenwart, menschliche Gemeinschaften angemessen und konfliktmindernd zu organisieren. In vielen Bereichen sind diese beiden Stränge, der gemeinschaftliche und der private, so miteinander verknüpft, dass eine isolierte Diskussion von Werten unter dem *Aspekt der persönlichen Sinnfindung* kaum möglich ist. Im Folgenden will ich mir klarzuwerden versuchen, wie ich zu Werten komme, worauf ich «Wert lege», welche Arten von Werten es gibt, wie Werte insbesondere individuell wirken und wie sie sich zueinander verhalten. In drei separaten Abschnitten werde ich mich eingehender der eingangs erwähnten Trias Freiheit, Gleichheit und Brüderlichkeit widmen.

Ich beginne – meiner Vorliebe für diesen Zugang entsprechend – mit der Analyse einer sprachlichen Situation: Der Firmenchef sagt zum neuen Angestellten: «Auf Pünktlichkeit wird bei uns grösster Wert gelegt.» (Vgl. Duden [7]2011: 2000, Lemma «Wert».) Geht daraus hervor, dass «Pünktlichkeit» ein *Wert* ist? Wohl schon, wenn ich doch Wert darauf lege. Weil ich Wert auf «etwas» respektive auf «eine Sache» lege, muss dieses «Etwas», «diese Sache» ein Wert sein. Das würde also auch für Werte wie «Loyalität», «Ehrlichkeit», «Höflichkeit», «Manieren», «Sauberkeit» und so weiter gelten, denn alle «diese Sachen» können in der obigen Äusserung des Firmenchefs die Stelle von «Pünktlichkeit» einnehmen. Das gleiche Wörterbuch führt aus, dass ein Wert die «einer Sache innewohnende Qualität» sei, «aufgrund dere[r] sie in einem gewissen Maße begehrenswert ist». Daraus wäre zu schliessen, dass die aufgezählten Werte deshalb Werte sind, weil sie «einer Sache innewohnende Qualität[en]» sind. Das ergibt folgende Aussage: Pünktlichkeit ist *eine «eigenständige» Sache,* auf die der Firmenchef Wert legt, als Wert aber gleichzeitig *eine Qualität,* die einer anderen Sache – hier einem Menschen – innewohnt. Schon etwas kurios!

Wir sind abermals Opfer des sprachlichen Phänomens der Hypostasierung (siehe Abschnitt 2.2.8), welches dem Nomen ‹Pünktlichkeit› – das ja von dem *Adverb* ‹pünktlich› abgeleitet ist (mehr dazu unten) – den Charakter von «etwas», von «einer Sache» zuschreibt. Ein Zwischenschritt: ‹Pünktlich sein› als abgeleitetes *Adjektiv* lässt sich von Personen sagen (metaphorisch auch von Fahrzeugen wie Zügen, Schiffen und so weiter, die von Personen gelenkt werden); sind sie pünktlich, so stellt dies offenbar eine ihrer *Qualitäten* dar. Wir können sagen: Pünktlich zu sein, scheint einen «inneren Wert» einer Person darzustellen – und dies gilt für alle aufgezählten Werte gleichen Typs (‹loyal sein›, ‹ehrlich sein›, ‹höflich sein›, ‹sauber sein›). Angestellte, die solche Qualitäten haben, wären also deshalb «in einem gewissen Masse begehrenswert». Nicht auf «die Sache» selbst scheinen wir Wert zu legen, sondern auf Eigenschaften respektive Qualitäten, die in Menschen oder Sachen stecken. Zunächst deskriptiv neutrale Qualitäten werden deshalb zu Werten, weil es dienlich, zweckmässig oder sinnvoll ist, dass wir sie zu solchen erklären. Sind wir mit der Aufklärung der Hypostasierung schon am Ziel? Verstehen wir jetzt, wie ‹pünktlich sein› zu einem Wert wird?

Lassen wir die Sachen, die materiellen Werte, vorerst beiseite und konzentrieren wir uns auf die Qualitäten von Menschen. Wie stellen wir diese Qualitäten fest? Indem wir beobachten, wie Menschen sich *verhalten.* Aber auch indem wir beobachten, wie wir uns *selbst* verhalten. Diese Qualitäten, denen wir in gewissen Fällen auch den Status von *Idealen* zuerkennen, betreffen somit nicht eigentlich die Personen, sondern deren Verhaltensnormen und

Haltungen. Wir erkennen darin *Haltungs- oder Handlungskonzepte,* die in unseren Augen *werthaltig* sind. Wir stellen weiter fest, dass es absolutere und relativere Qualitäten gibt. Bei Pünktlichkeit und Ehrlichkeit etwa setzen wir den Spielraum eher eng an, das heisst, die Grenze zu Unpünktlichkeit und Unehrlichkeit ist rasch erreicht oder gar überschritten; bei Höflichkeit versus Unhöflichkeit und Sauberkeit versus Unsauberkeit hingegen lassen wir meist eine grössere Bandbreite zu. Diese Bandbreite ist Ausdruck einer (urteilenden) Wertschätzung und kontextabhängig, namentlich vom Zweck, dem die jeweilige Qualität zu dienen hat: Unter Freunden ist Ehrlichkeit essenziell; in der Politik wird sie (leider) als eher hinderlich wahrgenommen und geniesst deshalb mehr Freiraum.

Verweilen wir noch einen Moment beim Beispiel der ‹Ehrlichkeit› und fragen uns, wie aus ‹ehrlich (sein)› sich ein Wort entwickeln kann, das einen Wert bezeichnet. Die entscheidende Anregung gibt Ernst Leisi:

Bei den Adjektiva[,] welche dynamisch bedingt sind, zum Beispiel *schnell, langsam, flink, hurtig, rasch, laut, leise, schrill* besteht die Bedingung [des Gebrauchs] nicht mehr in der Eigenschaft eines Gegenstandes [wie bei *hell, lang, klein, hart* usw.], sondern in der Eigenschaft eines Vorganges (40). [Das heisst nicht unbedingt,] daß diese Bedingung im Augenblick der Bezeichnung aktuell erfüllt sein muss. Ich kann von einem Alfa Romeo sagen: *Der ist schnell,* ob er sich nun in Bewegung oder in Ruhe befinde. Im ersten Fall ist die Bedingung der Schnelligkeit aktuell erfüllt, im zweiten potentiell, das heisst, es muss ein Wagen sein, der gegebenenfalls schnell fahren könnte (41). (Leisi 1961: 40–41.)

Diese Beobachtungen zeigen auf, wie die Genese von «Wertwörtern» und damit auch gewisser Werte beschrieben werden kann – und sie führen uns auf die Struktur des in Abschnitt 1.2 entwickelten *Grundsatzes* zurück. Zunächst ist bei ‹Ehrlichkeit› die Feststellung wichtig, dass das Grundwort ‹ehrlich› *adverbial* ist. Dieses bezeichnet eine Modalität, eine *Qualität eines Handelns* (das lässt sich auch an der adverbialen Endung *-lich* ablesen): ‹ehrlich (das heisst in ehrlicher Weise) handelnd› oder ‹ehrlich geschehend›. Obwohl wir dominant die prädikativen (‹X *ist ehrlich*›) und attributiven (‹*ehrliche* X›) Ableitungen verwenden, geht es gerade *nicht* um eine Eigenschaft einer Person, sondern um eine Qualifizierung ihres Handelns: Eine «ehrliche Person» ist eine Person, die «ehrlich *handelt*». Mit anderen Worten: Die Charakterisierung des Vorgangs erscheint sprachlich vorzugsweise als Charakterisierung der so handelnden Person – und verschleiert so effektiv die modale Herkunft des Werts «Ehrlichkeit» und anderer, ähnlicher Werte.

Wörter, die modale Qualitäten dieser Art bezeichnen, zeigen weitere interessante Gebrauchseigenschaften: Zum einen kann eine Person *potenziell,* zum anderen *aktuell* ehrlich sein – so wie «schnell» beim stehenden oder fahrenden Alfa Romeo. Diese Unabhängigkeit vom Vollzug einer entsprechend qualifizierten Handlung signalisiert, dass solches Handeln beim Menschen sich *habitualisieren* kann. Eine habituelle Aktualisierung deutet darauf hin, dass Ehrlichkeit sich bei einer Person zu einem Habitus, zu einer gewohnheitsmässigen und damit bevorzugten *Einstellung* (vergleiche Kirchner/Michaëlis 1998: 173–174 und 279), ja zu einem eigentlichen *Charakterzug* entwickelt hat. Die habitualisierte Einstellung, das heisst das konstant gehaltene *Wie* eines bestimmten Handelns, wandelt sich zu einem *persönlichen Wert.* Eine solche Einstellung ist darum ein Wert, weil sie als Element in den persönlichen *Sinnhorizont* integriert wird – und zwar, egal ob sie eher positiv oder eher negativ be*wertet* wird. Sprachlich äussert sich dies darin, dass das Wort ‹Ehrlichkeit› homonym für zwei verschiedene Inhalte gebraucht wird, nämlich sowohl für den Wert als auch für die diesen begründende Einstellung. Ist ein Wert in meinem persönlichen Sinnhorizont integriert, dann *lege ich Wert darauf,* mein Handeln und Verhalten in Einklang mit diesem Wert zu bringen. Damit wird für mich eine grundlegende Einsicht formuliert: *Werte sind latente Modalitäten des Handelns; sie werden im Handeln aktiviert respektive aktualisiert.*

Werte gehen in zwei Schritten über den Bereich des Persönlichen hinaus: Zunächst können mehrere Personen denselben Wert entwickeln oder teilen. Mit dem Bekenntnis ‹*Wir* legen Wert darauf, dass ...› etablieren sie einen gemeinschaftlichen Wert, den sie als bewussten Anspruch sowohl an das eigene Handeln als auch an das Handeln Gleichgesinnter *verstehen* und deren *gegenseitige*

Honorierung sie erwarten (können). Es entwickelt sich eine *Werte-gemeinschaft.* Mit der Ausweitung auf ‹Diese Gemeinschaft respektive Gesellschaft legt Wert darauf, dass …› kann ein normativer Anspruch entstehen, der ein Regelverhalten konstituiert und der entsprechend *kultiviert* wird. Sind mehrere solche Ansprüche für die Person oder für die Gemeinschaft von Bedeutung, vielleicht sogar von identitätsstiftender Bedeutung, werden sie zu einer *Werteordnung* zusammengeführt.

Ehrlichkeit und ähnliche Werte sowie der Anspruch auf deren Einhaltung konkretisieren sich auch pragmatisch in *Geboten,* zum Beispiel nicht zu lügen respektive nicht zu stehlen (was die von Di Fabio im folgenden Zitat erwähnte Nähe zum Recht verdeutlicht). Das überindividuell verbreitete Bekenntnis zur Ehrlichkeit in einer Gemeinschaft und ihre Beachtung beruht auf ihrem Potenzial, das Verhältnis zu anderen Menschen respektive dasjenige innerhalb von Kollektiven nicht nur konfliktmindernd, sondern auch verlässlich zu regeln. Lügen und Stehlen sind gemeinschaftlich respektive gesellschaftlich geächtete, bisweilen auch rechtlich geahndete, den Anspruch auf Ehrlichkeit verletzende Verhaltensweisen. *Solche der Modalität des Handelns entspringenden Werte bilden das Gerüst von Moral und Ethik.*

Die Werteordnung bestimmt den Verpflichtungsgrad einzelner Werte; sie signalisiert den Mitgliedern der Gemeinschaft, ob ein Wert zum Beispiel einen mehr oder weniger zwingenden Charakter hat. Zentralere Werte etablieren einen Sinnhorizont für die Gemeinschaft und haben den Rang von *Grundwerten.* Bei diesen muss sich die oder der Einzelne überlegen, ob und allenfalls unter welchen Bedingungen sie respektive er sich diesem Zwang entziehen oder gar widersetzen will. Und die Gemeinschaft muss sich überlegen, ob sie diesen Nachachtung verschaffen will. Zu solchen Werten sagt Di Fabio Folgendes:

Jedes kulturelle System entwickelt Einstellungen und Werte. Werte sind unbedingte Vorrangregeln mit moralischer Qualität: das Gute ist stets dem Schlechten vorzuziehen, das Richtige dem Falschen. […] Grundwerte sollen die Präferenzen für Handlungen, Ziele und Verhaltensregeln weisen, die für die Menschen und ihre Zivilisation fundamentale, existentielle Bedeutung

besitzen. Eine politische Gemeinschaft ist denn auch nur soweit Gemeinschaft, als sie gemeinsame Grundwerte teilt, die ihre Identität, ihre Existenz
in der Zeit sichern. (63) [...] Ein Wert hat als Präferenzregel – und das rückt
ihn in die Nähe des Rechts, aber mehr noch in die der Moral – eine hohe
normative Orientierungsfunktion: Er sondert gut von schlecht, wichtig von
unwichtig, richtig von falsch. [...] An Werte glaubt man wie an religiöse Offenbarungen, für Werte kämpft man, sie bilden als Grundwerte den letzten
Sinn eines Menschen, einer Gemeinschaft. (Di Fabio 2005: 63–65.)

In diesen Ausführungen von Di Fabio finde ich den Vergleich mit
«religiösen Offenbarungen» und «letzte[m] Sinn» problematisch
und eine unnötige Zuspitzung, denn er verrät einen (mit)bestim-
menden religiösen respektive transzendental gefärbten Subtext.
Hingegen ist die Beschreibung von Werten als Vorrang- respektive als *Präferenzregeln* damit kompatibel, dass ich sie als Hand-
lungsmodalitäten charakterisiere. Seine Bestimmung der Regeln
als präferierte oder zu präferierende kollidiert aber mit dem Positionsbezug, dass sie *unbedingt* gelten sollen; damit macht er sie
unnötig zu Geboten, die gerade keine Präferenzen respektive
Wahlmöglichkeit «zweckrational» zulassen. Soll etwa *Solidarität*
als prinzipielle, unbedingte Vorrangregel auch dann geübt werden,
wenn sie rational allenfalls nicht motivierbar ist (siehe Abschnitt
8.4.3)? Ein anderes Beispiel wäre die bereits angesprochene *Ehrlichkeit:* Handle ich auch dann bedingungslos ehrlich, wenn mir
grosser Schaden droht? Diese Zuspitzungen, ja Verabsolutierungen bringen in unzulässiger Weise die überindividuell gültigen
Werte in die Nähe des Dogmatischen, des Ideologischen und entziehen sie tendenziell der rationalen Diskussion.

Di Fabio definiert Werte als Handlungsanweisungen (Präferenzregeln) und rückt sie in die Nähe des Rechts, führt dies aber
nicht weiter aus. Es lohnt sich aber, das Verhältnis zwischen Recht
und Werten näher unter die Lupe zu nehmen. Gehen wir anhand
eines Beispiels vor: Die Verfassung gewährt uns ein bestimmtes
Recht, zum Beispiel das aktive und passive Stimm- und Wahlrecht.
Sie etabliert damit einen Rahmen, der durch drei Elemente bestimmt ist: [a] einen Entscheidungsraum; [b] ein dem Recht zuge-
ordnetes Instrument; [c] einen Zweck- oder Sinnraum. Mit [a]

wird eine Freiheit konstituiert, nämlich die Freiheit, zu entscheiden, ob jemand stimmen respektive wählen gehen will. Es steht einer gesetzlich dazu qualifizierten Person also *frei,* dieses Recht zu nutzen oder nicht. Mit [b] wird das Wie festgelegt: Ich kann mit zweckmässigen Mitteln, nämlich Wahlen oder Abstimmungen, dieses Recht ausüben. Sinn und Zweck dieses Rechts ist in diesem Fall [c] die einflussnehmende Partizipation am politischen Leben.

Dieses Recht fällt mir zu, egal ob ich es will oder nicht – egal ob ich Wert darauf lege oder nicht. Seine schiere Existenz nimmt mich sodann in die Pflicht und zwingt mich dazu, eine Handlung vorzunehmen oder mich dieser zu enthalten, das heisst mein Stimm- oder Wahlrecht auszuüben oder nicht. *Wie* ich in dieser konkreten Situation handle, ist nicht determiniert – wiewohl in diesem Fall in minimaler Weise binär vorgegeben. Ich muss also vorgängig eine Ja-Nein-Entscheidung treffen [a]. Welche Option ich wähle, scheint Ausdruck einer Einstellung, letztlich der (positiven oder negativen) Wertschätzung des mir gewährten Rechtes zu sein. Ich lege Wert darauf, dieses Recht mal ausüben zu können, mal nicht.

Es zeigen sich zwei potenziell *sinnträchtige* Faktoren: Ich halte es für (nicht) sinnvoll, dieses Recht zu haben, und ich halte es auch für (nicht) sinnvoll, dieses Recht auszuüben. Ein prinzipieller Verzicht auf das Recht – genauer: auf die Ausübung dieses Rechts – würde bedeuten, dass ich darin keinen Wert sehe und damit auch keinen Sinn erkenne. Dies wäre Ausdruck einer Einstellung *zu* diesem Recht und identisch mit einer Situation, in der ich das Recht gar nicht hätte. Der Verzicht auf gelegentliches (Nicht)ausüben kann hingegen durchaus sinnvoll sein, so zum Beispiel wenn ich mich (nur) zur aktuell vorgelegten Frage (nicht) äussern will. Fazit: Dieses Recht zwingt mich ursächlich im Rahmen vorgegebener Optionen zu einem Handeln. Das Recht konstituiert eine ganz entscheidende Modalität meines Handelns, ja des Handelns aller Mitglieder einer jeweiligen Rechtsgemeinschaft, nämlich die *Rechtmässigkeit.* Dabei sind zwei Aspekte zu beachten: Das Recht entscheidet einerseits, *ob* ein Handeln überhaupt rechtmässig ist (es kann ja auch rechtsverletzend sein), andererseits welche Optionen des Handelns *im Sinne* des Rechtes sind.

Damit ist primär die Rechtmässigkeit von Handeln werthaltig. Wir treffen, wie im Falle der Ehrlichkeit, wieder auf die *Adverbialität* («*rechtmässig* handeln»), auf die Modalität des Handelns. Somit ist Rechtmässigkeit – wie Ehrlichkeit – eine (habitualisierbare) Einstellung und damit ein Wert, der zu einem Element in meinem *Sinnhorizont* werden kann. Im Gegensatz zur Handlungsmodalität «ehrlich», die als Konsequenz «Ehrlichkeit» zum Wert erhebt, ist die Handlungsmodalität «rechtmässig» («legal») klar eine Konsequenz des jeweiligen Rechts. *Die unausweichliche Folge davon ist, dass ein Recht immer ein Wert ist* (vergleiche Seel 2016).

Gerade weil ein Recht ein Wert ist und die jeweilige Rechtmässigkeit des Handelns konstituiert, muss bei der Formulierung eines Rechts darauf geachtet werden, dass möglichst wenig Konflikte mit anderen Werten entstehen. Die Handlungsmodalität «ehrlich» erweist sich nämlich als *inhaltlicher* Wert; die Handlungsmodalität «rechtmässig» («legal») ist ein *formaler* Wert. Bei Ersterer geschieht die «Wertschöpfung» in der Modalität des Handelns, bei Letzterer in der wertstiftenden Rechtsetzung; Erstere ist moralisch-ethisch grundiert; Letztere nicht (zwingend). Rechtmässigkeit und Moralempfinden können nur (einigermassen) zusammengehen, wenn bei der Formulierung des Rechts, wenn bei der Rechtsetzung im parlamentarischen Prozess die moralisch-ethischen Dimensionen der Rechtmässigkeit beachtet werden. Nur dann kann die Justiz auch moralisch befriedigende Urteile fällen.

Wir haben also bisher zwei Varianten von Werten: zum einen Werte wie Ehrlichkeit, Höflichkeit, Loyalität, Anstand, Fleiss, Bescheidenheit und so weiter, die sich aus Modalitäten eines (vorzugsweise moralisch-ethischen) Handelns herleiten und die kein Recht darstellen (noch in Individualrechten abgebildet werden können, siehe Di Fabio 2005: 67), zum anderen Rechte wie das Stimmrecht, die gerade darum einen Wert darstellen, weil sie Modalitäten des Handelns festlegen. Erstere entstehen individuell und können durchaus in einem egozentrischen Sinnhorizont bleiben; Letztere entstehen in «berechtigender» Weise interpersonal und «nötigen» uns, sie irgendwie in den persönlichen Sinnhorizont zu integrieren. In der Diskussion haben sich insbesondere die

Anzeichen verdichtet, dass die Herleitung von Werten über die Modalität des jeweiligen Handelns – sprachlich formuliert: über die Adverbialität – *paradigmatischen Charakter* hat.

Prüfen wir deshalb noch exemplarisch beim wichtigen Recht auf freie Meinungsäusserung, ob auch bei diesem ein modaler Bezug besteht. Dass dieses Recht einen Entscheidungsraum [a] eröffnet, lässt sich nicht bestreiten. Ich bin dadurch grundsätzlich frei, jederzeit und überall meine Meinung äussern zu dürfen – ich kann aber auch darauf verzichten. Welches ist aber das diesem Recht zugeordnete Instrument [b]? Grundsätzlich ist es *die Rede* – und zwar in allen vermittelnden Formen, vom Votum in einer Versammlung bis zum Leserbrief in der Zeitung. Eine wichtige Dienerin dieses Rechts ist die (verkürzend) so genannte Pressefreiheit. Zweck der freien Meinungsäusserung, das heisst ihr Sinnraum [c], ist das Zulassen einer Vielfalt von Meinungen und damit der Aufbau eines Schutzes vor Dogmatismen und Ideologien. Rechtmässig ist das Äussern einer Meinung, wenn ich aus Überzeugung eine (argumentativ) vertretbare *Meinung* äussere (und sei dies in satirischer *Form*). Diese adverbial gegründete Modalität deckt etwa Unwahrheiten, also fälschlicherweise für wahr Gehaltenes, nicht aber Lügen; sie gilt auch nicht für Verleumdungen, Anklagen oder Unterstellungen.

Es lässt sich aber noch ein Weiteres zur Abrundung des Kriteriums der adverbialen Modalität sagen: Obwohl dieses Recht eine Freiheit begründet, mag es überraschen, dass diese Freiheit hier nicht erscheint – wie sie es auch an anderen Orten nicht tut, wo man sie nach gängiger Meinung als Wert erwarten würde. *Frei zu sein, ist eine Qualität der Handlungen, die ein Recht ermöglicht und erlaubt:* Sie qualifiziert den von der Rechtmässigkeit abgesteckten Freiraum. Wir haben deshalb die Möglichkeit, unsere Stimme *frei* abzugeben, *frei* zu reden, *frei* unsere Meinung zu äussern und so weiter, weil ein Recht dies erlaubt. Ein Recht etabliert also nicht nur die Rechtmässigkeit als Modalität; es schafft auch eine entsprechende *Freiheit.* Die Qualifizierung von *Handlungen* als «frei» zeigt, dass dieses Wort in die gleiche Klasse gehört wie ‹ehrlich› und somit moralisch-ethisch grundiert oder grundierbar ist.

Das Grundwort ist also wieder *adverbial* und bezeichnet eine Modalität: ‹frei handelnd› oder ‹frei entscheidend›. Eine «freie Person» ist somit eine Person, die «frei entscheiden», «frei *handeln*» darf respektive kann; eine unfreie Person ist ja eine solche, die nicht mehr tun und lassen darf respektive kann, wie und was sie will. Dass auch der «freie Wille» dieser adverbialen Bedingung unterliegt, sieht man daran, dass geahndetes unrechtes Handeln das Recht, sich frei zu bewegen, und somit auch das Recht, *frei zu wollen,* empfindlich einschränken kann. *Frei zu sein, ist also – entgegen dem Rousseau'schen Dictum – keineswegs eine inhärente Qualität von Menschen, sondern eine konsequenzielle, und zwar eine aus einem liberalen Rechtssystem erwachsende, welches geregelt freies Handeln zulässt.*

Gerade weil der Rechtsstaat Freiräume schafft und garantiert, müssen wir unserer Verfassung und unserem Rechtssystem bewusst(er) Sorge tragen. Dies gilt besonders auch für supranationale Gebilde wie die EU; die politische Integration ist eine Chimäre, solange die mantramässig beschworene Wertegemeinschaft nicht in ganz entscheidendem Mass durch die Erarbeitung gemeinsamer Rechtsnormen gefördert und begründet werden kann. Etwas fassungslos registriere ich deshalb, dass in der Liste der von Clemens Sedmak edierten mehrbändigen Reihe «europäischer Grundwerte» ein Band zum Recht fehlt (die Liste umfasst die folgenden sieben Werte: Solidarität, Gleichheit, Freiheit, Menschenwürde, Toleranz, Gerechtigkeit und Friede, vergleiche Sedmak 2010).

Die Einmaligkeit einer bestimmten Kultur ergibt sich aus ihrem Wertesystem, das heisst nicht nur aus den in ihr geachteten, sondern auch aus den von ihr verrechtlichten Werten. Die Differenzen zwischen Kulturen können zu Reibungen und Spannungen verschiedenen Grades führen (bis zum «clash of cultures»), was je nach (ideologischer) Position zu «kulturimperialistischen» oder «kulturrelativistischen» Diskussionen Anlass gegeben hat, die mit der Finanzkrise und der aktuellen Flüchtlingsproblematik in Europa wieder virulent geworden sind. Diese Diskussionen leiden in den mir bekannten Meinungsäusserungen an einem meines Erachtens gewichtigen Defizit, auf das ich in einem kleinen Exkurs eingehen möchte. Dieses Defizit zeigt sich besonders dann, wenn Zweifel am «Recht» der «westlichen Kultur» angemeldet werden, sich mit ihren «universellen Werten» gegenüber anderen Kulturen durchzusetzen. So ist insbesondere in Japan und China eine fehlende Akzeptanz der «universellen Werte des Westens» zu diagnostizieren (siehe dazu Coulmas 2016).

Nun: Werden die Wertesysteme verschiedener Kulturen verglichen, geht häufig unter, dass die jeweiligen Wertegemeinschaften strukturell nicht homogen sind. Wie eben festgestellt, schöpfen die europäischen und die von ihnen alimentierten Wertesysteme (zum Beispiel in Nordamerika und Australien) ihre Werte aus zwei wichtigen Quellen: einerseits aus einem aufgeklärt-liberalen und säkularen Rechtssystem und aus Moral und Ethik andererseits. Ein gewichtiger Teil des Widerstands gegen das europäisch-nordamerikanisch-australische Wertesystem artikuliert sich insbesondere im Bereich des Rechts, und zwar weil Eliten und Machthaber erkennen, dass diese Werte «von Rechts wegen» zu Konflikten mit gewissen Werten führen (müssen), die den – für sie vorteilhaften – traditionellen Sitten und Gebräuchen ent-*Stamm*-en. Das gilt im Speziellen für den Bereich der Menschenrechte, die im Bereich des Menschenbildes klar wertsetzend und emanzipatorisch sind (und durchaus kritisierbar sind, vergleiche Arendt 1949). Damit erweist sich das *Konzept des Rechts* klar als instrumenteller Wert, der dazu dient, eine soziale *Ordnung* zu stabilisieren. Konflikte zwischen moralisch-ethischen Werten und den durch Rechtsetzung generierten Werten gibt es natürlich auch bei uns (siehe oben), aber wir haben im Rahmen unserer Rechtssysteme demokratische Institutionen und Verfahren entwickelt, die es uns erlauben, diese Konflikte geregelt zu diskutieren und in der Regel auch auszuräumen.

Im Hinblick auf die Integration von Flüchtlingen aus anderen Kulturkreisen müssen die europäischen Länder dem Unterschied zwischen den Werten, die aus dem aufgeklärt-liberalen säkularen Rechtssystem stammen, und den Werten, die aus Moral und Ethik stammen, äusserste Aufmerksamkeit schenken. Damit lassen sich nicht nur Konfliktfelder identifizieren, sondern auch unnötige Spannungen vermeiden. Ohne bedingungslose Anerkennung des-

sen, was bei uns rechtmässig ist, und ohne vorbehaltlose Anerkennung der die Rechtmässigkeit begründenden Werte – insbesondere der freiheitlichen – ist eine erfolgreiche Integration
schwer vorstellbar. Dass zum Beispiel Frauen bei uns Rechtssubjekte sind, ist rechtmässig und deshalb nicht verhandelbar; aus
dem gleichen Grund gilt, dass geltendes Recht religiöse Regeln
und Bestimmungen bricht oder brechen kann. Unser Rechtssystem erträgt kein «paralleles Rechtssystem»; hier braucht es *Anpassung* ohne Widerstand.

Anders ist es bei moralisch-ethisch grundierten Werten und
Gebräuchen, wobei ich zwei Bereiche differenzieren möchte: einen rechtsaffinen und einen rechtsindifferenten. Nehmen wir als
Beispiel für den rechtsaffinen Bereich den bereits ausführlich be-
sprochenen Wert der Ehrlichkeit. Dieser Wert ist zwar in allen
Hochkulturen formuliert worden, aber dessen Gültigkeit differiert
je nach innerkultureller Werteordnung teilweise stark: Ehrlichkeit
kann in Kultur A auf die Wertegemeinschaft Familie (oder Pseudo-
familie) beschränkt sein; bei nichtverwandten Personen kann sie
irrelevant sein. Dieser «gleiche» Wert kann in Kultur B für die
Wertegemeinschaft Einheimische oder freie Männer gelten; für
Fremde oder Sklaven respektive Frauen gilt er nicht. In Kultur C
besteht die sich daran orientierende Wertegemeinschaft aus einem Herrn und seiner Klientel und so weiter. Nicht in allen Kulturen sind also gewisse, anthropologisch gesehen, allgemeine Werte
deshalb auch allgemeine Präferenzregeln. Nun ist aber Ehrlichkeit
bei uns eine allgemeine Präferenzregel, und sie gilt in vielen
Rechtsbereichen als verletzt, wenn ein betrügerisches Verhalten
nachgewiesen werden kann. Der Unterschied zu einer Fremd-
kultur ist hier also nicht im Fehlen des Wertes zu orten, sondern
im Gültigkeitsbereich. Weil solche Konzepte für Einwanderer
nicht neu sind, ist kein Neuanfang nötig, sondern eine partielle
Umorientierung.

Noch einfacher wird die Integration im rechtsindifferenten
Bereich. Unsere Rechtswerte sind entschieden nicht tangiert von –
wie auch immer begründeten – Bräuchen bei Kleidern, seien diese
Strassen- oder Badekleider oder obligate Turbane (dafür geben
wir selbst genügend oder spärlichen «Stoff» für Diskussionen);

das Ausbleiben eines Händeschüttelns kennen wir schon von Engländern her; und auch wenn wir im öffentlichen Bereich und in Rechtsverhältnissen darauf bestehen (müssen), dass Frauen Rechtssubjekte sind – warum müssen wir aufgrund einer ideologisierten «korrekten» Vorstellung von der «freien Frau» die *private* Stellung der Frau in einer islamisch sozialisierten Familie beklagen und deswegen sogar maternalistisch-ungeduldig eingreifen (was wir uns bei einer «schweizerischen» Familie entschieden verbitten würden). Mit der Zeit wird sich diese Stellung wegen des Widerspruchs zwischen privat und öffentlich ohnehin verändern. Wenn also unser Recht nicht betroffen ist, wenn es «nur» um (auch bei uns) rechtlich nicht verfasste Sitten und Gebräuche geht, sollten wir gelassen bleiben und die Rolle interessierter Beobachter einnehmen – in diesem Bereich geschieht vielleicht Kurioses, vielleicht auch Bereicherndes, aber sicher nichts Rechtszersetzendes oder Unrechtmässiges.

Wer den angestammten Kulturzusammenhang auf Dauer verlässt (ob gezwungen oder freiwillig), tritt in einen neuen Kulturzusammenhang ein und muss insbesondere dessen rechtliche Grundwerte für das Zusammenleben im Kollektiv übernehmen. Die Aufgabe der Integration ist es, diesen Übergang zu initiieren, zu begleiten – und nötigenfalls zu fordern respektive Verweigerung zu sanktionieren. Dabei muss Sorge getragen werden, dass Sicherheit verleihende Herkunftswerte, die nicht in einem fundamentalen Widerspruch zu den neuen Werten stehen, gewahrt und weiter gepflegt werden können. Der Bau von Moscheen, als Beispiel, soll darum nicht behindert, nicht in Industriezonen verbannt oder gar verboten werden, aber das desintegrierend wirkende Festhalten an intolerant-dogmatischen religiösen Werten im öffentlichen Raum – besonders wenn sie dazu noch rechtswidrig sind – muss verändert werden.

Damit kehre ich zur Typologie der Werte zurück. In einer Liste bürgerlicher Werte figurieren bei Di Fabio auch «Kinder» (Di Fabio 2005: 67). Wie können Kinder «Werte» sein? Bilden sie eine neue Klasse von Werten neben den moralisch-ethischen vom Typ «Ehrlichkeit» oder den rechtsinduzierten vom Typ «Freiheiten»? Setzen wir beim Sachverhalt an: Kinder als Werte sind wohl in gleicher Weise zu charakterisieren wie Wertsachen respektive Sachwerte in ihrem Verhältnis zu den sie besitzenden oder über sie verfügenden Menschen (vergleiche Duden [7]2011: 2000; Punkt 2). Kinder sind bekanntlich in verschiedenen Kulturkreisen und zu verschiedenen historischen Zeiten in der Tat von unterschiedlicher «Wertigkeit». Allgemein bekannt ist zum Beispiel, dass Mädchen in vielen Gesellschaften als ökonomischer Nachteil empfunden wurden und deshalb (ebenso wie verkrüppelte Knaben) eher ausgesetzt als aufgezogen wurden. Kinder haben also nicht *per se* innewohnende Qualitäten, die sie begehrenswert oder wertvoll machen; die Wertigkeit wird ihnen – wie bei den bisher behandelten Werten – von der Gemeinschaft zugeschrieben. Die Leidensgeschichten von Frauen, die entweder gar nicht gebärfähig sind oder das «Pech» haben, nur Mädchen zu gebären, sind traurige Legion.

Schauen wir aufgrund solcher Fälle genauer hin, so entdecken wir das Element der *Zweckrationalität:* Söhne sind zum Beispiel in bestimmten kulturellen Kontexten *instrumental,* ja zwingend notwendig für die Fortführung einer Ahnenreihe, Mädchen hingegen nicht im gleichen Mass – und als Frauen, die keine Söhne produzieren, sind sie buchstäblich «unbrauchbar». Mütter dagegen, die erfolgreich (erfolgreiche) Söhne haben, nehmen einen entsprechenden gesellschaftlichen Status ein. Der *Wert* von Kindern respektive Müttern speist sich also aus einem *Zweck:* Es geht um den biologischen und sozialen Fortbestand einer Gemeinschaft, um die Erhaltung eines kulturellen Zusammenhangs. *Haltungs- oder Handlungskonzepte im Umgang mit «Sachwerten» (leider auch mit Kindern) ergeben sich erst aus dem Zweck, den sie erfüllen sollen.* Ihre Wertigkeit besteht also darin, *Mittel zum Zweck* zu sein.

Das ist keineswegs – wie wir voreingenommen und doch etwas überheblich anzunehmen geneigt sein könnten – ein auf so genannt weniger entwickelte Gesellschaften beschränktes Phänomen. Der Umgang von Eltern mit Kindern über die letzten ca. drei Generationen (die ich überblicken kann) hat sich schon enorm geändert. Und dieser Umgang sagt auch etwas aus über den Stellen*wert* von Kindern. Das lässt sich auch an (Einzel)kindern in der heutigen Schweiz ablesen: Werden sie zu einem Selbstverwirklichungselement im Lebensplan der Eltern oder eines Elternteils, so ist ihr «Wert» zwangsläufig entsprechend geprägt, und jede «Investition» in sie ist vom unreflektierten Wunsch, wenn nicht gar von der bewussten Forderung begleitet, diese solle entsprechend «gewinnbringend» für das Projekt *der Eltern* sein. Dieses nüchterne Faktum, dass nämlich ein Zweck – Di Fabio spricht von einem «Leitbild» – sich zweckmässiger instrumenteller Sachwerte bedient, führt dazu, dass solche Werte ohne grosse Umstände ganz ausgewechselt oder angepasst werden, da ihre Zweckdienlichkeit von sozialen Entwicklungen abhängt:

[...] jedes neue Leitbild im Verhältnis der Geschlechter muss eine Antwort darauf finden, wie ein harmonisches Leben der Eltern mit ihren Kindern in einer entzauberten und nüchternen Erwerbsgesellschaft gelingen kann, die dazu neigt, Unterschiede zu tabuisieren, anstatt sie konstruktiv zu nutzen und sie intelligent ‹aufzuheben›, [...]. (Di Fabio 2005: 140–151; das Zitat ist auf S. 145–146.)

Eine höchst bedeutungsvolle Errungenschaft der Aufklärung, nämlich der Individualismus mit seiner herrlichen Morgengabe der persönlichen Freiheiten, entpuppt sich in extremen Ausformungen als ein veritables Minenfeld für die Weiterentwicklung humaner Gesellschaften. Der durch die individualistische Steuerung des Kinderwunsches veränderte Wert von Kindern in Europa hat nicht nur eine demografisch-ökonomisch dramatische Wirkung (etwa auf die Altersvorsorge). Damit einher geht eine sichtbare Zersetzung weiterer instrumenteller Institutionen wie Ehe und Familie, was wegen ihrer staatstragenden Bedeutung letztlich in Freiheitsfeindlichkeit und Selbstzerstörung münden kann (siehe Di Fabio 2005: 151).

An diesem Befund lässt sich eine allgemeine Wahrheit ablesen, die sowohl im persönlichen Leben wie auch im Leben menschlicher Gemeinschaften aller Art von grundlegender Bedeutung ist, ja sein muss: Die Reduktion der Geltung einzelner, noch so zentraler Werte auf das Individuum ist aus dem fundamentalen Grunde problematisch, weil sie beim Versuch, diese zu maximieren oder radikal zu individualisieren, ab einem bestimmten Punkt *kontraproduktiv* wird und sich *destabilisierend* auf das Wertesystem und damit auf die gemeinschaftliche Ordnung auswirken kann. Da scheinen mir Praxen der Psychologie, welche sich auf die Anliegen des Individuums zentriert und Werte auf das reduziert, was einem einzelnen Menschen wichtig ist, sowohl als Symptom dieser Reduktion als auch als (Mit)ursache destabilisierender Tendenzen bei ordnungserhaltenden gemeinschaftlichen Werten verstanden werden zu können (siehe Kosta 2012: 61).

Eine weitere Gefahr lauert in der Tendenz, gewisse Werte zu dogmatisieren oder zu ideologisieren: Dogmen und Ideologien sind Werte respektive Wertesysteme, welche die Wahrheit «gepachtet» haben und so einen Wertewandel ausschliessen (wollen). Die grundlegende Einsicht, dass die Geltung von Werten nicht nur ordnungsstiftend, sondern auch ordnungszerstörend sein kann, hat eine sehr bedeutsame Konsequenz: Sie verlangt kategorisch von uns, den Erhalt und die optimierende Entwicklung unseres Wertesystems mit Mass, Weitblick und Demut zu reflektieren. Dieses Vorgehen ist Ausdruck der Übernahme von *Verantwortung* und stellt eine einforderbare *Pflicht* für alle dar, die diesem Wertesystem den optimalen Raum für eine selbstverantwortete, individuelle und gemeinschaftliche Lebensgestaltung verdanken, insbesondere aber für die gesellschaftlichen Eliten.

Da es sich hier um instrumentelle Werte handelt, sind wir insbesondere dazu verpflichtet, über deren *Zweckbestimmung(en)* nachzudenken. Freiheiten und Rechte sind instrumental und dienen einem Zweck; wir sollten uns die Freiheit erhalten, darüber befinden zu können, wann sie zweckdienlich und wann sie missbräuchlich eingesetzt werden. *Nicht der so genannte Wertewandel ist das primäre Problem, sondern die (bisweilen gezielt missbräuchliche) Aushebelung verträglicher Zweckbestimmungen durch totalitäre Vorstellungen und Absichten.* Dabei ist es nicht einmal so, dass man den Sack schlägt (zum Beispiel das Instrument «Demokratie») und den Esel meint (Personen oder Gruppierungen, die das Instrument in mehr oder minder hohem Masse missbrauchen) – die zum Teil vorgeschlagenen «Verbesserungen» des Instruments und des «Systems» zeigen, dass viele Politikerinnen und Politiker, aber auch Bürgerinnen und Bürger sich des wesentlichen Zusammenhangs gar nicht bewusst sind: Bei der Prüfung und Verbesserung sollte nämlich unser Hauptaugenmerk Regelungen gelten, die macht- und sinnvoll in den Bereich der Absichten hineinwirken, die also das Wozu der Nutzung steuern. Mit anderen Worten: Wir sollten Überlegungen anstellen, wie – das heisst mit welchen Instrumenten – wir zu einem tragfähigen Konsens kommen über die Werte, die unser Handeln steuern, und wie wir diese etablieren wollen. Diese Funktion erfüllte lange Zeit die Bildung im Sinne der Aufklärung; deren Nützlichkeit wird heute allerdings zunehmend – gerade am Beispiel der Geisteswissenschaften – in Frage gestellt.

Es wäre allerdings – wie schon durch das oben verwendete, eher etwas in Verruf geratene Wort ‹Elite› angedeutet – naiv, zu glauben, dass sich alle Mitglieder einer Gemeinschaft an einer solchen (Pflicht)aufgabe gleichermassen beteiligen können oder auch wollen. Um das Wozu zu gestalten, braucht es also zwei entscheidende instrumentelle Werte: Ein echtes *humanistisches Bildungsangebot,* das bei ausreichend vielen Personen respektive Persönlichkeiten sowohl das Bewusstsein für die Bedeutung dieser Verantwortung zu fördern imstande ist als auch die denkerischen Inhalte und Instrumente für zweckmässige Haltungs- oder Handlungskonzepte anbietet. Zum anderen braucht es eine wichtige Kontext- und Anreizbedingung, nämlich höhere gesellschaftliche *Wertschätzung* der Bildung und der Gebildeten (siehe auch Abschnitt 8.4.1, Punkt [f]). Sowohl die unglücklicherweise sich mit «Feminisierung» und «Verteilzeitlichung» paarende, auf allen Stufen sich manifestierende Verlust an Respekt vor den lehrenden Berufen (< Berufung, und nicht von «Job») als auch der verschleiernd-fahrlässige, abwertende Gebrauch des Wortes ‹Bildung› in Kontexten, wo es schlicht um «Ausbildung» und «Fertigkeiten» geht, sind für mich deutliche «Schriften an der Wand». Und wie gehen die kursivierten Teile in «junge *gebildete* individualistische und konsumorientierte *Opportunisten*» zusammen (meine Hervorhebungen; siehe Scheu 2016)? Weil liberale Gesellschaften frei und sozial denkende Menschen brauchen, ist Bildung, die den Freiraum sowohl zulässt als auch gewährleistet, vernünftig und zweckdienlich. Natürlich sollten auch im Rahmen von Berufsausbildungen Bildungsziele integriert und verfolgt werden.

Es gibt wohl keine materiellen oder mentalen Produkte menschlichen Schaffens, die nicht zweckdienlich konzipiert sind (darin schliesse ich ausdrücklich die Befriedigung des Spieltriebs ein). Nicht alle diese Produkte werden aber zu wichtigen oder sogar fundamentalen Werten, aus deren Zweckbestimmungen wertschöpfende Haltungs- oder Handlungskonzepte hervorgehen. Die *Conditio sine qua non* liberaler Gesellschaften ist sicher das *Konzept des Eigentums.* In vielen Gesellschaften hat sich ein fundamentales Verhältnis zwischen Sachen und Menschen oder Körperschaften herausgebildet, das als Eigentumsverhältnis bezeichnet wird: Sachen können also jemandem oder Gemeinschaften gehören. Werden sie als «ihr» oder «sein» Eigentum anerkannt, so wird ein Verfügungsrecht darüber anerkannt und werden gewisse Handlungen damit – auch das «Handeln» damit, das heisst das «Veräussern» – *rechtmässig.* Entscheidend ist nicht, *dass* wir Eigentum haben, sondern *wozu* wir Eigentum haben, wozu uns Eigentum verhilft oder befähigt. Eigentum ist deshalb so wichtig, weil es elementare stabile Rechtsverhältnisse zwischen Menschen etabliert und so liberale, insbesondere *humane* Gesellschaftsordnungen erlaubt, weil es individuelle *Unabhängigkeit* respektive Autonomie begründet.

Eigentum selbst ist *kein Recht* (auch wenn das oft so verkürzt formuliert wird); es ist ein instrumenteller Wert, der die Autonomie von Menschen bezweckt und der in einem rechtsstaatlichen Rahmen in Form von expliziten Rechten geschützt wird. Diese Rechte erlauben uns, diverse Haltungs- oder Handlungskonzepte an das Eigentum zu knüpfen (zum Beispiel Verfügungsgewalt). Verletzungen der Eigentums*verhältnisse* werden geahndet. Wird zum Beispiel ein Kunstwerk gestohlen, so wird ein Dieb ja alles daransetzen, das Kunstwerk im Interesse des Sachwerts unversehrt zu erhalten; der Diebstahl ist präzise formuliert nicht «sachverletzend» oder «das Eigentum verletzend», sondern nur durch die Störung des *Verhältnisses* «unrechtmässig» oder «rechtsverletzend».

Am Konzept des *Wohlstands,* welches eng mit dem des Eigentums verknüpft ist, lässt sich aufzeigen, wie differenziert die Diskussion allenfalls zu führen ist. Ist Wohlstand ein Wert, ist er ein Zweck – oder gar etwas Drittes? Als instrumentell verstandener Wert müsste ein zugehöriger Zweck zu identifizieren sein. Dass ein ordentliches Mass an Wohlstand respektive Reichtum einiges an Autonomie und an wirtschaftlicher Sicherheit verschaffen kann, braucht kaum weiter ausgeführt zu werden. Auch wenn damit Wohlstand als Wert vom Typ Eigentum in Erscheinung tritt, ist zu bedenken, dass Eigentum *die* Voraussetzung für Wohlstand ist. Also ist Wohlstand als gesteigerte Form von Eigentum einerseits ein Zweck, der durch Akkumulieren von Eigentum erreicht werden kann, andererseits dient es als effektvolleres Instrument dem gleichen Ziel, nämlich noch mehr Autonomie zu erreichen – oder mehr Solidarität üben zu können. Will man den Wohlstand sichern, muss man vorab das Privateigentum sichern. Gerade deshalb darf man das ausufernde und eher wohlstandshemmende Staatseigentum nicht aus den Augen lassen, bei dem es durchaus schwerfallen kann, den Zweck festzumachen, dem es dienen soll (siehe das Zitat aus Scheu 2016 in Abschnitt 8.3).

Ein letztes Beispiel: das je nach Kultur differierende Konzept der *Freundschaft.* Dieses spielt für mich gerade im Hinblick auf die Bildung und Beachtung von Werten in abendländischen Kulturen und damit auf die Etablierung von Sinn im Leben eine hervorragende Rolle. Paradigmatisch dafür ist etwa die Beziehung zwischen Achilles und Patroklos in der *Ilias* von Homer oder der mit seinem Leben bürgende Freund in der Ballade «Die Bürgschaft» von Friedrich Schiller, wo das unbedingte Vertrauen zwischen Freunden in seinen bisweilen tödlichen Konsequenzen illustriert wird. Freundschaft konstituiert – ähnlich wie Eigentum – ein *Verhältnis,* üblicherweise eines zwischen zwei, manchmal mehr Menschen gleichen Geschlechts, das heisst im Gegensatz zur analog zu behandelnden Ehe oder Partnerschaft in einer weitgehenden anthropologischen Konstanz (metaphorisch kann sich ein Mensch auch mit einer Situation «anfreunden»). Als freiwillig eingegangenes Verhältnis beruht Freundschaft auf einer Gegenseitigkeit, die durch Zuneigung und Achtung gekennzeichnet ist.

Interessanterweise wird die Freundschaft bei Aristoteles *(Nikomachische Ethik)* zu einem Mittel zum Zweck erklärt; Freundschaft sei ein gegenseitiges, beiden Teilen bewusstes Wohlwollen zweier Menschen und sie werde nach ihm um des Vergnügens, um des Nutzens oder um der Tugend *willen* geschlossen (Kirchner &

Michaëlis 1998: 230). Es sei also zweckdienlich, eine Freundin respektive einen Freund zu haben; diese stellten Werte dar – analog zu Kindern. Die Bestimmungen des Aristoteles zum Wozu lassen sich noch ergänzen: Ein Mensch, der keine Freundschaften pflegt oder pflegen kann, gilt in der Regel als psychisch defizient und gerät daher häufig in eine soziale Isolation, in Einsamkeit. Ihm fehlen deswegen bestimmte – wenn nicht überhaupt – Erfahrungen mit wichtigen Haltungs- oder Handlungskonzepten (zum Beispiel Gegenseitigkeit, Zuneigung, Mitgefühl, bedingungsloses Vertrauen, Gewissenhaftigkeit, Treue, Toleranz und so weiter), die sich vielfach paradigmatisch aus dem Umgang mit Freundinnen oder Freunden ergeben und die eine Entwicklung zu einem «ganzen», zu einem «wahren» Menschen unterstützen, ja die dafür geradezu unerlässlich sind. Freundinnen und Freunde sind deshalb gegenseitig instrumentell zweckdienlich, weil sie dazu verhelfen (können), das in der anderen Person angelegte, persönliche Menschsein zu entwickeln, zu vervollständigen und im besten Fall einer Vollendung nahe zu bringen. Glücklich ist, wer gute Freundinnen und Freunde hat!

Was haben diese Analysen von typischen Werten für mein persönliches – allenfalls für ein gemeinschaftliches – Sinnprojekt nun gebracht? Wo ist Sinn im Leben zu orten? Die Nachforschungen haben bei mir Einsichten in die Prozesse des Entstehens, in die unterschiedlichen Funktionalitäten, in die Grade der Verpflichtungsfähigkeit für Individuum oder Gemeinschaft gefördert. Die folgenden Einsichten sind für mich zentral:

[a] Eine Wertediskussion muss die folgenden zwei Aspekte fokussieren: *Zwecke* sowie die persönliche oder gemeinschaftliche *Sinnhaftigkeit der Zwecke.* Damit ist die Sinneinbettung instrumentaler, zweckdienlicher Werte möglich. Auf einen kurzen Nenner gebracht: Der Zweck mag die Mittel «heiligen» – Sinn hingegen *legitimiert* den Zweck und das zweckdienliche Handeln.

[b] Sinnhaftigkeit ist eine Qualifikation *mit Lebensbezug.* Sie «bewertet» *Haltungs- und Handlungskonzepte.* Ausserhalb des persönlichen oder gesellschaftlichen Handelns manifestiert sich kein unabhängiger Sinn. Wir setzen Sinn – und um diesen Sinn ist persönlich und gesellschaftlich zu ringen, wobei zwischen Sinnset-

zungen im persönlichen und im öffentlichen Leben Differenzen entstehen dürf(t)en. Da es auch für das gesellschaftliche Handeln keinen apriorisch «richtigen» Sinn gibt, braucht es demokratische, die Goldene Regel beachtende *Instrumente* respektive (Ver)handlungskonzepte, die den *Zweck* verfolgen, Sinnvorstellungen einer Mehrheit mit denen von Minderheiten abzustimmen. *Sinn* dieses Zusammenspiels von Instrument und Zweck, das heisst die werthaltige Qualität eines solchen Handlungskonzeptes, liegt im Erarbeiten breit abgestützter Kompromisse und in der Bändigung extrem(istisch)er Vorstellungen im Interesse des gesellschaftlichen Friedens.

[c] Zusammen mit der Qualifizierung und der Festlegung willentlicher Handlungen und habitualisierter Einstellungen als persönliche oder gesellschaftliche Werte entstehen Ansprüche mit Pflichtcharakter, zu denen sich individuelle Menschen und menschliche Gemeinschaften bekennen und denen sie sich nur in begründeten Fällen entziehen können oder dürfen, zum Beispiel wenn sie in einer Werteordnung einem höher eingestuften Wert nachleben müssen. Sinnhaft qualifizierte Werte stellen somit normative *Ansprüche* an das Verhalten von Menschen und generieren (gegenseitige) Pflichten; *Achtung* vor einem Wert respektive *Beachtung* eines Werts konkretisiert sich in der pflichtgemässen Erfüllung von ihm ausgehender Forderungen. Die stärkste Verpflichtungsform bezüglich *gesellschaftlich* sinnhafter Werte sind *Verfassung und Recht.*

[d] Häufig wird beklagt, dass Werteordnungen sich in konstanter Bewegung befänden, dass der Rang eines Werts verhandelbar sei, dass Werte inhärent relativ seien. Andreas Urs Sommer stellt dazu fest:

[Die Relativität] ist am Begriff [«Wert»] selbst abzulesen. Zwar hat man im Wirtschaftsleben stets den Wert von Dingen berechnet, doch bemass er sich an ihrem Zweck – war also relativ zum Gebrauch, den man vom jeweiligen Ding machte. In Werten zu denken, bedeutet, Vergleiche anzustellen, Bedeutsamkeit je nach Situation abzuschätzen: Eine gefüllte Wasserflasche ist in der Wüste von enormem Wert, an einer sprudelnden Quelle hingegen höchst entbehrlich. [...] [Werte] bleiben auf andere und anderes bezogen, gewinnen ihre Geltung nur im jeweiligen Rahmen und unter den jeweiligen Umständen. Wertkonservative, die sich auf ewige Werte berufen und ihren Verfall beklagen, verkennen, dass sie, sobald sie sich auf Werte einlassen, dem Relativismus immer schon Tür und Tor geöffnet haben. Denn Werte kommen immer in der Mehrzahl vor; ihr Verhältnis zueinander ist vielgestaltig und ungeklärt. Werte sind – ganz anders, als ihre Beschwörer glauben – stets verhandelbar. Ewige Werte sind ein Widerspruch in sich. (Sommer 2016.)

Ein Leserbrief in *NZZ* vom 21.3.2016 formuliert dazu nur scheinbar einen gültigen Widerspruch, denn mit dem wiederholten «dürfen» (von mir im Zitat kursiviert) wird bestätigt, dass zumindest Veränderbarkeit, wenn nicht gar Verhandelbarkeit vorkommt – und damit *gerade nicht* Willkür heraufbeschworen werden soll:

Dass aber alle Werte insgesamt relativ sein sollen, ist undifferenziert und kurzsichtig. In seinen Überlegungen lässt der Autor die Gedanken der Naturrechtsphilosophen aus (Samuel v. Pufendorf, Johannes Messner). Diese haben Werte und unverrückbare Rechte formuliert, abgeleitet von der Natur des Menschen. Sie gelten für alle Menschen, unabhängig von Religion, Gesellschaft und der herrschenden Zeit. Darum *darf* als Beispiel der Wert der Gleichwertigkeit aller Menschen sicher niemals relativiert werden. Dass jeder Mensch Anrecht auf einen würdevollen Umgang hat, dass ein respektvoller Umgang für das Zusammenleben der Menschen grundlegend ist, dass der Mensch sich nur in Freiheit entfalten kann, das sind alles Werte, die auf keinen Fall zur Disposition stehen *dürfen.* Freiheit und Sicherheit gehören zusammen und können nicht relativiert und als rein persönliche Ansicht gewertet werden, wie das der Autor macht. Wenn wir das tun, öffnen wir der Willkür und der Beliebigkeit Tür und Tor, was unschwer als Tendenz in der heutigen Welt zu beobachten ist. (Burger 2016.)

Aufgrund der bisherigen Einsichten scheint mir, dass der angebliche Wandel der Werte den Sachverhalt nicht präzise trifft. Die meisten Werte, die mir (und anderen) anerzogen wurden oder die ich im Laufe des Lebens erwarb, sind nicht nur noch immer da, sondern sie haben sich auch nicht wesentlich geändert. Ehrlichkeit ist Ehrlichkeit geblieben, und sowohl Eigentum als auch Kinder sind immer noch Werte. Geändert haben sich aber die Zwecke und die Kontexte, in denen ihnen Sinnhaftigkeit zugeschrieben wird. Ehrlichkeit ist teilweise zu einem Hindernis geworden, zum Beispiel in gewissen wissenschaftlichen Disziplinen oder in der Finanzwelt; öffentliches Eigentum gehört «niemandem» und ist deshalb für Vandalenakte frei; Kinder werden nicht mehr als Teil der Altersvorsorge betrachtet; mit Respektlosigkeit kommt man (insbesondere «Mann») in der Politik weiter ... Die Veränderungen in der Werteordnung sind also Spiegel der (unaufhaltsamen) *Veränderungen in der Sinnhaftigkeit unseres Handelns,* diese wiederum werden durch die Veränderungen des gesellschaftlichen Kontextes bewirkt. Das hat wenig mit Willkür zu tun, sondern mit notwendigen Anpassungen an neue Bedingungen. Und machen wir uns nichts vor: Solche Klagen über den Zerfall von Werten gibt es, seit es schriftliche Aufzeichnungen gibt ... Wo können wir also dem «Zerfall der Werte» die Stirn bieten? Indem wir an Kontexten und Instrumenten arbeiten, in denen wir unsere Werte hochhalten können und in denen es sich auszahlt, in nichtaggressiver Weise öffentlich zu ihnen zu stehen.

Kommen wir noch auf den Willkürvorwurf im Leserbrief zurück. Sowohl die Thesen von Sommer als auch die Einwände im Leserbrief lassen meines Erachtens die wichtige Rolle des Rechtssystems ausser Acht. Im Sinn und Geist der Aufklärung konstituierte Werte sind *rational begründbar;* als überlegt ausgehandelte Setzungen berücksichtigen sie freiheitliche Sinnkonzepte – im Gegensatz zu ideologisch vereinnahmten Werten respektive zu religiös dogmatisierten Werten. Sie sind dann der Willkür entzogen, wenn sie durch Kodifizierung zu Rechtsgut oder sogar zu Verfassungsgut werden. Das Recht verleiht wesentlichen Teilen einer Werteordnung sinnhaft Stabilität; es wirkt in einem guten Sinne «wertkonservierend», verschliesst sich aber nicht notwendigen Veränderungen. Dabei sollte in der Rechtsetzung und in der Rechtsprechung grösste Sorgfalt walten und der Bezug zum Sinn im Leben Priorität geniessen.

[e] Neben dem Recht gibt es noch als letzte persönliche (Sinn)instanz das *Gewissen,* welches notwendige Freiräume abstecken kann oder behaupten muss, welches die Kontexte beurteilt, in denen sinngemäss gehandelt werden kann, und welches Widerstand

gegen gemeinschaftliche Verabsolutierungsbestrebungen artikulieren soll und darf. Für das individuelle Gewissen gibt es keinen Unterschied zwischen Schönwetterwerten und für Notzeiten konzipierten Werten: Es sind immer die gleichen Werte und die prinzipiell gleichen, sinngeprüften Ansprüche. Vernachlässigt ein Rechtssystem diesen Lebensbezug oder missachtet es ihn sogar bewusst, zwingt es Individuen dazu, entweder gegen ihr Gewissen zu handeln oder sich aus Gewissensgründen ungerechtfertigten Nachteilen auszusetzen. Damit wird das lebendige Sinngewebe einer Gesellschaft strapaziert oder sogar zerstört.

[f] Zum Schluss ist es mir wichtig, auf eine Wertegruppe hinzuweisen, die in der Regel keine Aufmerksamkeit geniesst. Es geht um Werte, die man unter dem allgemeinen Titel «Mangelwerte» subsumieren kann. Ich meine damit den Wert von Erscheinungen und Sachverhalten wie Unvollkommenheit, Hunger, Unverstand, Fehlerhaftigkeit, Schmerz und so weiter. Aus der Feststellung von Mängeln entsteht in der Regel ein Handlungsanreiz: Wir versuchen den Mangel zu beheben oder aber wir verzichten bewusst darauf, ebendies zu tun. Natürlich mag es nicht besonders sinnvoll scheinen, dass wir hungern oder an Schmerzen leiden, aber diese Sachverhalte lösen Handlungen aus, die darauf abzielen, angemessen Abhilfe zu schaffen. Der Mangel, dem wir *zivilisatorisch* wohl am meisten zu verdanken haben und der für mich weiterhin grosses Potenzial hat, äussert sich in den Grenzen des Verstehens und des Wissens, die wir immer wieder zu überschreiten suchen. Diese Grenzen sind es, die uns – auch neugierig, wie wir sind – in der persönlichen und in der gesellschaftlichen Entwicklung antreiben, die uns zu Sinnfragen führen und die uns auf die Suche nach tragenden Werten locken.

8.4.1 *Freiheiten als wertvolle Mittel zum Zweck*

Das Fundament liberalen Gedankenguts ist erklärtermassen das *Konzept der Freiheit*. Höffe 2015 bietet zu diesem Begriff in wichtigen Bereichen eine meines Erachtens nützliche und umfassende Auslegeordnung (Rezensionen dazu sind gemischt, vergleiche König 2015 und Koch 2015). Die Bedeutung der Freiheit wird so gross eingeschätzt, dass man ihr in vielen Bereichen ohne weiteres den Status eines «Leitwerts» zubilligt; Di Fabio spricht von der Freiheit als vom «deklarierten Höchstwert» (2005: 28). Fundamental ist dabei die von Friedrich von Hayek formulierte Einsicht, dass die freiheitliche Ordnung einer Gesellschaft wesentlich davon abhängt, wie freiheitlich, das heisst wie wenig planwirtschaftlich und wie unabhängig von politischen Zielen, der Bereich der Wirtschaft organisiert ist (von Hayek 2014: 186; vergleiche auch Abschnitt 8.3). Leider scheinen seine Einsichten philosophisch kaum rezipiert zu werden (in Sedmak 2010.1 wird er nur bei Wintersteiger 2012: 83 kurz erwähnt).

Da «Freiheit» ein typisches abstraktes Nomen ist, will ich – nach bewährter Methodik – versuchen, mich diesem Begriff durch eine Analyse des Grundwortes «frei sein» zu nähern (zum Verfahren siehe Abschnitt 3.5 und die Ausführungen zu ‹ehrlich› in Abschnitt 8.4). Angenommen also, dass wir in einem grundsätzlich liberalen, wesentliche Freiheiten garantierenden Wirtschafts- und Gesellschaftssystem leben und dass wir nicht vom Kollektiv, sondern vom Individuum reden – wie ist da das Wort «frei (sein)» zu verstehen? *Duden* nimmt folgende Herkunft an: «frei <Adj.> [mhd. vrī, ahd. frī; in der germ. Rechtsordnung urspr. = zu den Lieben (= zur Sippe) gehörend (u. daher geschützt); eigtl. = lieb, erwünscht]» (Duden [7]2011: 635). Das reiche Beispielmaterial bietet uns zusammengefasst eine erste Annäherung:

[a] Als Menschen sind uns «natürliche» Grenzen des Freiseins gesteckt.

[b] Individuelles Freisein wird durch analoges Freisein anderer begrenzt.

[c] Menschen sind frei, wenn sie eine Wahl zwischen zulässigen und verfügbaren Optionen haben, das heisst, wann immer sie den *freien Willen* ausüben dürfen.

Mit [a] wird angesprochen, dass das in uns angelegte Können uns dazu *ermächtigt,* nach Freisein zu streben, dass aber das «Menschliche» an diesem Können dem Streben auch Grenzen setzt. Der Punkt spricht die Leiblichkeit an und hält auch fest, dass nicht alle Menschen von ihren natürlichen und erworbenen Fähigkeiten her sowie aufgrund nicht oder kaum beeinflussbarer Umstände gleichermassen frei sind oder sein können. Freiheitsgrade können von Entwicklungsstufen (zum Beispiel als Kleinkind oder im Alter) und vom Grad körperlicher oder mentaler Gebrechlichkeiten im Vergleich zu anderen Menschen abhängen. Diese *konstitutiven Ungleichheiten* bezüglich zentraler Anlagen und Möglichkeiten bilden heikle Punkte in Diskussionen um die Gleichheit der Menschen (siehe Abschnitt 8.4.2). Unser Drang nach Freiheit kommt aus einem phylogenetisch-evolutionär entstandenen Können, dem ein wohl triebhaft zu nennendes, intrinsisch zu dessen Entwicklung und Beherrschung drängendes und damit auch befreiendes Potenzial innewohnt. Es drängt dazu, Erfahrungen zu sammeln und Grenzen zu überwinden. Dabei entstehen (neue) Handlungsräume und gewaltig-ermächtigende Mittel technischer, medizinischer und so weiter Art, aber gerade deswegen auch *Herrschaftsräume,* die sich nicht nur über die materielle Umwelt, sondern auch in instrumentalisierender Absicht über andere Menschen und deren Handlungsräume erstrecken können. Die möglichst geregelte und einvernehmliche Nutzung dieses Potenzials, der Wille, sich seiner freiheitlich zu bemächtigen und seine despotische Herrschaft zu begrenzen, ist es, was Freiheit [b] mit einem willentlichen, normativ gesetzten Rahmen auf den Plan ruft.

[b] beschreibt eine *zweite Ermächtigung,* nämlich aufgrund von Freiheiten, die uns durch Verfassung und Recht gewährt sind. Da alle den *gleichen* Rechtsanspruch haben, ist der gegenseitige Wirkungsbereich zu definieren und sind gesetzte Grenzen zu schützen – nötigenfalls unter Androhung von Strafe. Freisein in diesem Sinne ist ein ontogenetisch-historischer Begriff, *das eigentliche Humanum der Neuzeit,* die noch immer nachreifende Frucht einer tiefgreifenden mentalen Entwicklung der Menschheit, insbesondere der Renaissance und der Aufklärung. Freisein in Abhängigkeit des rechtmässigen Dürfens ist eine wesentlich soziale Errungenschaft und nicht nur für *die Vorstellung* des *modernen* Menschen, sondern auch für unser Verständnis von Staat und Gesellschaft konstitutiv (geworden). Vor der Aufklärung war der Mensch im modernen Sinn generell nicht frei; diese Freiheit kann aufgrund bekannter Möglichkeiten, sie zu gefährden, auch wieder verschwinden. Sie musste nicht nur mühsam erarbeitet, sondern sie muss durch stetes Bemühen immer wieder gewonnen und verteidigt werden. In [a] finden wir (animalische) Grundlagen der

Macht und insbesondere der Herrschaft, die auch die Herrschaft über andere Menschen beinhalten kann; in [b] finden als *Wille zur Freiheit* die Auseinandersetzungen mit den positiven und negativen (interpersonalen) Folgen von [a] statt.

Frei im Sinne von [c] ist jemand nur, wenn [b] eine Freiheit gewährt oder wenn eine von extrinsischen Faktoren nicht behinderte Wahl möglich ist (zum Beispiel Kaffee mit oder ohne Milch; freie Arztwahl; Freitod). Ich finde, den Varianten [a] bis [c] oben sei eine weitere, wenig beachtete, aber nicht nur für die Bestimmung des Begriffs der Freiheit, sondern auch für die sinnvolle Ausübung von Freiheit wesentliche Bedingung anzufügen, die ich wie folgt formulieren möchte:

[d] Jemand kann *frei von* Einschränkungen werden, sofern dank Hilfs- oder Heilmitteln Grenzen überwindbar werden, die natürlich oder in einem (körperlichen) Zustand begründet sind, die Denken und Handeln Grenzen auferlegen oder die die Wahrnehmung von Freiheit behindern.

«Frei sein *von*» heisst «durch bestimmte Umstände nicht [mehr] beeinträchtigt od. gehemmt» sein und wird mit folgenden Beispielen illustriert: Die Kranke ist f. von Beschwerden; er ist f. von Schuld; das Brot ist f. von Konservierungsstoffen (siehe *Duden* 2.b). Dazu gehört die Nachsilbe *-frei,* die «in Bildungen mit Substantiven aus[drückt], dass etw. nicht vorhanden ist» (siehe *Duden* 6), zum Beispiel in herrschafts-, kalorienfrei. Nun ist ein Mensch in seinem Denken und Handeln nicht eigentlich frei, wenn er nicht frei ist *von* Trieben, Begierden und Emotionen mit *freiheitsgefährdendem oder gar -verhinderndem Potenzial.* Um hier frei zu sein, braucht es Einsicht und befreiende Arbeit an der eigenen Persönlichkeit; diese ermächtigt uns, frei(er) zu denken und zu handeln.

Erziehung und Selbstkultivierung haben zwei Ziele: Zum einen kann und darf sie nicht auf ein Ausschalten oder Vernichten natürlicher Anlagen ausgerichtet sein, denn sie erfüllen in bestimmten Umständen und Situationen lebenswichtige oder sogar freiheitswahrende Funktionen; aber diese Anlagen müssen so in unsere Persönlichkeit integriert werden, dass wir sie zivilisieren und unserem Willen unterwerfen (können). Zum anderen müssen Erziehung und Selbstkultivierung die Persönlichkeit gegen mentale Abrichtung durch totalitäre Anschauungen immunisieren. Diese Arbeit ist nicht nur «anstrengend», sie ist auch absolut unumgänglich. Die Selbstbeherrschung ist für mich die grundlegende Voraussetzung für die *Ermächtigung zur Freiheit* der Entfaltung: *Ich muss mich ausreichend von gewissen Voreinstellungen und Auswirkungen natürlicher Anlagen befreien, damit ich «gewissentlich» frei bin oder werde für Denken und Handeln im Hinblick auf verträgliche, rechtschaffene und zivilisierte Ziele.*

Mit Bezug auf Rousseau («Der Mensch ist frei geboren, und überall liegt er in Ketten») behauptet Otfried Höffe, dass die «Freiheit» *ein Konstitutiv* des Menschen sei (Höffe 2015: 19). Dem ist aus zwei Gründen zu widersprechen. Zum einen blendet er den historischen Bezug aus und dekontextualisiert so die Aussage Rousseaus. Wenn man den Menschen in Ketten legen, das heisst ihn der Freiheit berauben kann, und wenn der Mensch sich nicht dagegen wehrt, das heisst der Freiheit entsagt (wie Rousseau weiter ausführt), dann muss die Freiheit etwas dem Menschen Äusserliches sein. Der Freiheit kann man nur *entsagen,* wenn man eigentlich Herr über sie ist. Damit ist aus dem Satz von Rousseau nicht – wie Höffe das tut – herauszulesen, dass die Freiheit dem Menschen «angeboren» ist (Höffe 2015: 20), sondern Rousseaus Klage impliziert viel eher, dass der Mensch *von Geburt an* in seinem Handeln eigentlich frei sein könnte. Das Prädikat «frei geboren» steht im 18. Jahrhundert dem Prädikat «unfrei geboren» gegenüber – und dieser Unfreiheit haftet gewiss etwas Selbstverschuldetes an (siehe auch Kants Aufklärungsthese). Ob jemand ein(e) Freie(r) oder ein(e) Unfreie(r) ist, resultierte aus einem zufälligen Standesprivileg; die damalige Gesellschaft bestand aus Herren und Untertanen, Hörigen oder Sklaven – oder wie Blonde das in der *Entführung* von Mozart so schön sagt: «Ich bin eine Engländerin, *zur Freiheit* geboren.»

Das von Rousseau vorgedachte *Rechtsgut* «frei» ist somit als «Eigenschaft» *zufällig* und nicht im Menschsein liegend. Der Mensch ist erst frei, wenn damit die tatsächliche, physisch wahrnehmbare *Freiheit von* «Ketten» gemeint ist. Aus sprachlicher Sicht ist «frei sein (von)» ein *Privativum;* das Wort bezeichnet die Abwesenheit respektive das Fehlen von sowohl konstitutiven als auch externen Umständen oder Bedingungen, welche das Freisein in seinen verschiedenen Formen behindern. Des Näheren bezeichnet es ein bestimmtes *Verhältnis* zwischen dem Menschen und gewissen externen Umständen oder Bedingungen: Gelten diese, so ist jemand frei; gelten sie nicht, so ist sie oder er unfrei oder nur bedingt frei. Zu dieser Einsicht passt die bereits erarbeitete Einsicht, dass ‹frei› eine adverbial-modale Qualität des Handelns respektive des von der Rechtmässigkeit abgesteckten Freiraums ist (siehe Abschnitt 8.4). Der Mensch besitzt oder erringt Freiheiten, und diese haben einen *instrumentellen Wert.* Dank diesen kann der Mensch insbesondere seinen freien Willen entfalten und frei handeln.

Verfassung und Recht konstituieren und gewähren uns also Freiheiten – und gewährleisten sie. Damit ist Freisein unauflösbar mit dem Begriff des *Dürfens* verknüpft: Wenn ich die Autorität oder das Recht habe, zu tun *und* zu lassen, was und wie ich will, *dann bin ich frei.* Es ist also ein abgesteckter, in der Regel normativer Rahmen, in dem mir *erlaubt* ist, frei zu handeln, der mir aber auch diese Freiheit verbieten («du darfst nicht») oder einschränken kann («du sollst»). Es geht also um das bekanntlich dem Willen unterworfene *Handeln* – einschliesslich des *sprachlichen* Handelns. Wenn sprichwörtlich davon die Rede ist, dass unsere *Gedanken* frei sind, dann nur in dem Sinne, dass wir zwar über alles nachdenken respektive alles denken (imaginieren, fantasieren) *dürfen und können,* dass wir das Gedachte aber nicht ohne weiteres in ein Handeln umsetzen dürfen.

Freiheiten haben die *Funktion eines Mittels: Menschen sind frei respektive zu befreien, damit sie Ziele verfolgen, damit sie für sich Sinn konstituieren können.* Menschen sollen frei sein, damit sie (bewusst und willentlich) entscheiden können, wann und wie sie zum Beispiel solidarisch, tolerant und gerecht sein wollen, wann, wo und in welchem Ausmass ihnen Gleichheit wichtig ist und so weiter. Menschen sollen frei sein, damit sie entsprechende Freiräume auch im gegenseitigen Einvernehmen gestalten können. «Freiheit» an sich, als Abstraktum und im Singular, ist eine begriffliche Illusion, eine substanzlose Hypostasierung, der das konkretisierende Wozu fehlt; als zusammenfassende Bezeichnung für die vielen *Freiheiten,* die in humanen Gesellschaften möglich, ja notwendig sind, mag das Wort noch angehen. Freiheiten sind als Instrumente grundsätzlich *wertneutral;* allfällige Kritik muss beim Wozu, bei den Zielen und Absichten angebracht werden. Werden etwa Solidarität, Gleichheit, Toleranz und Gerechtigkeit als sinnvolle Ziele individuell-freien Handelns kollektiv oder totalitär vereinnahmt, so beschädigt diese Usurpation nicht primär die jeweilige Freiheit, sondern es werden dadurch die Ziele buchstäblich ent*wertet* respektive sinnentleert. Aus diesem Grund können Freiheiten selbst nicht eigenständige Sinnhorizonte sein; sie dienen (in meist rechtlicher Formulierung) dazu, Zweck- und Sinnvolles zu ermöglichen sowie Werte und Verhaltensweisen zu grundieren.

Errungene Freiheiten sind nicht «frei von» Missbrauchs- oder Maximierungspotenzial (siehe unten). Gelegentlich laden sie sogar dazu ein, wenn Zweck und Sinn ihres Einsatzes verschleiert werden können. Im sorgsamen Umgang mit Freiheiten sollten wir uns deswegen gewissenhaft üben (siehe Wintersteiger 2012: 88–89). Nicht die Freiheiten – wie häufig zu hören ist – sind fragil, wohl aber *der Konsens im Umgang* mit diesen. Wir sollten deshalb nicht primär über Strukturen und Instrumente zum Schutz von Freiheiten nachdenken, sondern wachsam sein gegenüber Versuchen, diese für die Etablierung von Machtstrukturen zu usurpieren, welche sie beschädigen oder ausser Kraft setzen können. Der Einsatz von Freiheiten stellt ein Handeln dar, und solchem Handeln kommt Verantwortung zu. Es genügt nicht, die Rechtmässigkeit des Einsatzes so verbindlich wie möglich formulieren zu wollen, denn das Recht stösst hier an Grenzen. Den Sinn dieser Verantwortung für das gemeinschaftliche Zusammenleben gilt es zu erkennen, und den Sinn *dafür* gilt es als Bürgersinn zu verankern. Freiheitliches Handeln ohne Verantwortung gegenüber Freiheiten anderer, ohne Sinn für das soziale Gegenüber wertet sich ab und verliert an gemeinschaftstragendem Sinn (zur Komplexität des Begriffs der Verantwortung siehe Neumaier 2012: 26–28).

Otfried Höffe spricht von einer speziellen *Paradoxie:* «Die Freiheit ist um der Freiheit willen einzuschränken (2015: 235).» Diese so eingängige Behauptung ist höchst problematisch, weil sie den Unterschied zwischen den zwei Ermächtigungen und dem instrumentellen Charakter von Freiheiten unbeachtet lässt. Die «Probleme mit der Freiheit» gehen aus unserem Können im Sinne von [a] hervor, weil dieses für vorhandene Instrumente immer neue Zwecke ersinnen kann, die das ursprüngliche oder geltende Wozu sowohl positiv als auch negativ ändern können. Instrumente sind nun einmal Instrumente, was heisst, dass sie häufig nicht nur für den ursprünglichen Zweck verwendet werden können. Mit einer Zweidrittelsmehrheit, die in einer freien, demokratisch durchgeführten Wahl gewonnen wird, entsteht eine legitime Herrschaft; damit kann *und darf* eine Partei die Verfassung ändern (siehe aktuell Ungarn und Polen).

Die «Paradoxie», die uns wirklich beschäftigen sollte, liegt vielmehr darin, dass wir dank unserer Anlagen sinnvolle Räume erschliessen, deren freie Nutzung wir mit ebendiesen Anlagen in sinnbeeinträchtigender Weise hintertreiben können. Unser immanentes Streben nach Herrschaft ist so zu bändigen, dass Zwecke nicht so usurpiert werden, dass sie die zugehörigen Freiheiten (anderer) entwerten. Die zentrale Frage jeder Wertediskussion ist also die nach *konsensual legitimierter, im Dienste der Gemeinschaft stehender Herrschaft* innerhalb der Grenzen individueller Freiheiten: Mit welchen zweckdienlichen Werten schaffen wir möglichst beherrschbare, lebbare und lebenswerte Sinnhorizonte? Wie können wir *das drängende Können durch überlegtes Dürfen und konsensuales Sollen einschränken und regeln?*

Dies ist ein Spannungsfeld, in dem wir Menschen uns fortan wohl in erhöhtem Masse befinden werden, denn die rasch fortschreitende, sich potenzierende Ermächtigung durch das technische, medizinische und so weiter Können, durch ihr usurpatorisch wirkendes «YES, we CAN», lässt manche den Rahmen des Dürfens und Sollens, des Rechts und der Ethik zunehmend als hemmendes «Gefängnis» empfinden. Der Schutz vor allerlei Übergriffen, der den Machthabern und «Experten des reinen Könnens» abgerungen wurde, wird nicht (mehr) selbstverständlich als freiheitlichbefreiend und das Zusammenleben garantierend wahrgenommen. Dem Willen zur uneingeschränkten Nutzung der Freiheit entsprechend müssen in einem langwierigen und schwierigen Prozess *nolens volens* individuell und gegenseitig immer wieder neu Grenzen rechtmässigen Handelns gesetzt werden; wir müssen der Gemeinschaft dienende und letztlich hoffentlich global geltende, normative Handlungsimperative formulieren, die das Recht ergänzen. Uns dieser Pflicht entziehen heisst, auf freiheitliche Ordnungen (zum Beispiel auf die auf Wettbewerb beruhende freie Marktwirtschaft) zu verzichten, heisst aufhören, für eine insgesamt freiheitliche Ordnung zu kämpfen.

Betrachten wir noch den im politischen Diskurs häufig als Vorwurf verwendeten Ausdruck «Missbrauch der Freiheit». «Missbrauch» ist nicht nur ein klarer Hinweis auf den instrumentellen Charakter von Freiheiten, sondern impliziert, dass ein Konsens bezüglich des ordentlichen *Gebrauchs,* bezüglich der ethisch erlaubten oder rechtmässigen Nutzung existiert (haben muss). Der Konsens steckt den Rahmen des generell Erlaubten inhaltlich ab; als rechtmässiges Dürfen steht er in Verfassung und Gesetzen. Auf diesen zwei Wegen versuchen wir das *Wozu* so zu regeln, dass sinnvolles Handeln gewählt und sinnwidriges minimiert wird. Ich komme so zu folgender Wesensbestimmung von Freiheiten:

Die gesellschaftliche Ordnung, das heisst das System stabiler und verlässlicher Rahmenbedingungen, unter denen «die einzelnen ihre mannigfaltigen Tätigkeiten gemäss ihren individuellen Plänen durchführen» können (von Hayek 2014: 57), räumt jeder Person *dedizierte Freiheiten* ein, die frei von einer Ausrichtung auf einen fremdbestimmten (Gesamt)plan individuell zweckmässiges und sinnvolles Handeln ermöglichen. Freiheiten können nicht das Ziel oder der (Selbst)zweck einer Ordnung sein; sie sind ethisch-moralisch oder rechtlich-systemisch zu konstituierende, *zweckgebunden-instrumentelle Voraussetzungen* dafür, dass Individuen und Gruppierungen von Menschen planen, handeln und sich entwickeln können.

Bleibe ich im Rahmen, der den rechtmässigen Einsatz einer Freiheit regelt, verletze ich weder das Recht noch missbrauche ich die entsprechende Freiheit. *Ohne Rechtsbruch liegt kein rechtlich ahndbarer Missbrauch einer Freiheit vor* – und das muss im Interesse der Rechtssicherheit zwingend so sein, moralisch-ethische Bedenken hin oder her. Nutze ich eine Freiheit für einen Zweck, welcher im Widerspruch zur geltenden Werteordnung steht, ist zu fragen, ob dieser Widerspruch ethischer oder rechtlicher Natur ist.

Wird zum Beispiel die Versammlungsfreiheit genutzt, um eine kriminelle Vereinigung zu gründen, so mache ich mich rechtlich strafbar – und missbrauche im Vollzug dieser Handlung *gleichzeitig* die entsprechende Freiheit. Solcher Missbrauch einer Freiheit ist also *rechtsverletzend* und muss geahndet werden. Heisst das nun, dass *erlaubt ist, was nicht verboten ist?*

Zweimal Nein! Zum einen steht modernes Recht auf einer Verfassungsgrundlage, welche Prinzipien der Ethik (zum Beispiel Gerechtigkeit) sowie des Zusammenlebens von Menschen untereinander und mit ihrer natürlichen Umgebung beachtet. Diese ethische Grundlage ist eine Errungenschaft der aufgeklärten Moderne und findet ihren Niederschlag in den *allgemeinen Menschenrechten.* Die allgemeine ethische Dimension wirkt somit normativ. Jede Art des Handelns, die ein Menschenrecht anderer verletzt, ist ethisch-rechtlich prinzipiell nicht statthaft. Diese Verabsolutierung hat durchaus problematische Konsequenzen (siehe die Diskussion der Gleichheit in Abschnitt 8.4.2), aber *das ist der (zurzeit) ultimative Rahmen des rechtmässig Erlaubten.* Zum anderen findet Handeln im Rahmen des nicht verrechtlichten Konsenses bezüglich des ethisch Erlaubten statt. Hier können Verstösse mit gesellschaftlichen Sanktionen belegt werden, deren Wirkung oft sehr schmerzlich spürbar ist.

Zwischenbilanz: Der Ausdruck ‹Missbrauch› zeigt mit aller Deutlichkeit, dass *gewonnene* Freiheiten einen instrumentalen Charakter haben. Erworbene Freiheiten konstituieren durch ihre Existenz nicht einfach Sinn, aber Sinnkonstitution ohne Basis in entsprechenden Freiheiten scheint mir unmöglich. Ein Zweites ist festzuhalten: Freiheiten generieren zwangsläufig Sinnfragen, weil sie in der Regel nach normenbasierten Entscheidungen ethischer oder rechtlicher Art verlangen. Da Normen verletzt werden können, generieren solche Entscheidungen Verantwortung. Ergo sind Freiheiten und Verantwortungen wie zwei Seiten einer Münze, wobei die (primäre) *recto*-Seite eine Freiheit, die *verso*-Seite eine Verantwortung zeigt (siehe Neumaier 2010: 36–37).

Was bringen nun diese Überlegungen und Feststellungen, wenn es darum geht, gut begründbare, lebensfreundliche und sozialverträgliche Entscheidungen im Alltag zu fällen, wenn es darum geht, verantwortungsvoll zu handeln, wenn es auch darum geht, Sinn im eigenen Leben zu konstituieren und beim Handeln zu berücksichtigen? Meines Erachtens erbringen sie den Nachweis der fundamentalen Bedeutung von Freiheiten für ein sinnerfülltes, gutes Leben, sie machen die Entscheidungsgrundlagen und -vorgänge transparent und bewertbar (auch ethisch-moralisch), und sie versetzen mich in die Lage, zwischen den (Handlungs)möglichkeiten eine rationale und sinnbasierte Prioritätenordnung herzustellen. Sie nehmen mir aber das Denken im Einzelfall nicht einfach ab. Ich versuche dies an einigen einschlägigen, mehr oder weniger aktuellen oder sogar brennenden Beispielen zu illustrieren:

[a] Wir kennen (in der Schweiz) das *Initiativrecht* als ein wichtiges politisches Recht. Ist es nun – wie häufig moniert wird – Missbrauch, wenn eine Partei oder eine Personengruppe das Initiativrecht dazu benutzt, Wahlkampf zu betreiben? Auch wenn Wahlkampf der Hauptzweck für die Lancierung einer Initiative sein sollte, ist gesetzlich der Tatbestand des Missbrauchs ausschliesslich daran zu messen, ob der formulierte Zweck, der *Inhalt* der Initiative gesetzeswidrig ist. Das Wahlkämpferische mutiert zu einer nicht sinnvoll verbietbaren Nebenwirkung. Ist hingegen der Tatbestand des Missbrauchs erfüllt, wenn das Initiativrecht genutzt wird, um allgemeine, verfassungsmässige Rechte und Freiheiten anderer zu beschneiden oder sie ihnen gar abzusprechen? Die Antwort ist für mich ganz klar: Ja, denn der Zweck der Initiative verstösst gegen Menschenrechte. Eine Partei oder eine Personengruppe darf eine solche Initiative nicht auflegen – und sie können auch nicht darauf rekurrieren, dass der Souverän das (Recht auf das) letzte Wort hat; einer Mehrheit (der zur Urne gehenden Stimmberechtigten), das heisst dem Volk, ist nicht erlaubt, unter Umgehung des dafür zuständigen Parlaments über solche, Grundlagen von Recht und Verfassung in Frage stellenden Initiativen zu befinden. *Das Instrument der Initiative darf also nicht willkürlich eingesetzt werden, sondern es muss (menschen)rechts- und verfassungskonform gestaltet sein.*

[b] Unser Können im medizinisch-technischen Bereich versetzt uns in die Lage, bei Embryonen, die durch künstliche Befruchtung

entstehen, die Existenz schwerwiegender (genetischer) Krankheiten vor der Einsetzung in den Uterus abzuklären. Der unmittelbare und beabsichtigte Zweck dieser Präimplantationsdiagnostik (PID) ist also, es Eltern möglich zu machen, die Einsetzung eines geschädigten Embryonen zu verweigern – mit der Konsequenz, dass ein Embryo, das heisst Leben (je nach Definition), allenfalls zerstört wird. Unser Können schafft also ein Mittel (die Diagnostik), welches nicht nur den angedachten Zweck erfüllt, sondern eine ganze Palette von möglichen Zwecken eröffnet: Aufgrund welcher Freiheit respektive mit welchem Recht *darf* dieses Mittel von wem eingesetzt werden? Wie sind in diesem Fall die Grenzen des rechtlich oder konsensual Erlaubten abzustecken? Welche Voraussetzungen müssen gegeben sein und in welchen kritischen Bereichen sind Entscheidungsberechtigungen und -verfahren zu diskutieren?

Nehmen wir an, dass die Voraussetzungen für eine *In-vitro-Fertilisation* gegeben waren (siehe Website des Universitätsspitals Zürich) und dass mehrere einsetzbare Embryonen entstanden sind (siehe Punkt [c] unten). Hier entsteht die Frage, ob geschädigte Embryonen festgestellt und dann ausgeschieden werden dürfen. Egal wie wir diese Frage entscheiden: Es entsteht, so die herrschende Auffassung, *spezifisches Recht* für Paare, die auf diesem Weg ihren Kinderwunsch erfüllen (müssen respektive dürfen), nämlich entweder *das Recht auf ein gesundes Kind* oder ein Recht, welches ihnen diese «Sicherheit» verwehrt. Da ist es nun unerlässlich, absolut präzise zu argumentieren. So entstehendes Recht darf nicht als «Recht» auf ein gesundes Kind (miss)verstanden werden; es gewährt nur *die Freiheit,* sich für ein möglicherweise gesundes Kind zu entscheiden (die PID vermindert nur einen Teil der Risiken) oder ein wahrscheinlich oder bestimmt behindertes Kind zu akzeptieren. Mit der Freiheit, sich – so muss man es wohl ehrlicherweise formulieren – *gegen* ein gesundheitlich schon angeschlagenes Kind entscheiden zu dürfen, entsteht auch keine Bevorzugung gegenüber solchen Paaren, die auf natürlichem Weg Kinder zeugen, denn bei feststellbaren Missbildungen oder genetischen Krankheiten geniessen sie innerhalb einer gewissen Frist *die prinzipiell gleiche Freiheit,* auch wenn diese eine psychisch und physisch leidvolle Abtreibung bedingen kann. Aus dieser Sachlage heraus kann es für liberal Denkende nicht angehen, die PID grundsätzlich zu verbieten, und es sind fraglos die Eltern – und nur diese –, die in eigener Verantwortung den (schwierigen) Entscheid fällen dürfen oder müssen.

[c] Ob mit dem Mittel der Abtreibung oder mit dem der PID – in *beiden* Fällen wird ein sich auf medizinisch-technische Fortschritte stützendes Recht geschaffen, sich sowohl bewusst *für* als auch bewusst *gegen* ein Kind mit mehr oder minder schweren Schädigungen zu *entscheiden.* Das mag überraschen, aber dass es sich sogar um eine Freiheit handelt, zeigt sich darin, dass Eltern dieses Recht in Anspruch nehmen dürfen, aber nicht müssen. Problematischer daran scheint zu sein, dass sie – und wir anderen im Kollektiv – damit in Kauf nehmen (müssen), dass überzählige, geschädigte oder gesunde Embryonen abgetötet oder eventuell für Forschungszwecke freigegeben werden.

«In der Tat» schaffen wir damit *nolens volens* abermals weiteres Recht, nämlich einerseits solches, das – von Eltern ausgeübt – den Embryonen generell *ein Recht auf (Weiter)leben abspricht* (auch gesunde Embryonen werden abgetrieben), andererseits solches Recht, das – von Institutionen wie dem Parlament vielleicht nur implizit gesetzt – Embryonen den *Status von freien Rechtssubjekten* aberkennt (zumindest während einer gewissen Phase der Schwangerschaft). Es wäre vermessen von mir, die dabei aufgeworfenen Fragen für andere beantworten zu wollen, noch kenne ich die einschlägige Literatur in ausreichendem Masse; dennoch fühle ich mich in der Pflicht, mindestens für mich persönlich begründbare und nicht moralisierende Antworten zu erarbeiten:

Ich gehe von der folgenden, häufig polemisch aufgestellten Behauptung aus: «Abtreibung ist Mord.» Bin ich damit einverstanden, so akzeptiere ich zweierlei: Embryonen sind ohne Wenn und Aber *Menschen* (denn nur Menschen können ermordet werden); und das geltende Recht auf Abtreibung verletzt deshalb deren grundlegende Menschenrechte (zum Beispiel das Recht auf Unversehrtheit von Leib und Leben). Da Abtreibung gesetzlich kein Straftatbestand ist, sind Embryonen vor dem (aktuellen) Gesetz *keine Menschen.* Das mag Einzelnen als Argument schon genügen. Ethisch stellt sich für mich jedoch die weitergehende Frage, ob Embryonen in ihrer Eigenschaft als *potenzielle* Menschen nicht doch einen angemessenen Schutz durch Gesetze und Menschenrechte verdienten. Dazu ist in Erinnerung zu rufen, dass wir eine Reihe von differenzierenden Einschränkungen bei Rechtssubjekten kennen: Kinder zum Beispiel sind – auch als potenzielle Erwachsene – bis zum Erreichen der Volljährigkeit deutlich eingeschränkte Rechtssubjekte, bei zeitweise oder dauernd mental behinderten Menschen gibt es zahlreiche Einschränkungen und so weiter.

In solchen Fällen kennen wir Formen der *Rechtsvertretung* (zum Beispiel Vormundschaft, Beistand und so weiter). Nun wären Embryonen, so sie als potenzielle, aber noch nicht lebensfähige Menschen betrachtet werden, auf eine Form der Rechtsvertretung angewiesen. Wie bei minderjährigen Kindern kommen für mich in der Regel nur die leiblichen Eltern dafür in Frage (ich zögere etwas, bei Embryonen schon von «Eltern» zu sprechen). Wie schon bei der Abtreibung müssen wir (anderen) also konsequenterweise akzeptieren, dass gewisse Eltern in Ausübung der ihnen gewährten Freiheit ein Embryo schon als ihr «Kind», als «Engelskind» betrachten – und damit als «Menschen» –, während andere ihm diesen Status (emotional) noch nicht zusprechen können oder vielleicht gar nicht wollen. Es zeugt also von liberal fundierter Klugheit, wenn der Gesetzgeber diesen Entscheid den Eltern weder abnimmt noch vorschreibt – und es zeugt von einer die Freiheit anderer wie auch generell respektierenden Toleranz, wenn wir solche, in eigener Verantwortung gefällten Entscheide nicht zum Anlass nehmen, moralisierend darüber zu urteilen. Diese Haltung bedeutet nicht, dass das Kollektiv nicht neutrale Beratungs- oder Unterstützungsangebote anbieten soll, wohl aber, dass es ideologisch bedingtem und rechtsverletzendem Treiben von Interessengruppen Grenzen setzen darf.

[d] Ein weiteres akut-aktuelles Beispiel: die je nach politischer Ausrichtung mehr oder weniger vehement verlangte oder abgelehnte Überwachung «verdachterregender» Personen im Interesse der Verbrechensprävention, besonders der Terrorismusbekämpfung. Können wir nicht «mit gutem Recht» genau da eine Ausnah-

mesituation reklamieren und die Rechte einzelner Menschen oder bestimmter Gruppierungen einschränken? Wann stellt sich ein Mensch so deutlich ausserhalb der Rechtsgemeinschaft, dass ihm der Schutz seiner Freiheit und seiner Rechte teilweise oder ganz verweigert werden kann – bis hin zur gerechtfertigten Anwendung von Tortur (siehe die Gedanken von Strenger 2016)? Nach allgemeiner Auffassung ist dem Staat von der Verfassung her aufgetragen, die innerhalb seiner Grenzen lebenden Personen im Rahmen des geltenden Rechtes zu schützen und deren Sicherheit zu gewährleisten.

Die folgenden Bemerkungen mache ich als «lesender Bürger». Da ich online keinen Zugang zu den Fachkommentaren zur Bundesverfassung habe, sind Bemerkungen und Schlüsse mit entsprechender Vorsicht zu geniessen. Gleichwohl glaube ich, die Grundfragen und die Problemfelder zu erkennen. In Artikel 2 der schweizerischen Bundesverfassung heisst es (meine Hervorhebungen; RHG):

Die Schweizerische Eidgenossenschaft schützt *die Freiheit und die Rechte des Volkes* und wahrt die Unabhängigkeit und die Sicherheit *des Landes.*

Gewisse Formulierungen scheinen mir bemerkenswert: Der Staat schützt «die Freiheit und die Rechte *des Volkes*», also des Kollektivs, und «wahrt die Sicherheit *des Landes*», also abermals des Kollektivs; der Schutz individueller Personen oder bestimmter Gruppen erscheint so als eine klar *nachgeordnete* Aufgabe. Insbesondere implizieren diese Formulierungen für mich, dass der Staat nicht nur den Schutz der Freiheit und der Rechte der Mehrheit *grundsätzlich* über den Schutz der Freiheit und der Rechte einer Minderheit zu stellen hat, sondern dass er zu ebendiesem Zweck errichtet wird, weil der Einzelne tendenziell für sich schaut, nicht aber ohne weiteres für den anderen. Der Staat ist der bestellte Anwalt und das neuzeitliche Instrument des Kollektivs; ihm ist aufgetragen, zu verhindern, dass der Schutz der Freiheiten und der Rechte Einzelner dazu führt, dass andere in Geiselhaft genommen werden können. In allem, was er tut, hat sich der (schweizerische) Staat an folgende Grundsätze zu halten:

Art. 5 Grundsätze rechtsstaatlichen Handelns: 1 Grundlage und Schranke staatlichen Handelns ist das Recht. 2 Staatliches Handeln muss im öffentlichen Interesse liegen und verhältnismässig sein. 3 Staatliche Organe und Private handeln nach Treu und Glauben. 4 Bund und Kantone beachten das Völkerrecht.

Wenn nun – wie die Verfassung das vorschreibt – der Staat sich in seinem Handeln an das Recht halten muss, dann ist es – stellvertretend für das Volk – eine unabweisbare Pflicht des Parlaments, solche die Aufgaben des Staates definierenden Schutzrechte mit der gebotenen Umsicht zu erlassen, und es ist an den jeweiligen judikativen und polizeilichen Organen, sie konsequent und mit Augenmass umzusetzen sowie zu kontrollieren. Als Grundfrage wird dabei praktisch *unisono* das *Dilemma von Sicherheit und Freiheit* genannt: Je höher der Grad an gewünschter Sicherheit, umso grösser die zu billigenden und erduldenden Einschränkungen bei Freiheit und Rechten. Aus meiner Sicht ist das gewissermassen «die billigere Formel». Je mehr *Verantwortung* für die Wahrung unserer Sicherheit wir an den Staat, an seine Institutionen oder schlicht an andere *delegieren,* umso eher werden wir mit flächendeckenden und – siehe «Risiken und Nebenwirkungen» – wenig zweckdienlichen Einschränkungen unserer individuellen Rechte leben müssen (u. U. bis hin zur Aushebelung der uns schützenden Verfassung); übernehmen wir aber angemessen gestuft subsidiär Verantwortung für die Sicherheit bei uns und in unseren Wirkungskreisen, schützen wir Freiheiten und Rechte deutlich gezielter und wirksamer.

Hier schliesst sich übrigens der Kreis in der Diskussion des Missbrauchs der Freiheit. Eine leider häufiger werdende Form von Missbrauch der Freiheit liegt dann vor, wenn wir die damit einhergehende Verantwortung nicht wahrzunehmen gedenken und es auch nicht zumindest versuchen. Otfried Höffe zitiert Isaiah Berlin (*Two Concepts of Liberty,* 1958) dahingehend, dass «die Freiheit des Menschen nicht darin liegt, tun zu können, was er will, sondern nicht tun zu müssen, was er nicht will» (2015: 22). Sachlich ist das einwandfrei, aber diese Maxime kann auch als Vorwand dienen, sich unbeliebter Verantwortung zu verweigern. Die

Pflicht muss nicht gerade zur Freude werden – wie Rabindranath Tagore (1861–1941) dies formulierte –, aber besonders den gut Ausgebildeten und Gebildeten ist tatsächlich ins Gewissen zu reden: Wer die Chancen nutzen durfte, welche das freiheitlich-demokratische System in der Schweiz unterschiedslos und nahezu allen bietet, und wer dank den ihm offenstehenden Ausbildungs- und Entwicklungsmöglichkeiten ein entsprechendes Einkommen und einen hohen Lebensstandard erreicht, ist dieser Gemeinschaft ohne Wenn und Aber *etwas schuldig.* Je besser die Lebensumstände, je höher der Bildungs- oder Ausbildungsstand, umso grösser sollte die Bereitschaft zur angemessenen «Rückzahlung» ausfallen. *Wie* sie ausfällt, kann momentan weitgehend frei entschieden werden, aber ... Ausser vielleicht in Bagatellbereichen gibt es *keine bedingungslose Freiheit;* gerade weil die Gemeinschaft mit dem Instrument des Staates Freiheiten und Rechte gewährt und schützt, ist sie als Gegenleistung auf eine angemessene Wahrnehmung von Verantwortung angewiesen. Wir sollten nicht damit zuwarten, bis der Staat vor lauter Nutzniessern an einem Mangel an willigen Verantwortungsträgern scheitert.

Je umfassender wir uns aus den Gemeinschaftsbereichen ins Private zurückziehen, umso ungeschützter und verletzlicher wird der öffentliche Bereich; je mehr wir dem Wohlfahrtsstaat überlassen, umso eher begeben wir uns in eine selbstgewählte Knechtschaft (siehe von Hayek in Abschnitt 8.3) – das pure Gegenteil zum aufklärerischen Projekt. Je lascher wir unsere Pflichten im öffentlichen Bereich wahrnehmen (als da zum Beispiel sind: Teilnahme an Abstimmungen und Wahlen, Übernahme von Ämtern, in Milizarbeit investierte Freizeit, Respekt vor Institutionen und Amtsträgern, Zurückhaltung gegenüber dem übermässigen Einsatz von Experten und so weiter), umso weniger durchdringen wir diesen Bereich mit unseren Werten, umso reduzierter findet die Auseinandersetzung mit diesen Werten und Freiheiten statt und umso weniger beteiligen wir uns an der Prävention unguter Entwicklungen oder gar strafbarer Handlungen. Wer *handelnd bezeugt und zeigt,* wie viel ihm seine Rechte und seine Freiheiten wert sind, identifiziert sich mit dem Dauerprojekt «liberale Demokratie», gewinnt Sicherheit für sich und für andere und baut mit am Wohlstand. Wenn wir ein Dilemma zwischen Freiheit und Sicherheit haben, so ist dieses nicht das eigentliche Grundübel. Letzteres äussert sich vielmehr darin, dass wir einen sich ausweitenden Widerspruch haben zwischen (übersteigerten und profitablen) Ansprüchen an die Gemeinschaft in Sachen individueller Rechte respektive Freiheiten und der bequemen Zurückhaltung respektive schleichenden Weigerung, die Last der daraus erwachsenden Pflichten und Verantwortungen mitzutragen respektive mit zu übernehmen.

Geht es um den Missbrauch von Freiheiten, gerät also insbesondere das *Können* des Menschen in den Fokus, denn es schafft das, was der Befreiung von Zwängen, der Beseitigung von Mängeln, generell also der Freiheit dient – Letztere aber auch zerstören können. Dem Können, ob es an naturgegebene oder künstliche Grenzen stösst, wohnt nichts intrinsisch Unrechtes inne; wenn wir es aber einsetzen, wenn wir uns dadurch zu Handlungen ermächtigt oder vielleicht auch verführt fühlen respektive glauben, dann geschieht dies in einem sozialen Kontext, das heisst im *Rahmen des Dürfens.* Das Dürfen ist zwar in vielen Aspekten rechtlich verfasst, aber es gibt Ermessensräume, die nicht nur situativ korrektes Handeln bei Bedarf erlauben, sondern bei drohenden oder gar stattfindenden Grenzüberschreitungen auch der Entwicklung angemessenen ethischen Denkens dienen. Analog zum Missbrauch von Freiheiten gibt es auch einen *Missbrauch des Dürfens* – und zwar dann, wenn wir die so einsichtig daherkommende Maxime von Isaiah Berlin missverstehen, wonach Freiheit vor allem erlaube, «nicht tun zu müssen, was [man oder frau] *nicht will*».

Diese Überlegungen zeigen, dass freiheitlich-demokratisch strukturierte Formen des Zusammenlebens vor einem grundsätzlichen, *in ihrer Instrumentalität gründenden* Dilemma stehen: Werden sie dazu eingesetzt, das, wozu sie in aufgeklärt-liberaler Absicht geschaffen worden sind, allzu gut und erfolgreich zu ermöglichen, tragen sie zu einer fortschreitenden und fataler werdenden Verabsolutierung der individuellen Freiheitsrechte in einem Ausmass bei, dass Flucht aus der sozialen Verantwortung, Desinteresse gegenüber dem Wohlergehen des Kollektivs und Abstinenz «gesellschaftsfähig» werden. Kurz und bündig gesagt (und in Übertragung aus einem anderen Zusammenhang): Wir privatisieren die Vorteile der Freiheitsrechte und sozialisieren deren Verantwortungslasten – und zur Legitimierung eigener Fischzüge im Teich der Allgemeinheit mimen wir Toleranz gegenüber den Raubzügen anderer (solange sie uns nicht tangieren). Damit höhlen wir aber unsere eigenen Rechte und Freiheiten aus und machen mit beim grossen Spiel, welches darin besteht, andere dazu zu bringen oder sogar zu zwingen, fremde Spielregeln zu akzeptieren. Schlimmer noch: Dadurch, dass wir uns aus wichtigen Bereichen des Zusammenlebens zurückziehen, überlassen wir diese Felder mächtigen Einzelnen oder (Interessen)gruppierungen, die sich darin schädlich-herrschaftlich einrichten. Die folgenden Feststellungen von Eric Gujer beschreiben meines Erachtens genau diese verzwickte Situation:

Die individuelle Freiheit ist ein hohes Gut, aber sie muss sich vereinbaren lassen mit den Pflichten des Einzelnen und den Ansprüchen der Gesellschaft. Die richtige Balance muss immer wieder ausgehandelt werden. So warnt der Philosoph Mark Lilla vor einem Zeitalter der Beliebigkeit, das an die Stelle der Ideologien im 20. Jahrhundert getreten sei und nur ein Dogma kenne: das der maximalen persönlichen Autonomie. Im Gegensatz zum Liberalismus setzt ein übersteigerter Individualismus der Selbstentfaltung keine Schranken und spricht den Einzelnen von der Verantwortung für die Gemeinschaft frei. (Gujer 2016.)

Die Forderung nach schrankenloser persönlicher Autonomie führt nicht nur zu einer gefährlichen Ambivalenz gegenüber dem Gewaltmonopol des Staates, sondern auch zu einer Erosion der rechtsstaatlichen Kontrolle darüber. Es entsteht das am Ende des Beispiels [d] oben schon erwähnte Dilemma zwischen dem Anspruch an den die Gemeinschaft vertretenden Staat, die individuellen Rechte respektive Freiheiten in einem möglichst permissiven Rahmen, aber dennoch machtvoll zu schützen, und dem sich zum Beispiel in der Verweigerung ausreichender Mittel oder in der Aushöhlung der staatlichen Autorität manifestierenden Unwillen, die aus diesem Anspruch erwachsenden Lasten, Pflichten und Verantwortungen mitzutragen respektive mit zu übernehmen. Willkür gegenüber anderen oder gegenüber Minderheiten wird nicht mehr als Ansatz zur Bedrohung der *eigenen* Freiheit gesehen, und die notwendige Wahrung der Interessen der Gemeinschaft wird überwiegend als lästige Beschränkung der persönlichen Freiheit wahrgenommen. Diese fehlende Identifikation schafft gefährliche Ungleichgewichte und letztlich ein Schadenspotenzial, weil wir das Übernehmen öffentlicher Verantwortung verweigern, weil wir die Gültigkeit der Regel «Wer gibt, darf auch nehmen» *(do ut des)* zunehmend gering schätzen. Dazu nochmals die klare Analyse von E. Gujer:

> Das Problem des permissiven Staates besteht darin, dass er selbst nicht die Voraussetzungen schaffen kann, auf denen er beruht. Sobald Personen ihre Freiheitsrechte als Deckmantel missbrauchen, um in grosser Zahl Straftaten zu begehen, ist er ratlos. Wenn es der Staat unterlässt, sein Gewaltmonopol durchzusetzen, wer verteidigt dann die Rechte der Übrigen? Freiheit benötigt Schutz, um zu gedeihen. Fehlt dieser Rahmen, macht sich ein Sicherheitsvakuum breit, und bei den Bürgern stellt sich ein Gefühl der Ohnmacht ein. Dies bildet den idealen Nährboden für alle Spielarten von Populisten und Extremisten, die eine illiberale, weil schrankenlose Sicherheit versprechen. Der innere Friede geht dann genau auf die Weise verloren, durch die er bewahrt werden soll: durch falsch verstandene Toleranz, Nachsicht und letztlich Gleichgültigkeit. [...] Im Wissen um diese Zusammenhänge und nach der Erfahrung der Weimarer Republik ersann die Rechtslehre die Idee der wehrhaften Demokratie, die vor ihren Gegnern nicht zurückweicht, nur weil sich diese auf ihre Freiheitsrechte berufen. Nach dem Kalten Krieg, als die Geschichte an ihrem Ende angelangt schien, galt diese Vorstellung als obsolet. Die offensichtlichsten Feinde der Demokratie waren verschwunden, der Westen glaubte gesiegt zu haben. In unserer porösen Weltordnung zeigt sich aber, wie brüchig das selbstgewisse Konzept des Westens oder gar des «Abendlandes» tatsächlich ist. Wenigstens ein Quentchen des wehrhaften Staates bleibt daher notwendiger denn je. (Gujer 2016.)

Die Analyse der Erosion der politischen Freiheiten lässt sich *pari passu* auch auf die ökonomischen Grundlagen der Gemeinschaft übertragen: Eine liberale Wirtschaftsordnung bedeutet nicht maximale Autonomie und Selbstentfaltung der Wirtschaftssubjekte, sondern das Setzen auszuhandelnder, vernünftiger Schranken und die Forderung nach Übernahme von Verantwortung für die Gemeinschaft. Die Globalisierung hat zunächst weitgehend rechtsfreie Räume geschaffen, die zum Beispiel zur Nutzung von Steuervorteilen permissiv genutzt werden (können) und deshalb eine Gefahr für Demokratie und (National)staaten darstellen, weil grosse internationale Konzerne ohne humane Verantwortung «rein ökonomisch» und ausserhalb eines wirksamen Systems von politischen und rechtlichen *checks and balances* agieren können. Dabei sind sowohl die Gemeinschaften als auch die einzelnen Konsumenten (meistens) am kürzeren Hebel und müssen willkürliche und mehr oder weniger umfassende Einschränkungen ihrer Freiheiten in Kauf nehmen.

Bezüglich der Gewichtsverteilung zwischen den Forderungen der Gemeinschaft und den Ansprüchen von Individuen dürfen wir weder unrealistisch noch naiv sein: Wer über mehr Macht verfügt, kann sich – mindestens zeitweise – besser durchsetzen; wem die Macht fehlt oder wem sie gestutzt wird, dem werden auch Bedingungen diktiert. Mit einem zu schwachen Staat ist da kein Staat zu machen, insbesondere ohne die juristischen und polizeilichen Mittel, das Recht und die Gesetze auch allen gegenüber durchzusetzen. Bleiben Letztere nämlich auf diese Weise zahnlos, so befördern sie sogar aufkeimende anarchische Tendenzen. In einem starken Staat muss die Macht aber unbedingt nach demokratisch legitimierten und kontrollierten rechtsstaatlichen Prinzipien ausgeübt werden; in diesem Rahmen dürfen Organe und Amtsträger das ihnen übertragene Machtmonopol rechtmässig einsetzen.

Die Grenzen der Toleranz in den Freiräumen müssen ausgehandelt und (durchaus justiziabel) festgelegt werden; absolute Forderungen und totalitäre Lösungen müssen verhindert werden; pragmatische, im Dialog ausgehandelte Lösungen sind zu bevorzugen. Wollen wir gewisse Dinge haben, müssen wir also mitmachen und zu Kompromissen bereit sein – *ergo* müssen wir auch Einschränkungen und Massnahmen akzeptieren. Freiheit ist dann der illusionslose und mitunter prekäre Zustand, der sich einstellen kann, wenn unrealistische Ansprüche aufgegeben und faire, realistische Ansprüche kompromissbereit angepeilt und verteidigt werden. Eine lebendige, menschliche Demokratie ist beileibe kein vollkommenes System – nach einem Bonmot von Winston Churchill sogar das schlechteste ihm bekannte System –, aber zum rationalen Schutz der Freiheit(en) gebe es schlicht kein besseres Instrument.

[e] Das abschliessende Beispiel gefährdeter Freiheiten verdient eine ausführlichere Behandlung: Es geht um die besondere Errungenschaft liberalen Gedankengutes, nämlich um *Schul-, Ausbildungs- und Bildungswesen* (zum Aspekt der Gleichheit im Bildungswesen vergleiche Abschnitt 8.4.2, zum Aspekt der Solidarität im Bildungswesen vergleiche Abschnitt 8.4.3). Hier stelle ich als ehemaliger Akteur im tertiären Bereich fest, dass der weiterhin betriebene Umbau ziemlich einseitig ökonomischen Erwägungen und Interessen entgegenkommt. Insbesondere mit der Verwischung des Unterschieds zwischen Universität und Fachhochschulen verschwindet zunehmend die eminent wichtige Differenz zwischen Ausbildung und Bildung – sowie die Freiheit, zwischen diesen zu wählen; dazu trägt leider in erschreckendem Masse auch die «Bologna-Universität» bei, indem sie beschönigend Ausbildungsgänge als Studiengänge bezeichnet und auf diese Weise nicht nur die bewährte und äusserst freiheitssensitive Unterscheidung zwischen den *artes liberales,* den «freien Künsten», und den *artes serviles,* den «knechtlichen Künsten», zerstören hilft, sondern auch dem grassierenden Fetischismus hinsichtlich «Kompetenzen» Tribut zollt und sogar Vorschub leistet (siehe Wintersteiger 2012: 81–82).

Die Diversität von Lebenswegen, eine lebensnotwendige Ingredienz einer liberalen Gesellschaft, wird kurzsichtig fehlgeleiteten, ökonomistischen Erwägungen geopfert – können wir uns wirklich «die Freiheit leisten», die von unseren Vorvätern in diesem Bereich erkämpften freiheitlichen Grundlagen zu zerstören? Ist es im allgemeinen Interesse, das verfassungsmässige Recht auf Selbstbestimmung bei der Wahl zwischen Bildung und Ausbildung und damit die Eigenverantwortung bei Entscheiden bezüglich Lebens- und Sozialchancen (schleichend) beschneiden zu lassen? Sollen wir wirklich einfach vor den Interessen mächtiger Gruppen, Konzerne und Verwaltungen kuschen? *Es ist eine falsche Alternative, die zwischen Bildung und Kompetenz* (siehe Krautz 2014); wir brauchen beide *Mittel,* Ersteres für die *Erziehung zu Bürgersinn, zur Bevorzugung freiheitlicher Ziele*, Letzteres für die *Wettbe-werbsfähigkeit in der Marktwirtschaft.*

Wie soll die heutige Schule die «Inkompetenzerkennungs-kompetenz», die eine auf Bildung beruhende sokratische Beschei-denheit voraussetzt, vermitteln (siehe Kaeser 2015b)? Ausge-rechnet mit dem Vorwurf der Polemik werden von Anhängern der «neuen Lernkultur» unfair unterstellende, polemische Gegenatta-cken gegen fundierte Kritik geritten. Schon eine kurze Analyse ih-rer Inhalte und Argumente ist aufschlussreich, denn sie bestätigen nicht nur die Absenz von Bescheidenheit und von selbstkritisch geschulter Bildung, sondern auch ein an Modellen orientiertes, «mathematisiert-formales» – und gewollt inhaltleeres – «Denken». Ein Beispiel dafür gibt die gereizte «Kritik» Rolf Arnolds (Pädago-gikprofessor, Technische Universität Kaiserslautern) an Ansichten, welche in rezenten Publikationen von Christoph Türcke *(Lehrer-dämmerung)* oder von Konrad Paul Liessmann *(Theorie der Unbil-dung)* geäussert worden sind:

Beide Autoren (das sind Türcke und Liessmann; RHG) gehen darin von ei-nem vermeintlich gesicherten Wissen über die Rolle der Lehrenden in den Prozessen der Bildung aus, und beide sehen die Heranwachsenden durch die «neue Lernkultur in den Schulen» bedroht. [...] Doch sind die überlieferten Formen von Erziehung und Bildung schon allein deshalb auch zukunftstaug-lich, weil wir sie historisch herausgebildet haben? (Arnold 2016.)

Nehmen wir die Reizwörter und die Unterstellungen näher unter die Lupe: «Formen von Erziehung und Bildung» werden also ent-weder (negativ) als «überliefert» oder (positiv) als «zukunftstaug-lich» charakterisiert. Das Wort ‹zukunftstauglich› hat nicht nur die perfid-suggestive Wirkung von Marketingsprechweisen (wer mag schon gegen Lösungen für die Zukunft sein?), sondern verrät ein geradezu blamabel zu nennendes, unkritisches Denken. Die Ana-lyse des Wortes ergibt nämlich Folgendes: Wer für sich in An-spruch nimmt, die *Tauglichkeit* von Formen beurteilen zu können, muss diese in einer ausreichenden Praxis beobachtet und geprüft haben. Solche Formen müssen also eine gewisse Vergangenheit haben, damit die Beurteilung einer allfälligen Tauglichkeit wissen-schaftlich sinnvoll erfolgen kann. Nun werden diese – im glückli-

cheren Fall bereits ein bisschen «überlieferten» – Formen als tauglich für *die* Zukunft angepriesen; diese Zukunft ist aber nicht nur
noch nicht da, sondern sie ist ausserdem – und weil sie noch viele
Jahre entfernt sein kann – in ihren Konturen kaum zuverlässig zu
erkennen (es sei an das Bonmot erinnert: Verlässliche Prognosen
sind bekanntlich schwierig, besonders dann, wenn sie die Zukunft
betreffen). Dessen unbeirrt verkündet Arnold:

> Wenn etwas an den Prognosen Ray Kurzweils dran ist, laut denen wir im
> 21. Jahrhundert eine Veränderung der menschlichen Lebensbedingungen,
> der menschlichen Möglichkeiten und der Anforderungen an den Menschen
> erleben werden, die in ihrer Intensität dem Wandel der zurückliegenden
> 20 000 Jahre Menschheitsgeschichte entspricht, dann müssen wir das unser
> Bildungswesen bis anhin tragende Konzept «Learning from the past» drin-
> gend modifizieren. (Arnold 2016.)

Nun besteht aber – wie ausgerechnet die Geschichte respektive
die Überlieferung zeigt – keine Gewähr, dass genau diese Zukunft,
an der die Tauglichkeit der Formen zuverlässig zu «messen» wäre,
eintreffen wird. Wie da eine von Arnold angemahnte «nüchterne
und evidenzbasierte Prüfung dieser Frage» – bei reichlich prekä-
rer oder gar chimärenhafter Evidenzlage – stattfinden soll, bleibt
schleierhaft. Fazit: Es wird nicht nur mit einer sehr unsicheren,
persönlich oder gruppenspezifisch generierten, sondern auch geradezu totalitär verengten Vorstellung von Zukunft operiert und
es wird ohne Not ein bewährtes Konzept herabgemindert.

Bleiben wir noch einen Moment bei den «Formen von Erziehung und Bildung». Vermerken wir *en passant* die usurpatorische
Verwendung des Wortes ‹Bildung›, aber notieren wir mit Nachdruck, dass nicht zufällig die Tauglichkeit von *Formen* verglichen
und die Bedeutung von Inhalten herabgesetzt wird – und damit
ausgerechnet ein so traditionelles wie wahres handwerkliches
*Kompetenz*konzept in den Wind geschlagen wird, nämlich die
zentrale Maxime, dass Inhalt respektive Zweck respektive Funktion die Form bestimmen soll, und eben nicht umgekehrt. Dazu
ganz explizit der «klug vorausschauende Bildungstheoretiker»:

Dabei werden wir uns von der Fixierung auf Inhalte lösen müssen, um die Nachwachsenden auch als Persönlichkeiten so zu stärken, dass sie tatsächlich in der Lage sind, «neuartige Situationen selbstgesteuert und sachgemäss zu bewältigen» – wie es in der Definition des Kompetenzbegriffs des Europäischen Qualifikationsrahmens (EQR) heisst. Klug vorausschauende Bildungstheoretiker haben früh erkannt, dass dies das Anliegen einer formalen Bildungstheorie sein muss, die sich gründlicher als bisher um die Klärung der Frage bemüht, wie entsprechende Fähigkeiten in den Subjekten tatsächlich angebahnt und gefördert werden können. Wer in solchen Zukunftsinitiativen bloss «Dämmerungen» zu erkennen vermag, ignoriert und banalisiert diese nicht nur, er lässt die Bildungspolitik auch mit einem «Weiter-so-wie-bisher» zurück, das keine wirkliche Perspektiven zu stiften vermag. (Arnold 2016.)

Übergehen wir – abermals grosszügig – die herablassende «Weiter-so-wie-bisher»-Unterstellung und nehmen die kaum mehr überraschende Prominenz des Formalen und Theoretischen (sogar tautologisch im die Bildung banalisierenden Ausdruck «*formale* Bildung*theorie*») zur Kenntnis. Beim Vergleich mit dem Zukunftstauglichen hat die Überlieferung mit ihren vielfältigen Erfahrungen klar die Nase vorn, denn die Tauglichkeit oder Untauglichkeit der in ihr verwendeten Formen lässt sich immerhin anhand einer bereits Vergangenheit gewordenen Zukunft mit fassbaren (Forschungs)resultaten ziemlich zuverlässig beurteilen – wie dies Herbert Birchler in einem Leserbrief zum Artikel von Arnold feststellt (Birchler 2016). Aber wie kann denn die wünschbare, *künftige* Tauglichkeit gemessen werden? Natürlich wie jede andere Tauglichkeit: Zur Beurteilung braucht es einerseits eine Vorgabe respektive eine Zweckbestimmung, andererseits inhaltliche Resultate, die an der Vorgabe respektive am Zweck gemessen werden.

Der – bei Arnold mit der Formulierung «Fixierung auf Inhalte» bezweifelte – logische Vorrang des Inhalts respektive des Zwecks vor der Form darf nicht leichtfertig aufgegeben werden. Die unbestreitbare Tauglichkeit zumindest grosser Teile des Überlieferten bezüglich Inhalt *und* Form liegt also darin begründet, dass es nicht nur schon Prüfungen bestanden und wertvolle Erfahrungen geliefert hat, sondern dass es auch in einem gewissen Rahmen gezeigt hat, wie Zukunft bewältigt werden kann, weil damit evidenterweise schon Zukunft bewältigt worden ist (zum Beispiel durch die vom inzwischen verschwindenden, eher gescholtenen Bildungsbürgertum gestützten Bildungsideale). Wenn wir uns also genötigt sehen sollten, Formen und Strukturen zu verändern, das heisst *tauglicher* zu machen, dann müssen solche Modifikationen sich vernünftigerweise und in einem nachgeordneten Sinn an sich erkennbar verändernden Vorgaben respektive an neu sich präsentierenden Inhalten oder Zwecken orientieren. Sowohl Bildung als auch Ausbildung werden aus Prinzip immer einen durchaus beruhigenden Hauch des Gestrigen haben.

Etliche Schlagworte der neuen Pädagogik sind sehr verführerisch, aber doch unausgegoren respektive unsorgfältig gebildet, so etwa die so genannte «Demokratisierung des Wissens»:

[Suchmaschinen wie Google und Internet-Enzyklopädien wie Wikipedia] bieten nämlich (1) jedermann (2) in Sekundenschnelle (3) den Zugang zum (fast) gesamten Wissen der Welt. [...] die digitale Grundlage zu einer noch vor wenigen Jahrzehnten unvorstellbaren Demokratisierung des Wissens ist gelegt. (Höffe 2015: 255–256.)

Der Ausdruck ist sehr modern – und sehr merkwürdig; seine grammatische Struktur besagt nämlich, dass Wissen «demokratisiert» werde. Demokratisierung heisst: Umgestaltung eines Staates in einen demokratischen Staat. Sollen wir «undemokratisches» Wissen in «demokratisches» umwandeln? – Um das Verständnis für Demokratie zu befördern? Kaum – das wäre ja ausserdem ein Inhalt ... Demokratie ermöglicht die privilegienfreie *Teilhabe* mündiger Bürger an der Macht und stellt den Zugang dazu sicher. Und beim Wissen? Dieser Zugang ist schon lange (demokratisch) gewährleistet; das Problem liegt eher in der Möglichkeit oder Fähigkeit, diesen Zugang zu nutzen. Dass im Zitat als Zugang das Internet und Suchmaschinen genannt werden, ist allerdings verräterisch, denn diese führen nicht primär zu Wissen, sondern zu *Information(en) und Daten* (weshalb es den *Daten*- und nicht den *Wissens*schutz braucht). Wissen ist und bleibt *elitär;* es braucht Fachhochschulen und Universitäten, die entsprechend talentierte

Menschen zu Wissenden und zu *Wissen*schaftlern (lieber nicht zu «Informations-» oder «Datenschaftlern») ausbilden, die in mühsamer Forschung aus Informationen und Daten Wissen schaffen. Wir haben es also bei «Demokratisierung des Wissens» mit einem nicht sokratisch konsequent zu Ende gedachten Ausdruck zu tun, der wegen der fehlenden inhaltlichen Präzision das Nach- und Weiterdenken erschwert – und dies wohl im Dienste von Interessen auch tun soll.

«Die Zukunft» kann also definitiv keine hinreichende inhaltliche Vorgabe sein. Es erweist sich im Rahmen der Pädagogik (aber nicht nur da) als ein freiheits- und buchstäblich zukunftsgefährdendes Trugbild, das einer totalitären Vision entspringt und das mit der monopolistische Dominanz erstrebenden Vergabe des Gütesiegels «zukunftstauglich» darauf ausgerichtet ist, andere Versuche zu diffamieren und genau die Vielfalt von möglichen Antworten auszuschalten, in der Lösungen stecken könnten. Lassen wir uns darauf ein, dass Form *frei von* Inhalt sein soll, entscheiden wir uns effektiv für «vorgeformte» Inhalte, die nicht sicher in neuen Situationen und Herausforderungen erfolgreich sein werden – und die folgenden Generationen wegen ihrer Vorgegebenheit gerade nicht erlauben werden, «neuartige Situationen selbstgesteuert und sachgemäss zu bewältigen». Es sei explizit festgehalten, dass hier nicht gegen das Konzept zu argumentieren ist, wonach die Schule Kompetenzen ausbilden und fördern soll (auch der Erwerb von Bildung fordert und fördert Kompetenzen). Es ist jedoch sehr wohl gegen den totalitären Anspruch anzukämpfen, dass *nur* in den Kompetenzen das Heil zu finden sei, weshalb «überlieferte» Bildung in einem «modernen» Schulsystem nicht nur vernachlässigbar sei, sondern eigentlich keinen Platz verdiene.

Ausserdem: Sollen wir die «freie Marktwirtschaft» oder andere aufgeklärte Errungenschaften wie die Demokratie wirklich nur deswegen aufgeben, weil sie inzwischen angejahrt und «überliefert» sind? Das schliesst gewiss nicht Verbesserungen am Bestehenden aus, aber es gewährleistet, dass wir nicht dauernd alles auf den Kopf stellen (müssen). Die in China unter Mao praktizierte «permanente Revolution» oder die schon Jahre andauernden «Reformen» der Schule (hört man hier wieder «Form» heraus?) sind alles andere als überzeugende Zeichen von «Zukunftsfähigkeit», sondern Symptome des Scheiterns einer nach Dominanz strebenden, uneinsichtigen Ideologie: Sie lassen durch die gewollt hohe Kadenz nicht einmal zu, dass Resultate, das heisst gesicherte Evidenz, wirklich vorgelegt und geprüft werden können, weil diese schon von der nächsten «Reform» entwertet und überrollt werden. Diese Methode entpuppt sich letztlich schlicht als Ausdruck eines gut kaschierten «Willens zur Macht». Sollen wir in der Bildung wirklich so vorgehen, wie zum Beispiel die Pharmaindustrie dies gerade *nicht* täte, nämlich sich schon um die unbekannten Krankheiten der Zukunft zu bemühen und sich nicht an den bekannten aktuellen, jetzt Schmerz und Leiden verursachenden (und ganz «leidlich» Profite abwerfenden) Krankheiten zu orientieren?

«Tauglichkeit» und «Kompetenz» bleiben Charakterisierungen im *Instrumentellen;* ohne ein *Wozu,* ohne eine Zweckbestimmung bleiben sie ohne «Be-Rechtigung». Die Unsicherheit der Zukunft lässt sich jedoch wesentlich zuverlässiger auf der Grundlage von Bewährtem und durch dessen Weiterentwicklung bewältigen; die vielen – vermutlich systemisch notwendigen, aber letztlich mehrheitlich erfolglosen – «kreativen» Visionen und Testläufe bestätigen diese Regel – und teilen damit das Schicksal der meisten radikalen, ikonoklastischen Versuche. Sorge bereitet jedoch, dass die Radikalität, mit der solche Versuche am offenen Herzen der Gesellschaft inszeniert und effektiv durchgeführt werden, nicht nur viel gesundes Gewebe zerstört, sondern sogar selbstzerstörerisch blind macht gegenüber dem Absterben wichtiger Lebensnerven.

Gerade die *akademischen Freiheiten* sind nicht mehr nur in Gefahr; sie sind schon vielfach ausgehöhlt und abgetötet – in der Lehre durch das Bologna-System, in der Forschung durch die Hyperorganisation des Wissenschaftsbetriebs. Die Illiberalität (und *nota bene* auch ineffiziente Feindlichkeit gegenüber mentalen Ressourcen) von «Bologna» ist an der Universität Zürich in nicht wenigen Bereichen reglementarisch verfasst. Zwei Beispiele: [1] Mit der *venia legendi* erwarb sich vor wenigen Jahrzehnten eine entsprechend qualifizierte Person das Recht, autonom, (nach oben) quantitativ und zeitlich unbeschränkt Vorlesungen anzusetzen. Heute muss es für Lehrveranstaltungen *Punkte geben* («das System verlangt das»), die Vergabe von Punkten und die Einpassung in das Lehrangebot unterliegt aber der Genehmigung durch die Lehrstuhlinhaber des Faches. Emeritierten wird so die Ausübung ihres Rechtes zu lehren effektiv verwehrt. [2] Mit der gleichen Venia durfte jemand in dessen Rahmen Doktorierende annehmen und zur Promotion führen, und zwar solange er sich dazu fähig fühlte. Doktorväter oder Doktormütter müssen heute aber reglementarisch Fakultätsmitglieder sein; nur Letztere haben das Recht, eine Promotionskommission zu beantragen und darin Einsitz zu nehmen. So haben gewissermassen auf kaltem Weg effektive *Entrechtungen* stattgefunden. Dass diese gleichzeitig ein Ausdruck von Angst vor autonomen Persönlichkeiten, von Misstrauen, von fehlendem Glauben an die bildende Wirkung der Persönlichkeit und von latenter Verachtung für das «nichtneue» Alter ist, sei nur nebenbei festgestellt.

Der Bildungsauftrag der Universitäten wird zunehmend zu einem Ausbildungsauftrag pervertiert (und damit der duale Bildungsweg untergraben). Damit *Bildung* möglich ist, brauchen aber die Lehrenden *Lehrfreiheit* und die Studierenden *Studierfreiheit;* diese beiden Individualrechte gehen allerdings im Korsett der Reglementierungen und der kleinlichen Punkte zugrunde. Die Universitäten werden verschult und geraten so in einen nicht zu gewinnenden Wettbewerb mit den Fachhochschulen, deren Funktion gerade die höhere *Ausbildung* ist – die in diesem Bereich führend sein sollten und die finanziell entsprechend auszustatten sind. Der instrumentelle Wert des schwer fassbaren – und vergleichsweise «billigen» – Gutes «Bildung» und die Ziele, zu denen Menschen befähigt werden sollen, lassen sich nicht in einem Kompetenzenkatalog abbilden; es ist das Ergebnis der individuellen Erfahrung, der erworbenen Gewohnheit aufgeklärten, skeptischen (Nach)denkens und der Einsicht in die lebens- und gesellschaftstauglichen freiheitlichen Werte, aus denen sich Kriterien zur Bewertung solcher Ergebnisse ableiten lassen.

Damit Bildung sich *einstellen* kann, braucht es entsprechend anregende Umgebungen, nichtakademische wie akademische: Zunächst sollten Vorbilder, die dieses Gut vorleben, sowie intellektuelle und architektonische Räume, wo es vorgelebt werden kann, vorhanden sein (also etwa *echte Universitäten*); sodann braucht es das *Studieren,* eben das Sichabmühen an relevanten Inhalten, die nicht einfach in «kundenfreundlichen», vorgefertigten Paketen von Fachwissen (an)gelernt werden müssen, sondern über die es sich aus wachsendem intrinsischem Interesse nachzudenken und zu diskutieren lohnt. Schliesslich braucht es gerade keine Studienzeitbeschränkung, sondern ausreichend Zeit für individuell gestaltbare Studien, damit darin eine Entwicklung zur gesellschaftsreifen Persönlichkeit stattfinden *kann.*

In einer solchen Umgebung und bei solchem Bemühen kann man quasi nebenbei heimisch werden in der Bildung, aber auch in der mit Bildung einhergehenden Verantwortung; dafür braucht es keine Punkte, aber der so erworbene akademische Titel wäre nicht bloss ein disziplinärer Ausweis, sondern häufiger auch das Siegel einer gebildeten respektive sich um Bildung bemühenden Persönlichkeit. Für die Entwicklung und Festigung der Demokratie und der freiheitlichen Werte braucht es solche, nur auf den ersten Blick «unprofitabel» erscheinende universitäre Bildungsinstitutionen, denn sie bringen Staat und Gesellschaft vielfach Nutzen. Dass es einen Kontext braucht, der Bildung wertschätzt, ist schon erwähnt worden.

Das Bologna-System vernachlässigt sowohl das aufgeklärte Nachdenken als auch die Vermittlung fundamentaler liberaler Werte; es lässt junge Menschen in einer wichtigen Lebensphase wesentlich orientierungslos und trägt kaum zur Persönlichkeitsbildung bei. Etwas fassungslos habe ich zur Kenntnis nehmen müssen, dass es für Pädagogische Hochschulen eine veritable «Herausforderung» sei, allgemein gültige Werte vermitteln zu müssen – sozusagen *in Konkurrenz* zum offenbar allgemeinen Konsens, dass die auszubildenden Lehrer in der Schule eigene Meinungen vertreten dürfen. Was ist eine eigene Meinung wert, wenn sie sich nicht an bewährten Werten argumentativ hat messen müssen? Die Offenheit gegenüber persönlichen Meinungen zu spezifischen Themen in Ehren, aber sie darf die Vermittlung allgemeiner Werte, die wichtige Freiheiten garantieren (gerade zum Beispiel in Sachen Meinungsfreiheit), nicht behindern oder sogar ausschliessen (siehe Rosenwasser 2014).

Dieses Manko fördert die Nachfrage nach Ersatzwerten, die häufig einen dem freiheitlichen Gedankengut abträglichen Anspruch auf Absolutheit anmelden; da bröckelt nicht nur der Kitt der für eine Willensnation benötigten Substanz – die Substanz selbst zersetzt sich, und zwar mit meines Erachtens sehr gravierenden gesellschaftlichen Konsequenzen: Ohne Bildung erodiert der staatsbürgerliche und staatstragende Horizont der gesellschaftlichen Elite. Scharf formuliert findet eine «Sanktgallisierung» der Universitäten statt, eine Entwicklung, die gestoppt werden muss (vergleiche die mahnenden Ausführungen zum Betrugskalkül mit entsprechend hohen Risikoprämien – sprich: Boni – in Schneider 2016); umgekehrt findet keine echte «Akademisierung» der Fachhochschulen statt, obwohl Fachhochschulen heute zweifellos auch der Elitebildung dienen und sich deshalb die Frage stellt, wie sie einen entsprechenden *Bildungs*auftrag in geeigneter Weise wahrnehmen können und sollen. Mit einer zum Beispiel rein ökonomistisch orientierten *unité de doctrine* wird das Nachdenken über staatliche und gesellschaftliche Rahmenbedingungen wirtschaftlich erfolgreichen Handelns vernachlässigt und das Bewusstsein für deren Bedeutung nicht geschärft. Im Gegenteil: Die ETH Zürich hat im Laufe der letzten zwanzig Jahre die Abteilung Geisteswissenschaften sukzessive abgebaut – und damit den Anspruch, eine Universität zu sein, effektiv verwirkt.

Das Schul-, Ausbildungs- und Bildungssystem muss also stufengerecht und in geeigneter Gestalt für das von freiheitlichen Werten geprägte politische und gesellschaftliche System einstehen. Tut es dies (in einem zeitgemässen staatsbürgerlichen Unterricht) nicht, droht unsere Demokratie Schaden zu nehmen, denn es wird einerseits an informiert und an liberalen Werten orientiert entscheidenden Stimmberechtigten mit wachem Bürgersinn fehlen, während andererseits «wertfrei» ökonomisierte Politiker, Interessenvertreter und Lobbyisten ohne staatspolitisches Format und staatspolitischen Horizont die übergeordneten Interessen unseres Landes zunehmend aus den Augen verlieren werden. Den folgenden Ausführungen von Beat Wieser ist da nur zuzustimmen:

Darin liegt aber auch die Stärke von Freiheit und Demokratie. Der englische Philosoph und Vordenker der Aufklärung John Locke hat im 17. Jahrhundert wahrscheinlich nicht an einen direkten Nutzen gedacht, als er für die Freiheit des Menschen plädierte, «im Rahmen des Naturgesetzes seine Handlungen zu lenken und über seinen Besitz und seine Person zu verfügen, wie es ihm am besten erscheint – ohne um Erlaubnis zu fragen oder vom Willen eines anderen abhängig zu sein». Diese Form individueller Freiheit hat aber die Entfaltung des Geistes in ausserordentlich nutzbringender Art beflügelt. Wo stünden wir heute in der Wissenschaft ohne freien Geist, ohne dauernden Widerspruch? Die Wahrheiten von Dogmen und Ideologien dienen meist der Stabilisierung irgendwelcher Herrschaften. Die endgültige Wahrheit kennt niemand, weshalb dauernder Widerspruch und Diskurs notwendig sind, um vorwärtszukommen. Auch diesem Zeitungsartikel kann und soll widersprochen werden. (Wieser 2015.)

Der berechtigte Bezug auf die Wissenschaft, die «ohne freien Geist» und ohne skeptischen und «dauernden Widerspruch» nicht bestehen kann, fordert dazu auf, noch einige Gedanken zum heutigen Wissenschaftsbetrieb und zur Forschung anzufügen. Wissenschaft und Forschung sind heute in mehreren Bereichen unter Druck, ja in ihrer ureigenen Funktion bisweilen auch massiv gefährdet. Letzteres gilt für das unabdingbare Fundament wissenschaftlicher Bemühungen, nämlich für die *Forschungsfreiheit.* Dazu einige Stichworte: das zunehmend prekäre Recht, den Forschungsgegenstand frei und auch gegen herrschende Trends zu bestimmen (zu deren nachteiliger und unwissenschaftlicher Perpetuierung die Verfahren der Forschungsförderung und die dabei zu Wort kommenden, eigene Interessen wahrenden Peers massiv beitragen); das durch extrinsische Bedingungen (wieder die Peers, aber auch die Finanzierbarkeit) eingeschränkte Recht, Resultate zu gegebener Zeit nach eigenem Wissen und Gewissen publizieren zu können; die Forderung klammer Universitäten nach Einwerbung substanzieller Drittmittel. Was damit für die Wissenschaften gefordert wird und geschützt werden soll, ist eine spezifische Ausformung eines schon bestehenden «politischen Menschenrechtes», nämlich der Meinungsfreiheit:

Wer Rechte einer Person begründen will, muss entsprechende Pflichten anderer Personen ausweisen. Für Rechte aller Menschen, die alle Menschen zu respektieren haben, bedarf es einer unverzichtbaren Wechselseitigkeit, pars pro toto: eines für jeden Menschen notwendigen Tausches. Im Fall von Abwehrrechten besteht er in einem negativen Tausch, in wechselseitigen Verzichten. Indem jeder verzichtet, die Meinungen anderer zu behindern, erhält er im Gegenzug, eben weil jeder verzichtet, jenes Recht auf Meinungsfreiheit, das ein interessengeleitetes, absichtsvolles Handeln allererst ermöglicht. Analog zur Integrität von Leib und Leben kann man hier von einer Integrität der Denk- und Sprachfähigkeit reden. Im Unterschied zur physischen Integrität besteht sie in einer kommunikativen Integrität. Für den Status als Staatsbürger unabdingbar, wird diese nur von despotischen Regierungen, von Diktaturen, verletzt. (Höffe 2015b.)

Dazu trägt nicht nur die schwindende Bedeutung klassischer (Print)medien bei, sondern ganz besonders die algorithmisch basierte Förderung von Gleichgesinntheit in den Social Media sowie der homogenisierende Austausch gleicher Meinungen in einschlägigen (auch wissenschaftlichen) Foren (vergleiche Müller 2016). Viel grundsätzlicher ist der uniformierende Effekt, der dadurch entsteht, dass Forschung in den Geisteswissenschaften nicht nur nach gleichen Regeln wie in den so genannten «exakten» Wissenschaften zu beurteilen und zu fördern sei, sondern auch in gleichartigen Bahnen zu erfolgen habe. Anstatt zu akzeptieren, dass qualitativ hervorragende Forschung in den Geisteswissenschaften auch, ja sogar in der Regel, im *Alleingang* von talentierten Einzelpersonen betrieben werden kann, werden vorzugsweise Projekte ausgeschrieben und gefördert, die als Teamarbeit konzipiert sind. Damit wird man nicht nur vielen Forschungsgegenständen nicht gerecht, sondern man zwingt gute Forscher mit eher individualistischen Neigungen dazu, bemüht Partner zu suchen und Gegenstände vorzuziehen, die im Verband bearbeitet werden können, weil damit die Förderungschancen steigen (nicht aber zwingend die Qualität der Resultate). Damit verschliesst man sich auch dem Faktum, dass geisteswissenschaftliche Forschung sehr viel häufiger einem intrinsischen Interesse, einer persönlichen Neugier entspringt und viel weniger, also anders als in «exakten» oder technischen Wissenschaften, extrinsischen Bedürfnissen nach Lösungen für ein Problem folgt. Diese paradigmatische Andersartigkeit der Geisteswissenschaften, dieser fundamentale Beitrag zur Diversität in und von Forschung wird immer weniger als Vorteil wahrgenommen, sondern planifikatorischen – und damit in der Tendenz totalitären – Vorgaben unterworfen.

Das andersartige Hauptmotiv geisteswissenschaftlicher Forschung, der hermeneutische Charakter vieler Fragestellungen und deren andersartige (mentale) Komplexität, die sich einerseits nicht so einfach in Teilfragestellungen auflösen lassen, andererseits vorzugsweise in argumentativer (nichtexperimenteller) Form angegangen werden (müssen), führt ausserdem dazu, dass der individuelle Anteil eines Teammitglieds nicht einfach abgrenzbar ist (oder wenn abgrenzbar, eher zu einer Uneinheitlichkeit des Ganzen führt). Dies verstösst insbesondere gegen eine generell tiefverwurzelte Achtung vor der *mentalen Urheberschaft* von Gedanken (egal welchen Urhebers mit welchem Status) und gegen das Gefühl der radikalen Ebenbürtigkeit jedes rationalen Denkens angesichts der Ansprüche der Logik. Diese Egalität besteht im Unterschied zu den «exakten» Wissenschaften, wo Leitende eines Forschungsprojektes hierarchisch herausgehoben werden (zum Beispiel als Hauptverfasser) und sogar Ergebnisse der Arbeit «ihres Teams» als eigene ausgeben dürfen. Der (weibliche oder männliche) Geist sollte an der *universitas* wehen dürfen, wo und wie er will – und selbstverständlich soll er dafür Verantwortung tragen und wo angebracht Rechenschaft ablegen. Und wohlgemerkt: Das, was hier *für* die Geisteswissenschaften gesagt wird, ist keineswegs *gegen* die «anderen» Wissenschaften gerichtet.

Die Achtung vor der mentalen Urheberschaft von Gedanken, vor dem «geistigen» Eigentum, hat in letzter Zeit arg gelitten. Als wichtige Ursachen für «wissenschaftliches Fehlverhalten» (zum Beispiel in Form von Plagiaten) sind zu nennen: die Herausbildung von Massenuniversitäten, die mehr Ausbildungsgänge als Studiengänge anbieten; die Verkürzung der Ausbildungsdauer, die verrät, dass an der Zukunftsfähigkeit der Ausbildung mitunter erheblich Zweifel bestehen; die Vernachlässigung der wertbasierten

Bildung humboldtscher Prägung; das viele, aber ungleich verteilte Geld für «planwirtschaftlich» angehauchte Leistungsziele; die Flut an unverarbeitbaren und deshalb unüberprüfbaren Daten, Informationen und Publikationen; die Ökonomisierung von Informationen und Daten; die Untauglichkeit und Korrumpierbarkeit existierender Qualitätskontrollen («peer review», Zitations*zirkus*) und so weiter.

Ich komme nun nach all diesen (durchaus in einem Gestus des «J'accuse» zu verstehenden) Ausführungen zu Freiheit, Freiheiten und mir unter den Nägeln brennenden Beispielen von Freiheitsgefährdungen zurück auf das, was ich keineswegs aus den Augen verloren habe: auf das Anliegen dieser Schrift, nämlich *die Konstituierung von persönlich gewonnenem Sinn in meinem Denken und Handeln.* Wie muss ich mit dem für den Staat fundamentaleren Vorrang des Kollektivs und mit den von ihm gesetzten Restriktionen meiner Freiheit(en) umgehen, damit ich gleichwohl eine *frei gewollte* beziehungsfähige und dialogische Lebensform aufbauen kann? Wie mag unter dieser Bedingung eine philosophierende Lebensform aussehen, in deren Rahmen ich Handlungen *sinnvoll* und nach bestem Wissen und Gewissen interpersonal rechtfertigen respektive verantworten kann?

Die einfache Antwort wäre: innerhalb der vom Kollektiv respektive vom Staat gesetzten rechtlichen und ethischen Grenzen bleiben. Dieses Verhalten setzte voraus, dass ich in gewissermassen diogenesisch-stoischer Bescheidenheit und Zufriedenheit alle Grenzen akzeptierte. Ich müsste mich also darauf beschränken, nur das zu wollen und für richtig zu halten, was ich legitimer- oder moralischerweise darf. Dies würde zu einem inakzeptablen Widerspruch mit einem wichtigen Freiheitskonzept führen: mit der Freiheit, seinem Gewissen gemäss handeln zu dürfen (siehe Punkt [e] in Abschnitt 8.4 und unten). Verantwortete Selbstbestimmung würde unhinterfragbarer Fremdbestimmung weichen – und letztlich würde der *Untertan* Urständ feiern.

Die etwas komplexere Antwort bedingt, dass ich zuerst eruiere, wo und wie mich der Staat respektive das Kollektiv effektiv in meinen Freiheiten einschränken darf oder muss. Dies kann der Fall sein, wenn demokratisch bewilligte, staatlich verordnete

Pflichten (zum Beispiel Militärdienst, Amtszwang, Steuerpflicht, Meldepflicht[en], Schulpflicht und so weiter), in gleicher Weise erlassene Verbote (zum Beispiel betreffend Abfallentsorgung, Lagerung von Chemikalien, Abbrennen von Feuerwerken, Littering, Alkoholkonsum und so weiter) oder etablierte hoheitliche Regelungen (zum Beispiel betreffend Jagd, Fischerei, Wassernutzung, Tarifordnungen und so weiter) mit Bereichen, in denen ich Freiheiten beanspruche, in Konflikt geraten. Sofern diese Einschränkungen *unumgänglich und notwendig* sind, weil die Folgen eines ungeregelten Zustandes sowohl für das Kollektiv wie auch für Individuen freiheitsfeindlich wären, und sofern sie *nicht diskriminierend* sind, sehe ich keinen rationalen Sinn darin, in diesen Bereichen den zivilen Ungehorsam zu üben.

Das, was eine (stimmende) Mehrheit als kollektiv-rational, sinnvoll und als im «allgemeinen» Interesse festlegt, kann aber dem individuellen Sinnhorizont in derart fundamentaler Weise zuwiderlaufen – insbesondere da, wo religiöse, weltanschauliche und ethische Wertungen im Spiel sind –, dass andere, davon abweichende persönliche Verhaltensmuster sich imperativ aufdrängen. Diese können grundsätzlich zwei Formen annehmen: Ich kann *unterlassen,* was grundsätzlich erlaubt wäre (zum Beispiel eine Abtreibung vorzunehmen) respektive nicht explizit verboten ist (zum Beispiel dank einer grossen Zahl eigener Kinder nur von Kinderzulagen und Sozialhilfen zu leben), oder ich kann bewusst gegen etwas verstossen *müssen,* was verboten ist (solche Fälle können angesichts der heutigen Regulierungsdichte durchaus zahlreich sein, aber in meiner Jungmännerzeit wäre ein substanzielles Beispiel die Verweigerung des Militärdienstes gewesen).

Bei beiden Verhaltensformen wirkt eine Instanz, die allen anderen Wertesystemen notfalls oder gegebenenfalls Paroli bieten kann, ja aus persönlicher Sicht gelegentlich bieten muss: *das individuelle Gewissen.* Während verfassungsmässige und gesetzliche Freiheiten und Rechte Felder des Dürfens, in denen rechtmässig und «ungestraft» gehandelt werden kann, sowie Felder des Müssens, in denen in bestimmter Weise Pflichten zu erfüllen sind, abstecken, decken sich die Felder des persönlichen, gewissenhaften Dürfens respektive Müssens nicht zwingend mit den vorgenannten. Das äussert sich insbesondere in Bereichen, in denen ich mich einer bestimmten ethischen (Werte)ordnung oder der Rechtshoheit einer (vorzugsweise religiösen) Instanz verpflichtet fühle. Da gerät zwar der freiheitliche Staat mit den individuellen Freiheiten, die er zu schützen hat, regelmässig in Konflikt – und doch muss er in solchen Bereichen im Interesse des Kollektivs intervenieren. Konflikte zwischen Vorrang des Kollektivs und Restriktionen der individuellen Freiheiten sind für Gewissensentscheide von hoher Komplexität, denn es sind nicht nur die öffentlichen und individuellen Interessen sorgfältig zu evaluieren sowie Gerechtigkeits- und Gleichheitsabwägungen vorzunehmen, sondern es sind auch geregelte Verfahren zu konzipieren und zu fordern, die schadenmindernd wirken sollen.

Für von Hayek ist der Umgang mit Gewissensfragen ein fundamentales Unterscheidungsmerkmal zwischen nichtliberalen und liberalen Ordnungen:

Die beiden Brennpunkte jedes kollektivistischen Systems sind das Bedürfnis nach einem allgemein angenommenen Zielsystem der dominierenden Gruppe und der alles beherrschende Wunsch, dieser Gruppe zur Erreichung ihrer Ziele die größtmögliche [186] Macht zu verschaffen. Daraus entsteht ein bestimmtes Moralsystem, das in einigen Punkten mit dem unsrigen übereinstimmt und in anderen ihm kraß widerspricht. In einem einzigen aber weicht es so sehr von ihm ab, daß es zweifelhaft wird, ob wir es überhaupt noch ein Moralsystem nennen können, nämlich darin, daß es dem Gewissen des einzelnen nicht mehr die Freiheit läßt, sich an seine eigenen Richtlinien zu halten, und daß es nicht einmal irgendwelche allgemeinen Richtlinien kennt, die der einzelne unter allen Umständen innehalten muß oder darf. [...] Wenn wir zuweilen auch genötigt sind, von zwei Übeln das kleinere zu wählen, so bleibt es doch ein Übel. Der Grundsatz, daß der Zweck die Mittel heiligt, erscheint nach der individualistischen Ethik als die Negierung jeder Moral, aber in der kollektivistischen Ethik wird er notwendigerweise zur obersten Norm. Es gibt buchstäblich keine Handlung, zu der der konsequente Kollektivist nicht bereit sein muß, wenn sie dem «Wohle des Ganzen» dient, denn das «Wohl des Ganzen» ist für ihn das einzige Kriterium des Sollens. (von Hayek 2014: 186–187.)

Für einen modernen Rechtsstaat kann es nicht angehen, parallele Rechtssysteme zu tolerieren, die zu einer (verfassungswidrigen) Ungleichheit vor dem Gesetz führen. Hier ist das *Primat des Kollektivs* zu verteidigen – allenfalls auch *gegen* das individuelle Gewissen. Ein Hinterfragen dieses Primats in spezifischen Bereichen ist in einer demokratisch organisierten Gesellschaft aber durchaus möglich – und mitunter auch aussichtsreich, wenn das individuell sich artikulierende Gewissen sich nicht absolut setzt, sondern breitere Zustimmung findet und im Laufe ordentlicher Verfahren Rechtsform gewinnt. Um auf diese Weise das Verhältnis zwischen Kollektiv und Minderheit respektive Individuum aktiv und konfliktmindernd mitzugestalten, sollten wir aber angemessen am öffentlichen und insbesondere am politischen Leben teilnehmen. Und wenn etwas partout nicht «in meinem Sinne» gelingen will oder zu meinen fundamentalen Werten passt? Dann muss ich «gewissenhaft» entscheiden, wo die roten Linien sind – und bereit sein, allfällige Konsequenzen zu tragen.

8.4.2   Der Sinnhorizont von Gleichheit

Der Begriff der Gleichheit – in der Französischen Revolution als Egalität *(égalité)* propagiert – hat über die schon früher existierende Bedeutung der (verfassungs)rechtlichen «Gleichheit vor dem Gesetz» hinaus sukzessive auf Bereiche Anspruch erhoben, in denen sich der Leitwert in den Aspekten *Gleichstellung, Gleichbehandlung und Gerechtigkeit* artikuliert. Das hat Reibungsflächen mit anderen Ordnungsvorstellungen entstehen lassen, insbesondere mit dem Rechtssystem und mit den Grenzen der Menschen und ihrer Freiheiten. Zur Ursache dieser Reibungen im Vorgang des programmatischen Transzendierens («alle Menschen sind gleich») siehe Abschnitt 5.3. Damit stellen sich auch hier Sinn- und Wertefragen.

Ausgangspunkt meiner Diskussion des Begriffs der «Gleichheit» soll eine klassische Studie im Bereich der Gleichheitsdiskussion sein, nämlich *Gender and Culture* von Melford E. Spiro. Sie beruht auf einer Langzeitstudie der Bewegung der israelischen Kibbuzgründer in den Jahren 1950 und 1975 (und dann bis 1994). Diese Bewegung war anfänglich geprägt vom Ideal der «radikalen

Gleichheit von Frau und Mann», welches die «Abschaffung jeglicher auf Geschlecht basierender Arbeitsteilung» verlangte und damit «zu einer revolutionären Umformung von Ehe, Familienstruktur und Kindererziehung» führte (siehe Vonholdt 2015). Das Ergebnis hat die ursprüngliche These von Spiro radikal erschüttert. In der Zusammenfassung von Vonholdt heisst es:

1951 hatte [Spiro] belegen wollen, dass eine neue Kultur einen neuen Menschen schaffen kann. Was er 1975 vorfand, war umgekehrt der Einfluss der im Wesentlichen gegebenen menschlichen Natur auf die Kultur. 1951 war er überzeugt, dass Unterschiede im Verhalten von Mann und Frau sozial konstruiert seien. 1975 hatten ihn seine langjährigen Beobachtungen überzeugt, dass wesentliche Geschlechtsunterschiede angeboren sind. [...] Für die Sabra-Frauen bedeutete Gleichheit nicht «austauschbar, unterschiedslos», sondern «gleiche Wertschätzung bei Verschiedenheit.» Heute heißt es: Verschieden ist ungleich und ungleich ist ungerecht. Die Kibbuzstudie stellt genau das in Frage. (Vonholdt 2015.)

Die Erfahrungen der Frauen und Männer im Kibbuz zeigten klar auf, dass konstruierte soziale Gleichheitskonzepte, die den auf natürlichen Anlagen beruhenden Differenzen respektive Ungleichheiten nicht oder ungenügend Rechnung tragen und die zum Beispiel ein bestimmtes Geschlechtsrollenverhalten erzwingen, als Grundlage für die Organisation von Gesellschaften problematisch sind. Da Gleichheit sich zu einem allgemeinen Gerechtigkeitsideal entwickelt hat, so zum Beispiel in den Menschenrechten, ist das Problem der Gesellschaftsorganisation und ihrer rechtlichen Verfassung weiterhin auf dem Tisch. Nach Vonholdt (siehe oben im Zitat) befinden wir uns nämlich heute an einem Punkt, wo der Grundsatz «Verschieden ist ungleich und ungleich ist ungerecht» gilt, und zwar geradezu dogmatisch. Dies tangiert und verändert in nachteiliger Weise eine ganze Reihe von Bereichen demokratisch-liberaler Gesellschaften.

Die Logik hinter «Verschieden ist ungleich und ungleich ist ungerecht» stellt sich als eine perfide Maskerade heraus, die deshalb einleuchten kann, weil sie wichtige Gebrauchsbedingungen der drei Prädikate ‹verschieden›, ‹ungleich› und ‹ungerecht› ausblendet und gleichzeitig durch programmatisches Transzendieren

Appellcharakter annimmt. Das Attribut ‹verschieden› bezeichnet nicht eine intrinsische Qualität von Dingen, sondern eine relationale *zwischen* Dingen, weshalb das zugehörige Nomen meist im Plural ist: verschiedene Kleider, Farben, Ansichten (Duden ⁷2011: 1901: ver|schie|den <Adj.> [eigtl. = sich getrennt habend ...]). ‹Verschieden› markiert insbesondere den Umstand, dass Dinge der gleichen Klasse in Varianten auftreten können, die sich bezüglich eines Merkmals unterscheiden, zum Beispiel verschiedene Menschen. Wir haben damit logisch gesehen eine *Klasse* mit einem Supernym; diese Klasse erfährt eine «Trennung» in Subklassen (das heisst, es wird «ge- respektive ver-schieden»), nämlich in mindestens zwei Varianten. So gesehen sind ‹Frau› und ‹Mann› zwei verschiedene (mögliche) Varianten von ‹Mensch›, und zwar «geschieden» nach dem Merkmal «Geschlecht».

Verschiedenheit ist also *konstitutiv* für Klassen, die nur gebildet werden können, wenn der Klassenbegriff Varianten aufgrund eines Merkmals erlaubt. Nun stellt das von Vonholdt kritisierte Glaubensbekenntnis unserer Zeit zwei Gleichungen her: [1] «Verschieden ist ungleich» und [2] «Ungleich ist ungerecht». Im wörtlichen Sinn verstanden ist der (synonymische) Erkenntnisgewinn von [1] verschwindend klein (siehe Duden ⁷2011: 1835). Wir können also [1] und [2] auf eine Version [3] reduzieren, nämlich auf «Verschieden respektive ungleich ist ungerecht». Natürlich soll diese Aussage für *Menschen* gelten; damit kontextualisieren wir [3] zur Aussage «Sind *Menschen* verschieden respektive ungleich, so ist dieser Sachverhalt ungerecht». Das ist deutlich widersinnig.

Schauen wir uns das Wort ‹ungerecht› genauer an. Es ist kein Grundwort, sondern analog ‹frei› herzuleiten: Auf die jeweiligen *adverbialen* Grundwörter zurückgeführt bezeichnen diese Merkmale Qualitäten des Handelns (siehe Abschnitt 8.4). Ein «freier Mensch» ist einer, der *frei* handeln darf; ein «gerechter Mensch» ist analog dazu einer, der *gerecht* handelt (siehe Hohler 2008a: 108, zitiert in Abschnitt 5.1). Freies Handeln hat einen Bezug zur eigenen Autonomie; es gilt dann uneingeschränkt als rechtmässig, wenn ich im Rahmen eines entsprechenden Rechts handle. Gerechtes Handeln muss in der Regel über diese Bedingung der Rechtmässigkeit hinaus auch noch den Anspruch erfüllen, von anderen als gerecht empfunden zu werden. Neben dem Rechtsraum gibt es da also noch einen mehr oder weniger erheblichen *Ermessensraum*. Ein gerechtes Urteil ist somit eines, welches nicht nur dem Buchstaben des Gesetzes Rechnung trägt, sondern auch ein Gerechtigkeitsempfinden befriedigt, zum Beispiel indem der Spielraum des Gesetzes bei der Zumessung der Strafe genutzt wird. Natürlich kann genau das dazu führen, dass ein Urteil als ungerecht empfunden wird.

Verbessern wir also unsere Kontextualisierung von [3] durch die Version [4]: «Werden Menschen verschieden respektive ungleich *behandelt*, so ist dieser Sachverhalt ungerecht.» Die Verschieden- oder Ungleichbehandlung anderer *kann* unter bestimmten Bedingungen den Tatbestand der ungerechten Behandlung erfüllen. Im rechtlich verfassten Bereich wäre dies unrechtmässig; im Ermessensbereich hängt diese Qualifizierung vom Gerechtigkeitsempfinden ab, welches bekanntlich eine ziemliche Variationsbreite aufweisen kann – es könnte «beschliessen», dass gerade eine Verschiedenbehandlung gerecht sein kann. Der Ermessensbereich der Gerechtigkeit wird auf dem Hintergrund von Gleichheitsforderungen immer mehr zu einer politischen Kampfzone, und zwar mit zwei weitreichenden Konsequenzen: Man versucht [a], ein bevorzugtes Gerechtigkeitsempfinden in rechtliche Formen zu giessen, die den Ermessensspielraum verengen oder gar zum Verschwinden bringen sollen, oder man versucht [b] das Recht zu moralisieren und damit letztlich zu «beugen» respektive punktuell ausser Kraft zu setzen.

[a] ist problematisch, weil Ungerechtigkeit in der Regel nicht zum Verschwinden gebracht werden kann, ohne dass neue Ungerechtigkeiten entstehen, und insbesondere, weil über das Recht sich quasitotalitäre Normen für Gerechtigkeit etablieren (lassen). [b] ist schlicht unzulässig, weil es den Vorrang des Rechts untergräbt, seine Verbindlichkeit mindert und unser Rechtsempfinden zersetzt. Fazit: *Ungerechtigkeit erwächst sowohl aus der Gleich- wie auch aus der Ungleichbehandlung* (nach der Volksweisheit: Allen recht getan ist eine Kunst, die niemand kann). Wenn das öffentliche Interesse eine Regelung imperativ verlangte, *sollten* wir versuchen, die Differenz zwischen den Gleichbehandelten und den

(notgedrungen) Ungleichbehandelten sowie deren Auswirkungen so klein wie möglich zu halten.

Die herrschende unkritische Ausweitung des Gleichheitsgebots erweist sich zunehmend als eine Sackgasse in der (Weiter)entwicklung demokratischer Strukturen. Mit allgemeinen Schlagworten und Dogmen kommen wir nicht weiter. Es tut not, genau zu registrieren, wo Ungerechtigkeit respektive Ungleichheit zu Recht moniert wird, und die Ebene zu identifizieren, auf der dies geschieht. Wird ein *sachlich nicht zu rechtfertigender Unterschied* festgestellt, muss darüber nachgedacht werden, wie eine Korrektur auf politischem Weg in justiziable Form gegossen werden kann, denn «gerecht» sollte heissen: «auf gutem, solidem *Recht* beruhend» (siehe Duden [7]2011: 704, Punkt 1).

Wie soll das gehen? Das Anlegen von Klassen mit zugehörigen Varianten ist ein einfach zu praktizierendes und verständliches Verfahren, um Merkmale zu identifizieren und auf ihre logisch-korrekte Zuschreibung hin zu prüfen. Mit der logischen Konstellation der Klasse ist es zum Beispiel möglich, «ungerechte» Verhältnisse zu eruieren und sowohl das Merkmal als auch die Ebene zu bezeichnen, bei denen eine Korrektur ansetzen müsste. Will eine menschliche Gemeinschaft zum Beispiel ihre Frauen in einer bestimmten Art und Weise gerecht behandeln, so kann sie dies auf zwei Wegen tun: Sie kann die Klasse, zu denen Frauen gehören, gerecht behandeln; mit anderen Worten: Indem die Gemeinschaft ihre «Menschen» gerecht behandelt, wird sie Frauen und Männern *in gleicher Weise* gerecht (siehe das Beispiel unten zu «gleicher Lohn»). Die Gemeinschaft kann in einer bestimmten Frage nur «Frauen» gerecht werden (wollen) und in Kauf nehmen, dass sie ihren «Männern» nicht gerecht wird. Frauen und Männer sind dann in dieser Hinsicht nicht «Menschen».

Gilt ein Merkmal für die *Klasse,* so überträgt sich dieses auf *alle Varianten.* Sind Menschen als derart definierte Klasse generell ‹frei›, so müssen sowohl Frau als auch Mann ‹frei sein›. Wäre «Freiheitsgrad» hingegen das *differenzierende Merkmal* zwischen den zwei Varianten, wäre die eine Variante ‹frei›, die andere ‹nicht frei› – und doch könnten beide noch als Menschen gelten. Würde ‹frei› hingegen als generelles Merkmal der Klasse der ‹Menschen› verstanden und *gleichzeitig* eine der Varianten *aberkannt,* hiesse dies im Umkehrschluss, dass solche «Unfreien» nicht als Variante zur Klasse der ‹Menschen› gehören könnten (sondern zum Beispiel der Klasse der ‹Sklaven› zugehörig wären). Dieser Sachverhalt läge der Frage «Sind die Weiber auch Menschen?» zugrunde (so in «Eine kleine Geschichte der Schweizer Frauen» in *NZZ Geschichte,* Nr. 4/Januar 2016).

Nehmen wir zum Beispiel die Konstellation, in der «Lohnempfangende» die Kategorie bezeichnet; das Merkmal wäre – noch etwas undifferenziert – «gleicher Lohn». Als Klassenmerkmal angesetzt werden Arbeitgebende lohnempfangenden Männern und Frauen gleichermassen gerecht; die Forderung wäre dann nicht gleicher Lohn für gleiche Arbeit bei Frauen, sondern bei Frauen *und* Männern. Als subkategoriales Merkmal angesetzt wäre eine Variante bezüglich Lohn gleich (behandelt), die andere ungleich, das heisst, alle Männer hätten gleiche, alle Frauen ungleiche Löhne (nicht nur gegenüber Männern, sondern auch untereinander). Untauglich! Mit anderen Worten: Für die Kategorie «Lohnempfangende» muss das Merkmal «gleicher Lohn» *rechtlich* so geregelt sein, dass *alle* Varianten der Klasse «(für Lohn arbeitende) Menschen», also Frau und Mann, eingeschlossen sind.

Im Gegensatz dazu muss etwa das Merkmal «mit respektive ohne Kind» oder «mit respektive ohne Diplom X» auf der Ebene der Varianten angesiedelt und geregelt sein, also subkategorial wirken, da es sich auf die entsprechenden Zulagen oder auf die qualifikationsbasierte Lohnstruktur auswirkt. Analog könnten wir das Merkmal «sorgeberechtigt» durchspielen: Auf der Ebene des Klassenmerkmals wären Frauen und Männer sorgeberechtigt gegenüber gemeinsamen Kindern; auf der Ebene der Varianten würde sich eine Ungleichbehandlung einstellen.

Setzen wir noch eine rhetorische Pointe: Während das Prädikat ‹gerecht› sich sachlich begründen und auf der Ebene des Rechtes ansiedeln lässt, gilt dies für das Prädikat ‹ungerecht› nicht im gleichen Ausmass. Einen Sachverhalt als ‹ungerecht› zu bezeichnen (Duden [7]2011: 1834), bedeutet meist, ihn nicht rechtlich zu beurteilen, sondern aufgrund eines *Gerechtigkeitsempfindens.* Wir bewegen uns also bei einem als ungerecht empfundenen Sachverhalt nicht einfach im Bereich des ‹Unrechts›, denn es können gesetzliche Vorgaben existieren, deren Konsequenzen als ungerecht empfunden werden: Das passiert zum Beispiel häufig (und unvermeidlich) bei Stichdaten mit «Mitternachtseffekt», der zum Beispiel zur Folge haben kann, dass das kurz *vor* Mitternacht geborene Kind schulisch anders behandelt wird als das kurz *nach* Mitternacht geborene (bei Zwillingen besonders pikant).

Hier tritt zutage, dass das Recht sich prioritär am Kollektiv orientieren muss, da dieses eine allgemeine Ordnung braucht, und dass der Wunsch nach Gerechtigkeit sich hingegen eher auf der Ebene von Individuen oder Gruppierungen und in konkreten Einzelfällen äussert. Daher ist der Ermessensspielraum im Recht zwar wichtig, aber auch ein heikler, mitunter möglicherweise willküranfälliger Bereich. Aber wenn wir – wie schon oben unter [b] angesprochen – beginnen, erlassenes und gültiges Recht zu «gerechtfertigen» und zu moralisieren, laufen wir Gefahr, dieses letztlich zu beugen und unwirksam zu machen. Es kann deshalb auch nicht angehen, das Recht aller AHV-Bezugsberechtigten auf Ausrichtung der Rente in Frage zu stellen, nur weil einige diese Rente finanziell «nicht nötig haben» und daher die Rente scheinbar «ungerechterweise» erhalten. Nein: Wer Beiträge bezahlt hat, bekommt eine Rente. Bei Stipendien hingegen wird die in Recht gegossene ungerechte Behandlung eines Teils der Bevölkerung bewusst hingenommen.

Besonders anfällig für den Moralisierungsdruck scheint mir der stetig wachsende Ombudsbereich: Die Ombudsperson versucht da mitunter zu erwirken, dass die Partei, die auf der Grundlage von Recht handelt, «Gnade vor Recht» ergehen lässt. Der Grundsatz «Unwissenheit schützt nicht vor dem Gesetz» wird dabei teilweise obsolet und die Verantwortung der sich ungerecht behandelt Fühlenden wird politisch korrekt tabuisiert. Unter gütiger Mitwirkung unkritischer Medien wird es ausserdem Mode, solche «Gerechtigkeitsargumente» auch auf «historische» Tatbestände anzuwenden. So werden zum Beispiel Steuerabkommen, die vor Jahren rechtmässig zwischen Firmen und Steuerbehörden ausgehandelt wurden, zu «Steuersünden» und «Mauscheleien» stilisiert sowie Personen und Firmen rufschädigend an den medialen Pranger gestellt. Mit dem Argument der Gerechtigkeit gibt es nicht einfach «Gleiche» und noch «Gleichere» (siehe George Orwell). Wie vorsichtig wir mit dem Kriterium der Gerechtigkeit umgehen sollten, zeigt die folgende Feststellung von Otfried Höffe:

[Die Gerechtigkeit scheint] die Freiheit als ethischen Leitbegriff zu verdrängen [...]. Diese Einschätzung übersieht allerdings, dass ein Grundprinzip der Gerechtigkeit in wechselseitiger Freiheitseinschränkung besteht. *Worauf ein aufgeklärter Liberalismus wert legt, ist die Gerechtigkeit in Begriffen von Freiheit zu bestimmen, wobei die Freiheit den sachlichen Vorrang erhält* (meine Hervorhebung; RHG). Eine wechselseitige Freiheitseinschränkung setzt nämlich voraus, dass es die Freiheit geben soll, sie angesichts desselben Freiheitsverlangens der Mitmenschen aber nur in wechselseitiger Einschränkung lebensfähig ist. (Höffe 2015: 158.)

Eine fruchtbare, sinnvolle Diskussion von «Gleichheit» respektive «Gerechtigkeit» kann für mich nur erfolgen, wenn wir uns auf den adverbialen Aspekt dieser Qualitäten konzentrieren, das heisst, wenn wir uns die Frage stellen, wo, wann und wie wir Menschen gleich respektive gerecht *behandeln* (können oder müssen). Wir sollten uns dagegen wehren, das Wort ‹Gleichbehandlung› so ideologisch verdreht verstehen zu müssen, dass wir andere *ungleich* behandeln sollen, damit am Schluss alle in einer bestimmten Gruppe möglichst gleich sind. Als zentrale Anforderung lässt sich Gleichbehandlung nur in formalem Recht wirklich gerecht erwirken. Nur wenn wir garantieren wollen und können, dass «alle» ein bestimmtes Recht haben sollen, sind wir auf dem Weg der rechtsstaatlich erfüllbaren Gleichheit und der praktizierbaren Gerechtigkeit.

Wenden wir uns – wie schon in Abschnitt 8.4.1 – dem wichtigen Lebensbereich des *Schul- und Ausbildungssystems* zu, der zunehmend zu einem beliebten Übungsfeld für die Entwicklung von Vorstellungen von Gleichheit und Gerechtigkeit geworden ist. Die schweizerische Verfassung garantiert bekanntlich das Recht auf Grundschulunterricht (Art. 19). Die drei für den Diskurs zentralen Begriffe bei der Umsetzung des Rechts sind:

Der Begriff der *Gleichstellung* grenzt sich ab gegen denjenigen der *Gleich-berechtigung.* Während die Gleichberechtigung die *juristische Gleichbehand-lung* zum Ziel hat, geht die Diskussion um Gleichstellung davon aus, dass die juristische Gleichbehandlung nicht automatisch zu einer *faktischen Gleich-behandlung* führt. (Siehe Websites; meine Hervorhebungen RHG.)

Analysiert man die Abgrenzungen zwischen den drei Begriffen, so ergibt sich folgende Struktur: Gleichbehandlung ist der *Klassen-begriff,* der sich in eine juristische (Gleichberechtigung) und in eine faktische Subklasse (Gleichstellung) aufteilt. Dieser Befund scheint mit folgender Definition übereinzustimmen: Gleichbehandlung sei «allg. der Rechtsgrundsatz, dass Personen, die sich in gleicher Rechtslage befinden, gleich zu behandeln sind» (siehe Websites). Aus dem Gleichbehandlungsgrundsatz heraus werden im «inte-grativen» Schulmodell möglichst alle schulpflichtigen Kinder «gleichberechtigt» in Normalklassen aufgenommen.

Daraus entstehen mehrere wichtige Probleme bezüglich Gleichstellung, denn faktisch bedeutet die vollzogene Gleichbe-rechtigung für den Schulalltag noch wenig: Einerseits lassen sich nicht alle benachteiligten oder behinderten Kinder partout in eine Normalklasse integrieren (müssen also ungleich behandelt wer-den), und andererseits geht der Aufwand, der als Folge der Inte-grationsmaxime entsteht (Stichwort: Nachteilsausgleich, siehe Websites), weitgehend auf Kosten der Schüler, die ohne beson-dere Massnahmen die Normalklasse besuchen können (ich be-schränke mich auf die «Kostenseite»). Bei allen Anpassungen, welche am integrativen Modell angesichts solcher Kritik schon vorgenommen worden sind, drehen wir uns unweigerlich im Kreis: Die Gleichbehandlung einer Gruppe führt – auch wenn es unfein ist, darauf hinzuweisen – beinahe naturgesetzlich zur Ungleich-behandlung respektive Benachteiligung einer anderen Gruppe. Innerhalb der nunmehr «gleichbehandelten oder -gestellten» Gruppe führen aber noch bestehende Ungleichheiten zu einer wei-teren Differenzierung.

In extremer Form läuft die «regredierende Gleichbehandlung» am Ende nicht nur auf eine (zeitgeistig durchaus stimmige) abso-lute Individualbehandlung mit persönlichem Stundenplan hinaus, denn Ungleichheiten kommen nun einmal natürlich vor, sondern auch auf das Entstehen eines entsprechend hohen Anspruchshorizontes (hier insbesondere bei den Eltern). Mit anderen Worten: Wo hört das Gebot der faktischen Gleichbehandlung respektive der Gleichstellung, so man diese für notwendig hält, in der Praxis auf? Wie ist sinnvoll zu verhindern, dass nicht jede Benachteiligung Ausgleichsmassnahmen auslöst? Wie sind die Ansprüche einer Mehrheit von Kindern den Ansprüchen einer Minderheit von Kindern oder sogar einzelner Kinder zueinander in methodisch sauber entscheidbaren, eventuell sogar in justiziablen Bezug zu setzen?

Eine weitere Konsequenz von grosser Tragweite betrifft das Niveau, die Leistungsziele und deren Durchsetzung: Gleichheit in Bezug auf das Ergebnis lässt sich nämlich durch eine schleichende Herabsetzung von Leistungszielen erreichen – ein Befund, der zum Beispiel den Übertritt von Gymnasien zu Universitäten und Hochschulen zunehmend belastet. Und zum Schluss noch dieser paradoxale Befund: Warum sollen wir den massiven Aufwand betreiben, ein *differenziertes, den unterschiedlichen Begabungen unserer Kinder Rechnung tragendes* Schul- und Ausbildungssystem zu betreiben, wenn ebendieses System um des Dogmas «Gleiche Chancen *für alle*» willen dann beinahe alles daransetzen muss, um diese Differenzen möglichst wieder einzuebnen oder zumindest vergessen zu machen? Und wieso sollen wir uns dabei durch grobfahrlässig unüberlegte Formulierungen der Art, die Chancengleichheit in der Bildung «sei *noch nicht* (meine Hervorhebung; RHG) eingelöst» (Biondi & Frauchiger 2016), vorgaukeln lassen, diese liesse sich jemals faktisch überhaupt einlösen und das zugrunde liegende «Defizit» einer *sozialen Herkunft* mit seiner Fakten schaffenden Wirkung liesse sich ohne Schaden beseitigen?

Wie nun ist aus einer liberalen Grundhaltung heraus mit diesen programmatischen Forderungen umzugehen? Als begriffsklärender Leitfaden bieten sich die folgenden Ausführungen von Friedrich von Hayek an:

Eine notwendige und nur scheinbar paradoxe Schlußfolgerung [...] ist, daß die formale Gleichheit vor dem Gesetz sich im Widerstreit befindet, ja unvereinbar ist mit einer Politik, die bewußt die materielle oder substantielle Gleichheit verschiedener Individuen anstrebt und daß irgendeine Politik, die sich direkt das substantielle Ideal der Verteilungsgerechtigkeit zum Ziel setzt, zur Zerstörung des Rechtsstaates führen muß. Wenn man verschiedene Individuen in dieselbe Lage bringen will, so muß man sie notwendigerweise verschieden behandeln. Verschiedenen Individuen dieselben objektiven Lebensbedingungen verschaffen, heißt nicht, daß man jedem einzelnen genau die gleichen Chancen gibt. Es ist nicht zu leugnen, daß das Prinzip des Rechtsstaates wirtschaftliche Ungleichheit hervorbringt; alles, was man zu seinen Gunsten geltend machen kann, ist, daß es nicht im Wesen dieser Ungleichheit liegt, bestimmte Menschen in einer bestimmten Weise zu treffen. [...] [109]. Man kann sogar sagen, daß für einen echten Rechtsstaat die Existenz einer Norm, die immer ohne Ansehung der Person angewandt wird, wichtiger ist als die Art dieser Norm selbst. In der Tat ist oft der Inhalt der Norm von untergeordneter Bedeutung, sofern sie nur nach allen Seiten hin gleichmäßig angewandt wird. Um ein früheres Beispiel wiederaufzunehmen: es ist gleichgültig, ob wir alle die rechte oder die linke Straßenseite benutzen, solange wir nur alle auf derselben Seite fahren. Das Wichtige ist eben, daß die Norm uns erlaubt, das Verhalten anderer richtig vorherzusehen, was voraussetzt, daß sie auf alle Fälle Anwendung findet, – selbst wenn wir sie in einem Spezialfall als ungerecht empfinden. (von Hayek 2014: 109–110.)

Von Hayek stellt implizit fest, dass das Wort ‹Gleichbehandlung› eine absolut misslungene Prägung ist, denn es verschleiert die Tatsache, dass gerade eine Ungleich- respektive Sonderbehandlung vorliegt, die von einer Vorstellung von Gleich*macherei* befeuert wird. «Gleichheit» als Ziel eines generellen Gebots ist nicht herzustellen. Ich meine, dass die im schulischen Zusammenhang zweifellos vorhandenen Ungleichheiten – egal welchen Ursprungs – aus einer anderen Perspektive angegangen werden müssen: Der erfolgreiche Schulbesuch dient primär dem *Zweck*, den wir ganz allgemein als Erreichen notwendiger Voraussetzungen zur *selbständigen Lebensführung* formulieren können. Diese Voraussetzungen, die einem weitgehenden gesellschaftlichen Konsens entsprechen sollten, die aber durchaus einem gewissen Wandel unterworfen sein können, dienen sodann der Festlegung (gestufter) *Lernziele* (über die wir trefflich streiten können ...).

Ob ein Kind über Fähigkeiten im Normbereich verfügt und deshalb prinzipiell in der Lage sein wird, die gesetzten, zentralen Lernziele zu erreichen, lässt sich in der Regel ziemlich zuverlässig vorhersagen (zum Beispiel durch Abklärung der Schulreife respektive durch regelmässige Beurteilung der Leistungen). Kinder, denen diese Fähigkeiten in einer fundamentalen Weise fehlen (zum Beispiel wegen einer schweren Behinderung), sind *schulisch nicht integrierbar;* für sie sind deshalb spezielle Angebote bereitzustellen, die sie teilweise durch das ganze Leben hindurch begleiten (müssen). Die Nichtintegrierbarkeit ist allerdings eine Momentaufnahme. Das Schulsystem muss in einem Ausmass «durchlässig» konzipiert sein, dass bei gegebenen Voraussetzungen auch zu einem späteren Zeitpunkt eine Integration stattfinden kann (siehe Donzé 2016).

Die Nichtintegration stellt nicht eine Diskriminierung dar, denn sie beruht auf sachlich rechtfertigbaren Gründen. Kinder mit Defiziten in schulischen Fähigkeiten, von denen erfahrungsgemäss bei entsprechender Nachhilfe zu erwarten ist, dass sie auf einen genügenden Stand entwickelt werden können, wären hingegen mit einem *zweckdienlich legitimierten* und angemessen ausgestalteten Nachteilsausgleich zu integrieren. Solche Kinder wären somit – zusammen mit den Kindern mit Normfähigkeiten – auch in der Lage, die zentralen Lernziele der Normalschule *gleichermassen* zu erreichen. In diesem Sinne ist der Verweis auf «Gleichheit» angemessen, denn sie werden durch den Nachteilsausgleich schulisch den normalen Kindern insofern *chancenmässig faktisch gleichgestellt,* als sie grundsätzlich dazu befähigt werden, den Schulzweck zu erfüllen und später ein selbständiges Leben zu führen. Erst bei behandelbaren Schwächen in den Fähigkeiten geht es somit um eine *Sonderbehandlung zum Ausgleich von Benachteiligungen,* das heisst um den Nachteilsausgleich.

«Integration» sollte im schulischen Zusammenhang *nicht eine Zielsetzung* sein; sie ist zusammen mit einem angemessenen Nachteilsausgleich die primäre *sinnvolle Massnahme,* um Kinder mit einem reduzierten Fähigkeitsprofil zu fördern und zu fordern. Ohne Aussicht auf einen solchen Erfolg ist Integration als Massnahme (zumindest momentan) nicht sinnvoll. Integration *als*

Massnahme zur Erreichung eines Ziels und *als eigenständiges Ziel* sollten in ihrer Funktion nicht verwechselt respektive vermengt werden; die Schule darf nicht dazu verpflichtet werden, für *alle* Nachteile Massnahmen anzubieten, sondern nur für schulisch- und lernzielrelevante. Der Nachteilsausgleich ist *eine Folge* der bereits beschlossenen Integration, die sich ja auf eine berechtigte Erwartung gründete.

Integration als *migrationspolitisches Ziel,* um dies als aktuelles und wohl ebenso brennendes Beispiel zu nennen, ist hingegen mit dem Zweck der Schule zu vergleichen: Während die Schule primär die Befähigung zur selbständigen Lebensführung bezweckt, verfolgen migrationspolitische Massnahmen dies ganz allgemein gesehen zwar auch, dazu kommen aber noch die komplizierte lebensweltliche Eingliederung in die Gesellschaft und die verbindliche Einweisung in ihre demokratischen Institutionen mit den zugehörigen Rechten und Pflichten – was die Schule eher nicht leisten (sollen) muss. Die «Lernziele» der migrationspolitischen Integration sind gewissermassen die einer «Schule für eine neue Lebensumgebung». Defizite, welche die Integration – und damit eine faktische Gleichstellung – behindern, sind nach Möglichkeit auszugleichen (analog dem Nachteilsausgleich); wie hingegen mit Defiziten, welche eine Integration *explizit verhindern,* umzugehen sei, stellt ein dornenvolles und weitgehend ungelöstes gesellschaftliches und politisches Problem sowie eine sehr anspruchsvolle integrative Aufgabe dar.

Um aus einer liberalen Haltung heraus Probleme angehen zu können, bedarf es also zunächst einer *klaren, sachbezogenen Analyse,* u. a. mit einem adäquaten Begriffsinstrumentarium. Dazu nochmals von Hayek:

Der Konflikt zwischen dem formalen Recht und der formalen Gleichheit vor dem Gesetz einerseits und den Versuchen zur Verwirklichung verschiedener Ideale materieller Gerechtigkeit und Gleichheit andererseits ist auch für die weit verbreitete Konfusion über den Begriff des «Privilegs» und für den damit fortgesetzt getriebenen Mißbrauch verantwortlich zu machen. Als wichtigsten Fall dieses Mißbrauches wollen wir nur die Tatsache herausgreifen, daß der Begriff des Privilegs sogar auf das Eigentum als solches ausgedehnt worden ist. Eigentum wäre ein wirkliches Privileg, wenn zum Beispiel Land-eigentum, wie oft in der Vergangenheit, den Mitgliedern des Adels vorbehal-ten wäre. Und Eigentum ist ein Privileg, wenn, wie in unserer Zeit, das Recht, bestimmte Dinge zu erzeugen oder zu verkaufen, bestimmten behördlich bestellten Leuten reserviert ist. Aber man nimmt dem Wort Privileg jeden Sinn, wenn man das Privateigentum als solches, das alle unter den gleichen Rechtsnormen erwerben können, deshalb Privileg nennt, weil nur einige es zu Eigentum bringen. (von Hayek 2014: 110–111.)

Gelingt also die sachbezogene Analyse, sind die Ergebnisse einer *Bewertung* zu unterziehen, die den Rahmen für entsprechende Handlungen abgeben soll. Hier gilt es den Wettstreit mit anderen Wertesystemen zu bestehen. Nehmen wir uns dazu noch die sozial-politisch wichtige Maxime der *Chancengleichheit* vor, die ja auch für die Schule ihre Bedeutung hat. In Deutschland gilt die folgende Definition:

Chancengleichheit: Sozialpolitische Maxime, die für alle Bürger unabhängig von ihrer sozialen Herkunft das Recht auf gleiche Lebens- und Sozialchancen in Ausbildung und Beruf fordert. Die [...] Maxime fordert für alle zumindest gleiche Startchancen, das heisst, Zugang zu allen Bildungs- und Ausbil-dungsgängen und ggf. eine materielle Unterstützung, um diese wahrnehmen zu können. C. setzt damit den Schwerpunkt auf die individuellen Ausgangs-bedingungen und das Bildungsangebot und stellt insofern auch eine Absage an umfassendere, weitergehende Gleichheitsforderungen dar. (Siehe Web-sites.)

Die Forderung nach Chancengleichheit hat also eine Ursache und einen damit zusammenhängenden Zweck. Die Ursache ist implizit in der Feststellung vorhanden, dass nämlich *nicht* «alle Bürger un-abhängig von ihrer sozialen Herkunft das Recht auf gleiche Le-bens- und Sozialchancen in Ausbildung und Beruf» *hätten*. Darin begegne ich einem ersten Mangel an Präzision: Die Forderung nach Chancengleichheit kommt in Deutschland in den 60er- und 70er-Jahren auf, also etliche Jahre nach Inkraftsetzung des Grund-gesetzes, welches bezüglich Ausbildung und Beruf sozial ganz be-stimmt nicht diskriminierend angelegt ist. Die Ursache ist also ei-gentlich darin zu suchen, dass *trotz* des Rechtes, das heisst trotz der juristischen *Gleichbehandlung*, der Zugang insbesondere zur höheren Bildung und Ausbildung nicht voraussetzungslos ist – womit sich das Problem als eines der materiellen *Gleichstellung* herausstellt.

Als Hindernis wird – entsprechendes Talent vorausgesetzt – die wirtschaftliche Leistungsfähigkeit identifiziert; dieses Hindernis ist nicht als Diskriminierung zu werten (schon gar nicht als aktive), denn es hat in der Regel sachlich rechtfertigbare Gründe: Das Gymnasium respektive das Studium kostet (auch wenn keine Studiengebühr erhoben wird), eine Lehrstelle kostet nicht oder weniger, die Gewerbeschule wohl doch und so weiter). Die Einrichtung grosszügiger materieller Unterstützungsgefässe *bezweckt* also die Beseitigung einer Benachteiligung und soll in dieser Hinsicht eine Gleichstellung bewirken. Das Resultat ist allerdings gleichzeitig eine *diskriminierend wirkende* Massnahme oder Einrichtung: Vielen ist der Zugang zu Fördermitteln verwehrt, weil nicht einmal sie selbst, sondern ihre Eltern über als ausreichend taxierte finanzielle Mittel verfügen! Damit wird auch Recht verschärft respektive ausgehöhlt: Von Eltern, die es sich leisten können, wird nicht nur die Einhaltung der Unterstützungspflicht in aller Strenge gefordert, sondern auch ein progressiv ausgestalteter steuerlicher Beitrag zu den allgemeinen Kosten abverlangt, während den Eltern, deren Kinder Anspruch auf Fördermittel haben, diese gleiche Unterstützungspflicht weitgehend und meist ohne Konsequenzen für ihre Steuerpflicht erlassen wird. Die offensichtliche Ungerechtigkeit dieser materiellen Umverteilung wird tabuisiert.

Dass *allen* Kindern auf den höheren Stufen generell eine Beschneidung der Chancengleichheit beschert wurde – wurde das damit in Kauf genommen oder überhaupt vorhergesehen? Die Massenuniversität, die sich als Folge der als Nachteilsausgleich konzipierten Senkung des Matura- respektive Abiturniveaus sowie des als «Lösung» dafür eingesetzten *numerus clausus* entwickelte, hat das Recht aller auf eine hochstehende Bildung beschnitten. Gerade aus Gründen der Chancengleichheit sollte eigentlich liberalem Denken die Chance gewährt werden, sich in einer paradoxalen Situation praktisch zu bewähren. Ob diese Diver-

sifizierungschance mit etwas «Nachteilsausgleich» für «klug vorausschauende Bildungstheoretiker» sich packen lässt?

Die Schaffung eines neuen Problems durch die für ein älteres
Problem gewählte Lösung ist ein altbekanntes Dilemma. Dies kann
auch dann geschehen, wenn man sich die Sache gut überlegt hat.
Wir müssen also eine Güterabwägung vornehmen, und zwar in
folgender Hinsicht: Ist die Lösung des alten Problems so nützlich,
dass die absehbaren und zu bedenkenden Konsequenzen des neu-
en Problems tragbar sind und möglichst so bleiben? «Tragbar»
scheint mir zunächst zu bedeuten, dass keine Grundrechte oder
anderen wichtigen Rechte verletzt werden. Nun wird in der oben
zitierten Definition *Recht* gefordert, welches der *Maxime* der
Chancengleichheit entspricht. Noch deutlicher wird der Bezug
zum Recht in der folgenden Definition:

Chancengleichheit bezeichnet in modernen Gesellschaften das Recht auf einen gleichen Zugang zu Lebenschancen. Dazu gehört insbesondere das Verbot von Diskriminierung beispielsweise aufgrund des Geschlechtes, des Alters, der Religion, der kulturellen Zugehörigkeit, einer Behinderung oder der
sozialen Herkunft, das in den Menschenrechten festgeschrieben ist.

Die schweizerische Bundesverfassung äussert sich auch zur Chancengleichheit, und zwar in der folgenden, vorsichtigen Weise:

Art. 2 Zweck 3 [Die Schweizerische Eidgenossenschaft] sorgt für eine möglichst grosse Chancengleichheit unter den Bürgerinnen und Bürgern. (Siehe
Websites.)

Die Sorge um die Chancengleichheit wird unter den allgemeinen
Bestimmungen aufgeführt; pikanterweise lässt die Formulierung
die – vielleicht etwas überzogene – Deutung zu, der Staat sorge
nur für «Bürgerinnen und Bürger». Beschränkt er sich wirklich auf
Schweizerinnen und Schweizer? Artikel 8, der unter den Grundrechten figuriert, gibt Entwarnung, denn da wird prinzipiell von
allen Menschen gesprochen, und mit dem «niemand» wird dieser
Kreis auch auf das Diskriminierungsverbot ausgedehnt:

Art. 8 Rechtsgleichheit
1 Alle Menschen sind vor dem Gesetz gleich.

2 Niemand darf diskriminiert werden, namentlich nicht wegen der Herkunft, der Rasse, des Geschlechts, des Alters, der Sprache, der sozialen Stellung, der Lebensform, der religiösen, weltanschaulichen oder politischen Überzeugung oder wegen einer körperlichen, geistigen oder psychischen Behinderung.

3 Mann und Frau sind gleichberechtigt. Das Gesetz sorgt für ihre rechtliche und tatsächliche Gleichstellung, vor allem in Familie, Ausbildung und Arbeit. Mann und Frau haben Anspruch auf gleichen Lohn für gleichwertige Arbeit.

4 Das Gesetz sieht Massnahmen zur Beseitigung von Benachteiligungen der Behinderten vor. (Siehe Websites.)

Hier gilt es einen zweiten Mangel an Präzision zu monieren: Chancengleichheit ist kein inhaltliches *Recht*, ebenso wenig kann ein *Recht* auf Erfolg im Leben eingeräumt werden. Sowohl in Bezug auf Ausgangslagen als auch auf Ergebnisse ist Chancengleichheit eine Utopie, die allem programmatischen Transzendieren zum Trotz unerreichbar bleiben wird. Die Zurückhaltung der Bundesverfassung ist zu loben, denn damit würde ein faktisch nicht durchzusetzendes Recht formuliert, welches dennoch einklagbar wäre. In der Schweiz zeigen sich die Ungleichheiten (sozial, sprachlich, mathematisch) schon beim Eintritt in den Kindergarten, das heisst, bevor die Kinder dem Einfluss der Schule überhaupt ausgesetzt sind (siehe Moser 2007). Aber wichtige Unterschiede zwischen Bildung respektive Ausbildung und Herkunft werden in der Regel nicht thematisiert. Der Bildungshintergrund bei ausbildungsbezogenen Inhalten respektive Kompetenzen ist offenbar weniger ausschlaggebend; das lässt sich klar daran ablesen, dass die Berufs*aus*bildung ja ein Erfolgsmodell ist, welches sowohl die Eingliederung in den Arbeitsmarkt erreicht wie auch die soziale Integration fördert (und dabei Chancengleichheit weitgehend realisiert). Bei bildungsbezogenen Studiengängen (insbesondere bei den *artes liberales*, aber auch bei den Rechtswissenschaften) spielt der Bildungshintergrund hingegen sehr wohl eine Rolle, denn die hier in der Familie vorhandenen und gepflegten Anreize schaffen faktisch entscheidende Voraussetzungen.

Gerade in gegenüber Bildung aufgeschlossenen Familien wird ein Verhältnis zu den «unnützen», «elitär-ungleichen» Beschäftigungen konstituiert und gepflegt, die gesellschaftlich von vitaler Bedeutung sind. Diese fundamentale Form von Chance, ja von Chance*ungleichheit* wird es hoffentlich noch lange geben – weil in einem essenziellen Sinne wünschbar. Der Versuch, sie zu korrigieren, führt just zu einem schleichenden Untergang der Bildung. Bemühungen um Chancengleichheit in der Schule sollten sich primär auf den Bereich der Ausbildung richten; der Bildungsbereich soll weniger reguliert sein und darf durchaus mit Sozialverantwortung «elitär» sein (das heisst mit klarer Distanz zu Lehrplan 21 und Bologna), damit gesellschaftlich notwendige Verschiedenheiten und die sie begleitende und anfeuernde Meinungsdiversitäten nicht nur frei, sondern auch qualifiziert gepflegt werden können.

Eine Folge unergiebiger Gleichheitsvorstellungen und ein Symptom des Untergangs der notwendigerweise «elitär-ungewöhnlichen» Bildung scheint mir die Obsession mit der so genannten *Kreativität* (siehe *UZH Magazin* 2016/1 zum Thema) und mit der simplizistischen Vorstellung zu sein, dass in *jedem von uns* etwas Genialisches oder Künstlerisches steckt, das mit geeigneten Mitteln – also mit entsprechendem Ausgleich eines supponierten Nachteils – unbedingt zu fördern sei. Warum – und das ist keineswegs despektierlich gemeint – genügt es so vielen nicht (mehr), wenigstens «etwas Ordentliches» geworden zu sein?

Garantiert werden kann somit höchstens *das Recht, alle die Chancen zu nutzen, für die ein Mensch über die (meist kontingenten) anthropologisch-konstitutiven Voraussetzungen verfügt* (wie etwa Talent, Intelligenz, Körpermasse, Charakter und so weiter). Es handelt sich hier nicht um Chancen, die sich statistisch, per Zufall oder beinahe evolutionär über die Macht der Bestangepassten (engl. *fittest*) einstellen. Ob eine bestimmte Chance sich bietet, ob man sich gegen andere Nachfragende respektive Mitbewerbende durchsetzen kann, ob sich letztlich damit ein Erfolg erzielen lässt – all dies kann weder Gegenstand von Rechtsetzung noch eigentlich Gegenstand eines fruchtbaren Gerechtigkeitsdiskurses sein – aber die Rechtsfindung könnte nicht immer ganz einfach sein. So hätte ich zum Beispiel als Muslim, der unter Ausnutzung der Chancengleichheit (protestantische) Theologie studiert hat, durchaus das etwas triviale, *formelle* Recht, mich auf eine (protestantische) Pfarrstelle zu bewerben, aber ich habe keinerlei mit der Chancengleichheit begründbaren Rechtsanspruch darauf, für diese Stelle *berücksichtigt* zu werden. Aber gerade deshalb könnte ich mich – gewissermassen *zu Recht* – diskriminiert wähnen, weil die Begründung eines ablehnenden Bescheids mit an Sicherheit grenzender Wahrscheinlichkeit *sachlich* «religiöse» oder «religionsnahe» Gründe (zum Beispiel fehlende Glaubenspraxis) anführen müsste.

Dort, wo eine Wahl stattfindet respektive stattfinden kann, besteht Diskriminierungsgefahr (die Verfassung nennt Herkunft; Rasse; Geschlecht; Alter; Sprache; soziale Stellung; Lebensform; religiöse, weltanschauliche oder politische Überzeugung; körperliche, mentale oder psychische Behinderung), aber auch bei diesen Kategorien müssen sachlich motivierte Gründe benennbar bleiben. In Art. 23 der Bundesverfassung wird die Vereinigungsfreiheit garantiert. Wenn sich nun ein Verein konstituiert (zum Beispiel der Stumpen rauchenden Kegler) und sich darauf kapriziert, in seinen Statuten festzuschreiben, dass ausschliesslich Männer als Mitglieder aufgenommen werden, könnten Frauen meines Erachtens nur unter missbräuchlicher Bezugnahme auf das Diskriminierungsverbot und auf die Gleichbehandlung der Geschlechter diesen Verein mit einer Klage zwingen wollen, Frauen aufzunehmen, denn damit wird Frauen nicht die Chance genommen, einen analogen Verein spezifisch für Frauen zu gründen.

Ein dorniges Problem, das hier angesprochen werden muss, ist das der Chancengleichheit von *Behinderten*. Angesichts der vielen Akteure und zahlreicher ratifizierter Konventionen scheint mir eine nüchterne Betrachtung der Situation sinnvoll, und zwar nicht nur mit Blick auf die Behinderten, sondern auch mit Blick auf die «Normalen»:

Die Kernbotschaft der Uno-Behindertenrechtskonvention ist das «Normalisierungsgebot», dass also Menschen mit einer Behinderung in gleicher Weise wie alle anderen Menschen ein Recht haben, am gesellschaftlichen Leben teilzuhaben. Ihre Behinderung ist im Sinne der Konvention als eine Besonderheit ihrer Persönlichkeit zu verstehen, wie sie jedem Menschen eigen ist. (Akkaya 2016.)

Am Anfang dieses Abschnitts ist die Gleichung «Verschieden ist ungleich und ungleich ist ungerecht» analysiert worden. Hier ist ein weiterer Aspekt anzufügen, nämlich derjenige der Verantwortung. Wird folgende Aussage formuliert: «Es ist ungerecht, dass ...» (zum Beispiel eine Person so früh sterben musste), so wird angenommen, dass jemand oder eine Macht die Möglichkeit gehabt hätte, gerecht(er) zu entscheiden. Diese Annahme unterstellt gleichzeitig, dass diese Macht für den Entscheid die Verantwortung zu übernehmen hat respektive dass sie dafür Rechenschaft schuldig ist (was in einem religiösen Kontext blasphemisch wäre). Für Menschen ist der springende Punkt bei dieser Verwendung des Prädikats ‹ungerecht› die Feststellung, dass wir nur für solche «Ungerechtigkeiten» verantwortlich sind und überhaupt sein können, deren wir nachweislich schuldig sind. Wir tragen *nicht für alle* «Ungerechtigkeiten» dieser Welt die Verantwortung – und dies gilt insbesondere für die vielen «natürlichen» Ungleichheiten, von schwersten Behinderungen bis zu vernachlässigbaren Macken.

In der Umkehrung heisst dieser Schluss aber auch, dass wir Menschen für alle Ungerechtigkeiten, die wir *verschulden,* Verantwortung übernehmen und versuchen müssen, diese zu beseitigen. Dazu gehört zum Beispiel ohne Wenn und Aber die behindertengerechte Planung und Ausstattung von Gebäuden, Fahrzeugen und Einrichtungen. Da besteht ein Recht – und zwar ein *allgemeines* Recht – auf Zugang (den Behinderte nicht wahrnehmen *müssen*), den wir aber gewähren und einhalten müssen. Wenn Chancengleichheit im Erwerbsleben für alle gelten soll, dann hätte eine (vermutlich staatliche) Institution dafür zu sorgen, dass bei gleicher Qualifikation die Anstellung einer behinderten Person nicht zum Beispiel an den Kosten der Arbeitsplatzeinrichtung scheitert (das wäre auch eine Integrationsmassnahme). Bei schicksalhaften Sachverhalten, an denen wir weder Schuld noch Verantwortung tragen, entsteht hingegen weder automatisch Recht noch sogar ein Anspruch auf Solidarität (siehe Abschnitt 8.4.3).

Das im Zitat erwähnte «Normalisierungsgebot», mit dem Behinderten «in gleicher Weise» die Teilhabe am gesellschaftlichen Leben zu ermöglichen sei, ist nicht so unschuldig, wie es daherkommt. Ich versuche die Logik und die Implikationen zu verstehen: Ist eine Behinderung als Besonderheit der Persönlichkeit zu verstehen, «wie sie [nämlich Besonderheiten] *jedem* Menschen eigen ist», dann gälten alle Besonderheiten aller Menschen als «Behinderungen» im Sinne der Konvention. Dann allerdings wären *alle* Menschen «ungleich» (was wir schon wissen), wäre die Suche nach einer Normalnorm vergeblich und wäre das Gebot der Teilhabe «in gleicher Weise» nicht sinnvoll einforderbar. Das postulierte «Normalisierungsgebot» hat den Geruch eines totalitären Anspruchs und eines vereinheitlichenden Menschenbildes; für einen liberal denkenden Menschen ist das Gebot klar abzulehnen.

Grundlage unseres Rechtssystems müssen also weiterhin allgemeine, alle inkludierende Rechte sein; wir müssen diese Grundlage erhalten, denn nur auf dieser bleibt Gleichheit ein nichtdiskriminierender und sinnvoll einlösbarer Anspruch. Kann ein allgemeines Recht von einzelnen Personen oder von besonderen Gruppen von Menschen nicht ausgeübt werden, obwohl sie dazu in der Lage wären, so stehen wir und der dafür geschaffene Staat in der Pflicht und in der Verantwortung, die Ausübung in angemessener Weise zu ermöglichen und zu garantieren (zum Beispiel das Stimmrecht für Auslandschweizer). *In demokratischen Prozessen* und aufgrund einer politischen Meinungsbildung ist allenfalls da Recht zu schaffen, wo es um die Beseitigung diskriminierender (zu Diskriminierung siehe Websites), *unrechtmässiger* institutioneller, sozialer oder sachlicher Hindernisse geht (zum Beispiel durch die Finanzierung einer kostenintensiven Ausbildung; mittels angemessener Angebote an Schulen und Ausbildungsgängen; durch den hindernisfreien Zugang zu Gebäuden oder zu Fahrzeugen des öffentlichen Verkehrs und so weiter).

Aber wir sind doch eine humane Gesellschaft? Können wir da nicht mehr tun? Und ob wir mehr tun können! – Aber wir sollten dies nicht per Recht oder Gesetz an den Staat delegieren wollen (und damit alle sozusagen in Kollektivhaft nehmen) oder den Staat sogar zum alleinigen Akteur machen, der uns in die Richtung vermeintlich richtigen Verhaltens dirigiert (im «angenehmsten» Fall durch so genanntes mehr oder weniger freiwilliges «nudging»). Nein: Wir sollten vermehrt auf gutbewährte, auf Solidarität gründende Institutionen zurückgreifen, die privat initiiert und interessengeleitet wirken können (dafür braucht es wirklich nur die Vereinsfreiheit).

Ist denn wenigstens die *Würde* eine inhärente Qualität des Menschen, welche seine Gleichheit begründet? Nein, denn sie ist gerade durch ihre Verknüpfung mit untauglichen Gleichheitsvorstellungen von einem Individualwert zu einem gefährlichen Universalwert mutiert. Nach Kluge ist ‹Würde› ein «Abstraktum zu *wert,* also eigentlich ‹Wert, Wertsein›» (Kluge [23]1999: 898). Deshalb ist auf das syntakto-semantische Profil des prädizierenden Grundwortes ‹wert sein› und seiner Nominalisierung ‹Wert› zurückzugreifen. Zu diesem Profil gehört zunächst ein *Gegenstand,* dem Wert *zugeschrieben werden kann.* Kluge [23]1999: 886 führt im Eintrag zu ‹wert› als verwandte Wörter solche mit der Bedeutung ‹Preis› (kymr. *gwerth*) oder ‹Wertgegenstand, Besitztum› (avest. *auuaratā-*) an. ‹Würde› ist aber nicht irgendeine Wertzuschreibung, sondern verweist auf die spezifische *Wertschätzung,* die dem «Gegenstand» *Mensch* oder allenfalls (bestimmten?) Lebewesen entgegengebracht wird.

Haben wir es also mit einer *Zuschreibung* zu tun, ist ein so zugeschriebener Wert nicht eine intrinsische Eigenschaft der Sache. Dies steht im Gegensatz zu heute geltenden, sich an religiösen und romantischen Vorgaben orientierenden Vorstellungen, die dem Menschen in der Schöpfungsordnung einen eigenen selbständigen Wert zuerkennen. Der *apriorische* Grundsatz, dass allen Menschen voraussetzungslos und gleichermassen Würde zukommt, ist ein transzendierend-programmatisches Signum unserer Zeit. Nach *aufklärerisch-moderner* Auffassung steht Würde nämlich in einem unmittelbaren, ja (gewollt) unauflöslichen Verhältnis zum Grundwert der *Gleichheit.* Dass Würde als Wert prinzipiell *allen* Menschen zukomme, wird mit dem Faktum ihres Menschseins begründet; damit wird nicht nur ihre Gleichheit klassifikatorisch konstituiert, sondern auch begründet, wieso Gleichheit (und Gerechtigkeit) sogar die Freiheit als Höchstwert im heutigen Recht ablösen sollen und zum Teil schon tun (Di Fabio 2005: 78).

Die (konstruierte) enge Verbindung zwischen Menschsein, Gleichheit und Würde verleitet dazu, die Würde als intrinsische, als biologisch-anthropologisch gegebene *Eigenschaft* zu betrachten. Diese Auffassung ist auch deswegen sachlich nicht zutreffend, weil die Wertschätzung eigentlich durch einen kulturellen oder politischen Willen etabliert wird – und daher in ihren Ausdrucksformen je nach Kulturregion oder geschichtlicher Periode variieren kann. Da Würde also zugeschrieben wird, kann diese Zuschreibung prinzipiell nicht nur variieren, sondern auch verweigert oder mitunter rechtmässig eingeschränkt werden. Die Charakterisierung der Menschenwürde als *unantastbar* oder sogar *unveräusserbar* bestätigt dies nicht nur *e contrario,* sondern zeigt auf, dass es sich im eigentlichen Sinne um eine problematische *dogmatische* Festlegung handelt.

Durch die Koppelung von Würde und Gleichheit wird nämlich eine wichtige Bedingung der Wertschätzung ausser Kraft gesetzt. Weil Wertschätzung eine Reaktion auf etwas von Wert beim Gegenüber ist, kann echte Wertschätzung nur dann möglich sein, wenn bei der (Be)wertung eines Gegenstandes dieses sich der Wertschätzung würdig erweist, wenn also ein *Gegenwert* erkannt werden kann (Kluge [23]1999: 886 sagt explizit: «Ausgangsbedeutung [von *wert*] ist ‹Gegenwert› [...]»). Der Wert einer Person bemisst sich also eigentlich daran, wieweit diese durch eigene «wertvermehrende» Anstrengungen (und mit Glück) in den Augen anderer «an Wert gewinnt». Vollbringt jemand eine Leistung (zum Beispiel in der Ausübung eines Amtes), so steht er sprichwörtlich «in Amt und Würden». Diese Person gibt also durch die Erarbeitung und durch das Vorweisen eines Gegenwerts Anlass zur Wertschätzung. Damit will ich nicht behaupten, dass sie sich damit ein *Recht* auf Wertschätzung erwirbt; die Wertschätzung wird in der Regel freiwillig entgegengebracht.

Das Anerkennen (erworbener) Würde hat somit den Charakter einer *Belohnung.* Dass eine Person, die zum Beispiel durch das Begehen eines abscheulichen Verbrechens «an Wert verliert» respektive ihre Würde «verspielt», dennoch ein *Recht* auf meine Wertschätzung haben soll, dass ich ihr also ihrem Verbrechen zum Trotz «Wertschätzung» entgegenbringen soll, will mir nicht einleuchten. Das bedeutet natürlich nicht, dass eine menschengerechte Behandlung in elementaren Bereichen vorzuenthalten sei, aber wegen ihrer Würde? – Nein! Würde sollte nicht – wie zum

Beispiel das deutsche Grundgesetz es tut – zu einem *unantastba-ren absoluten* Wert erklärt (und verklärt) werden (Di Fabio 2005: 78). Hüten wir uns also vor solchen Verabsolutierungen und programmatischen Transzendierungen.

Wann Menschen ultimativ Schutz verdienen, ist in den Menschenrechten und in Konventionen weitgehend geregelt. Die Zuerkennung, die eine adäquate Leistung voraussetzt, sollte nicht legiferiert werden, schon gar nicht als Menschenrecht. Wohl aber sind angemessene Verfahren zur Aberkennung (zum Beispiel der bürgerlichen Rechte) zu formulieren – diese Diskussion ist für mich noch nicht zu Ende geführt, weil sie wegen ihrer Konflikt-trächtigkeit mit lauthals verkündeten, unkritischen Gleichheits-vorstellungen und wegen der komplexen ethischen Dimension gerne vermieden oder sogar tabuisiert wird. Wir werden aber im Hinblick auf den Schutz der persönlichen Grundfreiheiten nicht darum herumkommen, uns ernsthaft und nachhaltig Gedanken zu machen, welche Rechtsetzungen und -entwicklungen wir tolerieren können, ob Legiferierungen aufgrund persönlicher Befindlich-keiten (siehe unten) sozialverträglich sind, welche Grenzen wir ziehen wollen respektive müssen und wie Menschwerdung (minimal) auszusehen hat, damit sie als gesellschaftsfähig beurteilt wird und deshalb sowohl Wertschätzung als auch Schutz *verdient.*

Eine abschliessende, laienhafte Beobachtung: Das Recht auf freie Meinungsäusserung ist bei den Grundrechten in der schwei-zerischen Bundesverfassung (Art. 16, Abs. 2) klar als Recht formu-liert: «Jede Person hat das Recht, ihre Meinung frei zu bilden und sie ungehindert zu äussern und zu verbreiten.» In Art. 7 der Grund*rechte* heisst es zur Menschenwürde: «Die Würde des Menschen ist zu achten und zu schützen.» Für die Festlegung eines (formalen) Rechts scheint mir diese Formulierung rechtssystema-tisch gesehen ziemlich bizarr. Sie nennt kein Recht, sondern – wie das «Normalisierungsgebot» oben – eine programmatische Ver-pflichtung (ohne klare Nennung der verpflichteten Partei). Sie verzichtet nicht nur auf die Nennung eines Rechtssubjekts, wel-ches in freier Entscheidung handelnd sein Recht auf Würde aus-üben darf, sondern sie verwedelt noch das Individuelle («jede Person») durch das Kollektivwort «die Menschen». Dies ist für mich klar ein Ausdruck selbst verschuldeter Schwierigkeiten mit dem Konzept der Würde – Schwierigkeiten, die sich fortsetzten, wenn eine «Würde der Kreatur» konzipiert würde (das Orwell'sche «all animals are equal» lässt grüssen). Der Hinweis auf die Existenz eines Rechts auf Schutz der Würde ändert an diesem Sachverhalt nichts, denn es schützt Würde, nur wenn sie vorhanden ist. Wird sie *a priori* als vorhanden und nicht veräusserbar angenommen, dann entsteht ein rechtes Problem ...

Mit dem heutigen, gleichheitsbasierten dogmatischen Konzept von Würde, die einen garantierten und bedingungslosen Schutz geniessen soll, lassen sich immer weitere Teile des menschlichen Lebens in den Bannkreis der Würde als Modalität integrieren: Wir können ungehemmt ein würdevolles Leben, einen würdevollen Tod, ein würdevolles Alter, würdevolle Arbeit, eine würdevolle Bestrafung oder Verwahrung und so weiter mit Recht *fordern*. Auf den kleinsten Nenner gebracht kann jeder Mensch von allen anderen Menschen offenbar schlicht und einfach – und möglichst immer – einen «maximal» würdevollen Umgang verlangen.

Dieser Rückzug auf persönliche Befindlichkeiten schlägt sich in einer wachsenden, ein geradezu selbstvereitelndes Chaos erzeugenden Negativliste nieder: Der Umgang (mit jemandem, speziell aber mit «mir») soll *nicht* beschämend, ehrverletzend, erniedrigend, verfemend, (vor)verurteilend, lächerlich machend, diskriminierend, in Verruf bringend, verleumdend, schädigend und so weiter sein. Wenn dann ein Umgang, der zurechtweisend, autoritativ, anweisend, korrigierend, fordernd, Ansprüche formulierend, Gegenseitigkeit einfordernd und so weiter ist, *per se* schon die Würde einer Person verletzt, so wird sogar eine entsprechende Erziehung als würdelos verfemt und demontiert werden (können). Die Berufung auf die Würde (wie auch die Subsumierung von beliebigen egozentrischen oder interessegeleiteten Wünschen und Begehren unter dem Titel der Menschenrechte) lässt sich nicht nur nach dem Prinzip «Wünsch dir was» auf neue Sachverhalte ausdehnen; sie lässt sich auch als Druckmittel verwenden, dem («politisch korrekt») momentan kaum etwas entgegenzusetzen ist. Durch diese Verabsolutierung des Eigenwertes

(«Ich bin es mir wert») wird eine wichtige Bedingung der Wertschätzung zunehmend ausser Kraft gesetzt. Das wirklich Paradoxe an dieser Situation ist, dass dieser Trend zur Maximierung der individuellen, befindlichkeitsbasierten Ansprüche in hohem Masse der postulierten wesentlichen Gleichheit aller Menschen widerspricht. Unter solchen Bedingungen jede mögliche Form von Würde zu schützen, ohne andere Formen von Würde zu verletzen, ist letztlich ein Ding der Unmöglichkeit.

Der eben erwähnte Einfluss persönlicher Befindlichkeiten ist ein Symptom einer ernstzunehmenden, das Gewebe unserer Gesellschaft grundlegend und ernsthaft schädigenden Entwicklung. Die bisher behandelten Werte sind vorzugsweise im Rahmen von Beziehungen zu anderen angesiedelt. Sie lassen sich objektivieren, das heisst, sie können an einer (harten oder weicheren) Norm gemessen werden, was gerade deren Relativität respektive deren Gesetztheit (< Gesetz) aufzeigt. Insbesondere sind sie den Menschen nicht inhärent, sondern werden sozial konstruiert und zugeschrieben. Dies änderte sich mit der aufklärerischen These der Gleichheit der Menschen (die zunächst auf politische Gleichheit zielte).

Die dekontextualisierende Lesart dieser These, wonach alle Menschen *wesentlich* gleich sein sollen, schien geeignet, die evidente Ungleichheit der Menschen als Oberflächenerscheinung zu erklären (siehe die Diskussion der Rousseau'schen These in Abschnitt 8.4.1). Für das Zusammenleben von Menschen problematisch ist aber nicht primär die unrealistisch postulierte «wesentliche Gleichheit». Wir können über die offensichtliche logische Inkonsistenz dieses Konzepts hinwegsehen, welches eigentlich nur (pleonastisch) besagt, dass alle Menschen sich darin gleichen, dass sie alle Menschen sind. Auch der Umstand ist eher unerheblich, dass dem «Menschsein», dieser hypostasiert menschlichen Seinsweise, der Name ‹Würde› gegeben wird. Ungleich viel schwerer wiegen die zahllosen echten und scheinbaren Ungleichheiten zwischen den Menschen. Im Gegenteil: Es kommt uns entgegen, dass wir weder alle gleich sind noch in allem gleich sein wollen; problematisch ist die Gleichheit, wenn darauf gestützt und in einem totalitären Gestus einige behaupten, dass das, was sie wollen, nichts anderes als das sei, was alle wollen – und dies auch durchzusetzen versuchen.

Kommen wir zu meinem Projekt zurück: Welchen Stellenwert haben nun Gleichheit und Gerechtigkeit in Bezug auf ein sinnvolles Leben? Für mich wegweisend ist zunächst das Konzept der Gleichheit vor dem Gesetz, das heisst die fundamentale Errungenschaft liberalen Denkens und der danach ausgerichteten nichtdiskriminierenden Rechtssysteme sowie der Rechtsstaatlichkeit. Meine Grundfreiheiten beruhen darauf, und meine Verantwortlichkeit richtet sich nach ihnen – und das gilt für alle anderen. Bleibe ich in diesem sowohl ethischen wie entmoralisierten Rahmen, handle ich rechtmässig und gerecht (siehe Habermann 2014). Dies erlaubt mir, mich einerseits aus unangemessenen Ansprüchen von Staat und Gesellschaft zu befreien, andererseits als gleichberechtigtes Wirtschaftssubjekt an der freien Marktwirtschaft frei teilzunehmen.

Eine fundamentale Errungenschaft liberalen Denkens, die allerdings keineswegs am Ende ihrer Entwicklung angelangt ist, ist – wie ich das bereits formuliert habe – die «Entmoralisierung» des Rechts. Normen des Rechts, die einerseits nicht amoralisch und andererseits vorstellungsneutral, das heisst *strikt liberal,* formuliert sind, tendieren früher oder später dazu, «ungerecht» zu werden. Wohl gerade deshalb haben liberale Ansätze in der Erziehung und zur Organisation von Staat und Gesellschaft einen schweren Stand, weil sie kein vorgefertigtes moralisches Korsett anbieten, sondern den Menschen im Rahmen der Rechtsordnung solche Entscheidungen weitgehend oder gar ganz überlassen. Für viele Menschen bedeutet diese Freiheit Unsicherheit, weshalb illiberale, dem Denken und Handeln Legitimation versprechende Entwicklungen bis hin zu IS-ähnlichen «Gottesstaaten» auf Erden sich ausbreiten können.

Eingriffe in diese Freiheiten im Namen der sozialen Gerechtigkeit mit dem Ziel, Ungleichheiten «zwangsläufig» in «reale» Gleichheiten überzuführen, sind nicht nur potenziell, sondern effektiv hochgradig freiheitsfeindlich, weil sie notgedrungen immer neue Ungleichheiten schaffen und zusehends totalitärer werden. Besonders kritisch zu werten sind eine Reihe aktueller umverteilender Entwicklungen des Sozialstaats. Sie sind daher als Formen der Gleichmacherei respektive der Normalisierung abzulehnen und wo nötig zu bekämpfen. Wir müssen besonders auf der Hut sein vor der «Gleichheit der ‹inklusiven Gesellschaft›» (Habermann):

Hier setzen die radikalen Egalitarier der «sozialen Inklusion» an. [...] Das Ideal ist eine Gesellschaft der Gleichen, in der persönliche Vorlieben und Meinungen verfolgt werden: Alle sollen gleich geschätzt werden – eine homogene Gesellschaft der Gleichen wie im Termitenstaat. Eine persönliche Vorliebe und besondere Wertschätzung gilt als «politisch unkorrekt». Damit soll Harmonie und Frieden zwischen den Menschen erreicht werden. Die Differenz, die Verschiedenheit unter den Menschen, ihre Persönlichkeit wird als «soziale Konstruktion» abgetan. Meinungs- und Vertragsfreiheit sind hiermit nicht vereinbar – daher deren Einschränkung zum Beispiel im Arbeitsrecht, im Mietrecht, im Kaufrecht. Ein «sanfter Totalitarismus» breitet sich aus, denn diese Ideologie hat in der westlichen Welt bereits die Stufe der Gesetzgebung erreicht. (Habermann 2014.)

Eine solche Entwicklung führt zu einer Zersetzung der Begriffe der persönlichen Freiheit und der (Selbst)verantwortung, denn in einem moralisierenden Gestus werden Handlungen und Entscheidungen, die *legal* zur Wahl stehen und sich somit nach persönlichen Präferenzen richten dürfen, als solche eingestuft, die zu Ungleichheiten und potenziellen Ungerechtigkeiten führen. Die zur Maxime erhobene gleichmacherische Vermeidung von Ungerechtigkeiten «berechtigt» ihre Anhänger «moralisch» dazu, sich *über das Recht* zu stellen, und führt so nicht nur zu einer fatalen Schwächung der Rechtsstaatlichkeit und zu einer nach Belieben abrufbaren oder gar manipulierbaren «Moral des gerechten Volksempfindens», sondern auch zu einer schädlichen (da entwicklungsrespektive fortschrittsfeindlichen) Zurückhaltung, zu Duckmäuserei sowie zu einer den mentalen Stillstand bevorzugenden Risikoaversion beim Handeln:

Nun ist aber das Private eben gerade das «Diskriminierende»: Jede persönliche Handlung beruht auf einer Auswahl und auf Entscheidungen im Sinne persönlicher Präferenz, die ausschliesslich meine Sache ist. Nicht nur die

Persönlichkeit beruht auf Auswahl und Entscheidung, auch jede Gemeinschaft ist «exklusiv», indem sie ein «wir» und ein «ihr» statuiert, vom Kaninchenzüchterverein, der die Schweinezüchter «exkludiert», bis hoch zur exklusiven monogamen Ehe oder zu einer nationalen oder religiösen Zugehörigkeit. Es ist an der Zeit, sich über das nicht nur Freiheitsfeindliche, sondern auch Kultur-, ja Lebensfeindliche dieses [inkludierenden; siehe Zitat oben] Denkens klarzuwerden und eine liberale «Gegenaufklärung» in Gang zu setzen. (Habermann 2014; siehe auch Linder 2016.)

Fehlt für die sichere Ausübung von Rechten und Freiheit ein verlässliches Fundament, wird, wer intelligent und frech genug ist, diesen dubiosen, zunehmend rechtsfreier werdenden Spielraum auch für schädliche Unternehmen nutzen. In letzter Konsequenz führt ein solches Konzept zur Aushöhlung oder gar Aufhebung des Bereichs des Privaten wie auch des Bereichs der interessenbasierten Gruppen- und Vereinsbildungen. Dies sei – so Habermann zu Recht – schlicht «lebensfeindlich».

Jede Person muss frei sein, die Merkmale bestimmen zu dürfen, in denen sie sich mit anderen gleich fühlt. Gleichheit ist somit in einem liberalen Kontext von den Freiheiten abhängig; eine Einschränkung von Freiheiten um der Gleichheit willen bedarf immer einer Rechtfertigung, die u. U. eine rechtliche Grundlage und somit die Zustimmung des Souveräns benötigt. Der Versuch, Gleichheit durchgehend und radikal zu legiferieren, führt letztlich zu einem Zusammenbruch des Rechts und des Rechtssystems, weil das Recht als Instrument – analog zu den Freiheiten – Ungleichheiten nicht prinzipiell ausschliessen kann. Es ist an uns, unter Bedingungen, die wir selbst bestimmen oder verändern können, durch individuelle, willentliche Entscheidungen fallweise die (moralische) Pflicht zu übernehmen, stossende Ungleichheiten zu lindern oder gar zu beseitigen. Wir würden so unserem eigenen *Gewissen* folgen und nicht dem Zwang einer modischen politischen Korrektheit, welche Züge eines entmündigenden Moralsystems hat (siehe oben die Ausführungen zum Moralsystem im Zitat aus von Hayek 2014: 186–187). Eine analoge Situation zu diesen beiden Moralsystemen findet sich bei der «kollektivistischen Solidarität», die uns Solidarität diktiert, und bei der sich auf liberale Grundsätze stützenden Solidarität, die uns die Freiheit lässt, sich in bestimmten Situationen auch als «solidarisch» zu erweisen.

8.4.3 «Brüderlichkeit» oder «Solidarität»

In der Französischen Revolution bildet schliesslich die *fraternité* (Brüderlichkeit) zusammen mit der *liberté* (Freiheit) und der *égalité* (Gleichheit) die bekannte Dreiheit. Die dadurch suggerierte Gleichrangigkeit der drei Forderungen lässt – wie in Abschnitt 8.4.2 bei der Diskussion der Gleichheit schon zu sehen war – insbesondere zur Freiheit ein Verhältnis mit bedeutendem Konfliktpotenzial entstehen – zumal mit «Brüderlichkeit respektive Solidarität» eine *Tugend* und nicht ein «Wesenszug» bezeichnet werde (Höffe 2013: 94). «Brüderlichkeit» wird im Zusammenhang mit «Freiheit» kaum diskutiert. Was ist unter «Brüderlichkeit» (siehe Websites) zu verstehen? Eine schon angedeutete Form der «geschlechtsneutralen» Aktualisierung ist der interpretierende Ersatz durch «Solidarität».

So|li|da|ri|tät, die; -, -en [frz. solidarité, zu: solidaire, solidarisch] (bildungsspr.): A) *unbedingtes Zusammenhalten mit jmdm. aufgrund gleicher Anschauungen u. Ziele:* die S. in, unter der Belegschaft wächst; B) *(bes. in der Arbeiterbewegung) auf das Zusammengehörigkeitsgefühl u. das Eintreten füreinander sich gründende Unterstützung:* Spenden für die internationale S. (Duden [7]2011: 1620.)

Aus dieser Bedeutungsbeschreibung geht hervor, dass «Solidarität» Manifestationen von Zusammengehörigkeit in Haftungsgemeinschaften respektive in gewissen Kollektiven kennzeichnet – was sich mit der ursprünglichen revolutionären Bedeutung von «Brüderlichkeit» gut verträgt (Sedmak 2010a: 45–46). Heute spielt Brüderlichkeit nur noch innerhalb der Freimaurerbewegung und ähnlicher Kollektive eine gewisse Rolle. Solidarität ist zu einem Leitwert der Arbeiterbewegung geworden – was wohl mitverantwortlich dafür ist, dass die aktualisierende Umdeutung von Brüderlichkeit in Solidarität aus heutiger liberaler Sicht beide Begriffe in eine eher problematische Beziehung zur Freiheit rückt.

Wenn Solidarität mit «dem Begriff des Gemeinwohls verschränkt» wird und es dabei «um den Blick auf die menschliche

Gesellschaft als ganze, als ein Ganzes» geht, dann gerät der zum allumfassenden Leitwert beförderte Begriff zwangsläufig in Konflikt mit dem mit grösserem Recht allumfassenden, prioritären Leitwert der Freiheit – selbst wenn die Forderung nach Solidarität zum Ausdruck bringe, «in der Gesamtheit der Bindungen, die die Menschen und die sozialen Gruppen miteinander vereinen, Raum für die menschliche Freiheit zu lassen und so für ein gemeinsames Wachstum zu sorgen, an dem alle Anteil haben» (alle Zitate bei Sedmak 2010a: 47; das «Raum *lassen*» irritiert). Gerade die Erhebung der Solidarität in den Rang eines «gesellschaftlichen Prinzips» für die «menschliche Gesellschaft als Ganzheit und Gesamtheit» (Sedmak 2010a: 46), in den Rang einer (schon etwas totalitär angehauchten) «Steuerungsform, die de[n] Ausgleich ungleicher sozialer und individueller Verwundbarkeiten und Lebensrisiken regelt» (Sedmak 2010a: 46), gerade diese – letztlich unerfüllbaren – Allansprüche und das Versprechen, sie kollektiv zu befriedigen, lösen bei mir grosses Unbehagen aus; sie werden zwangsläufig zu Konflikten mit den (individuellen) Freiheiten führen. Solidarität stellt nicht eine Steuerungsfunktion dar, sondern eine moralische Verpflichtung, die in bestimmten Notsituationen wirksam wird. Otfried Höffe ordnet sie wie folgt ein: Es gebe

innerhalb der Sozialmoral verdienstliche, nämlich über das Geschuldete hinausreichende Verpflichtungen. Deren untere Stufe bildet die Solidarität, die zwischen der geschuldeten Moral, der Gerechtigkeit, und der freiwilligen Mehrleistung, der Wohltätigkeit steht. [...] In jeder Notlage ist die Solidarität allerdings nicht gefragt. Ist die Not von anderen verschuldet, so müssen sie schon aus Gerechtigkeitsgründen helfen. Ist die Not aber allein selbst verschuldet, so ist die Hilfe nur ein Gebot der Menschenliebe, der Philanthropie. Die Solidarität dagegen ist dort geboten, wo diese Alternative Fremd- oder Selbstverschulden nicht zutrifft und man von Schicksal sprechen kann. In einem weiten Verständnis spricht man auch dort von Solidarität, wo man sich mit seiner Gruppe, selbst der ganzen Menschheit zusammengehörig fühlt und aus diesem Zusammengehörigkeitsgefühl heraus handelt. (Höffe 2013: 94–95.)

Schon diese knappe Beschreibung lässt deutlich werden, dass Solidarität nicht eine systemische Eigenschaft sein kann, sondern als sozialmoralische Tugend eigentlich nur auf der Basis persönlicher Entscheidungen in einem freiheitlichen Rahmen im echten Sinne geübt werden kann (die Verwendung von «geschuldet» und «geboten» bei Höffe wäre unter dem Aspekt der Verantwortung näher unter die Lupe zu nehmen). Menschen sollen sich (zweckrational) solidarisch verhalten – besonders wenn sie in einem freiheitlichen System leben. Das Gewicht der persönlichen Entscheidbarkeit äussert sich im Falle der Schweiz deutlich darin, dass die öffentliche (staatliche) Hilfe eher restriktiv ausgestattet und kritisch beurteilt wird, während die gezielte persönliche Solidarität eine Vielzahl von Hilfswerken alimentiert und in Katastrophenfällen bisweilen überwältigende Dimensionen annimmt. Das bedeutet nicht, dass die – wie Höffe sie nennt – «gebotene» Solidarität sich nicht auch institutioneller Formen bedienen darf; diese müssen nicht, können aber durchaus auch staatlich sein, zum Beispiel in Form angemessener Sozialversicherungen. Von Hayek ist im Grundsatz für solche Institutionen:

Es ist auch kein Grund vorhanden, warum der Staat die Individuen nicht in der Vorsorge für jene gewöhnlichen Wechselfälle des Lebens unterstützen sollte, gegen die wegen ihrer Ungewissheit nur wenige sich ausreichend sichern können. Wenn, wie im Falle von Krankheit und Unfall, in der Regel durch solche Hilfeleistung weder der Wunsch, derartige Ereignisse zu vermeiden, noch die Anstrengung, die Folgen zu überwinden, geschwächt werden, wenn wir es, kurz gesagt, mit echten versicherungsfähigen Risiken zu tun haben, spricht sehr viel für die staatliche Hilfe bei der Organisierung einer umfassenden Sozialversicherung. [...] die Gewährleistung größerer Sicherheit durch den Staat und die Wahrung der individuellen Freiheit sind nicht grundsätzlich unvereinbar. (von Hayek 2014: 158.)

Besonders in der Form von Sozialversicherungen geht es also bei der Solidarität (die auch Menschlichkeit oder empathische Humanität genannt werden könnte) um die gemeinsame Bewältigung von möglichen Risiken, aber auch von Situationen, deren Bewältigung die Kräfte einzelner oder kleinerer Gemeinschaften weit übersteigt. In einem liberalen System gilt es aber abzuwägen, welche Risiken in welcher vertraglichen Form adäquat abgesichert werden können und welche dieser Formen zugelassen werden sollen. Geht es um Eigentum, so ist zum Beispiel das Risiko eines Einbruchs auf der persönlichen oder familiären Ebene mit einem entsprechenden privatwirtschaftlichen Anbieter von Versicherungen abzusichern, das Risiko eines Brandes oder eines Wasserschadens mit ungleich grösserem Schadenspotenzial benötigt hingegen eine grössere Solidargemeinschaft, was in der Schweiz die Einrichtung kantonaler Gebäudeschutzversicherungen bewirkt hat. Diese Aufgabenteilung ist nicht nur solidarisch, sondern auch Ausdruck des Prinzips der *Subsidiarität.*

Eine Form von Solidargemeinschaft, nämlich der freiwillige Zusammenschluss als *Genossenschaft,* ist nach meiner Wahrnehmung auf dem Rückzug; dies ist meines Erachtens sehr zu bedauern, denn in solchen, die persönliche Verantwortung stark fördernden und fordernden freiwilligen Zusammenschlüssen sind die demokratische Kontrolle und die gemeinsame Steuerung lebendig, das Integrationspotenzial ist gross sowie das Missbrauchspotenzial gering. Ausserdem bleibt der Anreiz hoch, Risiken zu vermindern respektive zu vermeiden und deren Absicherung so günstig wie möglich zu gestalten, denn die dabei anfallenden Vorteile bleiben in der eigenen Tasche – und je höher die Zahl gewichtiger genossenschaftlicher Mitspieler ist, umso eher spielt ein Markt. In den obligatorischen staatlichen Versicherungen kommt es unter dem Eindruck eines freibleibenden Konsumangebots mit einer rein individuell-utilitaristisch zu bewertenden Kosten-Nutzen-Rechnung hingegen eher zu einer Anspruchsmentalität. Der gesellschaftliche Sinn, die Einsicht in die Bedeutung und in die Zusammenhänge gesellschaftlichen Handelns verblassen und führen zu einer nachlassenden Wachsamkeit gegenüber der Realität gewisser Risiken, zu Fehleinschätzungen bezüglich der Tragbarkeit und der statistischen Wahrscheinlichkeit des Eintreffens von Risiken sowie zu einer der Anonymität der Solidargemeinschaft («dem Staat») anzulastenden, sozial problematischen *Entsolidarisierung.*

Die freie Marktwirtschaft, wie von Hayek dies in überzeugender Weise darlegt, ist nicht das System, in dem «der Wille einiger Personen darüber entscheidet, wer etwas bekommt und was er erhält» (Hayek 2014: 135), sondern das System, «in dem dies

mindestens zum Teil von der Fähigkeit und dem Unternehmungsgeist der Betreffenden abhängt und zum anderen Teil von unvorhersehbaren Umständen». Weil dieses System zur Hauptsache
und sogar «notwendigerweise auf dem Privateigentum» beruht,
sind in ihm die Startbedingungen und die Chancen zwar ungleich,
aber es garantiert Freiheit vor Tyrannei und verhindert nicht,
dass «jeder seines Glückes Schmied» sein kann (von Hayek 2014:
136).

Der Erfolg dieses Systems ist evident: Wo immer es als Rahmen für die Wirtschaft genutzt wird, stellen sich Freiheiten und
Wohlstand ein. Es ist deshalb nicht erstaunlich, dass unter dem
Stichwort «Ökonomisierung» (siehe Websites) und dem damit
verbundenen Drang zur «Privatisierung» versucht wird, diese *organisatorische Logik* auf andere Teilsysteme der Gesellschaft zu
übertragen und an ihrem Erfolg zu partizipieren. Der Erfolg ist allerdings gerade ökonomisch gesehen minimal: Patienten sind
zwar inzwischen zu mündigen «Nachfragern» medizinischer
Dienstleistungen eines Gesundheitszentrums (Stichwort: hybride
Privatisierung), Studierende zu umworbenen «Kunden» im Markt
der Produkte «Studiengang» und «Ausbildung» (Stichwort: Bologna),
die Leistungen der öffentlichen Verwaltungen zu kundenorientier-
ten Produkten geworden (Stichwort: New Public Management) –
die Beispiele lassen sich leider beliebig vermehren –, aber *diese*
Erfolge bleiben papieren, und weder begeisternde Glanzlichter
der Effizienz noch deutliche Spuren einer Kostendämpfung wollen
sich einstellen. Das Gegenteil ist ja der Fall, am eklatantesten im
Gesundheitssystem, in bedrohlicher Weise auch im Bildungssystem sowie in öffentlichen Verwaltungen und Diensten (für die
Schule vergleiche Reichenbach 2016). Dieses verblendete «neue
Denken» wird immer übergriffiger und dringt in Form ökonomischer Ausdrucksweisen in Bereiche zwischenmenschlicher Beziehungen ein und offenbart dort eine zum Teil erstaunliche Veränderung von deren Wahrnehmung:

In letzter Zeit begegnet mir häufiger ein Wort, das entlarvend ist für die
ökonomische Durchdringung der Liebe. Oder sagen wir es gleich nüchterner: von Beziehungen und der Partnersuche. Danach gefragt, warum man-

che mehr leiden nach einer Trennung als andere, antwortete mir ein Psychologieprofessor, das hänge davon ab, «wie stark man sich in den andern investiert hat». Man investiert sich heute also nicht nur in die Arbeit oder eine Aufgabe, für die man sich früher, wie altmodisch, engagiert hat. Sondern das Investment gilt einem Menschen. Der Begriff zeigt unverhüllt, wie die Sprache der Wirtschaft ein Denken abbildet, das auch zwischenmenschliche Beziehungen prägt. Sich investieren heisst ja nichts anderes, als dass man es in der Hand hat, wie viel Zeit und Energie man in jemanden oder etwas steckt. Ich bin bereit, so und so viel zu geben, und darf erwarten, gleich viel zurückzuerhalten, wenn nicht mehr. Es ist ein Denken, dem ein pragmatischer Narzissmus zugrunde liegt. Sich ja nicht verausgaben, nie die Kontrolle verlieren, Einsatz und Ertrag müssen stimmen. Man hat ja seinen Stolz. Ich bin mir zu schade für sie, er hat es nicht verdient, sie tut mir nicht gut, er hindert mich an meiner Entwicklung. Verhindert wird mit dieser Selbstbezogenheit ein echtes Beteiligtsein. Die grossen Liebesgeschichten werden so nicht mehr geschrieben. (Schmid 2016.)

Warum und wann sind ökonomisierende Bestrebungen ein Problem, wenn doch das freie Wirtschaften unsere Freiheiten und unser Wohlergehen zu gewährleisten vermag? Die Antwort bezüglich des Gesundheitssystems mag verblüffen, aber sie scheint mir aufgrund meiner bisherigen Überlegungen naheliegend: Sie liegt [a] in der *Eigentumsform,* [b] in der *Organisationsform* und [c] im Charakter der zu erbringenden *Leistungen.* Dazu nur einige Stichworte und Bemerkungen zum grossen Rahmen:
[a] Was dem Staat «gehört», gehört «niemandem». Das Staatseigentum ist nicht Privateigentum; der Staat ist eine Zweckgemeinschaft, deren Zweck primär die Garantie von Freiheiten ist, nicht von Solidarität. Wenn das Gesundheitssystem (inklusive Krankenkassen) nach ökonomischen Regeln funktionieren soll, müssen wir es wieder in eine Form von Privateigentum überführen, welche die Abhängigkeit von Subventionen reduziert oder gar zum Verschwinden bringt und welche an den Unternehmungsgeist und an die Fähigkeit der Eigentümer appelliert (auch bei der Ärzteschaft). Auch der Vertragsfreiheit muss wieder mehr Raum gegeben werden. Dezentralisierung heisst da die Losung; einer Zentra-

lisierung soll man nur da stattgeben, wo sie für die Aufgabe notwendig ist (Stichwort: Subsidiarität).

[b] Die Aufforderungen in [a] meine ich nicht als Variante des heute so lauten Aufrufs zur Privatisierung. Privatisierung muss nicht der obligate Verkauf an einen Konzern der Gesundheitsindustrie, sondern könnte die Übertragung an *genossenschaftlich organisierte Eigentümer* bedeuten. Der heute in einen paternalisierenden Tiefschlaf versetzte Gedanke der Solidarität kann in dieser demokratischen Organisationsform wieder zum Leben erweckt werden; als Miteigentümer und Nutzniesser hätten wir wieder die Möglichkeit, diese klar zu artikulieren, aber auch wieder die Verantwortung für eine kostenbewusste Effizienz zu übernehmen. Staatlich organisierte Solidarität ist – wie schon mehrfach angedeutet – problematisch und unterliegt kollektivistischen und totalitären Tendenzen.

[c] Der fundamentale Zweck des Gesundheitswesens besteht darin, die (dauernden oder zeitweiligen) Einwohner eines Landes bei Erkrankungen oder Unfällen *zu pflegen und nach Möglichkeit zu heilen*. Dies geschieht im Rahmen einer Versicherung, die den Menschen nicht als «Fallpauschale» behandelt. Die versicherten Leistungen sind einerseits die einer Grundversorgung, andererseits die einer spezialisierten (Spitzen)medizin oder gar Luxusmedizin.

[d] Ob die genossenschaftliche Organisation auf allen Ebenen des Gesundheitswesens greifen muss, ist gewiss zu prüfen. Auch Forschung und Ausbildung müssen im System auf allen Stufen gewährleistet sein.

Das Subsystem «Gesundheitswesen» darf nicht (durchwegs) ökonomisiert werden; es ist im Gegenteil in wesentlichen Punkten und unter Berücksichtigung des solidarischen Grundgedankens einer richtig verstandenen marktwirtschaftlichen Logik zu unterwerfen. Wir dürfen es nicht ökonomisiert «ver-werten», sondern müssen es solidarisch «auf-werten». So behalten wir es in einem freiheitlichen Umfeld und entziehen es planwirtschaftlichen Tendenzen.

Auch im Subsystem «Ausbildung und Bildung» sind ökonomisierende Tendenzen zu erkennen, aber verglichen mit den Auswirkungen des buchstäblich *herrschenden* Schulbilds und der Entsolidarisierung sind diese (noch) nicht von Gewicht. Die Tatsache, dass wir von Entsolidarisierung sprechen (müssen), zeigt ja gerade, dass es sich bei diesem Subsystem auch um ein ursprünglich solidarisches Werk handelt. Die grösste Konfliktzone scheint mir die folgende zu sein: Seit wir von Anbietern (von den Schulbehörden), von Leistungserbringern (von den Lehrerinnen und Lehrern) und von Kunden (eher von den Eltern als von den Kindern, aber auch von der «Wirtschaft») sprechen, hat der Ton zwischen diesen vom Kooperationsmodus zum Anspruchsmodus gewechselt, hat der Fokus vom Wohl möglichst aller Kinder zum Wohl einzelner Kinder gedreht. Die zweite wichtige Konfliktzone ist der Lehrplan, der beinahe planwirtschaftliche zu nennende, unrealistische Ziele verfolgt.

In der Hauptkonfliktzone ist die Entkoppelung der Ebenen daran abzulesen, dass Eltern und Wirtschaft sowie in der Verantwortung stehende Gremien und Verwaltungen sich dadurch aus ihrer respektive seiner (Mit)verantwortung für das gute Funktionieren des Systems stehlen, dass sie die Lehrenden in ihrer Wirksamkeit verbal und schriftlich schwächen oder durch nicht zu Ende gedachte Reformen uneinsichtig hintertreiben. Die Sandwichposition der Lehrenden ist mit eine Ursache für die folgenreichen Verschiebungen bei der ausgewogen(er)en Vertretung der Geschlechter, da sowohl Mädchen als auch Knaben in einer wichtigen Lebensphase geeignete Anleitung und Vorbilder benötigen. Die in gewissen Berufen zu beobachtende, so genannte Genderisierung ist nämlich gerade im Bildungsbereich im vollen Gange, das heisst, die Attraktivität des Lehrerberufs sinkt und parallel dazu steigt die Attraktivität des Lehrerinnenberufs. Männerförderung scheint angesagt:

Begründet wird die Notwendigkeit der Männerförderung mit der Statistik: An den Schweizer Primarschulen unterrichten rund 18 Prozent Männer. 1995 waren es noch 30 Prozent. Auf der Oberstufe sind die männlichen Lehrkräfte mit 46 Prozent auch schon in der Minderheit, und selbst in den noch eher männerlastigen Gymnasien gehen die Prognosen des Bundes davon aus, dass das Verhältnis bald ändert. Mittlerweile gilt das Unterrichten an der Primarschule als Frauenberuf, wie das Bundesgericht festgehalten hat. Umso weniger wählen junge Männer diesen Beruf. Darum engagiert sich auch das Eidgenössische Büro für die Gleichstellung von Frau und Mann (EBG) für die MaP-Projekte: «Sie fördern die geschlechtsuntypische Berufswahl und tragen so zur Chancengleichheit bei», sagt Direktorin Sylvie Durrer. (Männerförderung 2016.)

Dabei geht es nicht darum, den emanzipatorischen Charakter dieser Entwicklung oder allenfalls mangelnde Qualitäten der Lehrpersonen zu beklagen. Im Gegenteil: Sehr viele (junge) Lehrpersonen zerbrechen gerade am eigenen Anspruch und am Anspruch des Berufs (vielleicht an der Berufung), weil mit der Ökonomisierung diese wichtigen Aspekte im Kontext des Systems nicht ausreichend abgestützt sind und – ja: keine Wertschätzung erfahren und daher die Würde des Berufs mindern. Ob entsprechende genossenschaftliche Formen hier Abhilfe schaffen könnten? Sie liessen jedenfalls eine Integration von Ausländern und eine einfache Beteiligung an Diskussions- und Entscheidungsprozessen zu. Mit anderen Worten: Gerade nicht «Männerförderung» ist angesagt, sondern die Schaffung von Bedingungen, die auch für Männer attraktiv sind.

Kommen wir noch zur zweiten Konfliktzone, zum Lehrplan. Wenn die Schule – nach eben dem verständlichen Wunsch ihrer Vertreter auf allen Ebenen – *für die Zukunft* «ausbilden» soll (siehe die Kritik an der «Zukunftstauglichkeit» in Abschnitt 8.4.1), müsste nicht nur «die Wirtschaft» in der Lage sein, die anzupeilenden Ausbildungsziele genau zu benennen. Aber wie wollen wir wissen, ob die an abstrakten Kompetenzen sich orientierenden Ziele nach mehreren Jahren und nach vielen noch unbekannten Entwicklungen noch nützlich sind und ob sie noch in die Wirtschaft der dann Gegenwart werdenden Zukunft passen? Logisch: Das ist doch unsinnig! Wieso wollen und sollen wir bewährte Ausbildungs- und Bildungsziele zugunsten von unbewährten, ungeprüften Zielen aufgeben? Mit diesen haben unsere Vorfahren doch eben «Zukunft bewältigt».

Darum müssen Kinder *selbst* rechnen und schreiben können und dies nicht an technische Extensionen delegieren; darum müssen sie – wie wir und wie unsere Eltern das schon mussten – inhaltlich Fundamentales über das Leben in Gemeinschaften lernen und prall gefüllt mit wichtigen Einsichten in das Funktionieren von Welt und Gesellschaft in ebendiese Welt hinaus- und in den Arbeitsprozess eintreten. Nur so lassen sich das Verständnis für wohl die meisten Arten von Rechenmaschinen und der Zugang zu jeder absehbaren Art sprachlicher Kommunikation bewahren, die uns die Zukunft noch bescheren kann, nur so können wir auch die Herkunft unserer so gar nicht selbstverständlichen Freiheiten verstehen, sie aneignen und verteidigen. Gerade die Schlagseite zugunsten von Kompetenzen führt zu einer schleichenden «Robotisierung», zu einer «Entfähigung» des Menschen.

Natürlich hintertreibt auch die Diskrepanz zwischen einer ökonomisierten Lebenswelt und der «heilen» Schule, zwischen dem Sein und dem Sollen gewisse wichtige Ziele des Bildungswesens. Wollen wir uns deshalb einfach vom «ökonomischen Frust» treiben lassen und es unterlassen, diese Zügel fester in die Hände zu nehmen? Ich möchte daher ganz laut ausrufen: Hände weg von einer Ökonomisierung – zumal einer unkritischen, zweckfremden – von Subsystemen, die in gewissermassen intimer Weise mit Menschen in ihrer Zerbrechlichkeit, in ihren Chancen bezüglich Leben und Gesundheit zu tun haben!

8.5   Ich, du und die anderen

Die Ausgangslage ist fundamental und klar: Ich bin biologisch-anthropologisch und sozial gesehen ein mit einem gewissen Grad an Selbst- und Fremderkenntnis ausgestattetes Individuum. Das gilt prinzipiell und gleichermassen für jedes Individuum. Die folgende Positionierung ist hingegen konstitutiv für *mein* Leben, für *meinen* persönlichen, menschlichen Sinnhorizont und für *meine* philosophierende Lebensweise: Ich bin in einem grundlegenden und verantwortungsvollen Sinn *Individualist.* Ich fühle mich deshalb in einer mehr oder weniger tiefen mentalen Schuld gegenüber bedeutenden Denkern, die auf frühes Gedankengut (zum Beispiel bei Cicero) aufbauend insbesondere seit der *Aufklärung* zur Formulierung und Entwicklung der Philosophie des Individualismus beigetragen haben, so etwa Michel de Montaigne, Adam Smith, David Hume, John Locke, Immanuel Kant, Alexis de Tocqueville und nicht zuletzt Friedrich von von Hayek. Letzterer beschreibt und verteidigt diese Haltung wie folgt:

Das Wort Individualismus hat heute einen schlechten Klang, denn man bringt den Ausdruck in Zusammenhang mit Eigennutz und Selbstsucht. Aber der Individualismus, den wir dem Sozialismus und allen anderen Arten des Kollektivismus gegenüberstellen, braucht damit nichts zu tun zu haben. [...] Dieser Individualismus, der auf der Grundlage des Christentums und der Philosophie des klassischen Altertums sich zuerst während der Renaissance voll entwickelte und sich seitdem immer mehr als abendländische Kultur entfaltet hat, ist in der Hauptsache durch die Achtung vor dem Individuum als Menschen gekennzeichnet. Das ist gleichbedeutend mit der Anerkennung seiner Ansichten und seines Geschmackes als der letzten Instanz in seiner eigenen, wenn auch noch so begrenzten Sphäre und mit dem Glauben, daß die Entwicklung der individuellen Begabungen und Neigungen des Menschen wünschenswert ist. Das Wort ‹Freiheit› in allen seinen Bedeutungen ist so abgegriffen und so viel mißbraucht worden, daß man sich scheut, es zur Bezeichnung der Ideale zu verwenden, die es in jener Zeit verkörperte. Toleranz ist vielleicht das einzige Wort, welches das Prinzip voll zum Ausdruck bringt, das dieser ganzen Zeit seinen Stempel aufdrückte und das erst seit kurzem wieder an Geltung verloren hat, um mit dem Aufstieg des totalitären Staates zu verschwinden. (von Hayek 2014: 32–33.)

Die Unabhängigkeit des Individuums und die Grenzen seiner Handlungsräume beschreibt von Hayek präzisierend wie folgt:

[Die Philosophie des Individualismus geht] davon aus, daß unsere begrenzte Phantasie uns nicht erlaubt, in unsere Wertskala mehr als einen kleinen Sektor der Bedürfnisse der gesamten Gesellschaft aufzunehmen. Ebenso unbestreitbar ist es daher, daß Wertskalen streng genommen nur im Kopfe jedes einzelnen existieren können, Skalen, die unvermeidlicherweise voneinander abweichen [85] und sich oft gegenseitig widersprechen. Daraus zieht der Individualist den Schluß, daß es den Individuen freistehen sollte, innerhalb bestimmter Grenzen nach ihren Wertvorstellungen und Neigungen zu leben, statt nach denen anderer, daß innerhalb dieses Bereiches die persönlichen Wünsche des einzelnen ausschlaggebend sein sollten und nicht das Diktat anderer. Diese Anerkennung des Individuums als des obersten Richters über seine Ziele, die Überzeugung, daß es, soweit nur irgend angängig, in seinen Handlungen seinen eigenen Anschauungen folgen solle, bildet den Wesensgehalt des Individualismus. (von Hayek 2014: 85–86.)

Individuen, so von Hayek, schliessen sich zusammen, um gemeinsam (sozial) zu handeln, und zwar insbesondere dann, wenn solches Handeln einem Zweck dient, der sich in die (damit nicht unbedingt identischen) weiteren Wünsche und Zwecke der Beteiligten fügen:

Wenn Individuen sich vereinigen, um gemeinsame Ziele zu erreichen, so werden die zu diesem Zwecke geschaffenen Organisationen, wie zum Beispiel der Staat, mit ihrem eigenen Zielsystem und ihren eigenen Mitteln ausgestattet. Aber jede so geschaffene Organisation bleibt eine «Person» neben anderen, die im Falle des Staates zwar weit mehr Macht hat als jede andere, aber doch [86] ihre besondere und begrenzte Sphäre besitzt, in der allein ihre Ziele ausschlaggebend sind. Die Grenzen dieser Sphäre bestimmen sich danach, inwieweit die Individuen sich über besondere Ziele einigen, und die Wahrscheinlichkeit, daß sie sich über ein besonderes Aktionsprogramm verständigen, nimmt notwendigerweise um so mehr ab, je umfassender dieses wird. Es gibt bestimmte Funktionen des Staates, deren Ausübung von den Bürgern so gut wie einstimmig gebilligt werden wird; es wird andere geben, über die bei einer starken Mehrheit Übereinstimmung besteht usw., bis wir in den Bereich kommen, in dem es über die vom Staat zu ergreifenden Maßnahmen fast so viele Meinungen wie Köpfe gibt, obwohl jedes Individuum durchaus dafür sein mag, daß der Staat etwas unternimmt. (von Hayek 2014: 86–87.)

Von Hayek verweist eindringlich auf die Ambivalenz staatlicher Eingriffe: Sind sich die Menschen bezüglich des staatlichen Handelns mehrheitlich einig, so wirken die Eingriffe eher freiheitsgarantierend; handelt der Staat, auch wenn die Menschen sich darüber nicht einig sind, können die Eingriffe freiheitsgefährdend werden oder sein. Werde die Staatsaktivität zu stark, so gebe «es kaum ein individuelles Ziel, dessen Erreichung nicht vom Handeln des Staates abhinge, und die ‹soziale Wertskala›, die die Handlungen des Staates bestimmt, muss so gut wie alle individuellen Ziele umfassen» (von Hayek 2014: 87–88). Mit dieser Ambivalenz verknüpft ist eine – von von Hayek nicht thematisierte – Differenzierung von Individualismen. Ihn interessiert die «aufgeklärte Erscheinungsform», welche «die freie Gleichartigkeit aller Individuen postuliert» und die freiheitlichen, menschlichen Organisationsformen in fundamentaler Weise strukturiert und deren normative Grundlage liefert. In Reaktion dazu hat sich aber Ende des 18. Jahrhunderts auch eine «romantische Spielart» entwickelt, die «sich im Sinne der freien Persönlichkeitsentfaltung gerade jeglicher Vereinheitlichung zu entziehen versucht». Diese sei Ausdruck eines Aufbegehrens «gegen den immer festeren politischen Griff des modernen Zentralstaates», auch Ausdruck eines persönlichen Widerstands «gegen die wachsende Einförmigkeit einer durchrationalisierten Welt, gegen die ästhetischen Zumutungen und ökonomischen Zwänge der sich industrialisierenden Gesellschaft» (zu den beiden Erscheinungsformen von Individualismus siehe Wintersteiger 2012: 89–90).

Daraus ergebe sich, dass «ein Freiheitsgefühl mit den Begleiterscheinungen einer ganz anderen Freiheit zu ringen hat». Schon diese typisierten Grundkonstellationen eines aufklärerischen, weitgehend auf den öffentlichen Bereich zielenden Individualismus und eines romantischen, den nach eigenen Bedürfnissen persönlich gestaltbaren Raum in den Blick nehmenden Individualismus sollten eine dringende Warnung sein, nur *die* Freiheit zu sehen; im Gegenteil: Sie sollten dazu auffordern, den *Pluralismus von Freiheiten* anzuerkennen und deren gegenseitiges Verhältnis und deren mannigfaltige Interdependenzen zu diskutieren. Klar scheint mir jedoch, dass die aufklärerische, «Eintracht stiftende» Form als Voraussetzung für das Ausleben der romantischen, «Vielfalt zulassenden» Spielarten zu gelten hat, denn ohne die Errungenschaften des Liberalismus dürfte es schwierig sein, die Freiheiten des Individuums angemessen zu entwickeln und zu schützen (siehe Wintersteiger 2012: 93–94).

Der liberale Staat und ein liberales Gesellschaftssystem beruhen also auf einer freien Marktwirtschaft und garantieren so grösstmögliche Autonomie der in ihr agierenden Individuen. Autonomie für mich allein ist – wie schon in Abschnitt 8.2 festgestellt –

leer und wertlos; auch wenn ich höchste Autonomie begehre und so zu leben versuche, geschieht dies für mich und für jeden von uns unweigerlich in Abgrenzung gegenüber anderen. Erst ab zwei Personen wird die Frage nach *individueller* Autonomie deshalb sinnvoller und in fruchtbarer Weise *lebensgestaltend*. Steht gestaltende und gestaltete Autonomie zur Diskussion, befinden wir uns also zwangsläufig auf der Ebene von mehr oder weniger engen Beziehungen zwischen Menschen. Im unausweichlichen Rahmen der *conditio humana* wirken sich unsere Entscheidungen und unser Handeln stets auch auf andere aus; von fundamentaler Bedeutung ist deshalb, dass wir uns dieses Sachverhalts bewusst sind und unser Leben möglichst mit Rücksicht darauf gestalten.

Wie ist dieser existenzielle Sachverhalt sinnkonstituierend zu berücksichtigen? Hier sollen nicht mehr die – grob gesagt – institutionellen Beziehungen (Abschnitt 8.2), sondern die Beziehungen zwischen Personen als freie(re) Individuen im Fokus stehen. Natürlich gibt es da mannigfache Überlappungen: Eine Beziehung kann einen institutionellen Rahmen haben, eine äussere (Schutz)hülle, die mehr oder weniger geregelt ist (zum Beispiel bei der Ehe oder bei der Kindschaft), und doch bleiben zahlreiche Inhalte und Bereiche des Zusammenlebens auszuhandeln. Andere Beziehungen finden in einem weniger geregelten Rahmen statt, sind aber deswegen nicht weniger bindend: Bei der Freundschaft, zum Beispiel, sind nicht nur die Inhalte, sondern auch die Hülle explizit oder implizit auszuhandeln. In vielen unserer Beziehungen können Rechte wirksam sein, aber es gibt stets mehr oder weniger grosse, allein oder gemeinsam gestaltbare Freiräume. Die autonome Lebensgestaltung, die Sinnkonstitution sowie der Rückgriff auf Sinn geschehen deshalb im Rahmen rechtlich konstituierter oder freiwillig eingegangener *Verhältnisse*. Die Herkunft des Wortes ‹Verhältnis› ist überraschend aufschlussreich:

VERHALTEN *stV* (< 9. Jh.). Mhd. *verhalten*, ahd. *firhalten*; vgl. ae. *forhealdan*. Zu der älteren Bedeutung ‹zurückhalten› gehört das Partizip *verhalten* ‹zurückhaltend›. Erst nachmittelhochdeutsch ist die Bedeutung ‹sich betragen› bei reflexivem Gebrauch, ausgehend vom substantivierten Infinitiv *Verhalten n.* (semantisch offenbar: ‹sich zurückhalten, um auf andere eingehen zu können›, dann stark verallgemeinert). Dann auch *Verhältnis* im Sinne von ‹Beziehung› (zur Wiedergabe von 1. *pröportio*). (Kluge [23]1999: 857.)

Die Ausübung der Autonomie in einem wechselseitigen Verhältnis besteht also zunächst darin, ‹sich zurück[zu]halten, um auf andere eingehen zu können›. Auch das Wort ‹Benehmen› ist ohne Bezug auf andere Personen sinnlos; hat man sich mit jemandem ins Benehmen gesetzt, ist das gegenseitige Verhalten festgelegt. Damit eröffnet sich ein Zugang zu einem anderen wichtigen Verständnis von «autonom», nämlich zu *«freiwillig»* (zum freien Willen siehe Abschnitt 8.6). Ich begebe mich freiwillig in einen Verhandlungsraum und aus freien Stücken halte ich mich zurück, diesen einfach zu besetzen und eigenwillig respektive eigengesetzlich zu gestalten. Ich verzichte darauf, Grenzen einfach zu setzen, sondern lasse mich darauf ein, Grenzen auszuloten und zu respektieren. Und doch ist es bei aller Zurückhaltung wichtig, dass ich mir in diesem Prozess Fragen der folgenden Art stelle (und zulasse, dass Personen, die Teil einer bestehenden oder prospektiven Partnerschaft sind, diese auch stellen): Wie gross ist das für mich richtige Mass an individueller Autonomie? Wo brauche ich in lebensnotwendiger Weise Autonomie? Gibt es für mich *nicht veräusserbare* Bereiche von Autonomie? Gehe ich auf ein Verhältnis oder eine Partnerschaft ein, so ist das zwar eine aktuelle Handlung, aber die darin sich äussernde lebensgestaltende Kraft weist eine stark zukunftsgerichtete Komponente auf: Es besteht die ehrliche Absicht, aus diesem Anfang eine «wunderbare Beziehung» entstehen und sich entwickeln zu lassen und dabei die Regelungen und Grenzen, denen ich freiwillig zustimme, auch einzuhalten.

Ich gestehe, dass die folgenden Ausführungen wenig Biografisches spiegeln. Von einer bewussten *Lebensgestaltung* kann ich in meinem Leben nicht oft sprechen (was nicht heisst, dass viele Entscheide nicht durchaus bewusst gefällt wurden); lange Jahre bin ich mir nicht bewusst gewesen, dass hier eigentlich eine existenzielle Aufgabe anfiele. Es geht also einerseits darum, wichtige Erfahrungen aus dem bereits gelebten Leben zu vergegenwärtigen und zu prüfen, andererseits auf der Grundlage der verlässlicheren unter ihnen die hoffentlich noch vor mir liegenden Jahre bewusster angehen und wichtige Verhältnisse (noch) sorgfältiger und rücksichtsvoller gestalten zu können.

Wie sehen also meine Antworten aus, wenn ich mir die obige Frage nach *nicht veräusserbaren* Bereichen von Autonomie stelle? Wenn von solchen Bereichen die Rede ist, so heisst das, dass ich mir in diesen *uneingeschränkte* Autonomie vorbehalte. Da will ich niemandem ein Verfügungs- oder Einspruchsrecht einräumen; in letzter Instanz fälle ich Entscheidungen. Hier ist Präzision verlangt: Autonom entscheiden heisst in solchen Fällen für mich nicht, im Vorfeld solcher Entscheidungen sämtliche Randbedingungen, Voraussetzungen und Konsequenzen, jede Art von Meinungen und Rücksichtnahmen souverän (und arrogant) zu übergehen; es heisst, sie durchaus zu bedenken, aber mit dem klaren Willen, ihr relatives Gewicht und ihren Einfluss selbst festzulegen. Nach Abwägung aller relevanten Momente mag die Waage sogar auf die Seite tendiert haben, der ich den Vorzug *nicht* gegeben habe, nicht geben *wollte.* Wo behalte ich mir solche letztinstanzliche Entscheidungen vor? Spontan kommen mir längerfristig konzipierte Beziehungen vom Typ Ehe, Partnerschaft, Kinder und Freundschaft in den Sinn. In solchen möchte ich mir insbesondere die Wahl von Partnerschaften vorbehalten.

Kann ich aber etwa «lieben *wollen*»? In diesen Bereichen sind die Forschungsergebnisse der Neurowissenschaften sehr wohl zur Kenntnis zu nehmen. Es ist evident, dass der Vorgang des Verliebens respektive der Zustand des Verliebtseins von hormonellen «Stürmen» begleitet ist und dass bewusste, rationale Entscheidungen dann eher nicht zu erwarten sind. Wenn aber die Neurowissenschaften diese Ergebnisse unkritisch physikalistisch auf den Bereich der (willentlichen) Handlungen übertragen, müssen grosse Fragezeichen gesetzt werden und eine weniger kategorische Ablehnung des Bereichs des Mentalen verlangt werden.

Eine weitere Präzisierung drängt sich also auf: *Ich muss feststellen, dass Autonomie sich nur dann artikulieren kann, wenn es um volitionales Tun, das heisst Handlungen respektive bewusstes Verhalten, geht.* Wenn von Zuständen, Verfassungen oder Gefühlslagen die Rede ist, ist Autonomie kein unmittelbar begleitendes Phänomen; erst wenn aus Zuständen, Verfassungen oder Gefühlslagen heraus Handlungen oder bestimmte Verhaltensweisen anstehen, da kann Autonomie wirksam werden. Ich konnte nichts dafür – noch tat ich etwas dagegen –, *dass* ich mich verliebte; es *geschah mir* einfach, aber sobald ich diesen Zustand der Verliebtheit und die sich allenfalls daraus entwickelnde Liebe zur Grundlage meines Lebens, von Handlungen oder gar einer Handlungsstrategie machte, konnte Autonomie diese mitgestalten – oder hätte sie zumindest mitgestalten können. Zustände oder Verfassungen sind eher nicht volitional und können deshalb auch nicht eigentlich «misslingen», was bei autonomen Entscheidungen durchaus vorkommen kann: Wenn ich jemanden liebe (Zustand) und die Person heiraten *will* (autonome Handlung), kann es durchaus sein, dass ich sie aus nichtbeeinflussbaren Gründen nicht heiraten kann oder darf.

Bei welchen weiteren Handlungen und Verhaltensweisen will ich also konsequent egozentrisch Autonomie üben? Der Bereich des *Konsums* ist bereits angesprochen worden (siehe Abschnitt 8.2); da tut sich ein gewisser Freiraum für eigengesetzliche respektive autonome Entscheidungen auf. Einen weiteren Bereich stellt die *Freizeitgestaltung* dar: Hier ist es mir (in einer Wohlstandsgesellschaft) möglich, bestimmte Tätigkeiten als sinnvoll einzustufen und anderen deshalb bewusst vorzuziehen. Mit der Freizeit eröffnet sich mir (gerade im Rentenalter) auch ein Bereich, in dem ich ein grosses Mass an *Zeitautonomie* in Anspruch nehmen und üben kann. Ein sehr wichtiger Bereich, der allerdings seine eigenen Probleme in Sachen Autonomie birgt, ist der Bereich des (gebrechlichen) *Alters* und des (nahenden) *Todes;* hier zeigt sich insbesondere, dass Autonomie nicht nur exogene und endogene Grenzen hat, sondern dass das Bestehen auf Autonomie in extrem(er)en Formen auch stark negative Auswirkungen haben kann (siehe Abschnitt 8.7).

Ich fasse zusammen: Typisch für alle diese lebensgestaltenden Handlungen und Verhaltensweisen ist, dass deren autonome Vollzug auf *Entscheidungen* basiert. Sowohl Entscheidungen wie auch absichtliche Handlungen orientieren sich an mehreren grundlegenden Elementen: Einerseits sollten sie für mich sinnvoll sein, das heisst, sie sollten zur Konstitution oder Bestätigung von

Sinn in meinem Leben beitragen; andererseits mache ich mir zur Auflage, dass deren Sinnhaftigkeit argumentierbar und verantwortbar sein sollte, das heisst, sie sollten auf rational nachvollziehbaren Handlungs- und sozial vertretbaren Verhaltensnormen und Werten basieren. Da, wie gesagt, Autonomie für mich allein keinen Sinn ergibt, sind der Einbezug und die Wahrung der Autonomie anderer – wie eng die Beziehung auch sein mag – unverzichtbar; das Ausmass ist unter Berücksichtigung gegenseitig implizit oder explizit akzeptierter Kriterien offen auszuhandeln oder stillschweigend zu gestatten, wobei die Kriterien selbst nicht zwingend rational sein müssen, wohl aber rational verhandelbar.

Die höchste Eigennorm ist so zugleich die höchste Fremdnorm und hat die Gestalt der Goldenen Regel (siehe Abschnitt 6.4). Einem Einwand ist gleich vorzubeugen: Als die Goldene Regel postuliert wurde, waren die Menschen noch weitgehend in «Von-Angesicht-zu-Angesicht»-Gesellschaften («face to face») organisiert. Die Ausübung von Autonomie hatte also in der Regel direkte und beobachtbare Auswirkungen – nämlich in der unmittelbaren (lokalen und geografischen) Nachbarschaft. Die Neuzeit und insbesondere die Globalisierung haben die Grenzen solcher Gesellschaften gesprengt und unsere Horizonte erweitert; die Auswirkungen individuellen, autonomen Handelns und Verhaltens sind nicht nur unüberschaubar geworden, sondern unsere individuellen Entscheidungen haben auch hinsichtlich des Einbezugs der anderen an bewältigbarer und fühlbarer Verbindlichkeit verloren.

Heisst das, dass uns die Autonomie ferner, unbekannter Menschen nichts angeht, dass die Goldene Regel nicht mehr Anwendung findet, finden kann? Ich meine nicht, aber wir müssen uns Gedanken machen über die Formen und Ebenen, mit denen und auf denen wir sie nachhaltig und solidarisch einbeziehen können, ja vielleicht müssen (siehe Bleisch 2015). Die wohl wichtigste Ebene, auf der wir für andere einstehen und ihre Autonomie verteidigen können, ist die allgemeiner, (inter)nationaler und globaler Rechte. So wie wir von unserer nationalen Verfassung umfassenden Schutz erfahren und Grundrechte gewährt bekommen, so haben wir uns dafür einzusetzen, dass in anderen Staaten grundlegende verfassungsmässige Rechte gewährt und implementiert, dass in globalen Körperschaften und Organisationen die Menschenrechte formuliert und dass sie von diesen eingefordert werden respektive werden können. Durch diesen Einsatz – zu der selbstverständlich auch die Ebene des weltweiten Handels und des verträglichen Konsums gehört – erreichen wir nicht nur, dass Menschen in uns fremden Orten und unbekannten Situationen individuell und gesellschaftlich autonom handeln können, dass diese Rechtsvorstellungen sich in ihrer Lebensgestaltung verankern lassen, sondern wir gewinnen sie solidarisch auch als Verteidiger *unserer* Autonomie.

8.6 Der freie Wille

Autonomie (Eigen*gesetzlichkeit*) und freier Wille (Eigen*willigkeit*) sind für mich zwei wesentliche, unabdingbare Aspekte sinn- respektive wertgeleiteten und verantworteten Entscheidens und Handelns:

> Unser heutiges Verständnis von moralischer Verantwortung ist so eng mit dem des Menschen als eines aktiven Gestalters seiner Welt verbunden, dass wir moralische Verantwortung kaum anders denken können als durch Willensfreiheit begründet. Wir glauben, dass wir für das (und nur für das) moralisch verantwortlich sind, für das wir uns frei entschieden haben. (Lotter 2015: 73.)

Ich stimme Maria-Sybilla Lotter grundsätzlich zu, zöge es aber vor, anstelle des «Wir glauben» das stärkere, evidenziell grundierte «Wir sind überzeugt» zu verwenden. Ohne Autonomie ist nämlich die Ausübung des freien Willens nicht möglich; ohne den freien Willen als allgemeinmenschliche Fähigkeit ist andererseits Autonomie nicht sinnvoll denkbar. Ich bin versucht, folgendes Paradoxon zu formulieren: Wenn niemand frei wäre, wozu sollte jemals versucht werden, die «Freiheit» anderer einzuschränken? Während bedeutende Vertreter der Neurowissenschaften eher von einem «Gefühl von Willensfreiheit» sprechen, den Willen als etwas Scheinbares, Illusionistisches, als neuronales Konstrukt verstehen (siehe Roth 2001: 562), tendieren Geisteswissenschaftler eher dazu, das Wollen als fundamentale Fähigkeit zu verstehen und dem

Bereich des Geistigen zuzuordnen (Bieri 2001). Aber es gibt auch Vertreter der Neurowissenschaften, die den freien Willen mit fachlich guten Gründen verteidigen. So lässt sich etwa Joachim Bauer in einem Interview wie folgt vernehmen:

Was sind die Voraussetzungen, um einen freien Willen entfalten zu können? — Einen freien Willen zu besitzen, bedeutet nicht, dass wir aus der Realität aussteigen können. Unser Leben spielt sich innerhalb eines Korridors ab, der durch innere und äussere Gegebenheiten, vor allem aber durch biologische und soziale Bedingungen begrenzt ist. Innerhalb dieses Korridors können gesunde Menschen in einer gegebenen Situation jedoch innehalten und antizipieren, was die Folgen der jetzt zur Wahl stehenden Handlungsmöglichkeiten sind, und dann entsprechend Entscheidungen treffen. Um innehalten, um reflektieren, antizipieren und wählen zu können, braucht der Mensch ein funktionsfähiges Stirnhirn, also einen gut trainierten präfrontalen Cortex. *«Selbststeuerung», der Titel Ihres neuen Buches, umfasst unter anderem Selbstkontrolle, Verzicht. Lassen sich solche Tugenden angesichts der omnipräsenten Verführungen überhaupt noch vermitteln?* — Genau hier liegt das Problem. Das Gehirn des Menschen verfügt über zwei Fundamentalsysteme: Ein bottom-up arbeitendes Triebsystem, das auf jeden Reiz reagieren, jeder Versuchung sofort nachgeben und jeden Frust sofort herauslassen will. Und ein top-down wirkendes, im präfrontalen Cortex beheimatetes System, das uns befähigt, aufsteigende Impulse zu bremsen, innezuhalten, abzuwägen und zu überlegen, was wir langfristig aus unserem Leben machen wollen. Die Aufgabe guter Selbststeuerung liegt darin, beide Systeme in Balance zu halten. (Bauer 2015a.)

Das ist natürlich ein weites Feld, und meine nun folgenden Gedanken können nicht eine fachliche Auseinandersetzung mit der vielschichtigen Problematik sein oder eine solche ersetzen (meine Gedanken zur evolutionären Verortung des Geistes finden sich in Abschnitt 7.6); sie dienen in erster Linie einer seriösen, vertieften *persönlichen* Standortbestimmung und der Klärung meiner volitionalen Handlungsräume. Ich will gewissermassen «aus freien Stücken» zur Einsicht gelangen können, dass ich einen freien Willen habe und ob und wie diesem allenfalls Grenzen zu setzen sind. Dazu genügt es, mir selbst glaubhaft machen zu können, dass die neurowissenschaftlichen Zweifel an der Freiheit des Willens nicht

stichhaltig (genug) sind und dass im Gegensatz dazu der geisteswissenschaftliche Standpunkt mehr erklärt und ausserdem deutlich näher an unserer Intuition ist.

Ich beginne wie gewohnt mit einer sprachlichen Analyse und
Betrachtung. Das Wort «Wille» ist verwandt mit «Wahl»; «Willensfreiheit» bedeutet, dass jemand die «Freiheit der Wahl [hat]
zwischen zwei oder mehr Möglichkeiten, von denen grundsätzlich
jede gewollt werden kann» (Kirchner & Michaëlis 1998: 734; siehe dazu auch Lexikon Philosophie 2011: 305–306). Die zentrale
Differenz zwischen dieser Vorstellung und der von den Neurowissenschaften vertretenen Ansicht scheint mir die folgende zu sein:
Die geisteswissenschaftlich verstandene Willensfreiheit geht davon aus, dass der *Ausgang* einer echten Wahl teleologischen Bedingungen gehorcht und *nicht vorherbestimmt* ist (Indeterminis-
mus); das neurowissenschaftliche Pendant dazu fasst dagegen die
Wahl zwischen Alternativen als im weitesten Sinne *determiniert*
auf (Determinismus). Diese Ansicht vertritt zum Beispiel der Hirnforscher Gerhard Roth in einer gewichtigen Studie, wie aus dem
folgenden Zitat hervorgeht:

Erst spät setzt die Entwicklung dessen ein, was die Geistes-, Kultur- und So-
zialwissenschaften als den *eigentlichen Menschen* ansehen. Diejenigen Hirn-
teile, deren Aktivität unser gesellschaftliches Handeln, das heisst, den Umgang mit unseren Mitmenschen, das Abschätzen der Folgen unseres Verhaltens sowie moralische und ethische Erwägungen bestimmen, entwickeln
sich zum Teil erst während und nach der Pubertät. Aber auch dann sind die
Menschen nicht «frei» im traditionellen Wortverständnis. Wir können nicht
aus eigener Kraft unsere Persönlichkeitsstruktur ändern, wir können uns
aber diejenigen gesellschaftlichen Verhältnisse suchen, die am besten zu
dieser Struktur passen. Hierin besteht die Autonomie des Menschen. (Roth
2001: 564.)

Es geht im Folgenden nicht darum, die zweifellos auf seriöser Forschung beruhenden neurowissenschaftlichen Erkenntnisse zu hinterfragen; dazu fehlen mir grundlegende fachliche Kenntnisse.
Meine Kritik setzt vielmehr bei den *Interpretationen* von Befunden,
bei den in der Wortwahl sich präsentierenden, unreflektierten
Metaphern und bei den suggerierten anthropologischen Zusam-

menhängen ein – und da befinde ich mich mit anderen Neurologen (wie Joachim Bauer) nicht nur in guter Gesellschaft, sondern auch innerhalb der mir vertrauten geisteswissenschaftlichen Domäne. Deshalb irritiert mich gleich zu Beginn die Paradoxie der Aussage «Wir können uns aber diejenigen gesellschaftlichen Verhältnisse [aus eigener Kraft] suchen, die am besten zu dieser Struktur passen». Abgesehen davon, dass wir die «gesellschaftlichen Verhältnisse» *schaffen* – und sekundär «suchen» –, verweist der Superlativ «am besten» auf ein auf Parametern basierendes Wahlverfahren, bei der einzelne, ja sogar *individuelle* Entscheidungen anstehen. Rätselhaft erscheint auch, wie entschieden werden soll, was «frei» bedeutet «im traditionellen Wortverständnis», wenn ein Überblick über die verschiedenen Bedeutungen (was wiederum den Blick «von aussen» voraussetzt) für nicht möglich erklärt wird. Kurzum: Wie kann ich sagen, was ein «freier Wille» ist, wenn ich die Alternative «frei» respektive «unfrei» gar nicht (an)erkennen kann?

Anhand eines wichtigen, dem resümierenden Schlusskapitel seiner Studie entnommenen Ausschnitts lässt sich zeigen, dass die Roth'sche «Autonomie» sogar (neuro)logisch ein fragwürdiges Konstrukt ist. Der Text lautet wie folgt:

Das erste Beispiel betrifft die Steuerung unserer Gefühle durch chemische Substanzen, das heisst, Transmitter, Neuromodulatoren, Neuropeptide und Neurohormone. Mehr noch als das elektrophysiologische Geschehen in unserem Gehirn bestimmen sie unser Fühlen, Denken und Handeln; [...]. Wodurch unser Gefühlsleben auch immer bestimmt sein mag, die Wirkung muss über die genannten Substanzen vermittelt werden. Es ist deshalb verfehlt, diesen Umstand als unspezifische Voraussetzung unserer ansonsten gesellschaftlich bedingten seelischen Vorgänge anzusehen. Natürlich muss hier die Frage gestellt werden, was an einem Dopamin-Molekül antreibend ist, an einem Serotonin-Molekül beruhigend und an einem Noradrenalin-Molekül aufregend. Nichts – so lautet die schlichte Antwort. Diese Moleküle wirken nicht bloss chemisch, sondern als *Boten*-Stoffe, als Überbringer von *Bedeutungen.* Sie werden von bestimmten Zentren des Gehirns, die ein konkrete Funktion ausüben, zum Beispiel die der Voraussage von Belohnung, zu anderen Zentren geschickt, wo sie nach dem Ankoppeln an spezifische Rezeptoren bestimmte Abläufe auslösen oder beeinflussen, zum Beispiel die

Auswahl einer Handlung aus verschiedenen Alternativen. Das Einwirken von Dopamin aus der Substantia nigra auf D_2-Rezeptoren im dorsalen Striatum könnte somit bedeuten: «Tu dies, denn es verspricht eine Belohnung!» Entsprechend wird die dorsale Schleife freigeschaltet, und eine bestimmte Handlung wird ausgeführt, die eine Belohnung erwarten lässt. (Roth 2001: 563.)

Die Botschaft scheint ziemlich unverschlüsselt zu sein, aber die Implikationen des Gesagten und die bisweilen frappante Wahl der Wörter lassen für mich die Umrisse eines abweichenden Subtextes mit einer etwas anderen Lesart erkennen. Roth spricht am Anfang von einer «*Steuerung* unserer Gefühle *durch* chemische Substanzen». Das Verb «steuern» bezeichnet eine Handlung und hat drei nominale Funktionspositionen: ein (volitional) agierendes Subjekt A, ein betroffenes Objekt B und ein Instrument C. Das heisst: «A steuert B durch C.» Transformieren wir diese Struktur in einen passiven Satz, so erhalten wir: «B wird *durch* A durch (= mittels) C gesteuert.» Diese Form lässt sich reduzieren zu «B wird durch A gesteuert» oder «B wird durch C gesteuert». Die durch die Präposition «durch» erzeugte Ambivalenz zwischen der passiven (A) und der instrumentalen (C) Deutung erscheint nun in der nominalisierten Form «*Steuerung* unserer Gefühle *durch* chemische Substanzen», und zwar verwischt: Bezeichnet die Teilkette «*durch* chemische Substanzen» ein A (Subjekt) oder ein C (Instrument)? Der folgende Satz im Zitat deutet auf ein Verständnis als A hin (aus der Sicht von Roth in konsequenter Weise): «Mehr noch als das elektrophysiologische Geschehen in unserem Gehirn *bestimmen* sie unser Fühlen, Denken und Handeln.» Das Pronomen «sie», das sind die chemischen Substanzen, ist das Subjekt des Verbs «bestimmen».

Versteht Roth die chemischen Substanzen tatsächlich als die *Subjekte* des Steuerungsvorgangs, laufen wir in inhaltliche Schwierigkeiten, denn es heisst kurz darauf, dass diese Substanzen «*Boten*-Stoffe» seien, die «Überbringer von *Bedeutungen*». Nimmt man diese Metapher ernst, so ist der Bote, d. i. der Pöstler, der eine Botschaft («Bedeutungen») überbringt, *nicht* der Verfasser der Botschaft. Dies bestätigt sich darin, dass es etwas später heisst, dass die Boten «von bestimmten Zentren des Gehirns [...] zu anderen Zentren geschickt [...]» werden. Chemische Substanzen sind also die Instrumente, und das *Gehirn* ist das Subjekt: «Das Gehirn (A) steuert Fühlen, Denken und Handeln (B) durch chemische Substanzen (C).»

Allerdings werden wir an dieser Interpretation irre, wenn zu lesen ist: «nach dem Ankoppeln an spezifische Rezeptoren» lösen die Botenstoffe respektive die chemischen Substanzen «die Auswahl einer Handlung aus verschiedenen Alternativen» aus. Diese Formulierung suggeriert, dass die genannten Substanzen am Zielort noch *Wahl*möglichkeiten haben – ein paradoxer Sachverhalt: Die chemischen Substanzen *bestimmten* unser Handeln und stellten gleichzeitig selbst ein Handeln dar. Auflösen liesse sich dies durch die Annahme eines übergeordneten Auslösers – für Roth eben das Gehirn. Geschrieben steht aber, dass jede dieser Substanzen nur eine singulär auszulegende «Botschaft», allenfalls eine determinierte Palette an «Botschaften», überbringen und nur an spezifische Rezeptoren andocken kann ...

Das ist für mich der klassische *Reiz,* und der Rezeptor löst dann die *Reaktion* aus (ein Gefühl, eine Handlung). Dass der Bote noch eine Auswahl vor sich hätte, ist damit sicherlich nicht gemeint; die Wahl zum Beispiel einer Handlung aus verschiedenen Alternativen muss bereits im Gehirn (A) erfolgt sein, denn dieses hat sich ja schon für eine spezifische Botschaft entschieden, die von einem spezifischen Botenstoff an einen spezifischen Rezeptor übermittelt wird. Von «Steuerung» ist gewiss nur dann zu sprechen, wenn eine Instanz die Fähigkeit hat, zwischen verschiedenen Substanzen zu wählen. Mit anderen Worten: Dass diese Substanzen die Überbringer einer «Botschaft» sind, mag (bis auf die reizunterdrückende Formulierung) hingehen, aber dass diese «steuern», ist nicht bloss irreführend formuliert, sondern *faktisch falsch.*

Wir haben es mit einer empirisch nachweisbaren Ausschüttung zu tun, aber wer oder was diese auslöst, wird zuerst nicht erwähnt (Roth: «Wodurch unser Gefühlsleben auch immer bestimmt sein mag, die Wirkung muss über die genannten Substanzen vermittelt werden»), sondern erst später als «bestimmte

Zentren des Gehirns» nachgeschoben. Die chemischen Substanzen *bestimmen nicht* unser Fühlen, Denken und Handeln; sie liefern lediglich den Reiz, der diese Reaktionen auslöst. Die Instanzen, die am Steuer sitzen, sind gemäss Roth *Hirnstrukturen* (im Untertitel seiner Studie heisst es ja auch: «Wie das Gehirn unser Verhalten steuert»); eine solche Funktion schreibt er der *Substantia nigra* zu, einem Zentrum im Gehirn (Roth 2001: 96).

Hier taucht eine weitere Stufe in der sich abzeichnenden regressiven Kausalkette auf: *Ursachen aus der Umwelt*. Sie spielen die Rolle eines Auslösers von Reaktionen beim Menschen. Die Sonne löst ein Gefühl von Wärme aus, der Pollen ein Niesen, und der Anblick einer geliebten Person Frühlingsgefühle. Alles schön und gut, aber: Viele Reize von ausserhalb des Körpers führen nicht zu einer spezifischen Reaktion. Eine Musikaufführung kann nicht nur viele Sinne ansprechen, sondern auch in verschiedenen Menschen unterschiedliche. Ein Ereignis kann mich nachdenklich, fröhlich, traurig machen, mich unberührt oder in Tränen ausbrechen lassen, einen Entschluss bewirken und so weiter – einzeln oder auch in Kombination – und bei anderen Menschen ganz andere Reaktionen auslösen.

Wie sollen nun meine Gehirnzentren «merken» oder «wissen», welche Substanz sie aktivieren sollen? Man könnte noch – schon defensiver – behaupten, dass sie es sind, die bestimmte Reize (auf Kosten anderer) bewusst werden lassen, also bewusstes Wahrnehmen steuern – aber was, wenn *ich mich entscheide,* bewusst bei einer bestimmten Stelle zuzuhören und die Augen zu schliessen, um den optischen Reiz zu reduzieren? Wie erklärt sich mein Entscheid, ein Museum zu besuchen, weil ich die Bilder eines bestimmten Malers sehen *will* – und beschliesse, dies nicht für diese Woche, sondern für die nächste vorzusehen? Die verkappt behavioristische, neurologische Kausalkette scheint wirklich nur den Zweck zu haben, das ungeliebte, volitional in Form von Handlungen agierende Ich zu verbannen. Dies nimmt sogar Züge einer nicht von Vorurteilen freien «Fixation» an, wenn Roth – klar willentlich – den Menschen, der «nicht ‹frei› ist im traditionellen Wortverständnis», gleichwohl «diejenigen gesellschaftlichen Verhältnisse suchen [lässt], die am besten zu dieser Struktur [seines

Gehirns] passen» (Roth 2001: 564). Diese Kritik mag hart erscheinen, aber es ist fundamental, dass wir bei der Formulierung solch komplexer Sachverhalte höchst achtsam vorgehen. Es scheint, dass sich Roth nicht von gewissen deterministisch geprägten Formulierungen hat lösen können; in seinem Exkurs I «Das Geist-Gehirn-Problem: Gelöst? Lösbar? Unlösbar?» lesen sich seine Argumentationen allerdings differenzierter und anregender (Roth 2001: 241–255).

Gesellschaftliche Verhältnisse werden nicht einfach vorgefunden, sondern von Menschen geschaffen, entwickelt und verändert – zum Teil durchaus *willentlich* (mir fällt dazu die Werbung für das Hustenbonbon Ricola ein: «Wer hat's erfunden – die Schweizer»). Wie kann Neues in der Aussenwelt entstehen, wenn die Reaktionen der Hirnstrukturen schon vorgegeben sind, sie Neues also vermutlich gar nicht erkennen würden? Und wie suchen und finden wir «die [gesellschaftlichen Verhältnisse, die] *am besten passen*»? Das setzt doch zwingend eine Wahl zwischen mehreren Möglichkeiten und eine überlegte, vernünftige Entscheidung voraus (auf die «Intelligenz» der Evolution sollte man da wohl nicht vertrauen). Und vielfältige Erfahrungen zeigen, dass wir unsere Persönlichkeitsstruktur und unser Verhalten durchaus bewusst verändern können – ich kann die Lust zum Beispiel auf eine Zigarette unterdrücken lernen und so weit kommen, dass ich diese Lust nicht mehr verspüre. Natürlich spielt da auch Konditionierung eine Rolle, aber wer hat beschlossen, die neue Konditionierung anzustossen und zu verstetigen und so eine alte Konditionierung zu unterdrücken? Und schliesslich: Wenn eine andere Person mich auffordert, endlich mit dem Rauchen aufzuhören – wer oder was sagt mir allenfalls, wie ich auf die Aufforderung zu reagieren habe, positiv oder negativ oder aufschiebend?

In der ganzen Studie blendet Roth die höchst bedeutsame Rolle des neugierigen und forschenden Menschen aus. Das bei ihm versammelte Wissen ist ja hervorgegangen aus vielen, bisweilen sehr raffinierten Experimenten. Experimente werden von Forschern konzipiert und durchgeführt – weil diese etwas herausfinden *wollen,* und um etwas herauszufinden, wird zum Beispiel das Gehirn oder eine Hirnstruktur *von ihnen* gereizt – natürlich *wil-*

lentlich. Kann es sein, dass die experimentelle Interaktion des Forschergehirns mit einem «Stück Umwelt», nämlich mit einem anderen Gehirn, aus der simplen und souveränen Vollmacht dieser Gehirne heraus geschah? Warum ausgerechnet aus *deren* Gehirnen? Kann es sein, dass dieses Streben nach Wissen *nicht* gewollt war und ist? Müsste man, wenn es doch gewollt war, ebendiese Fähigkeit, wollen zu können, nicht dem Gehirn als steuernder Instanz zuschreiben?

Fazit: Für mich haben weder Roth noch andere, sich ähnlich äussernde Neurowissenschaftler bisher rational überzeugende Beweise und stichhaltige Evidenz vorgelegt, dass dem Gehirn nicht eine volitionale Instanz, ein endophänomenales *Ich* zuzugestehen ist, welches in Verbundenheit mit seiner materiellen, neuronalen Grundlage fähig ist, im Denken, Fühlen und Handeln mitunter zwischen Alternativen zu wählen und durch entsprechende Entscheidungen das wunderbare Instrument «Gehirn» gesteuert in die Gänge zu bringen. Tritt das volitionale Ich in den Hintergrund, kann das Gehirn durchaus «selbständig» steuern, aber – wie schon bei den chemischen Substanzen – in der Funktion eines «automatisiert» agierenden Instruments und nicht in der Funktion der volitionalen Instanz. Der Ablauf ist also grundsätzlich so: Der Mensch (A) steuert sein Verhalten (B) durch das Gehirn (C). Im «Sparmodus» ist der Ablauf so: Das Gehirn (C, vertretungsweise für A) steuert das Verhalten (B). Wie das Gehirn diesen Auftrag angeht und erfüllt – zum Ablauf solcher Prozesse findet man allerdings reichlich anregende und überraschende Informationen und Einsichten, natürlich auch bei Roth.

Damit stehe ich nun in der Pflicht, wenigstens zu skizzieren, wie die steuernde Instanz (A) meiner Vorstellung nach zu konstituieren wäre. Dazu greife ich auf meine Ausführungen zu den *Phänomenen* zurück (siehe Abschnitt 2.2). Die natürliche oder künstliche Aggregation von Materie schafft einerseits Dinge, andererseits Phänomene; beide gehören zur Kategorie des Wahrnehmbaren und deswegen *existieren* sie auch für uns. Wird zum Beispiel aus einem Stück Holz ein Würfel geschnitten, so schaffen wir ein Ding, dem wir einen Namen geben, und dieses Ding hat gewisse inhärente, unveräusserbare Eigenschaften, denen wir die

Begriffe «Form», «Farbe» oder «Konsistenz» zuordnen. Damit bezeichnen wir nicht weitere materielle Dinge, sondern phänomenale Aspekte respektive Eigenschaften von Dingen respektive eines bestimmten Dings. Der Würfel ist also «würfelförmig», seine Seitenflächen sind «quadratisch» und «flach», seine Farbe ist zum Beispiel «braun», seine Konsistenz ist wegen des verwendeten Holzes zum Beispiel «hart». Es existiert kein Quadrat, kein Braun, keine Fläche, keine Härte und so weiter ohne ein zugehöriges materielles Ding.

Nun: Das menschliche Gehirn und seine Teilstrukturen sind ohne jeden Zweifel hochkomplexe *Aggregationen von Materie*. Als materielle Dinge sind ihnen auch inhärente phänomenale Aspekte eigen, aber die eben genannten genügen natürlich nicht, um gewisse Leistungen zu erklären. Dazu müssen wir berücksichtigen, dass wir es einerseits mit materiellen Aggregationen der Klasse *«Lebewesen»* zu tun haben, andererseits mit organischen Schöpfungsvorgängen, die darin bestehen, «dass immer wieder etwas völlig Neues in Existenz tritt, etwas, das *vorher einfach nicht da war*» (Lorenz 1975: 47; 47–50). Diese Vorgänge finden im Rahmen von unerwarteten und unvorhersehbaren Emergenz- respektive Fulgurationsschüben statt, und die Resultate machen dann eine sich an Anforderungen der Umwelt orientierende Entwicklung durch. Etwas überraschend werden weder Fulguration noch das geläufigere Emergenz bei Roth explizit behandelt (kein Registerschlagwort), obwohl er – vorsichtig – von «(‹emergenten›) Eigenschaften» hochkomplexer chemisch-biologischer Systeme spricht und dabei Geist und Bewusstsein erwähnt (Roth 2001: 254).

Welche Evidenz gibt Lorenz für Fulgurationen? Er bringt ein Beispiel aus der Elektrizität: Man kann zwei Stromkreise konstruieren, der eine mit einem Kondensator bestückt, der andere mit einer Spule. Diese zeigen charakteristische Spannungsmuster. Konstruiert man einen dritten Stromkreis, der hintereinandergeschaltet sowohl Kondensator und Spule hat, zeigt dieser einen Spannungsverlauf, dessen Muster an abklingenden Schwingungen aus den anderen zwei Mustern nicht vorhersagbar ist. Aus dem Zusammenschluss zweier Systeme entsteht ein drittes System mit *völlig neue[n] Systemeigenschaften*, die vorher nicht, und zwar *auch nicht in Andeutungen*, vorhanden gewesen waren. Genau das ist der tiefe Wahrheitsgehalt des mystisch klingenden, aber durchaus richtigen Satzes der Gestaltpsychologen: ‹Das Ganze ist mehr als seine Teile›. (Lorenz 1975: 48.)

Ein Beispiel für eine geradezu konstitutive Form von Emergenz respektive Fulguration lässt sich aus der Teilchenphysik beibringen: die *Kernfusion* (siehe Websites). In unserer Sonne läuft ein Prozess des Wasserstoffbrennens ab, in dem Kerne von Deuterium (^{2}H) und Tritium (^{3}H) zu einem Heliumkern (^{4}He) verschmelzen und dabei ein Neutron sowie Energie freisetzen. Wasserstoff (H) und Helium (He) (siehe Websites) sind zwei völlig verschiedene Elemente. Obwohl der Kern aller Elemente Protonen enthält, lässt sich bei einer Fusion aus der Zahl Protonen und aus den Eigenschaften der Ausgangselemente nicht *vorhersagen*, welche Eigenschaften das neue Element haben wird. Noch deutlicher ist dies bei der Fusion von Wasserstoff und Sauerstoff zu Wasser H_2O, welches im normalen Aggregatzustand flüssig ist. Bei der Kernspaltung läuft der Vorgang in der Gegenrichtung, wobei auch hier die Eigenschaften der neu entstehenden Elemente sich aus den Eigenschaften des Ausgangselements nicht vorhersagen lassen. Die Diskontinuität der Systemeigenschaften kann nicht reduktiv erklärt werden; das heisst, weder die Ausgangselemente noch die Fusion sind physikalisch die Ursachen dieses neuen Sachverhaltes. Wir können nur für einen Teil des Prozesses *retrospektiv* eine Kausalität konstruieren («weil Deuterium und Tritium fusionierten, ergab sich ein Heliumkern»), die aufgrund unserer Experimentierlust und Erfahrungen prospektiv wiederholbar ist («wenn wir Deuterium und Tritium fusionieren, entsteht ein Heliumkern»).

Wir haben also eine (mögliche) ursächliche Erklärung für die Existenz von Helium, nicht aber für seine Eigenschaften. Thomas Nagel hat in seiner anregenden Studie *Geist und Kosmos* im Zusammenhang mit seinen Überlegungen zum Bewusstsein reduktive und emergenztheoretische Ansätze intensiv diskutiert. Er postuliert dabei, dass eine solche Erklärung zeigen können muss, «warum es wahrscheinlich war, dass ein Ereignis *dieses Typs* erfolgen würde» (Nagel 2013: 73). Das ist doch geradezu systemwidrig: Wenn wir Emergenz respektive Fulguration als *diskontinuierliche* Ereignisse akzeptieren, müssen wir akzeptieren können, dass wir in bestimmten Fällen nicht nur *keine ursächlichen* Kausalrespektive Entwicklungsketten ansetzen, sondern auch grundsätzlich *keine probabilistischen* Aussagen mit Erklärungscharakter machen können. Wenn im Rahmen der Evolution eine neue Systemeigenschaft in Erscheinung tritt (zum Beispiel die Fähigkeit, in Luft mit Sauerstoff zu atmen), so kann diese Fähigkeit gerade nicht damit erklärt werden, dass die bestehende Umwelt sie vermutlich irgendwie «verlangt» hat.

Nein! Vielmehr hat sich einer der vielen «blinden» Versuche der Evolution zufällig als Schlüssel für eine (Entwicklungspotenzial aufweisende) Anpassung an die bestehende Umwelt erwiesen. Die «Merkmale der natürlichen Welt» mögen einen systematischen Charakter haben und nicht zufällig sein, aber das muss nicht für das Interagieren von Materie mit ihren Merkmalen gelten. Wir können nicht einer Indeterminiertheit, die der Emergenz eigen ist, das Wort reden und durch die Hintertür der ausgeschlossenen Zufälligkeit die Determiniertheit des Reduktiven wieder vorlassen. Die Einsicht scheint mir fundamental, dass es im Universum sowohl indeterminierte, durch Emergenz bedingte, nicht rückführbare Prozesse als auch determinierte, durch Ursache-Wirkung bedingte und teilweise gewiss auch richtungsinvariant ablaufende Prozesse gibt.

Mit der Emergenz als diskontinuierlichem Vorgang kann ich mich nun wieder der Erörterung des freien Willens zuwenden. Im menschlichen Gehirn gibt es bekanntlich eine ganze Reihe von Systemteilen, die im Rahmen evolutionärer Schübe in verschiedenen Lebewesen entstanden sind (siehe Websites). Interessant ist hier die Feststellung, dass das Kleinhirn nicht bewusstseinsfähig ist (Roth 2001: 223–224); das Bewusstsein muss also in einem Emergenzschub aufgetreten sein. Der mentale Bereich (und damit die Möglichkeit freier Willensäusserungen) kann nun als eine der Emergenz zu verdankende systemische Eigenschaft eines hochkomplexen, lebenden biochemischen neuronalen Systems erklärt werden (Roth 2001: 254). Dass er neuronale Grundlagen hat, stellt kein geisteswissenschaftliches oder erkenntnistheoretisches

Problem dar, wie komplex auch die elektrophysiologisch und bio-chemisch ablaufenden Bewusstseinsvorgänge sein mögen (Roth 2001: 196–240, speziell 197). Dass der mentale Bereich für voll-kommen reduzierbar auf physische respektive neurobiologische Geschehnisse gehalten wird, ist hingegen sehr problematisch (Roth 2001: 242).

Roth hält in seinem differenzierten Exkurs zum Geist-Gehirn-Problem (Roth 2001: 241–255) unmissverständlich fest, dass es bisher nicht gelungen sei, die Eigenschaften des Mentalen respek-tive Psychischen aus den Eigenschaften neuronaler Ereignisse lo-gisch zwingend abzuleiten. Das ist – wie weiter oben erläutert – eben das gewissermassen ultimative *Definiens* einer neuen, einem emergenten Prozess zu verdankenden Systemeigenschaft: Dem materiellen Gehirn inhärent *phänomenal* zugeordnet ist bei Men-schen der mentale Bereich mit dem Bewusstsein. Die Zuordnung von Bewusstseinszuständen zu neuronalen Ereignissen ist nicht ursächlich möglich, sondern geschieht, weil wir Zustände des Denkens, Fühlens und so weiter unabhängig davon aus eigenem oder berichtetem Erleben kennen. Was charakterisiert nun diesen mentalen Bereich, diese Systemeigenschaft? Und von entschei-dender Wichtigkeit: Kann er respektive sie neuronale Prozesse in Gang setzen, beeinflussen und kontrollieren?

In meiner Weltsicht ist diese Systemeigenschaft charakteri-siert durch die Fähigkeit, Wahrnehmungen (die alle endophäno-menal sind, vergleiche Abschnitt 2.2.4) bewusst zu machen, den-kend zu vernetzen, zu mentalen Ereignissen zu (re)konstruieren und über das materielle Gehirn absichtliche Handlungen auszulö-sen. Das materielle, aus Neuronen und Gliazellen bestehende Ge-hirn, das heisst das Organ, kennt nur elektrophysiologische und biochemische Ereignisse; es kennt keine mentalen Vorgänge, weist aber ein hohes Mass an Selbststeuerung auf (Roth 2001: 225 nennt schon diese Selbststeuerung «Autonomie»). Alle von Be-wusstsein begleiteten Prozesse und mentalen Ereignisse finden im assoziativen Cortex statt (Roth 2001: 221). Roth stellt fest, «dass sich in diesem Cortex eine eigene Vorstellungswelt aufbau-en wird, die für den externen Beobachter mit den Geschehnissen ausserhalb des Cortex irgendwie lose zusammenhängt» (Roth

2001: 225). Ich denke, dass wir den hier vermuteten «losen Zusammenhang» doch etwas näher betrachten müssen:

Während für den Beobachter alle cortikalen Erlebnisse *virtuell* sind, werden die Binnenelemente, das heisst, die Zustände des Cortex, diese virtuellen Vorgänge und damit sich selber für die Wahrnehmungen realer Dinge respektive für die Verursachung realer Bewegungen halten. (Roth 2001: 225.)

Stimmen wir doch dem zu, dass die Erlebnisse im Cortex alle virtuell sind und dass wir da eine eigene Vorstellungswelt haben. Ein besonderer Teil dieser Vorstellungswelt ist gewiss der des *Erinnerns*. Stellen wir uns dazu die folgende Situation vor: Ich erinnere mich an eine Einladung zu einem Essen, bei dem ich mich nicht besonders geschickt verhalten habe. Ich habe bei Tisch ein Glas umgestossen. Ich sehe, wie ich vergeblich nach dem kippenden Glas griff. Meine Hand macht in Erinnerung daran unwillkürlich eine entsprechende Bewegung. Zum Glück ergoss sich der Saft nur über den Tisch. Ich stelle mir vor, wie schlecht ich mich gefühlt hätte, wenn sich der Inhalt über die Hosen meines Nachbarn ergossen hätte. Diese Vorstellung löst bei mir eine reale körperliche Reaktion aus. Ich erschrecke über die möglichen Konsequenzen; es läuft mir kalt den Rücken hinunter. Zum Glück ist dies nicht geschehen; das schlechte Gefühl und der Schrecken werden von einem realen Gefühl von Dankbarkeit abgelöst. So weit also das Gedankenexperiment. Was besagt es aber?

Ich stelle fest, dass es mir möglich ist, in meiner (endophänomenalen) Vorstellungswelt eine Vorstellung zu entwickeln, gewissermassen eine szenische Erzählung, wie eine Person, die mir nicht nur sehr ähnlich sieht, sondern (virtuell) auch so denkt, fühlt und handelt wie ich. Ich kann *mich mir vorstellen,* wie ich unabsichtliche und absichtliche Handlungen auslöse und welche Konsequenzen sie haben respektive haben können. Diese teils fiktiven, virtuellen Tätigkeiten werden von unseren Sinnen *wie reale wahrgenommen* und lösen mitunter korrespondierende neuronale Aktivitäten aus mit zum Teil sichtbaren körperlichen Reaktionen (Blässe, Rotwerden, Zucken, Geruchsempfinden und so weiter). Roth stellt fest (2001: 197–198), dass der Strom des Bewusstseins eng an das autobiografische Gedächtnis gekoppelt ist. Diese Quelle von Erinnerungen, Erfahrungen und Narrationen spielt in unserer Vorstellungswelt eine äusserst wichtige Rolle, denn sie liefert Vorlagen für imaginiertes und reales Denken, Fühlen und Handeln.

Das Gehirn generiert also durch neuronale Aktivität «Bewusstsein»; darin lässt es Szenarien aller Art *durchspielen* (denkend, fühlend, handelnd), von Fall zu Fall auch *mit Varianten und alternativen Entscheidungsmöglichkeiten;* es beobachtet diese Szenarien und damit sich selbst; es nimmt wahr, was virtuell geschieht, und registriert Varianten, auf die eine Wahl gefallen ist. In diesem Modus steht ihm eine äusserst potente «Spielkiste» zur Verfügung, welche nicht nur der erhöhten Wahrnehmung, der Selbstbeobachtung, dem (Nach)denken und dem Durchspielen von virtuellen und konkret umsetzbaren Varianten dient, sondern auch auf konkrete neuronale Prozesse *zurückwirken,* sie beeinflussen, auslösen, verhindern und so weiter kann. Beim Bewusstsein handelt es sich also um eine höchst anpassungsfähige, aktive und reaktive Steuerung des materiellen Gehirns. Dieser materiell-mentale Bereich ist die Grundlage für handlungs- oder verhaltensbezogene Variantenspiele, für das Abwägen von Lustgewinn, -verlust, -aufschub, für das Antizipieren eigener und fremder Optionen – kurz: für das Wollen, für bewusstes Wählen («Wille» ist bekanntlich verwandt mit «Wahl»). Ohne (Selbst)bewusstsein kann *die Erfahrung und der Aufbau eines Ich* nicht geschehen; mit dem sich in der Ontogenese allmählich entwickelnden Bewusstsein *schafft sich das reifende Gehirn ein «zunehmendes» Ich,* welches volitional in der Realität handeln respektive die Wahl- und Willensfreiheit ausüben kann. *Das Ich verstehe ich als Form respektive Strategie des Bewusstseins, sich als Urheber von Handlungen und als «Lebender» dieses Lebens zu verstehen.*

Die Symbiose von Bewusstsein und Ich zeigt sich etwa darin, dass bei unterhalb der Schwelle des Bewusstseins ablaufenden Handlungen mit überraschendem Ausgang häufig mit der Frage «Das soll *ich* getan haben?» reagiert wird. Ins gleiche Kapitel gehört die Abwägung der *Zurechnungsfähigkeit* bei der richterlichen Beurteilung einer Tat: Je weniger ich «ich» war, je mehr ich «ausser mir» war, umso geringer fällt der Grad an Verantwortung aus, der mir zugeschrieben werden kann (vergleiche Merkel 2015).

Diese Beschreibung des Potenzials unseres Ich-Bewusstseins und die daraus abgeleiteten Einsichten bezüglich virtuell durchspielbarer und real umsetzbarer Entscheidungs- und Handlungsfreiheit stehen in einem überraschend stimmigen Bezug zu den von Peter Bieri konstruierten narrativen *Szenen,* die er zunehmend raffiniert baut und zunehmend komplexer werden lässt, um unsere scheinbar zwingende Vorstellung (sic!) von Freiheit in die Enge zu treiben, ja *bewusst* zu hintertreiben. Gewissermassen «widerwillig» kommt er zum Resultat, dass wir nicht nur wirklich über Freiheit verfügen, sondern uns auch nicht davon lösen können, selbst wenn wir es wollten (ich würde nicht von «Freiheit» sprechen, sondern von selbstbestimmt nutzbaren Entscheidungsräumen). Obwohl kein expliziter Bezug zum Bewusstsein hergestellt wird, sind die Bieri'schen Narrationen nichts anderes als *Produkte der Vorstellungswelt,* in denen alle mögliche Varianten virtuell, aber vollkommen bewusst durchgespielt werden (Bieri 2001). Diese unerwartete Affinität der Resultate ist für mich ein starkes Indiz dafür, dass die geisteswissenschaftlichen Argumente für den freien Willen sich mit den neurowissenschaftlichen zusammenfinden können, wie jetzt noch verdeutlicht werden kann.

Der von Roth zu Beginn dieses Abschnitts im Zitat eröffnete Kreis schliesst sich jetzt nämlich, und seine Erklärung, «wie das Gehirn unser Verhalten steuert», erhält – in mit den beeindruckenden Resultaten der neurowissenschaftlichen Forschung durchaus kompatibler Weise (siehe Roth 2001: 254–255) – die unterdrückte Dimension der letztlich steuernden Instanz zurück. Es erweist sich, dass das materielle Gehirn in einer Doppelfunktion agiert (ohne normalerweise ein gespaltenes Verhältnis zu sich zu haben): Es lässt sich einerseits durch das mit ihm verbundene Phänomen des Bewusstseins respektive des Ich als *Instrument* zur Steuerung volitionaler, mentaler und realer Prozesse verwenden («Das Bewusstsein respektive das Ich [Roth: das wirkliche Gehirn] (A) steuert Fühlen, Denken und Handeln (B) mittels des materiellen Gehirns (C)»), andererseits kann es selbst die Rolle der *steuernden Instanz* übernehmen bei unterhalb der Schwelle des Bewusstseins ablaufenden Prozessen («Das materielle [Roth: das reale] Gehirn (A) steuert Fühlen, Denken und Handeln (B) mittels chemischer Substanzen (C)». In der ersten Funktion finden wir die «traditionelle» Freiheit, in der zweiten die Roth'sche Vorstellung von Autonomie; in der ersten können wir uns in einem *indeterminierten Bereich* bewegen, in der zweiten herrschen erworbene habitualisierte Verhaltensprogramme, vornehmlich aber eine von der Physiologie und von Trieben gesteuerte und nur teilweise übersteuerbare *Determiniertheit.*

Die Tatsache, dass die Ausübung des freien Willens mit neuronalen Aktivitäten korrespondiert, weist ihn nicht als determiniert aus. Im Gegenteil: Er hat einen Spielraum für die vielen Freiheitsgrade, deren wir uns ja auch bewusst sind, nämlich von gering bis sehr weit. Das Bewusstsein, das heisst die Fähigkeit des materiellen Gehirns, mentale Vorstellungen vielfältig zu generieren, als Erinnerungen und Denkfiguren zu (re)aktivieren, kreativ zu manipulieren, in neuronalen Aktivitäten abzubilden und mit diesen rückzukoppeln, schafft den Raum für freie Willensentscheide, konstituiert eben «das Ich». Und: *Je mehr wir unser Denken und Urteilen entwickeln und üben, umso freier kann unser Wille sein.* Statt wie Roth von einem «losen Zusammenhang» zu sprechen, sollten wir deshalb besser von einem offenen respektive teilweise *frei gestaltbaren* Zusammenhang zwischen realer Welt und Vorstellungswelt sprechen, der vielfältige Formen von virtuellen und realen Interaktionen ermöglicht.

Die Diskussion des freien Willens wäre nicht annähernd vollständig oder überhaupt zu führen, wenn wir einen der grossartigsten Leistungsbereiche des Gehirns nicht ansprechen würden: *die Sprachfähigkeit* (vergleiche auch Abschnitt 3.5). Die Sprache ist wahrhaftig ein Wunder: Sie ist ein verkürzter Zugang zur Vorstellungswelt, ein Ordnungsinstrument (u. a. durch die verbalisierte Logik), ein virtuelles kollektives Gedächtnis (das speicherbar ist), eine (weitere) Quelle von Kreativität – und sie ist Motor und Instrument der zwischenmenschlichen Kommunikation und Interaktion. Nebenbei: Mir scheint, dass die Hirnforschung dem Aspekt der Interaktion («Was passiert, wenn ‹Personen = Gehirne› interagieren?») zu wenig Beachtung schenken. Zum Beispiel wäre die Gehirnwäsche ein Indiz dafür, dass eine exogene Beeinflussung des Gehirns durchaus machbar ist und gerade das Ziel verfolgt, den (freien) Willen zu brechen.

Ich möchte bezüglich der Sprache nur auf einige wenige Punkte eingehen, die für mich klare Indizien für das Vorhandensein eines freien Willens darstellen.

[a] Im Modus des intensiven Überlegens respektive Nachdenkens (Selbstgespräch; Autokommunikation) kann ich in meiner Vorstellung einerseits innere Monologe führen oder zu meiner eigenen die dialogische Rolle einer aussenstehenden Person übernehmen und mit mir ein Gespräch führen (innerer Dialog). Ob ich teilweise auch für andere hörbar spreche, tut nichts zur Sache. Im Selbstgespräch erfolgt offenbar eine Verbalisierung in Korrespondenz zur Aktivität von Spiegelneuronen, die Mitfühlen und Mitdenken mit anderen Personen ermöglichen. Besonders tief in Prozesse des freien Willens greifen Themen, die selbststeuernden oder selbstinstruierenden Charakter haben. Das geschieht zum Beispiel, wenn ich mir zu einem Sachverhalt eine argumentierbare Meinung bilde, dazu Absichten formuliere und daraus Handlungen oder Verhaltensweisen ableite (wie zum Beispiel bei einer demokratischen Wahl). Es geschieht auch, wenn ich mir vornehme, etwas Neues zu lernen.

[b] Meinungen lassen sich auch (zum Teil *nur*) im Dialog mit anderen Personen bilden – im direkten Gespräch oder in einer indirekten medienbasierten Auseinandersetzung. Elemente der freien Willensbildung treten dann deutlich hervor, wenn der Dialog dezidierte Positionen und Gegenpositionen enthält. Besonders typisch für die Markierung von Autonomie ist die (in frühen Lebensphasen des Menschen sehr beliebte) Möglichkeit, «nein» zu sagen. Damit wird markant und in Kurzform mitunter eine willentliche Entscheidung kundgetan. Das Dialogverfahren bildet auch die Grundlage für eine gemeinsame Willensbildung, für die ja eine «interpersonale» neuronale Grundlage fehlt. Nebenbei: Ob ‹Schwarm*intelligenz*› richtige Assoziationen weckt, nämlich dass ein «Superhirn» das Verhalten eines Schwarms «steuert», ist für mich sehr zweifelhaft.

[c] Beachtenswert ist der eigenartige Bau der Sprache, der auf (algorithmischen) Regeln gründet, die zum Beispiel die Bildung einer

«endlosen Menge» von Sätzen erlaubt oder die Schaffung von Wörtern zulässt, um neue Sachverhalte zu bezeichnen und der Vorstellung respektive dem Denken zugänglich zu machen. Wozu soll es gut sein, neu Geschaffenes benennen und in noch nie dagewesener Weise darüber sprechen zu können, wenn doch alles determiniert ist? Warum soll durch die Wahl entsprechender Wörter eine willentliche Entscheidung (mit unterschiedlichen Freiheitsgraden) bei der Beschreibung respektive Wertung von Handlungen signalisiert werden (zum Beispiel: er *stellte sich* der Polizei; er *vermachte* ihm das Haus [= letzt*willige* Verfügung]; er *bestellte* einen Espresso *ohne Rahm respektive Sahne*)?

Verweilen wir noch zum Schluss dieses Abschnitts einen Moment bei der *Bedeutung* von Wörtern. Wörter sind materiell gesehen von den Sprachzentren (Roth 2001: 413–429) ausgelöste, segmentierbare akustische Ereignisse, Aggregationen modulierter Luft. Nur in dieser physikalischen Form werden sie von den an der Kommunikation beteiligten Personen wahrgenommen. Die phänomenale, «geistige» Seite der Wörter ist die dabei transportierte Bedeutung. Welche Wortkörper in welcher Sprache wir zum Beispiel in einem Gespräch produzieren, hängt davon ab, welche Bedeutung, welche Information, welche Botschaft wir übermitteln *wollen,* das heisst, Kommunikation ist in der Regel ein bewusster Vorgang, ein *sprachliches Handeln* und die Verbindung zwischen Wortkörper und Bedeutung ist weitgehend stabil. «Bedeutungen» sind mehr oder weniger normierte Vorstellungen respektive Vorstellungsbausteine, die in den Gedächtnissen verschiedener Menschen abgespeichert sind und in deren Bewusstsein manipuliert werden können; werden bedeutungshaltige Wörter zu Sätzen, zu Äusserungen zusammengestellt, so akquirieren sie noch strukturelle (syntaktische) Bedeutung.

Die Gedächtnisforschung kennt eine Reihe von Gedächtnissen, die der Sprache zudienen. Besonders wichtig ist das *deklarative Gedächtnis.* Es speichert «Informationen, die durch Sprache beschrieben und abgerufen werden. Es gliedert sich in das episodische und das semantische Gedächtnis.» Das *semantische Gedächtnis* speichert zeitunabhängige Kenntnisse, «die an die Sprache gekoppelt sind (Namen, Wortbedeutung, Orthografie), ebenso wie kulturelle Ereignisse (historische, geografische und so weiter) oder persönliche Informationen [...]», und das *episodische Gedächtnis* ist im Wesentlichen das zeitabhängige autobiografische Archiv eines Menschen. (Croisile 2011: 19.)

Bedeutungen sind in der Regel interpersonal konventionell «vereinbart» – aber mit Ausnahme von Terminologien kaum je explizit festgelegt. Im Rahmen des Spracherwerbs, welcher zusammen mit der parallelen Entwicklung von Gehirn und Bewusstsein dem Aufbau der Person, des Ichs dient, lernen wir Bedeutungen kennen und manipulieren. Ihre Variabilität ist je nach Vorstellungsklasse grösser oder kleiner: Bei Vorstellungen, die auf reale Gegenstände, auf Teile der Welt, Bezug nehmen, ist die Variabilität klein (so bei Tieren, Gegenständen des täglichen Bedarfs und so weiter); bei Vorstellungen, die auf Phänomene verweisen, also auf Exo- oder Endophänomene (vergleiche Abschnitte 2.2.3 und 2.2.4), ist die Variabilität nicht nur grösser, da der korrigierende Effekt gemeinsamer (objektiver) Wahrnehmungen ausbleibt oder ausbleiben kann, sondern auch wohl schneller einem (historischen) Wandel unterwerfbar und (re)konstruierbar (zum Beispiel der Demokratiebegriff, die Ehe, die Treue, die Armut und so weiter). Entsprechend unterschiedlich ist der Aufwand, die jeweiligen konkreten und abstrakten Bedeutungen zu definieren respektive auszuhandeln – und zu lernen.

Als Spielkiste kann das Bewusstsein auch mit *Irrealitäten* umgehen. Es kann zum Beispiel Vorstellungen erzeugen, die in dem Sinne irreal sind, dass die Vorstellung weder einer realen materiellen Aggregation noch einem existierenden Exophänomen entspricht. Mit anderen Worten: Das Bewusstsein kann «ins Blaue» hinein fantasieren und Fiktionen entwerfen (siehe die Bieri'schen Narrative). Diesen Fantasien lassen sich nicht nur Wörter und Bedeutungen zuordnen, sie lassen sich auch genauso manipulieren. Der Bereich des Mentalen lässt sich auf diese Weise mit vielen Viechern bevölkern und mit ihren «Lebensgeschichten» anreichern, vom liebenswürdigen, märchenhaften Einhorn bis zum furchterregenden Werwolf oder Godzilla, von Tarzan bis Superman, von Teufeln und Geistern bis zu Göttern. Diese Vorstellungen existieren *im Mentalen, und nur da;* sie verschwinden am Ende eines Lebens – es sei denn, sie sind als fiktionale Stoffe in Medien verdinglicht («literarisiert»), können so über eine kürzere oder längere Zeit nicht nur existieren, sondern auch erforscht werden (siehe Roger Nickl: Porträt Philipp Theisohn; *UZH Magazin* 4/15, S. 46).

Wenn wir Vorgestelltes in den Rang von «Realitäten» erheben, wenn wir uns *einbilden,* es wirklich wahrnehmen zu können, dann kann es ausserordentlich wirkmächtig werden und unser Leben und unsere Rationalität geradezu bis zur *dämonischen* Besessenheit beeinflussen. Das sind Varianten der Lebensgestaltung, die in bestimmten Kontexten sehr problematisch sein können. Der Umgang mit solchen Irrealitäten und Wesen kann kulturell bedingt ohne Hinterfragen akzeptiert sein (zum Beispiel Orakel, Schamanen, Medizinmänner, Fernheiler, Segnungen, Amulette und so weiter) und ihre Funktion kann durchaus segensreich und ordnungsstabilisierend sein. Mein Verständnis von Rationalität legt mir Distanz zu solchen Sachverhalten und Erscheinungen nahe, da sie mit Bemühungen von Werbung bis Propaganda verwandt sind: Da wird von aussen versucht, Bilder und Vorstellungen in unser Bewusstsein einzuschleusen, die bewusst oder, lieber noch, unterschwellig unser Denken und Urteilen beeinflussen sollen. Je weniger ich (nach)denke und bewusst agiere, umso eher werde ich «gedacht» und manipuliert; darum kann eine der Rationalität verpflichtete Lebensgestaltung aus meiner Sicht nicht anders als eine nachdenklich-philosophische sein.

Schliesslich kann das Bewusstsein aber auch ganz andere, durchaus «rationale» Irrealitäten erzeugen und manipulieren. Diese gehorchen in ihrer Systematik und Regelhaftigkeit zwar der apriorischen Rationalität, sind aber dann ohne Bedeutung respektive leer, wenn sie «rein» formal respektive formalistisch werden, das heisst, wenn sie ohne referenziellen Bezug zu einer wahrnehmbaren Realität lediglich «modellhaft» operieren respektive eingesetzt werden. Ich denke insbesondere an die Mathematik und an die Logik (vergleiche Abschnitt 3.3). Die sich darin äussernde, bisweilen hypertrophierende Potenz des Gehirns, das Bewusstsein und der Spielraum des freien Willens sind für eine humane Lebensgestaltung *unabdingbar* – gerade auch, weil sie sowohl an den Sonnen- als auch an den Schattenseiten beteiligt sind und deshalb Segen und Fluch zugleich sein können.

Eine besondere Herausforderung, wenn nicht eine Gefahr für den freien Willen sind die modernen zivilisatorischen Errungenschaften, die sich insbesondere in der Vielfalt von Möglichkeiten zeigen, das eigene Leben zu gestalten respektive sich zu verwirklichen. Das beginnt bei A für Ausbildung, geht über B für Beziehungen, F für Freizeit, K für Konsum und reicht bis Z für (Wahl der) Zahnärztin, Zartbitterschokolade und Zeitmanagement. Je grösser das Angebot, umso vertrackter die Entscheidungsfindung. Dies kann aus Angst davor, falsch zu entscheiden, sogar zu einer Lähmung des Willens, sich zu entscheiden, führen. Als Gegenmittel dazu muss man sich darin schulen, Prioritäten zu setzen sowie Selbstkontrolle und Verzicht zu üben – oder versuchen, seines Glückes Schmied zu werden.

8.7   Glück, Endlichkeit und andere Grenzen

Wenn auch für mich jetzt zweifelsfrei feststeht, dass ich und andere über einen freien Willen verfügen, wenn auch klar ist, dass nur die Gegenwart die Bühne für den grossen Auftritt des freien Willens darstellt, so gilt es doch, sich der Grenzen seiner Entfaltung und damit der Lebensgestaltung bewusst zu werden. Eine fundamentale Begrenzung der Ausübung unseres freien Willens im Hinblick auf eine bewusste Lebensgestaltung findet sich in der (nicht *a priori* negativ zu bewertenden) *körperlichen und mentalen Unruhe,* in der Verführung zu gedankenloser Zerstreuung, in der Vernachlässigung von Achtsamkeit und Aufmerksamkeit sich selbst und anderen gegenüber. Unruhe beginnt als Negation der Ruhe; Beleg dafür ist das lateinische Wortpaar bestehend aus dem Grundwort *otium* (Musse, Ruhe) und seiner Negation, *negotium* («Unmusse»; Geschäft, Arbeit). Ralf Konersmann hat diese wahrhaft «brennende» Thematik in einer Studie, *Die Unruhe der Welt,* behandelt und Einsichten daraus in einem Interview mit der NZZ präsentiert:

Mit dem Schritt in die Neuzeit begann die westliche Kultur, sich die Unruhe in den Sehnsuchtsbildern des Fortschritts und des Neumachens auszumalen, und diesen Bildern ist sie bis heute treu geblieben. Nichts ist dafür bezeichnender als die blinde Wertschätzung des Dynamischen, des Modernen, des Mobilen und Flexiblen. Diese Kultur, die niemanden in Ruhe und nichts auf sich beruhen lassen kann, ist im umfassendsten Sinn dieses Wortes die Change-Kultur.

Er verweist darauf, dass die Unruhe «nicht lediglich ein Krankheitsbild unter vielen, sondern, weit darüber hinaus, die Schauseite unserer kulturellen Normalität» im Westen geworden ist, was sich etwa darin äussere, dass die Verbreitung von «Aufmerksamkeitsstörungen» und die Entwicklung der sie bekämpfenden «Burnout- und Wellness-Industrien» in solch aberwitziger Weise zusammenhängen, dass die «Erscheinungsformen des Stresses und die Betriebsamkeit der Stressbekämpfung [...] einander im Lauf der Jahre immer ähnlicher geworden» seien. Das alte «Ruhe-Ideal» wird bedeutungslos:

[...] Die ganze Rhetorik der Neuzeit ist darauf aus, die Ruhe als Lethargie, als Langeweile und Stillstand unter Verdacht zu stellen. Im Gegenzug gibt sie die Unruhe frei: als «Geschichte» und «Entwicklung» der Menschheit, als «Prozess» der Zivilisation. [...] Die Logik der Zerstreuung macht aus der Unruhe ein Versprechen. Es ist die Zerstreuung, die die Menschen vor jener Panik bewahrt, die sie befällt, wenn sie, mit dem berühmten Bild aus Pascals «Pensées», ruhig in einem Zimmer bleiben sollen. Die äussere Unruhe der Zerstreuung macht es uns leicht, die innere Unruhe der Langeweile zu vergessen. [...] Die Zerstreuung ist weder Wahrheit noch Irrtum, sondern ein Gift. [Sie ist eben dabei], sich dieser ganzen Kultur zu bemächtigen und sie zu korrumpieren: einer Kultur, in der es ganz wesentlich darauf ankommt, unablässig beschäftigt, dauernd unterwegs und in Gedanken immer schon beim nächsten Thema zu sein. (Konersmann 2015a.)

Auf die persönliche Ebene heruntergebrochen bedeutet dies: Ich muss lernen, immer wieder innezuhalten und Augenblicke zu schaffen, in denen ich mein vergangenes Handeln prüfe, meine Vorstellungen und Werte justiere und Künftiges – soweit frei und willentlich möglich – planend antizipiere. Die so anzustrebende und auch zu erlangende Ausgewogenheit und vielleicht sogar stoische Gelassenheit werden helfen, innerlich unabhängig zu bleiben sowie schwierige Schicksalsmomente zu ertragen und würdevoll zu bewältigen. Dass eine solche Haltung dank der hohen Lebenserwartung in den entwickelteren Volkswirtschaften in der dritten Lebensphase überhaupt eingenommen werden kann und daher auch weit verbreitet sein könnte, ist ein grosses Privileg. Wenn ich Mühe habe, die davorliegende, unruhigere Lebensphase abzuschliessen, so ist das gerade ein Beweis dafür, wie stark der «beunruhigende» Eingriff der Arbeitswelt in unsere Freiheiten ist, wie gross die Anziehungskraft der Verführungen der Zerstreuungs- und Konsumgesellschaft ist und wie des geschäftigen Lebens Vorspiegelungen von Glück unsere Vorstellungen von einem guten Leben dominieren können. Das Recht auf Glück (engl. ‹happiness›, und nicht ‹luck› oder ‹fortune›, wobei die erste deutsche Übersetzung von «Bestreben nach Glückseligkeit» spricht) wird in der Unabhängigkeitserklärung der Vereinigten Staaten vom 4. Juli 1776 in den Rang eines Menschenrechts erhoben (siehe Websites) – aber was soll ich darunter verstehen?

Da Glücklich*sein* mit hoher Wahrscheinlichkeit als wünschbares Resultat der Lebensgestaltung zu finden sein wird (auch bei mir) und Unglücklich*sein* sicher zu den ungewollt und unfreiwillig begrenzenden Bedingungen einer geglückten Lebensgestaltung zu zählen ist (ein gutes Leben, das nicht auch ein glückliches Leben ist, scheint sich wohl nur in einem melancholischen Kontext nicht zu widersprechen), muss ich *nolens volens* den Versuch wagen, mir über die Bedeutung des Begriffes «Glück» ausreichend Klarheit zu verschaffen. Das haben zwar viele Berufenere schon vor mir versucht, aber ihre Ausführungen haben mich in fundamentalen Bereichen nicht wirklich überzeugt. Aspekte des Begriffs «Glück» behandelt Bruno Heller überblicksartig in seinem Buch *Glück. Ein philosophischer Streifzug.* Bei diesem Streifzug wird zwar viel Wissen gesammelt und geht ihm viel Bedenkenswertes ins Netz, aber am Ende hatte ich den Eindruck, dass der Verfasser sein Vorhaben, über das Glück *nachzudenken,* selbst als nicht besonders «geglückt» einschätzt (Heller 2004: 183–184). Ich will im Folgenden darzustellen versuchen, wo nicht nur seine Darstellung, sondern auch die diesbezüglichen Ansätze der praktischen Philosophie – auf die er sich weitgehend stützt – mir defizitär erscheinen.

Das Problem beginnt für mich damit, dass am Anfang die Frage «Was ist Glück?» steht (S. 9–41). Die gar unkritisch in der Form «Was ist ...?» gestellte Frage spiegelt uns vor, dass wir es mit einer realen Entität zu tun hätten. Dieser Gefahr einer Hypostasierung können wir vorbeugen, indem wir nach meiner bewährten Methode die Herleitung des Nomens zu eruieren versuchen: Ist es die Bezeichnung einer materiellen Aggregation, das heisst, gibt es ein «Ding», das «Glück» heisst, oder ist das Wort eine Derivation aus einer nichtnominalen Wortart? Die Angaben im *Duden* («mhd. gelücke (= Schicksal[smacht]; Zufall) und mniederd. (ge)lucke < mniederl. (ghe)lucke, H[erkunft] u[ngeklärt].» Duden [7]2011: 735) und bei Kluge («(< 13. Jh.). Mhd. *g(e)lücke*, mndd. *gelucke*, mndl. *geluc(ke)*. Herkunft unklar.» Kluge [23]1999: 328) sind weder aufschlussreich noch befriedigend, weil sie einerseits zu wenig weit zurückreichen und darum auf eine unklare Herkunft plädieren und weil sie andererseits für die Bedeutung (nach W. Sanders) afrz. *destinée* heranziehen und damit sich zentral auf das Element der schicksalhaften Bestimmung festlegen. Bei einer «glückhaften» Websuche fand ich den folgenden interessanten Hinweis zur Entstehungsgeschichte. Neben anderen Vorläufern gibt es

das althochdeutsche ‹luhhan›, das die Wurzel auch für den deutschen Begriff ‹Luke› bildet. Von hier aus wurde auch versucht, die etymologische Wortbedeutung von Glück zu bestimmen, als die «Art, wie etwas schließt, endigt, ausläuft». ‹G(e)lücke› meint den Beschluss, die Festsetzung, die Bestimmung und war zunächst eher juristisch gemeint. Im Laufe der Entwicklung wendete der Begriff sich ins Positive im Sinne von «was gut ausläuft, sich gut trifft» und bekam vom Altfranzösischen ‹déstinée› einen schicksalhaften Sinn. So war mit Glück ursprünglich ein positives Schicksal gemeint. Die weiteren heutigen Wortbedeutungen, vor allem Glück im Sinne von positivem Zufall, sind erst viel später dazugekommen. (Siehe Websites.)

Die das positiv Schicksalhafte ins Zentrum rückenden Ausführungen werden mir aber dem Spruch, dass nämlich «jedermann seines Glückes *Schmied*» sein könne, nicht gerecht. Das *Etymologi-*

sche Wörterbuch der deutschen Seemannssprache von Gustav Goedel aus dem Jahre 1902 brachte mich mit dem deutschen Wort
«Luk respektive Luke» auf eine weitere Spur:

Wiewohl man Luke gewöhnlich nach dem Augenschein für eine Öffnung an-
sieht [310] und auch als Öffnung erklärt, so hat doch nicht diese, sondern im
Gegenteil das Verschließen, die Verschließbarkeit den Namen hergegeben,
das Wort hat nämlich nichts mit Loch zu tun, sondern kommt von einem
Zeitwort das schließen bedeutet, [...] althochdeutsch luhhan [...]. Der Grund-
begriff aller dieser Wörter ist aber ziehen, unser niederdeutsches, noch jetzt
im allgemeinen Gebrauch stehendes luken = ziehen. Das Verschließen einer
Tür ist ja vor allen Dingen ein Zuziehen derselben. [...] der Ausdruck [ist]
dem Leben der Hirten und einfachsten Ackerbauer entnommen, und zwar
von einer ganz bestimmten Vorrichtung, nämlich einer durch Querstangen
verschließbaren Umzäunung, Umhegung von Weideplätzen, von Hürden und
Pferchen. Die wurden einfach dadurch verschlossen, daß eine Stange vor die
Öffnung geschoben wurde; wurde die Stange wieder zurückgeschoben, so
war der Raum wieder offen. [...] Die Stange, der Riegel wurden also geluckt,
das heisst, hin- und hergezogen oder geschoben, denn luken heißt ziehen
und schieben. Je nachdem nun die Stange oder der Riegel hin- und herge-
schoben wurde, war der Raum offen oder zu [...]. (Goedel 1902.)

Aufgrund dieser einleuchtenden etymologischen Zusammenhänge
lässt sich das Wort «Glück» als eine Ableitung aus einem *Verb* verstehen, welches «(ziehend oder stossend) schieben» bedeutet. Das
inhärente Objekt des Schiebens ist ein Riegel, welcher *öffnend*
oder schliessend gezogen oder geschoben wird, somit eine ver-
schliessbare Öffnung passierbar macht oder nicht. Wir haben es
also bei «Glück» mit einer nominalisierten Partizipialform zu tun,
was die Herkunft der Vorsilbe *ge-* erklärt (wie zum Beispiel bei
«Ge-lesenes», «Ge-bratenes» und so weiter). «Ge-lucktes» ist also
etwas, welches durch das Ziehen *oder* Schieben der Verriegelung
an einem entsprechenden Durchlass (Tür, Tor, Fenster, Lücke in
einer Umzäunung und so weiter) *hereingelassen oder ausgeschlos-*
sen wird respektive werden kann. Daraus ergibt sich ein deutlicher und überaus stimmiger Bezug zum Verb «glücken»:

[durch günstige Umstände] das erstrebte Ergebnis, den gewünschten Erfolg haben; gelingen. (Duden [7]2011: 735.)

Mit anderen Worten: *Gelingen* ist die *Voraussetzung* von Glücklichsein – so wie wir zuerst philosophieren müssen, um zu einer Lebensphilosophie zu gelangen (vergleiche Abschnitt 6.1). Glücklichsein respektive Glück ist ein Resultat gelingenden Tuns. Es ist primär vom (meist wohl gewollten) Tun, vom Handeln her zu definieren, nicht vom Resultat (wie auch «philosophieren» nicht vom Gegenstand, sondern vom Gestus, von der Absicht her zu definieren ist). Wenn uns etwas glückt, dann haben wir etymologisch gesehen [a] insbesondere den richtigen Zeitpunkt, um etwas Vorgenommenes anzufangen oder abzuschliessen, oder die richtige Wahl getroffen, um je nach Situation den Riegel öffnend oder schliessend zu schieben, und [b] neben diesem Tätigsein auch günstige Bedingungen gehabt, gewissermassen «das Glück des Tüchtigen». Die Komponente des «Könnens» ist stets präsent, wie Ausdrücke vom Typ «mehr Glück als Können respektive Verstand» zeigen.

Damit hat «Glück» ursprünglich – und entgegen dem heute verbreiteten Gebrauch – nicht mit *blossem* (wenn auch positivem) Zufall oder Schicksal zu tun, sondern eher damit, dass es einem gelingt, bei «eigenwilligem» Handeln die Gunst der Stunde zum eigenen Vorteil zu nutzen, sein Glück zu schmieden und vielleicht sogar das Glück zu zwingen. Das von den Gebrüdern Grimm aufgezeichnete Märchen vom Hans im Glück deutet auch in diese Richtung. Es zeigt weiterhin auf, dass Glück, um Glück zu sein, nicht einer objektiven Beurteilung bedarf, sondern einzig und allein einem subjektiven Glücksgefühl entsprechen muss. Glück ist somit eine wichtige und wünschbare Ingredienz aktiver Lebensgestaltung; es stellt sich ein, es steht vor der Tür und wird sogar eingelassen, wenn wir in den entsprechenden Augenblicken eine «glückliche Hand» beweisen, die situative Konstellation richtig einschätzen, richtig entscheiden und handeln – andernfalls habe ich im günstigeren Fall nur Pech, im schlimmeren Fall ereilt mich sogar ein Unglück. Diesen beiden Aspekten sind die Antonyme von «Glück» zuzuordnen: [1.] «Pech» als Misslingen von Wünschen und Vorhaben oder Verfehlen des Richtigen (siehe Duden [7]2011: 1319); [2.] «Unglück» als zufälliges Ereignis (siehe Duden [7]2011: 1836).

Die folgenden, von Heller zitierten und in meinen Augen doch schon ausgesprochen reifen Schlüsse einer Schülerin gehen für mich deshalb in die richtige Richtung:

> Ich aber weiss jetzt, dass Glück ein lang anhaltender Zustand ist, der nur erreicht werden kann, wenn man alle Ziele verwirklicht hat, und auch dann ist das Glück schon fast wieder vorbei, denn das wahre Glück liegt auf dem Weg zum Glück, also beim Verwirklichen seiner Träume, Ziele und Ideen. Erreichen kann man es deswegen nur aus eigener Kraft und mit dem Gefühl innerer Ruhe. (Heller 2004: 11.)

Versuchen wir eine Vertiefung, indem wir nach den sprachlichen Gebrauchsregeln von ‹glücklich› fragen. Wann brauchen wir für jemanden oder für etwas das Prädikat ‹glücklich›? Zunächst ist zu unterscheiden zwischen der prädikativen und der attributiven Verwendung. Als Prädikat lässt sich ‹glücklich› nur mit *personalen* Subjekten verbinden, und zwar in allen Personen: «Ich bin, du bist ... sie sind glücklich.» Es handelt sich da um die Beschreibung respektive Feststellung des emotionalen Zustands einer Person, wobei in der ersten Person (ich oder wir) eine Selbstaussage gemacht wird, die auf einer inneren Wahrnehmung beruht, in allen anderen Personen um eine Wahrnehmung, die auf indikativen, äusseren Faktoren beruht. Wird von zwei oder gar mehr Personen behauptet, sie seien glücklich, so ist damit gemeint, dass sie aus gleichem oder ähnlichem Anlass heraus glücklich sind, nicht aber, dass sie gleiche, aber «egozentrische» Glücksgefühle haben. Das Changieren zwischen *ich* und *man* respektive *wir* sollte nicht verschleiern, dass das Glücks*gefühl* Privatsache ist.

Bei Sachverhalten oder gar Dingen ist der prädikative Gebrauch kaum möglich: Ein Sieg kann allenfalls glückhaft, nicht aber *glücklich sein (der Stern weist nach linguistischer Konvention eine sprachliche Form als «ungrammatisch» aus, das heisst schlicht: «Das sagt man nicht so»; die Gründe können syntaktischer, semantischer oder pragmatischer Natur sein). Wesentlicher aber – weil es uns in die Nähe der Wertediskussion rückt – ist die

Feststellung, dass wenn eine Geschichte glücklich endet, dies nicht eine prädikative, sondern eine *adverbiale* Kennzeichnung ist; der Sieg ist keiner emotionalen Regung fähig. Damit kommen wir in die Nähe bereits bekannter adverbialer Qualitäten eines Geschehens oder Tuns (wie von ‹frei›, ‹gerecht›, ‹rechtmässig› und so weiter her bekannt): Ein «glückliches Leben» heisst, dass jemand «glücklich lebt respektive handelt» (‹glücklich› zeigt auch in der Endung -*lich* eine adverbiale Form).

Ein «glückliches Leben» ist also mit «*glücklich* leben», mit dem «Wie?» des Lebens in Verbindung zu bringen – analog zum «glücklichen Sieg», der dem «glücklich respektive mit Glück siegen» zuzuordnen ist. Mit anderen Worten: das «glückliche Leben» stellt sich nur dann ein, wenn mir das Leben *glückt,* das heisst, wenn ich einerseits «leben» als Aufforderung auffasse, aktiv zu handeln und willentlich Dinge zu entscheiden, wenn ich also «mein Leben» zu *gestalten versuche* und dabei nicht gerade vom Pech verfolgt werde, und andererseits wenn ich auf Bedingungen achte, die mir Vorteile oder Nutzen bringen können – und für die ich dankbar sein muss. Personen können durchaus die Rolle solcher Bedingungen spielen, nämlich wenn ich jemanden glücklich machen kann oder von jemandem glücklich gemacht werde. Während eines Lebens kann «glücken» somit nur für gewisse Etappen oder einzelne Phasen gelten; das «glückliche Leben» hat allenfalls in einem Nachruf seinen berechtigten Platz.

Ein Weiteres ist noch bei der Betrachtung des sprachlichen Gebrauchs zu fokussieren: Bin ich glücklich über etwas, gilt es nicht die Kategorie, die Art oder Qualität der Ursache zu bewerten, sondern die Art oder Qualität des *Bezuges zur eigenen Person.* Dieser Bezug, der in die Bedingung [a] oben für das Glücken eingebettet ist, entscheidet somit darüber, ob das Glücksgefühl als akzeptabel oder inakzeptabel gewertet werden soll oder darf. Dazu ein extremes Beispiel: Niemand wird über den Tod eines eigenen Kindes glücklich sein, zumindest nicht unter normalen Bedingungen. Nun könnten wir versucht sein, ein so schlimmes Ereignis, als da der Verlust einer nahen Person darstellt, als Ursache für Glück einfach kategorisch auszuschliessen. Bei genauer Betrachtung stellt sich heraus, dass es nicht ein Tod dieses Typs ist, der nicht als Ursache für ein Glücksgefühl in Frage kommen kann, sondern dass das Glücksgefühl immer dann ausbleibt respektive ausbleiben wird, wenn Bedingungen von [a] nicht erfüllt sind, wenn ich also diesen Tod in keiner Weise aktiv betrieben habe, wenn dieser von mir in keiner Weise gewünscht oder erhofft worden ist; kurzum: wenn ich nicht *wollte*, dass er «glückt». Diese Differenzierungen lassen uns Situationen mit einem feinen Raster erfassen und werten. Der naheliegende Umkehrschluss, dass ich glücklich wäre oder sein könnte, wenn nur Bedingungen von [a] erfüllt wären, gilt nur, wenn Bedingung [b] auch erfüllt ist: Ich kann den Tod eines Embryos, zum Beispiel durch Abtreibung, durchaus wollen und aktiv betreiben, aber dann hat dieser Tod gerade nicht einen zufälligen, schicksalhaften Charakter. Dies hätte er zum Beispiel erst dann, wenn ein natürlicher Abort einer Abtreibung «zuvorkäme» und mich von der Entscheidung befreite.

Da solche Ereignisse (wie manch anderes auch) wohl nie mit einer Gefühlslage, die frei von Zweifel ist, zusammengehen, ist es möglich, dass die Erlösung eines Sterbenden von unerträglichen Schmerzen als Teilaspekt durchaus ein beschränktes, wenn auch sicher gemischtes Glücksgefühl erzeugen kann, weil das, was man will (endlich eine Erlösung von Schmerzen), nicht zu dem passt, was man eigentlich gar nicht will (den Tod der geliebten Person). Im Film *So viele Jahre liebe ich Dich* von Philippe Claudel hat die Ärztin Juliette (von Kristin Scott Thomas mit grosser Einfühlsamkeit gespielt) ihr eigenes Kind von Schmerzen erlöst, die harten Konsequenzen ihres Handelns getragen – aber dabei Freiheit in der Gestaltung ihres Lebens gewonnen.

Eben habe ich die Auffassung geäussert, dass Art oder Qualität des Bezuges eines Ereignisses zur eigenen Person das Glücksgefühl beeinflusst und dass dieses Gefühl dann ausbleibt, wenn ich *nicht* will, dass ein bestimmtes Ereignis «glückt» (Bedingung [a] oben). In einem kürzlich erschienenen Interview hat eine Neuropsychologin die Auffassung vertreten, dass wir dann glücklich seien, wenn «*positive Erwartungen* in Erfüllung gehen» (siehe Interview in KSW Winterthur, *37°: Die Zeitung für die Mitarbeitenden*, Nr. 12, Dezember 2015). Damit dies geschehe, sei es wichtig, Erwartungen nicht zu hoch anzusetzen, sondern eine realitätsnahe

«Buchhaltung der Erwartungen» zu führen, denn unerfüllte, soziale und materielle Hoffnungen führten in die Falle des Unglücklichseins.

Mir scheint diese auf den ersten Blick einleuchtende Erklärung bei genauerem Hinsehen unzureichend zu sein. Kann ich *erwarten,* dass mir etwas *glückt?* Wenn mir durch günstige Umstände etwas gelingt, wenn es mir also «glückt», dann signalisiert die Bedingung «durch günstige Umstände» ein Element, welches mit einem mehr oder minder grossen Mass an *Unsicherheit* verbunden ist. Etwas «erwarten» ist hingegen mit einem mehr oder minder grossen Mass an *Gewissheit* verbunden (man beachte die Ausdrücke *als gewiss vorausgesetzt, mit etw. rechnen, setze als selbstverständlich voraus* in der Definition; vergleiche auch Duden [7]2011: 546). Daraus ist zu ersehen, dass es einen Überschneidungsbereich geben kann, zum Beispiel wenn etwas unter sehr günstigen Umständen abläuft, kann erwartet werden, dass es glückt. Zu beachten ist ausserdem, dass die Ursachen einer Erwartung respektive einer Erwartungshaltung sehr diffus und sogar unbewusst sein können – alles Mögliche kann in uns Erwartungen schüren; damit etwas glückt, braucht es hingegen immer eine willentliche, bewusst planende Einstellung – und kann durchaus mit einer eher negativen Erwartung verbunden sein. Nicht jede «positive» Erwartung führt somit zu einem Glücksgefühl, und nicht jedes Glücken erfüllt eine Erwartung. Erwartungen können das Glücken begleiten, aber sie sind nicht unabdingbare Begleiter. Meines Erachtens eignen sie sich nicht als Definientes.

Die Bereitschaft und der Wille, etwas zu vollbringen, muss sich also mit günstigen Bedingungen paaren. Eine wichtige Kategorie von gewissermassen «günstigen Bedingungen» sind Personen, die zu unserem Glück beitragen. Wichtig scheint mir aufgrund der bisherigen Analysen und Ausführungen die Erkenntnis, dass mein Glücklichsein fragil ist, dass es nicht von mir allein eine Anstrengung fordert, sondern in der Mehrzahl der Fälle unabdingbar und ursächlich auch von (nicht unbedingt erwartbaren) Beiträgen anderer abhängig ist. Die Qualität der Beziehungen, die ich eingehe, und die der Gemeinschaften, die ich aufsuche oder zu deren Bildung ich beitrage, sind also weitgehend konstitutiv dafür, ob mir mein Leben glückt oder ob ich Unglück erlebe. Um Glück zu erfahren, muss ich also das Glück anderer im Auge behalten und nötigenfalls einen Beitrag dazu leisten; an den äusserlich erkennbaren Indikatoren von Glück bei anderen kann ich auch mein Glück messen und prüfen.

Damit kommt hinsichtlich Art oder Qualität des Bezuges und der Bedingungen [a] eine weitere wichtige Frage ins Spiel: Ist jede Form des Handelns erlaubt, wenn es darum geht, mein Glück zu «machen»? Wie stelle ich sicher, dass meine Motive beim Schmieden des Glücks erlaubt sind, dass sie sich an Normen und Werten ausrichten, die persönlich vertretbar und allgemein argumentierbar sind? Was darf mein Glück (andere) «kosten» und wie schaffe ich aus einer moralischen Verantwortung heraus dafür einen angemessenen Ausgleich? Meine Antwort ist: indem ich bewusst philosophierend lebe, mein Verhalten und Handeln reflektiere und an sinngebenden ethischen Vorgaben ausrichte. So kann Glück sehr wohl «unverschämt», gleichwohl verantwortbar und eine wichtige Ingredienz aktiver und sinnerfüllter Lebensgestaltung sein.

Wir mögen «Träume, Ziele und Ideen» haben, fleissig an unserem Glück schmieden, sogar günstige Bedingungen antreffen, und doch: Weil der Versuch, glücklich zu leben, eben ein *Versuch* ist, birgt es mannigfache Risiken und Ansätze für ein Scheitern. Wenn uns das Leben (zeitweise) glückt, sollten wir unseren persönlichen Beitrag dazu bescheiden ansetzen; wenn wir dabei (zeitweise) scheitern, sollten wir den Grund nicht einfach uns selbst anlasten und am Sinn unserer persönlichen Anstrengungen irre werden. Das Glück spielt sich im Rahmen des persönlichen Schicksals ab – und dies gilt es als *conditio humana* anzunehmen. Dass der zivilisatorische und technische Fortschritt heute mehr Menschen erlaubt, Glücksmomente in nicht geringer Zahl zu erleben, ist dem kollektiven Schmieden am Glück zu verdanken; ob deswegen in höherem Masse sinnerfülltes Leben *glückt,* wage ich eher zu bezweifeln, denn Selbstbescheidung und Selbstkontrolle sind doch seltenere Pflänzchen – und Einsicht, Nachdenklichkeit, Anerkennen von Grenzen, Zufriedenheit, verantwortbare Autonomie und Selbstsorge als Pendant zur Sorge um andere stellen sich alle nicht ohne Willensanstrengung ein. Dass wir in diesen

Bereichen meist ungeübt sind, zeigt sich, wenn uns Grenzen auferlegt werden, wenn wir bestimmten Situationen und Sachverhalten nicht (mehr) ausweichen können.

Die Gebrechlichkeit unseres Körpers und die Endlichkeit unserer Person sind Tatsachen, mit denen jeder Mensch früher oder später direkt oder indirekt konfrontiert ist (siehe Borasio 2011 zur Palliativmedizin). Die Bedeutung dieser Tatsachen für die Lebensgestaltung, insbesondere im Alter, lässt sich kaum bestreiten. Die abnehmende Bereitschaft, sich und sein Leben bedingungslos in die Hände anderer Menschen zu legen und darauf zu vertrauen, dass sie nach bestem Wissen und Gewissen für uns sorgen werden, ist wesentlich mitverantwortlich dafür, dass die Sensibilität für Patientenrechte und Patientenautonomie, aber auch deren Verrechtlichung sich rasch entwickelt haben. Diese Entwicklung hat zweifellos ihre guten Seiten, aber an ihr lässt sich auch deutlich illustrieren, wie widersprüchlich unser Verhältnis geworden ist zu den nicht aus der Welt zu schaffenden «endgültigen» Tatsachen – bisweilen durchaus aus übertriebenen Erwartungen heraus.

Jean-Pierre Wils und Ruth Baumann-Hölzle haben in einem luzid argumentierenden Artikel die heutige Handhabung und die dabei entstehende Problematik der *Patientenautonomie* kritisch resümiert (Wils & Baumann-Hölzle 2015). Anhand der Reproduktionsmedizin und der Neonatologie weisen sie zunächst darauf hin, dass Unmögliches und Undenkbares fortlaufend «technologisch ‹eingeholt›, dann irgendwann zum Alltag und auf diesem Wege gleichsam moralisch neutralisiert» werde und dass damit das Sterben «mittels invasiver Techniken gedehnt» werde. Diese *Grenzverschiebungen* verändern die Vorstellungen von Patientenautonomie und führen dazu, dass letztere zunehmend «zum Einfallstor für eine Anspruchsmentalität» gerät und sich im «Bewusstsein nicht weniger Patienten» zu einer mitunter selbstschädigenden «Lizenz zum Wünschen» entwickelt hat. Die Autoren machen diesen Trend an der Entwicklung des Autonomieparadigmas in der Medizinethik fest, welches von einer «Kultur der Freiheitsrechte geprägt» sei.

Vor ca. 50 Jahren – so die Autoren – galt es, Patienten aus der Entmündigung zu führen, ihnen ein Recht auf *Entscheidungsauto-*

nomie einzuräumen. Ist im Rahmen der Kommunikation auf Augenhöhe mit dem Arzt oder der Ärztin die informierte «Zustimmung zu einem Behandlungsplan» erteilt worden, dürfen die (einklagbaren) Abmachungen nicht «um- oder übergangen werden». Das «korrespondiert demnach mit einer Unterlassungspflicht seitens der behandelnden Instanz». Diese Autonomie des Patienten sei ein unhintergehbares «normatives Prinzip», dessen Geltung «nicht hinterfragt werden» darf. Bei Urteilsunfähigkeit gälten die «Stellvertretungsregeln des Kinder- und Erwachsenenschutzgesetzes». Autonomie und Anspruch mündeten zusehends in eine «Selbstperfektionierung mittels optimierender Intervention», bei der nicht «die Behandlung einer Erkrankung», sondern «die Verbesserung der Gesundheit» im Vordergrund steht. Damit eröffnet sich die Möglichkeit, den Patienten «als Marktteilnehmer» und die Gesundheit als Ware zu etablieren.

Diese Autonomisierung führt zwar zu mündigeren Patienten, hat aber eine gewichtige Kehrseite: Patienten müssen für sich mehr Verantwortung übernehmen. Dabei entziehen sie gerade in schwierigen Lebenssituationen der Ärzteschaft und den vertretungsberechtigten Person(en) nicht nur Verantwortung, sondern auch Vertrauen. Diese könnten zur Vermeidung von Haftungen (zum Beispiel fahrlässige Tötung) defensiv agieren, Entscheidungen und Grenzziehungen meiden, was «im Einzelfall zu massiven Überbehandlungen und zu vermeidbarem Leiden führen» könne (hier endet das Resümee des Artikels von Wils & Baumann-Hölzle). Solchen Konsequenzen (auch der Urteilsunfähigkeit) kann man bis zu einem gewissen Grad mit einer *Patientenverfügung* (siehe Websites) begegnen.

Die Patientenverfügung ist Ausdruck einer extensiven Auslegung der Patientenautonomie, kann aber zu einem Selbstzweck verkommen. Sie hat in ihrer heute gängigen, erweiterten Form durchaus potenziell segensreiche Aspekte, so zum Beispiel wenn sie Ritualfragen und organisatorische Fragen regelt. So gesehen ist sie eine «Vorausverfügung», im Charakter also einer «letztwilligen Verfügung» respektive einem «Testament» nachempfunden. Wenn es aber um die *ärztliche Behandlung* geht, also um die Patientenverfügung im engeren Sinne, kann sie ebenso problematisch sein wie eine fehlende Verfügung. Das zentrale Problem ist für mich, dass Personen, die solche Verfügungen verfassen, dies zwar (meist) im Vollbesitz ihrer Geistes- und Willenskraft tun sowie der Meinung sind, ihrer Verantwortung bewusst zu sein und dieser damit zu genügen, dass diese Personen aber gerade in dem Zeitabschnitt, wo die Verfügung ihre Wirksamkeit entfaltet, weder die Situation noch die Verantwortung eigentlich wahrnehmen, einschätzen oder überwachen könnten.

Tatsache ist, dass wir eigentlich nicht wissen, für welche Situation(en), auf welche Bedingungen hin wir uns vorsehen und angesichts welcher künftigen medizinischen Möglichkeiten wir wichtige Entscheidungen treffen sollen. Gleichwohl werden wir ermuntert, Verfügungen möglichst früh zu schreiben («Sorgen Sie vor – es ist nie zu früh!» – so die Broschüre des Schweizerischen Roten Kreuzes zur Patientenverfügung, siehe Websites), aber ob wir diese auch regelmässig nachführen? Da erscheint es doch grundsätzlich unvernünftig, gewisse Dinge schon definitiv und verbindlich für alle anderen Verantwortungsträger regeln zu wollen. Aber ebendies wird mit der Verfügung bezweckt:

Den Angehörigen wird eine grosse Last abgenommen, wenn sie im Fall einer schweren Krankheit oder eines Unfalls verbindlich wissen, wie sie den Wünschen der nahestehenden Person am besten gerecht werden können. Denn aus Respekt, Liebe und Freundschaft möchten sie möglichst alles richtig machen. Auch für Ärztinnen und Ärzte ist es sehr hilfreich zu wissen, wie der betroffene Mensch über seine Krankheit, sein Leben und sein Sterben denkt. Eine Patientenverfügung erleichtert ihnen, schwierige Entscheide zu fällen. (Siehe Websites.)

Was tendenziell geschieht, ist, dass die Verantwortung untergraben wird. Da nie alles geregelt werden kann, ist vorherzusehen, dass die Angehörigen und die Ärzteschaft immer wieder vor Fragen stehen werden, die zwar *im Lichte* der Verfügung entschieden werden sollten, von dieser aber nicht geregelt sind. Die Verantwortung zerfasert so in Teilverantwortungen, die dazu noch auf verschiedene Träger verteilt sind oder sein können. Damit eröffnet sich ein Freiraum für Entscheidungen, die dem Willen des Patienten gerade entgegenlaufen könnten. Dies erleichtert *gerade nicht,* «schwierige Entscheide zu fällen». Die Folgen können dann so ausfallen, wie schon oben bei einer fehlenden Verfügung beschrieben: Überbehandlung oder Unterbehandlung. Bleisch prägt für diese und ähnliche Situationen den Begriff der «Verantwortungsdiffusion»:

> Dieses Tappen im Dunkel der Verantwortungsdiffusion ist gravierend. Denn nicht nur wünschen sich die meisten, insofern sie sich als moralisch integre Personen verstehen, Klarheit darüber, wozu sie angesichts von Menschen in Notlagen verpflichtet sind. Sondern es besteht [...] überdies die Gefahr, dass – solange die moralphilosophische Frage nicht geklärt ist – zwar alle die Notlage beklagen, aber unter Umständen niemand (effektiv) hilft. Die intellektuelle Unklarheit führt deshalb zu ‹praktischer Apathie›. (Bleisch 2015: 141.)

Noch schwerer wiegt für mich aber der folgende Sachverhalt: Die den medizinischen Bereich betreffenden Teile der Verfügung stellen eine Art von *prospektiver Verantwortung* der *verfügenden Person* dar. Sie gibt schon ihre Zustimmung zu klar definierten Massnahmen und übernimmt damit, *wie ein urteilsfähiger Patient,* Mitverantwortung. Wie situationsgerecht diese Art von Mitverantwortung tatsächlich ist, kann im Zeitpunkt der Übernahme aber retrospektiv nicht mehr diskutiert werden; es kann also weder geprüft werden, ob mit den verfügten respektive verhinderten Massnahmen eine echte Verantwortung übernommen wird, noch kann die entscheidende Person dafür retrospektiv zur Verantwortung gezogen werden (zur Charakteristik der nützlichen Termini «retrospektive Verantwortung» respektive «prospektive Verantwortung» vergleiche Bleisch 2015: 151). Mit anderen Worten: Es fehlen Merkmale, die für die Übernahme von Verantwortung *konstitutiv* sind. Die Verfügung gaukelt eine Scheinverantwortung vor, und was sie ganz sicher – und möglicherweise durchaus gewollt – erreicht, ist eigentlich oder zumindest potenziell kontraproduktiv; sie beschneidet nämlich die Verantwortung anderer, am Vorgang des würdigen Sterbens notwendigerweise beteiligter Personen oder hindert sie an deren situationsgerechter Übernahme.

Die Wurzel dieser extensiven Auslegung von Autonomie und ihrer nicht in Rechnung gestellten Auswirkungen ist die verbreitete *Erosion von zwischenmenschlichem Vertrauen.* Diese Erosion ist zum einen auf die fehlende Achtung für oder zumindest mangelhafte Überzeugungskraft von moralphilosophischen Einsichten und Standpunkten zurückzuführen, zum anderen dem dazu gegenläufigen, wachsenden und verlässlicher scheinenden «morallosen» Vertrauen in «die Technik» zu verdanken (für religiös geprägte Menschen mag da noch die Erosion des Gottvertrauens hinzukommen). Wenn ich kein oder wenig Vertrauen in meine Mitmenschen und ihre moralische Urteilskraft habe, werde ich eher bereit sein, mich auf technische und «formal(juristisch)e» Lösungen einzulassen und letztlich zu verlassen.

Je mehr wir uns aber auf «formaljuristische» Lösungen und auf Akte «von Verwaltung wegen» verlassen, umso eher werden unappetitliche Fragen der Haftung und notwendigerweise abschliessende, nicht aber unbedingt gerechte Gerichtsentscheide den weiteren Verlauf der Dinge und der Entwicklung prägen. Aus der Tatsache, dass im Recht ein Ende des Instanzenwegs vorgesehen ist, müsste aber eigentlich einsichtig sein, dass es im Leben auch Grenzen gibt, ja geben muss, hier für die Übernahme und Ausübung persönlicher Verantwortung. Es kommt der schicksalhafte Moment, in dem ich mich und mein Leben in die Hände anderer lege, es ihnen überantworten muss. Wir müssen bereit sein, im Interesse der Selbstfürsorge die Selbstkontrolle einzuschränken (Bauer 2015a). Auch das wäre *nota bene* Verantwortung wahrnehmen und achten.

Wie gehe ich nun mit diesen Sachverhalten, mit diesen Lebenskontexten im Zusammenhang mit der Sinnfrage respektive mit dem Sinn in meinem Leben um? Ich muss zunächst einsehen und akzeptieren, dass Selbständigkeit, dass Autonomie in extremer, Vertrauen letztlich entziehender Auslegung nicht nur für mich, sondern auch für meine nähere Umgebung in Entsolidarisierung und Vereinsamung münden kann. Da wegen unserer Langlebigkeit immer häufiger Phasen der Urteilsunfähigkeit vorkommen können, komme ich sodann nicht darum herum, für solche Zeiten ein tragfähiges Netz vertrauter Personen zu schaffen und zu pflegen, welches meine Wünsche und Interessen gegebenenfalls nach bestem Wissen und Gewissen zu wahren verspricht, das heisst Vertraute mit dem notwendigen Wissen und mit intaktem moralischem Empfinden.

Es scheint mir wichtig, zu betonen, dass Vertraute ein prospektiv als einlösbar beurteiltes Versprechen abgeben, und es ist deshalb zu akzeptieren, dass damit ein Garantieanspruch weder entstehen noch gestellt werden kann. Das bedeutet, dass ich mit den Personen in meinem Netz in einem fortwährenden, offenen und vertrauensvollen Gespräch bin und bleiben muss, damit sie meine Befindlichkeiten möglichst gut kennen; Voraussetzung ist ferner, dass ich in mir selbst ausdauernd und verbindlich nach Klarheit strebe. Es bedeutet letztlich auch, dass ich bereit sein muss, selbst in dieser Rolle zur Verfügung zu stehen. So kann ich willentlich handeln und mein Leben persönlich (philosophierend) gestalten, so kann mein Leben glücken, weil ich es auch in diesen «letztwilligen» Bereichen mit persönlichem und gemeinschaftlichem Sinn zu erfüllen vermag.

Den Schluss dieses Abschnitts soll sinnigerweise die folgende, häufig zu beobachtende Assoziation bilden: Erfahre ich Glück, empfinde ich Dankbarkeit. Auf dem Hintergrund der Überlegungen zu Sinn und Werten ist mir diese Handlung, das «Dankbarsein» in ebendieser Hinsicht fremd geworden. Haben Personen mir etwas Gutes oder Dienste erwiesen, so kann und will ich gerne dafür dankbar sein (siehe Abschnitt 9); das Grundwort ‹danken› kommt ja in einer syntaktischen Struktur daher, in der «eine Person$_{subj}$ einer Person$_{obj}$ für etwas$_{obj}$ Dank abstattet». Komplementär dazu kann ich Dank entgegennehmen, wenn ich etwas Entsprechendes getan habe.

Befremdlich wirkt es hingegen für mich, wenn ich für mein Glück im Leben dankbar sein soll. Wenn ich die obige syntaktische Struktur ernst nehme, müsste ich für mein Glück *einer Person* Dank schulden. Säkular leuchtet mir das nicht (mehr) ein – und die religiöse Lösung mit einer Personifizierung kommt für mich nicht in Frage. Wem soll ich also dankbar sein, zum Beispiel dafür, dass ich gesund bin, dass es mir gut geht, dass ich beim Lotto (nicht) gewonnen habe und so weiter? Etwa mir selber? Eher nicht oder höchst selten. Es zeigt sich, dass eine Gebrauchsbedingung des Wortes ‹danken› sich verändert hat: Der Adressat des

Dankes kann für mich persönlich nicht mehr religiös bestimmt sein, sondern muss ein Mensch sein. Dieser «mentale Vorbehalt», der wahrscheinlich für viele Menschen bewusst oder unbewusst gilt, hat seinen Weg in die Wörterbücher noch nicht gefunden. Er hat aber schon dazu geführt, dass das Wort ‹dankbar sein› heute nicht nur das Resultat einer Dankeshandlung bezeichnen, sondern auch eine *Gestimmtheit,* ein starkes Gefühl des Sichbescheidens zum Ausdruck bringen kann – etwa gleichbedeutend mit ‹(sein Glück) nicht für selbstverständlich halten› oder ‹sich bewusst sein, wie viel respektive wenig man zum eigenen Glück effektiv beitragen kann›. So sei es denn auch …

9 Valet

Die philosophierende Lebensform ist zwar sisyphidisch anstrengend, aber es ist für mich fundamental sinnschöpfend und sinnvoll, so zu leben. Diese Lebensform generiert für mich einen Reichtum von wertvollen Sinninhalten und sichert diese. Sie zeigt mir auf, dass Ichbezogenheit und Wirbezogenheit ihre Berechtigung aus einer dialogischen Grundhaltung und einer wiederkehrenden Ausmarchung von Frei- und Verpflichtungsräumen beziehen müssen (vergleiche die Goldene Regel); sie unterstützt mich dabei, auf die Beseitigung von (verletzenden) Gedankenlosigkeiten hinzuarbeiten; sie lehrt mich, mein Schicksal zu gestalten und die Lust am Leben nicht «sinnlos» zu verlieren. Eine solche Lebensgestaltung fordert also von mir eine angemessene Selbstkontrolle und Selbststeuerung – auch im Umgang mit anderen –, und zwar so, dass die Bedürfnisse der Selbstfürsorge darin eingebettet bleiben. Da mag der Leitsatz «Sorge für deinen Nächsten *wie* für dich selbst» durchaus eine Orientierung geben.

Das tönt nach ganz hoher («traditioneller») Schule, nach einem unerreichbaren Vorbild. Aber nein! Es meint schlicht das *anständige, an normalen Werten orientierte Bestehen des Alltages,* gewissermassen ein die Hektik im Leben dämpfendes, bewusstes Bescheiden mit *edler Gewöhnlichkeit.* Für mich wichtig ist die Einsicht, dass nicht nach dem Sinn *des Lebens,* sondern nach «lebbarem» Sinn *im Leben,* nach redlich erfüllbaren Sinnfeldern zu suchen sei und dass es den einschüchternden «grossen» Sinn im Leben so nicht gibt – es sei denn als «Zusammenzug» kleinerer und grösserer sinnbildender Komponenten, die sowohl realistisch als auch realisierbar sind. Sinnvolle Arbeit an der *eigenen Mündigkeit* und an der notwendigen Einbettung in ein tragfähiges Beziehungsnetz kann wohl nur in kleinen, aber beharrlichen Schritten geschehen. Wenn also von einem «höheren» Sinn die Rede sein soll, so nur «in dem Sinne», dass gewisse Sinnkomponenten höher zu gewichten respektive zu werten sind als andere und dass im Konfliktfall eine bedachte hierarchische Beziehung deren Einfluss regelt. Jedes Handeln trägt einen Sinn, denn es geschieht absichtsvoll; in unserem Handeln treten stets Werte in Erscheinung, die dem Sinn seinen jeweiligen Stellenwert zuweisen. Die philosophierende Lebensform erlaubt mir insbesondere, Zusammenhänge zwischen Sinnkomponenten zu sehen, (Werte)konflikte zu orten, möglicher Fragmentierung entgegenzuwirken und damit entscheidend zur Beantwortung der zentralen Frage «Wozu lebe ich?» beizusteuern.

Erschöpfte sich der Sinnhorizont in hedonistischem «Partyleben» und im «schwarmintelligenten» Zelebrieren der eigenen «Gesundheit», würde ich mich in aller Form von dieser *baby*boomenden Infantilisierung des Alters distanzieren und mich der «Revolte des Alters» von Peter Strasser anschliessen wollen:

> Der Mut, alt zu werden, hätte etwas grundsätzlich anderes zu sein als die Entschlossenheit, das Alter «auszutricksen». Auch die eigene Sterblichkeit – ja, sie vor allem – wäre ins Leben hereinzunehmen. «Der Abschied ist gemacht,/Welt, gute Nacht!» Erst dann brauchten unsere Alterswahrheiten nicht weiter «behübscht» oder gar verdrängt zu werden. Aber, wie gesagt, die Rede vom Altersmut schreibt sich leicht hin ... Dagegen stehen die Slogans der weltlichen Agenturen des ewigen Lebens; ihr profitträchtigster Imperativ: Leben, um nicht zu sterben! (Strasser 2016.)

Ob Leser dieser Zeilen meine Folgerungen und die daraus gewonnene persönliche Weltansicht teilen wollen, wird von ihrer Bereitschaft abhängen, einerseits meine Prämissen zu teilen, andererseits die Resultate im gleichen rationalen Sinne und Geiste zu prüfen – *sine ira et studio*. Ich wünsche mir natürlich, dass ich nicht ganz mausallein *(autós)* in herrlicher Waldeinsamkeit gelassen werde, sondern dass ich die für mich gerodete Lichtung mit weiteren Individuen der gleichen Gattung werde teilen können. Ich wünsche mir auch, dass ich (adverbial) bescheiden und gelassen mit ernsthaft vorgebrachter Kritik umgehen kann.

Schliesslich möchte ich all denen danken, die mir direkt oder indirekt, freundschaftlich fördernd oder widerständig fordernd beim philosophierenden Leben und Denken behilflich waren. Und da muss ich gleich zu Beginn eine intellektuelle Liebeserklärung abgeben: Im Laufe meiner Arbeit an dieser Schrift habe ich die Qualitäten meines Leibblattes, der *Neuen Zürcher Zeitung,* sowie seiner Macherinnen und Macher noch mehr schätzen gelernt (siehe Abschnitt 10.2). Unter dem Aspekt von Sinn und Werten sind die Alltagsberichte und die Kommentare richtige Fundgruben. Möge die «alte Tante» gutem journalistischem Ethos verpflichtet noch lange ihre wichtige Funktion, sorgfältig und breit zu informieren, kontrovers zu diskutieren und auf liberalem Hintergrund kritisch zu (be)werten, wahrnehmen können. Auf so engem Raum so ausgiebig in vielen intellektuellen Gewässern fischen zu können, ist nicht selbstverständlich.

Die eingestreuten, (kon)genialen Rabenau-Illustrationen stammen aus der Tageszeitung von Winterthur, *Der Landbote.* Ich anerkenne eine bedeutende Dankesschuld Herrn von Rabenau gegenüber für die anregenden täglichen Gedankensplitter (weit über die hier benutzten Beispiele hinaus) und danke ihm für das bereitwillig eingeräumte Copyright.

Da dieses Projekt frühe Wurzeln hat und primär als ein persönliches und nicht als ein auf fachlich-wissenschaftliche Klärung philosophischer oder physikalischer Fragen ausgerichtetes begonnen hat, sind viele Verweise auf geistige Urheberschaft nicht mehr rekonstruierbar. Ich anerkenne aber dankbar jede (nichtökonomische) Schuld für die so erfolgten, gewiss mannigfachen Aneignungen. Alle Lektüren, die neueren Datums sind und die in einem direkten Zusammenhang mit Fragen dieser sich schreibenden Schrift standen, sind hingegen ordentlich referenziert. Woher auch immer: Die Gedanken, die aus all diesen Quellen geschöpft oder in Auseinandersetzung mit ihnen entstanden und modifiziert worden sind, haben für diese Schrift – wo und wann immer möglich – eine Prüfung und Aktualisierung in robusten Gesprächen erfahren. Solche fanden insbesondere mit folgenden Personen statt: In besonderer Schuld stehe ich bei meiner geliebten Rita als einer das allgemeine Verständnis sichernden Zuhörerin und lebensklugen Nachfragerin sowie bei meinem langjährigen, lieben Freund und intellektuellen Weggefährten, Jürg Steiner, der als Geburtshelfer, Fährtenleser und Alternativdenker unschätzbare Dienste leistete – und dessen Einwände stete Herausforderungen waren, über die ich mich, sofern es mir richtig schien, nie leichtfertig hinweggesetzt habe. Ihnen beiden sei diese Schrift deshalb auch von Herzen und in tiefer Dankbarkeit gewidmet.

In Renate Nagel, Adriano Passardi, Daria Pezzoli (Religionswissenschaft) und Erich Zbinden haben sich aufmerksam Lesende zur Verfügung gestellt, die dank unterschiedlicher Kompetenzen mir eine Vielfalt von *wert*vollen Hinweisen und *sinn*vollen Anregungen zur Verbesserung von Vorfassungen geschenkt haben. Ihnen sei hiermit herzlich gedankt. In minderem, aber keineswegs unwichtigem Mass hatten auch freundschaftlich verbundene Kollegen, darunter Günther Rasche (Theoretische Physik), Peter Schulthess (Philosophie), Raji Steineck (Philosophie), Jürgen Ulbricht (Teilchenphysik) und Ralph Weber (Philosophie) als geduldige und kompetente Diskussionspartner für einzelne Bereiche oder Fragen mehr oder weniger intensiv Anteil an diesem Projekt. Ihre dankbar anerkannte Expertise und ihr Mitdenken haben mich vor manchen Irrwegen und unhaltbaren Schlüssen bewahrt; dass andere Fehler – aus Eigensinn oder weil sie schlicht unerkannt geblieben sind – noch dastehen, ist unvermeidlich, aber hoffentlich diskursiv gleichwohl befruchtend.

Gerade weil andere das Humanum in mir herausfordern, gerade darum ist es mir wichtig, die kartierten Fluchten und die durchmessenen Gedankenräume in Form und Stil möglichst nachvollziehbar zu beschreiben und die Spuren dieser intellektuellen Reise in einer anregenden, zu einem kritischen, humanistischen Dialog hoffentlich einladenden Form festzuhalten. Die (Zwischen)ergebnisse dieses beharrlichen Nachdenkens sind nur in dem Sinne original, gelegentlich und gewiss eher unverhofft sogar originell, als sie letztlich Ausdruck eben *meiner* Denkprozesse, *meiner* bewussten persönlichen Suche nach Sinnfluchten, nach Werten und nach Verantwortung in *meinem* aktuellen – und sich laufend aktualisierenden – Leben sind. Die ausgebreiteten Versuche vernünftiger Sinnkonstitution sind deshalb auch wesentlich einer die eigene Fehlbarkeit und die der (Mit)menschen einbeziehenden radikalen *Skepsis* verpflichtet. Die damit erhobene Forderung nach einer Kultur des Nachfragens, des Zweifelns und die damit einhergehende Kritik unkritischer Überzeugungen wird im Artikel «Lob der Skepsis» von Manfred Schneider in der NZZ vom 11.7.2015 brillant zusammengefasst:

Das Wort «Skepsis» ist griechischer Herkunft und bezeichnet das präzise Hinsehen, die sorgfältige Untersuchung, die Prüfung der gewonnenen Erkenntnis. Der Skeptiker ist nicht der verrufene «Bedenkenträger». Die skeptische Haltung pflegt nicht den prinzipiellen Zweifel, sie ist nicht der Feind, sondern der besonnenere Freund der Überzeugung. Kant nannte die Skeptiker «eine Art Nomaden», «die allen beständigen Anbau des Bodens verabscheuen». Tatsächlich stellt der Skeptiker in Rechnung, dass er den Boden der Grundsätze, auf dem er steht, bisweilen wieder verlassen muss. Skeptisch ist eine Haltung, die mit Vorbehalten lebt und sich vorstellen kann, dass die errungene Einsicht, die getroffene Entscheidung, der rechtliche Standpunkt überprüft und womöglich geändert werden müssen. (Schneider 2015.)

Die allgemeine, Not wendende Bewältigung des Lebens, das heisst die dauernde Aufgabe, das Leben frei und sinnvoll zu gestalten, eigene Räume und Fluchten zu erschliessen und mental bewohnbar zu machen, aber auch anderen Raum zu geben, Verantwortung zu übernehmen und mitunter Schuld zu akzeptieren, ist das Innerste der *conditio humana*. Dadurch ist aus dem anfänglich eher distanzierter konzipierten und wahrgenommenen «testarationalen» Projekt für mich eine persönliche, skeptische Kosmologie und eine bewusst adoptierte, unabweisbar philosophierende, mit anderen aber durchaus teilbare *Zumutung zum Leben* geworden. Mit der Freigabe dieser Schrift an Interessierte findet mein Projekt also nur einen vorläufigen Schluss: Einerseits wird es mich gedanklich und mit meinem Leben verwoben natürlich weiter begleiten, auf dass dieses unverwechselbare und einzigartige Leben sich weiter mit Sinn erfüllen mag. Andererseits könnte es ein mehr oder weniger langes und hoffentlich befruchtendes Nachleben in denen haben, die lesend und denkend daran teilhaben.

Wer also Gelegenheit bekommt und sogar Lust verspürt, diese Schrift zu lesen und meine Ausführungen nachzudenken, soll darin zwar eine qualifizierte und zum Teil dezidierte Meinung, aber auch ein *freibleibendes* Angebot sehen, das weder der direkten oder indirekten Verbreitung von «Wahrheiten» noch einem «missionarischen» Zweck (auch durch eventuelle gutmeinende Dritte) dienen will oder dienen soll. Dies wäre dem philosophierenden Grundgedanken und der hier bezweckten aufklärerisch-freien Meinungs- und Willensbildung wesentlich fremd. Wer zum Schluss kommen sollte, ein Thema oder Gedankenstrang könne noch weiter oder in anderer Weise fruchtbarer gedacht und zu einer noch brauchbareren Einsicht führen, sei herzlich eingeladen, diese argumentativ zu entwickeln und sinnkonstituierend zur Diskussion zu stellen.

10 Verzeichnisse

10.1 Zitierte und konsultierte Publikationen

Arendt 1949. Hannah Arendt: «Es gibt nur ein einziges Menschenrecht». In: *Die Wandlung*, IV, Dezember 1949. Besprochen in Menke 2016.

Bauer 2015. Joachim Bauer: *Selbststeuerung. Die Wiederentdeckung des freien Willens.* München: Blessing. Siehe Bauer 2015a in Abschnitt 10.2.

Bieri 2001. Peter Bieri: *Das Handwerk der Freiheit. Über die Entdeckung des eigenen Willens.* München: Hanser.

Bleisch 2015. Barbara Bleisch: «Mitgegangen – mitgehangen? Individuelle Verantwortung für globales Unrecht.» In Liessmann 2015: 140–163.

Borasio 2011. Gian Domenico Borasio: *Über das Sterben. Was wir wissen – Was wir tun können – Wie wir uns darauf einstellen.* München: C.H. Beck.

Camus 1942: Albert Camus: *Le mythe de Sisyphe.* Éditions Gallimard (Collection folio essais; Nachdruck). Übersetzung: *Der Mythos des Sisyphos.* Hamburg: Rowohlt [19]2014 (rororo 22765).

Close 2009. Frank Close: *Nothing: A Very Short Introduction.* Oxford: Oxford UP.

Coles 2001: Peter Coles: *Cosmology. A Very Short Introduction.* Oxford: Oxford UP.

Croisile 2011. Bernard Croisile Hg.: *Unser Gedächtnis – Erinnern und Vergessen;* Darmstadt: Wissenschaftliche Buchgesellschaft.

Damschen & Schönecker 2012. Gregor Damschen & Dieter Schönecker: *Selbst Philosophieren. Ein Methodenbuch.* Berlin/Boston: De Gruyter.

Dante Alighieri 1963. *La divina commedia/Die Göttliche Komödie.* Hg. von Dr. Erwin Laaths. Tempel-Verlag.

Detel 2007. Wolfgang Detel: *Grundkurs Philosophie. Band 1: Logik. Band 2: Metaphysik und Naturphilosophie. Band 4: Erkenntnis- und Wissenschaftstheorie.* Stuttgart: Reclam.

Di Fabio 2005. Udo Di Fabio: *Die Kultur der Freiheit.* München: C.H. Beck.

Duden [2]1985. *Duden – Das Bedeutungswörterbuch,* 2. Aufl. Mannheim.

Duden [7]2011. *Duden – Deutsches Universalwörterbuch,* 7. Aufl. Mannheim; Print- und CD-ROM-Ausgabe.

Fischer 2008. Klaus P. Fischer: *Schicksal in Theologie und Philosophie.* Darmstadt: Wissenschaftliche Buchgesellschaft.

Frege 1966. Gottlob Frege: *Logische Untersuchungen.* Hg. von Günther Patzig. Göttingen: Vandenhoeck u. Ruprecht.

Gabriel 2015. Markus Gabriel: *Warum es die Welt nicht gibt.* Berlin: Ullstein (Ullstein Taschenbuch 37568).

Goedel 1902. Gustav Goedel: *Etymologisches Wörterbuch der Deutschen Seemannssprache.* 1902; S. 309–310. Text unter <http://www.gutenberg.org/files/39762/39762-h/39762-h.htm#L>; May 22, 2012 [EBook #39762]; Zugriff am 6.5.2015.

Habermann 2013. Gerd Habermann: *Der Wohlfahrtsstaat. Ende einer Illusion;* München: Finanz Buch Verlag.

Hadot 1995. Pierre Hadot: *Philosophy as a Way of Life.* Malden MA: Blackwell.

Hagner 2008: Michael Hagner: *Homo cerebralis. Der Wandel vom Seelenorgan zum Gehirn.* Frankfurt am Main: Suhrkamp Verlag, 2008 (stw 1914).

von Hayek 2014. Friedrich August von Hayek: *Der Weg zur Knechtschaft;* Tübingen: OLZOG.

Heller 2004. Bruno Heller: *Glück. Ein philosophischer Streifzug.* Darmstadt: Wissenschaftliche Buchgesellschaft.

Höffe 2013. Otfried Höffe: *Ethik. Eine Einführung.* München: C.H. Beck.

Höffe 2015. Otfried Höffe: *Kritik der Freiheit. Das Grundproblem der Moderne.* München: C.H. Beck.

Hohler 2008a: Franz Hohler: *Das Ende eines ganz normalen Tages.* München: Luchterhand Verlag.

Hume 2004. David Hume: *An Enquiry Concerning Human Understanding.* Mineola, New York: Dover Publications; David Hume: *Eine Untersuchung über den menschlichen Verstand* (übersetzt und herausgegeben von Herbert Herring; Stuttgart: Reclam, 1967.

James 2010: William James: *Der Sinn des Lebens. Ausgewählte Texte.* Hg. von Felicitas Krämer und Helmut Pape. Darmstadt: Wissenschaftliche Buchgesellschaft.

Junker & Hoßfeld [2]2009. Thomas Junker & Uwe Hoßfeld: *Die Entdeckung der Evolution. Eine revolutionäre Theorie und ihre Geschichte.* Darmstadt: Wissenschaftliche Buchgesellschaft.

Kilian & Aschemeier 2012. Ulrich Kilian und Rainer Aschemeier: *Das große Buch vom Licht.* Darmstadt: Wissenschaftliche Buchgesellschaft.

Kirchner & Michaëlis 1998. Friedrich Kirchner und Carl Michaëlis: *Wörterbuch der philosophischen Begriffe;* fortgesetzt von Johannes Hoffmeister; vollständig neu herausgegeben von Arnim Regenbogen und Uwe Meyer.

Darmstadt: Wissenschaftliche Buchgesellschaft (Lizenzausgabe von Felix Meiner Verlag 1998).

Kluge [23]1999. Friedrich Kluge: *Etymologisches Wörterbuch der deutschen Sprache.* Berlin: De Gruyter.

Konersmann 2015. Ralf Konersmann: *Die Unruhe der Welt.* Frankfurt a.M.: S. Fischer.

Kosta 2012. Ursula Kosta: «Freiheit und Handlung – Handlungsfreiheit». In Sedmak 2010.1: 51–76.

Krämer 2007. Hans Krämer: *Kritik der Hermeneutik. Interpretationsphilosophie und Realismus.* München: C.H. Beck.

Kundt & Marggraf 2014. Wolfgang Kundt & Ole Marggraf: *Physikalische Mythen auf dem Prüfstand. Eine Sammlung begründeter Alternativtheorien von Geophysik über Kosmologie bis Teilchenphysik.* Berlin, Heidelberg: Springer-Verlag (Springer Spektrum).

Lane 2013. Nick Lane: *Leben. Verblüffende Erfindungen der Evolution.* Darmstadt: primus Verlag (WBG).

Leisi 1961: Ernst Leisi: *Der Wortinhalt.* Heidelberg: Quelle & Meyer.

Lexikon Philosophie 2011. *Lexikon Philosophie. 100 Grundbegriffe,* Stuttgart: Reclam.

Liessmann 2015. Konrad Paul Liessmann (Hg.): *Schuld und Sühne. Nach dem Ende der Verantwortung.* Wien: Paul Zsolnay (Philosophicum Lech). Siehe Bleisch 2015; Lotter 2015; Merkel 2015.

Lorenz 1973. Konrad Lorenz: *Die Rückseite des Spiegels. Versuch einer Naturgeschichte des menschlichen Erkennens.* München (zitiert nach der Lizenzausgabe beim Buchklub Ex Libris, Zürich 1975).

Lotter 2015. Maria-Sybilla Lotter: «Schuld, Ausreden und moralische Haftung. Zur Schuldideologie und Praxis moralischer Verantwortung». In Liessmann 2015: 67–91.

Marti 2014. Lorenz Marti: *Eine Handvoll Sternenstaub. Was das Universum über das Glück des Daseins erzählt.* Freiburg i.B.: Herder.

Martines 2015. Lauro Martines: *Blutiges Zeitalter – Europa im Krieg 1450–1700.* Darmstadt: Theiss (WBG).

Menke 2016. Christoph Menke. «Zurück zu Hannah Arendt – die Flüchtlinge und die Krise der Menschenrechte». In Merkur 70 (806), 2016 (volltext.merkur-zeitschrift.de).

Merkel 2015. Reinhard Merkel: «Willensfreiheit – Schuld – Strafe: Grundlagen und Grenzen». In Liessmann 2015: 208–241.

Merleau-Ponty 2003. Maurice Merleau-Ponty: *Das Primat der Wahrnehmung.* Frankfurt a.M.: Suhrkamp Verlag (stw 1676).

von Mises ²2016. Ludwig von Mises: *Die Letztbegründung der Ökonomik. Ein methodologischer Essay.* mises.at.

Mölling 2015. Karin Mölling: *Supermacht des Lebens. Reisen in die erstaunliche Welt der Viren.* München: C.H. Beck.

Moore ²2015. Ben Moore: *Elefanten im All.* Zürich, Berlin: Kein & Aber (Klein & Aber Pocket).

Morris 1998: Richard Morris: *Achilles in the Quantum Universe. The Definitive History of Infinity.* London: Souvenir Press.

Moser 2007. Urs Moser: «Soziale Schweiz – Chancengleichheit in der Volksschule». Inputreferat an der Delegiertenversammlung der SP Schweiz, Samstag, 30. Juni 2007. Zu finden bei <http://www.ibe.uzh.ch/publikationen/ vortraege/SozialeSchweiz.pdf>, Zugriff am 7.1.2016.

Nagel 2013. Thomas Nagel: *Geist und Kosmos. Warum die materialistische neodarwinistische Konzeption der Natur so gut wie sicher falsch ist.* Berlin: Suhrkamp.

Neumaier 2012. Otto Neumaier: «Freiheit, Vernunft und Verantwortung». In Sedmak 2010.1: 21–50.

Nussbaumer 2005: Harry Nussbaumer: *Das Weltbild der Astronomie.* ETH Zürich: VDF Hochschulverlag.

Pfeifer o.J. Wolfgang Pfeifer: *Etymologisches Wörterbuch.* Siehe <http://www.dwds.de, Zugriff am 8.12.2015.

Pfister 2013. Jonas Pfister: *Werkzeuge des Philosophierens.* Stuttgart: Reclam.

Pössel 2005: Markus Pössel: *Das Einstein-Fenster. Eine Reise in die Raumzeit.* Hamburg: Hoffmann + Campe.

Roth 2001. Gerhard Roth: *Fühlen, Denken, Handeln. Wie das Gehirn unser Verhalten steuert.* Frankfurt am Main: Suhrkamp Verlag.

Schaller ³2011: Thomas Schaller: *Die berühmtesten Formeln der Welt ... und wie man sie versteht.* München: Deutscher Taschenbuch Verlag (dtv 34571).

Schmidt 1961. Heinrich Schmidt: *Philosophisches Wörterbuch.* Sechzehnte Auflage – durchgesehen, ergänzt und herausgegeben von Georgi Schischkoff. Stuttgart: Verlag Alfred Kröner (Kröners Taschenausgabe Band 13).

Schopenhauer 1977. Arthur Schopenhauer: *Parerga und Parlipomena;* Zürich: Diogenes (Bd. 10 der zehnbändigen Zürcher Ausgabe).

Schopenhauer 2011. Arthur Schopenhauer: *Senilia. Gedanken im Alter;* München: C.H. Beck 2010; Lizenzausgabe Wissenschaftliche Buchgesellschaft.

Schrödinger [5]2014: Erwin Schrödinger: *Mein Leben, meine Weltansicht.* München: Deutscher Taschenbuch Verlag.

Sedmak 2010. Clemens Sedmak (Hg.): *Grundwerte Europas.* Darmstadt: Wissenschaftliche Buchgesellschaft. Sechs Bände bis Oktober 2016 erschienen: Solidarität, Gleichheit, Freiheit, Toleranz, Gerechtigkeit und Frieden; Menschenwürde ist noch nicht erschienen.

Sedmak 2010.1. *Freiheit. Vom Wert der Autonomie.* Darmstadt: Wissenschaftliche Buchgesellschaft, 2012. Siehe Kosta 2012, Neumaier 2012, Wintersteiger 2012.

Sedmak 2010.2. *Solidarität. Vom Wert der Gemeinschaft.* Darmstadt: Wissenschaftliche Buchgesellschaft, 2010. Siehe Sedmak 2010a.

Sedmak 2010a. Clemens Sedmak: «Solidaritäten in Europa». In Sedmak 2010.2.

Sieroka 2014. Norman Sieroka: *Philosophie der Physik. Eine Einführung.* München: Verlag C.H. Beck (Reihe C.H. Beck Wissen bW 2803).

Smolin 2013. Lee Smolin: *Time Reborn. From the Crisis in Physics to the Future of the Universe.* Boston, New York: Mariner Books, Houghton Mifflin Harcourt.

Spiro [3]2003. Melford E. Spiro: *Gender and Culture.* New Brunswick.

Thomä & Schmid & Kaufmann 2015. Dieter Thomä, Ulrich Schmid und Vincent Kaufmann: *Der Einfall des Lebens – Theorie als geheime Autobiografie.* München: Carl Hanser. In der NZZ vom 17.12.2015 besprochen.

Vonholdt 2015. Christl Ruth Vonholdt, Zusammenfassung (11. Mai 2015) von Spiro [3]2003. s. <http://www.dijg.de/gender-mainstreaming/geschlechter stereotypen-reformbewe gung/, Zugriff am 7.1.2016. Eine Besprechung dieser Zusammenfassung ist zu finden auf http://www.gleichbehandlung.at/, Zugriff am 4.1.2016.

Wassmann 2010. Claudia Wassmann: *Die Macht der Emotionen. Wie Gefühle unser Denken und Handeln beeinflussen.* Darmstadt: Wissenschaftliche Buchgesellschaft.

Westerhoff 2011. Jan Westerhoff: *Reality. A Very Short Introduction.* Oxford: Oxford UP.

Wiesing 2002. Lambert Wiesing Hg.: *Philosophie der Wahrnehmung.* Frankfurt am Main: Suhrkamp (stw 1562).

Wintersteiger 2012. Mario Claudio Wintersteiger: «Die Freiheiten im Ringen mit der modernen Freiheit». In Sedmak 2010.1: 77–94.

Wittgenstein 1968. Ludwig Wittgenstein: *Tractatus logico-philosophicus.* Frankfurt/Main: Suhrkamp Verlag (edition suhrkamp 12).

10.2 NZZ-Beiträge

Akkaya 2016. Gülcan Akkaya: «Behinderung und Recht auf Inklusion». NZZ, 25.10.2016.

Arnold 2016. Rolf Arnold: «Es dämmert – nach vorn». NZZ, 19.4.2016.

Bauer 2015a. Joachim Bauer: «Und der Wille ist doch frei. Der Hirnforscher und Mediziner Joachim Bauer über Selbststeuerung und Achtsamkeit.» Gespräch mit Nicola von Lutterotti, NZZ, 5.5.2015.

Biondi & Frauchiger 2016. Laura Biondi und Anna Luna Frauchiger: «Chancen(un)gleichheit». NZZ Toolbox, 12.3.2016, S. 14.

Birchler 2016. Herbert Birchler, Leserbrief zu Arnold 2016. NZZ, 28.4.2016.

Braun 2014. Urs Braun: Interview «‹Sicher kann es auch egoistische Motive geben.› Was treibt Retter an zu ihren oft risikoreichen Einsätzen? Ein Notfallpsychologe sucht nach Antworten». NZZ, 3.10.2014.

Bühler 2015. Urs Bühler. NZZ, 11.12.2015.

Burger 2016. Alfred Burger, Leserbrief zu Sommer 2016. NZZ, 21.3.2016.

Coulmas 2016. Florian Coulmas: «Globalisierung und Eurozentrismus». NZZ, 14.3.2016.

Donzé 2016. René Donzé: «Schiffbruch einer schönen Idee». In *NZZ am Sonntag* vom 21.3.2016.

Enz 2015. Werner Enz: «Was soll das heissen? Negativwachstum». NZZ, 23.4.2015.

Fischer 2015. Peter A. Fischer: «Liberal – positiv und mit Moral». NZZ, 31.12.2015.

Fuster 2016. Thomas Fuster: «Steuergeschenk – was soll das heissen?» NZZ, 14.4.2016.

Gujer 2016. Eric Gujer: «Der ohnmächtige Staat». NZZ, 16.1.2016.

Habermann 2014. Gerd Habermann: «Inklusive Gesellschaft und liberale Gegenaufklärung». NZZ, 5.12.2014.

Hayer 2016. Björn Hayer: «Essen ist ein Politikum». NZZ, 6.5.2016.

Höffe 2015a. Otfried Höffe: «Zur Kunst des Alterns». NZZ, 24.8.2015.

Höffe 2015b. Otfried Höffe: «Meinungsfreiheit – ein politisches Menschenrecht». NZZ, 28.12.2015.

Hohler 2008. Franz Hohler: «Das ewige Gebet. Bettagspredigt Grossmünster Zürich», 21.9.2008. Siehe <http://www.franzhohler.ch/files /predigt.html>. Zugriff am 28.12.2015.

Hügli 2015. Anton Hügli: «Die Transzendenz ist allen gleich fern. Über das Dilemma der säkularen Welt und die Aktualität der Religionsphilosophie von Karl Jaspers.» NZZ, 19.12.2015.

Kaeser 2015a. Eduard Kaeser: «Wie ist es, ein Tier zu sein? Über Würmer, Quallen, Fledermäuse und andere Wesen mit einem ‹Innenleben›»; NZZ, 24.1.2015.

Kaeser 2015b. Eduard Kaeser: «Inkompetenzerkennungskompetenz». NZZ, 8.8.2015.

Koch 2015. Manfred Koch, Besprechung von Höffe 2015 in *NZZ am Sonntag* vom 29.3.2015.

König 2015. Helmut König, Besprechung von Höffe 2015. NZZ, 8.7.2015.

Kolmar & Booms 2016. Martin Kolmar und Martin Booms: «Keine Algorithmen für ethische Fragen». NZZ, 26.1.2016.

Konersmann 2015a. Ralf Konersmann: «Das Gesumm der menschlichen Dinge. Die Neuzeit gipfelt im Verlangen nach Zerstreuung – in der Kultur der Unruhe.» NZZ, 25.4.2015.

Krautz 2014. Interview NZZ, 14.7.2014, mit Jochen Krautz: «Mit den Kompetenzen sinkt das Bildungsniveau» *(Warum der Didaktikprofessor Jochen Krautz den Pisa-Test abschaffen würde und was er vom selbstorganisierten Lernen hält).*

Liessmann 2014. Konrad Paul Liessmann: «Schuld und Sühne. Nach dem Ende der Verantwortung.» NZZ, 20.9.2014.

Liessmann 2016. Konrad Paul Liessmann: «Arme Arbeit». NZZ, 27.4.2016.

Linder 2016. Wolf Linder: «Zum Tanzen braucht es zwei». Interview NZZ, 9.5.2016.

Männerförderung 2016. «Jetzt gibt's Männerförderung. Bund unterstützt Schnuppertage für Männer in Primarschulen». In *NZZ am Sonntag* vom 22.05.2016.

Mohagheghi 2016. Hamideh Mohagheghi. Interview NZZ, 19.4.2016; «Gläubig und trotzdem kritisch».

Müller 2016. Felix E. Müller *(fem).* Kommentar in *NZZ am Sonntag* vom 3.1.2016.

Reichenbach 2016. Roland Reichenbach: «In der Schule wird nicht gekauft, sondern gelernt». NZZ, 24.11.2016.

Rosenwasser 2014. Anna Rosenwasser: «Nicht alle sehen die Welt gleich rund. Pädagogische Hochschulen stehen vor der Herausforderung, allgemeingültige Werte vermitteln zu müssen.» NZZ, 6.10.2014.

Scheu 2016. René Scheu, Besprechung von Paul Mason: *Postkapitalismus.* NZZ, 27.4.2016.

Schmid 2016. Birgit Schmid: «Das Ende der Romantik». NZZ, 20.5.2016.

Schneider 2015. Manfred Schneider: «Lob der Skepsis». NZZ, 11.7.2015.

Schneider 2016. Manfred Schneider: «Risikomanagement des Betrugs». NZZ, 24.10.2016.

Seel 2016. Martin Seel: «Ohne Rechte sind Werte nichts wert». NZZ, 26.9.2016.

Sommer 2016. Andreas Urs Sommer: «Werte sind verhandelbar». NZZ, 14.3.2016. Siehe Burger 2016.

Strasser 2016. Peter Strasser: «Leben, um nicht zu sterben». NZZ, 27.4.2016.

Strenger 2016. Carlo Strenger: «Gedanken zur Rechtmässigkeit von Tortur». Kolumne NZZ, 13.1.2016.

Widmer 2016. Hans Widmer: «Was ist Geist?». NZZ vom 30.4.2016.

Wieser 2015. Beat Wieser: «Freiheit ist anstrengend». NZZ, 30.12.2015.

Wils & Baumann-Hölzle 2015. Jean-Pierre Wils und Ruth Baumann-Hölzle: «Patientenautonomie und ihre Fallstricke». NZZ, 7.4.2015.

10.3 Websites

Barbierparadoxon: <http://de.wikipedia.org/wiki/Barbier-Paradoxon>; Zugriff am 13.9.2014.

Brüderlichkeit:
<https://de.wikipedia.org/wiki/Freiheit,_Gleichheit,_Brüderlichkeit>; Zugriff am 6.1.2016.

Bundesverfassung, schweizerische: (a)
<https://www.admin.ch/opc/de/classified-compilation/19995395/index.html#a2>, Zugriff am 6.1.2016. (b)
<https://www. admin.ch/opc/de/classified-compilation/19995395/index.html#a8>, Zugriff am 6.1.2016.

Chancengleichheit:
(a) <http://www.bpb.de/nachschlagen/lexika/politiklexikon/17284/chancengleichheit>, Zugriff am 6.1.2016. Quelle: Schubert, Klaus/Martina Klein: *Das Politiklexikon.* 5., aktual. Aufl. Bonn: Dietz 2011;

(b) <https://de.wikipedia.org/wiki/ Chancengleichheit>, Zugriff am
6.1.2016.

Diskriminierung: <https://de.wikipedia.org/wiki/Gleichberechtigung>,
Zugriff am 4.1.2016.

Dopplereffekt, kosmologischer: s.
<https://en.wikipedia.org/wiki/Cosmological_ redshift>; 21.10.2015.

Emergenz: <http://de.wikipedia.org/wiki/Emergenz>; Zugriff am 1.10.2014.

Ethik: <http://de.wikipedia.org/wiki/Ethik>; Zugriff am 7.6.2014.

Ethiker, moralische: <http://www.campus.de/buecher-campus-
verlag/wissenschaft /philoso phie/muessen_ethiker_moralisch_sein-
4141.html>; Zugriff am 7.6.2014.

Gehirn, Entwicklung: <http://www.geo.de/GEO/natur/tierwelt/das-gehirn-
evolution-des-gehirns-57363.html>; Zugriff am 10.4.2015 (*GEOkompakt* Nr. 15;
vergriffen).

Glaubenswahrheiten:
<https://de.wikipedia.org/wiki/Glaubenswahrheiten_der_katholischen_
Kirche>, Zugriff am 11.3.2016.

Gleichbehandlung: (a) <https://de.wikipedia.org/wiki/Gleichstellung>,
Zugriff am 4.1.2016. (b) <http://www.bpb.de/nachschlagen/lexika/recht-a-
z/22316/gleich behandlung>, Zugriff am 4.1.2016. Quelle: *Duden Recht A–Z.
Fachlexikon für Studium, Ausbildung und Beruf.* 3. Aufl. Berlin: Bibliographi-
sches Institut 2015. Lizenzausgabe Bonn: Bundeszentrale für politische Bildung.

Gleichberechtigung: s. Gleichbehandlung; Diskriminierung.

Gleichstellung: s. Gleichbehandlung.

Glück: Etymologie vergleiche
<http://www.gluecksarchiv.de/inhalt/etymologie.htm>; Zugriff am
6.5.2015; <http://de.wikipedia.org/wiki/Hans_im_Glück>; Zugriff am 7.5.2015;
man vergleiche etwa die Vielfalt der Vorschläge bei
<http://www.gutefrage.net/ frage/wie-definiert-man-glueck->, Zugriff am
19.12.2015. Siehe auch Unabhängigkeitserklärung.

Helium: <http://www.lenntech.de/pse/elemente/h.htm>; Zugriff am
11.4.2015.

Kant, Immanuel: Kritik der reinen Vernunft. Der transzendentalen Methoden-
lehre drittes Hauptstück; Die Architektonik der reinen Vernunft; zit. nach
<http://www.zeno.org/Philosophie>; Zugriff am 25.6.14.

Kernfusion: <http://de.wikipedia.org/wiki/Kernfusion>; Zugriff am 11.4.2015. Die Illustration stammt auch von dieser Website.

Kupplung(ssystem):
<http://de.wikipedia.org/wiki/Automatisches_Kupplungssystem>; <http://de.wikipedia.org/wiki/Automatische_Kupplung>; Zugriffe am 13.9.2014.

Liberalismus: zum Beispiel
<http://www.bpb.de/nachschlagen/lexika/politiklexikon/17794/ liberalismus>, Zugriff am 22.12.2015.

Magritte: <http://de.wikipedia.org/wiki/René_Magritte>; Zugriff am 29.9.2014. Das Bild ist von der Website des Los Angeles County Museum of Art: <http://collections. lacma.org/node/239578>; Zugriff am 29.9.2014.

Materie: <http://de.wikipedia.org/wiki/Materie>; Zugriff am 29.9.2014.

Nachteilsausgleich: (a) <http://peterlienhard.ch/blog/>, Zugriff am 5.1.2016. (b) <http://www. beobachter.ch/arbeit-bildung/schule/artikel/schule_baustelle-integration/>, Zugriff am 5.1.2016.

Ökonomisierung: <https://de.wikipedia.org/wiki/Ökonomisierung>, Zugriff am 2.4.2016; <http://www. mem-wirtschaftsethik.de/oekonomisierung/>, Zugriff am 2.4.2016; <http://www. socialinfo.ch/cgi-bin/dicopossode/show.cfm?id=442>, Zugriff am 2.4.2016.

Pantoffeltierchen: <http://de.wikipedia.org/wiki/Pantoffeltierchen>; Zugriff am 10.10.2014.

Patientenverfügung: <http://de.wikipedia.org/wiki/Patientenverfügung>; Zugriff am 12.5.2015. SRK-Broschüre: Siehe <http://www.smcf.ch/sites/default/files/Directives anticipées FR Broschüre d.pdf>; Zugriff am 13.5.2015.

Philosophie: <http://de.wikipedia.org/wiki/Philosophie>; Zugriff am 7.6.2014.

Rotverschiebung, gravitationelle: s.
<https://en.wikipedia.org/wiki/Gravitational_ redshift>; aus dem Englischen paraphrasiert; Zugriff am 19.9.2016.

Sinn: (a) <http://www.dwds.de/?qu=Sinn>, Zugriff am 8.12.2015; (b) <http://www. dwds.de/?qu=sinnen>, Zugriff am 8.12.2015.

Unabhängigkeitserklärung: <http://de. wikipedia.org/wiki/Unabhängigkeitserklärung_ der_Vereinigten_Staaten>; Zugriff am 8.5.2015.

Wasserstoff: <http://www.lenntech.de/pse/elemente/h.htm>; Zugriff am 11.4.2015.

RHG, ab Herbst 2014 bis Sommer 2017 (aber immer noch unterwegs)

Namibwüste. Das Flusstal des Hoanib River gilt als eines der letzten Siedlungsgebiete von Wüstenelefanten. (© Foto von Susanna Müller; mit Bildunterschrift aus NZZ vom 24.12.2015).

Epilog dazu von Jürg Steiner (u. a. inspiriert vom obigen Bild):

> Da schreitet er also hin,
> majestätisch, gravitätisch,
> unbeirrt geradeaus,
> nicht hinter sich blickend,
> niedertretend, was ihm im Weg steht,
> die Ohren – stetig drohend – weit ausgestellt,
> zu imposant für natürliche Feinde
> und trotzdem vom Aussterben bedroht,
> weil *sie* ihm sein Siedlungsgebiet genommen,
> gelassen,
> überlegen,
> unerschütterlich,
> schwergewichtig
> und doch – man weiss es – auch voller Zartheit:
> der Wüstenelefant.